easybok

CB014724

easyBOK

ANDRÉ RICARDI, PMP

Um guia de sobrevivência para o gerente de projetos

Prefácio de Ricardo Viana Vargas

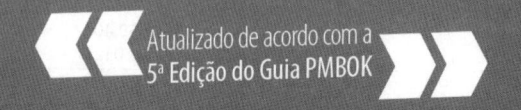
Atualizado de acordo com a
5ª Edição do Guia PMBOK

CAMPUS

Copidesque: Alice Kobayashi e Fernanda Coutinho
Revisão: Roberto Mauro Facce
Editoração Eletrônica: Estúdio Castellani

Elsevier Editora Ltda.
Conhecimento sem Fronteiras
Rua Sete de Setembro, 111 – 16º andar
20050-006 – Centro – Rio de Janeiro – RJ – Brasil

Rua Quintana, 753 – 8º andar
04569-011 – Brooklin – São Paulo – SP – Brasil

Serviço de Atendimento ao Cliente
0800-0265340
atendimento1@elsevier.com

ISBN 978-85-352-4515-8
ISBN (versão digital): 978-85-352-2426-9

Nota: Muito zelo e técnica foram empregados na edição desta obra. No entanto, podem ocorrer erros de digitação, impressão ou dúvida conceitual. Em qualquer das hipóteses, solicitamos a comunicação ao nosso Serviço de Atendimento ao Cliente, para que possamos esclarecer ou encaminhar a questão.

Nem a editora nem o autor assumem qualquer responsabilidade por eventuais danos ou perdas a pessoas ou bens, originados do uso desta publicação.

CIP-Brasil. Catalogação na Publicação
Sindicato Nacional dos Editores de Livros, RJ

R376e	Ricardi, André
	Easybok: um guia de sobrevivência para o gerente de projetos / André Ricardi. – 1. ed. – Rio de Janeiro: Elsevier, 2014.
	352 p.: il. ; 23 cm.
	Apêndice
	ISBN 978-85-352-4515-8
	1. Administração de projetos. 2. Negócios. I. Título.

14-13572		CDD: 658.404
		CDU: 65.012.3

Dedicatória

Aos meus pais, Vicente e Marilice, pelo exemplo de amor, honestidade, dedicação e profissionalismo.

À minha esposa Ana Cristina e às minhas filhas, Michelle, Natália e Amanda, por me amarem tanto e aceitarem com tamanha paciência e respeito minha ausência no tempo dedicado ao trabalho.

Ao meu irmão, Gil Vicente, e às minhas irmãs, Fátima, Solange e Emília, que enchem minha vida de alegria e vontade de viver!

Durante a produção desta obra minha irmã Gileana terminou sua jornada nesta vida: ficaram amor, respeito e saudades...

Agradecimento

Agradeço em especial aos meus amigos, colegas e alunos que tanto colaboram para a realização desta obra. Sem a participação ativa de todos em meu desenvolvimento pessoal e profissional, eu não teria conseguido. Foram muitos projetos e muitas experiências conjuntas, nos quais utilizamos os conceitos e pudemos avaliar o que se aplica à realidade e à prática de gestão de projetos.

São incontáveis os colegas, professores e alunos que auxiliaram nesta jornada de aprendizagem prática e conceitual. Agradeço a todos por compartilharem o conhecimento e por perseverarem em melhorar o mundo.

Também é importante lembrar de todos os líderes, diretores e gerentes com os quais trabalhei, pois, sem a sua referência, não teria em quem me espelhar.

Agradeço antecipadamente aos profissionais que, quando atingirem cargos de gestão, se lembrarem de que os demais são Seres Humanos!

"O que mais surpreende é o homem, pois perde a saúde para juntar dinheiro, depois perde o dinheiro para recuperar a saúde. Vive pensando ansiosamente no futuro, de tal forma que acaba por não viver nem o presente, nem o futuro. Vive como se nunca fosse morrer e morre como se nunca tivesse vivido."

DALAI LAMA

O Autor

O Professor André Ricardi é certificado PMP® – Project Management Professional pelo PMI® – Project Management Institute. É especialista em gerenciamento de projetos desde 1994, com atuação em projetos nacionais e internacionais em empresas financeiras, de logística e de comércio exterior, dentre elas Santander/Banespa, König, Hexa Solution, Bradesco, Capgemini e Metso.

Consultor na empresa EasyBOK Desenvolvimento e Capacitação Profissional. Autor dos workshops EasyDay, EasyWeek e EasyExpert, além do treinamento preparatório para o exame PMP, da mesma empresa.

Pós-graduado em Docência no Ensino Superior e bacharel em Análise de Sistemas, é coordenador de pós-graduação no Senac, nos cursos Gerenciamento de Projetos – Práticas do PMI e Gestão Estratégica de Portfólio de Projetos e PMO. Orientador de metodologia de gerenciamento de projetos para o desenvolvimento do Projeto Referência sobre Biodiversidade na FGV. Professor de pós-graduação na Universidade Mackenzie, na Fecap e na Universidade Cruzeiro do Sul. Durante cinco anos atuou como titular das disciplinas Gerenciamento de Projetos e Análise de Sistemas na graduação da Fatec de São Paulo.

Revisor técnico da tradução dos livros abaixo, ambos da Elsevier:

- HELDMAN, Kim. *Gerência de Projetos – Guia para o Exame Oficial do PMI*. Edições de 2009 e de 2014.
- SNYDER, Cynthia Stackpole. *Guia de Templates para o Gerente de Projetos*. 2013.

Coordenador da Coleção *Gerenciamento de Projetos – Grandes Especialistas Brasileiros*, também da Elsevier.

É profissional em Tecnologia da Informação desde 1986, tendo atuado como diretor de produtos e comercial, gerente de projetos, coordenador, professor, analista de sistemas e programador. Participou de mais de 30 projetos, em 21 deles como líder ou gerente de projetos. Utiliza os conceitos do Guia PMBOK® desde sua primeira edição.

Prefácio

O *EasyBOK* tem no próprio título a essência do seu conteúdo. Como falar de metodologia, técnicas e processos de gerenciamento de projetos de modo "*Easy*"? Focado no principal padrão do mercado para o Gerenciamento de Projetos: O Guia PMBOK® 5ª edição o livro busca ajudar o leitor no entendimento direto dos principais aspectos de um projeto de sucesso.

E resultado é o que realmente interessa. Criar um processo de gerenciamento complexo, emperrado e lento com a mera finalidade de controlar, gera uma estrutura burocrática, lenta e reativa, que não tem relação alguma com o que chamamos de melhores práticas e principalmente com o que chamamos de resultados.

Recheado de modelos de documentos a serem usados tanto por aqueles que estão iniciando na área quanto pelos profissionais experientes, o livro é uma referência rápida para seu projeto.

No livro, André Ricardi busca a simplicidade e a didática. E isso é o que sempre busco manifestar todas as vezes que falo sobre projetos: "De complexo basta o projeto. Não transforme o processo de gestão em um complicador a mais."

Dividido em 11 capítulos, é um livro que aborda desde os principais erros cometidos pelos gerentes de projeto até a gestão da execução e do controle do projeto.

Finalmente, asseguro que, apesar de ser um livro com foco no PMBOK® Guide, esta é, essencialmente, uma obra de gerenciamento de projetos. E como eu sempre falo ao apresentar livros na área, passar suas páginas é entrar no universo dos prazos, dos orçamentos, dos riscos e de muitos outros assuntos que despertam sonhos e pesadelos de muitos profissionais. E quem não quer, afinal, conseguir transformar uma estratégia inovadora em um resultado de sucesso?

Ricardo Viana Vargas

Ricardo Viana Vargas é especialista em gerenciamento de projetos, portfólio e riscos e autor de 11 livros na área. Nos últimos 15 anos, foi responsável por mais de 80 projetos de grande porte em diversos países. Foi *chairman* do Project Management Institute em 2009 e atualmente é diretor do Grupo de Práticas de Projetos do Escritório de Serviços de Projetos das Nações Unidas (Unops) e vive em Copenhagen, Dinamarca. Coordenando mais de 300 gerentes de projetos, seu trabalho tem foco na melhoria de gestão dos projetos humanitários, de infraestrutura e construção da paz em mais de 120 países, entre eles Haiti, Afeganistão, Myanmar, Iraque e Sudão do Sul.

Prefácio

Introdução

Minha proposta, por meio deste livro e do material de apoio, é apresentar as soluções que adotei para as dificuldades vivenciadas ao gerenciar dezenas de projetos no decorrer de mais de 20 anos, bem como os exemplos reais coletados junto a alunos e parceiros de negócios em igual período durante a docência em ensino superior e em treinamentos *In Company*.

Destaco também a importância de apontar as competências que a figura central da proposta, o **Gerente de Projetos**, precisa desenvolver e dominar para sobreviver no caótico e esquizofrênico mundo corporativo, onde, em muitas empresas, o discurso ainda está longe, muito longe da prática.

É comum alunos e clientes perguntarem se é possível utilizar o Guia PMBOK® – Project Management Body of Knowledge, publicação do PMI® – Project Management Institute, como referência para projetos executados no Brasil. Alguns acreditam que é impossível, apesar de o próprio guia citar que a sua proposta deve ser adequada às necessidades de cada projeto.

O principal questionamento: Por que é difícil aplicar o modelo proposto em uma cultura específica? De fato as dificuldades existem em todas as culturas, mas certamente não é impossível superá-las, pois muitos têm atingido o sucesso utilizando as práticas propostas neste Guia.

Muitos perguntam, ainda, por que, tendo brasileiros e outras culturas latinas participando da elaboração do Guia, ele não reflete nossa realidade? (Pelo menos é o que os céticos pensam.)

Vamos refletir: o ser humano tende a valorizar o que está fora de sua família, bairro, cidade, país, empresa onde trabalha; na verdade, é preciso valorizar aquilo em que somos bons, e melhorar no que tivermos oportunidade! Precisamos destacar nossas qualidades, e trabalhar com dedicação e suor o que pode ser mudado. Foco e mudança de postura são essenciais!

Apresentamos nesta obra um conjunto de documentos que tem como ferramenta base o pacote MS-Office da Microsoft, e como referência o Guia PMBOK® 5ª edição, publicado pelo PMI® em 2013. Com esses documentos é possível implementar uma metodologia simplificada que possibilitará que você obtenha resultados já durante a fase de aprendizado da proposta do Guia PMBOK® e de outras publicações. Este material de apoio é composto por:

1. Roteiros para a utilização correta e a prática simplificada.
2. Modelos de documentos com base na proposta do Guia PMBOK®, organizados em uma única planilha no formato MS-Excel e integrados de forma a facilitar a compreensão e evitar o preenchimento de informações redundantes. Chamamos esta planilha de **EasyPMDOC**. Há neste livro instruções de preenchimento específicas para cada item.
3. Documentos preenchidos de acordo com um projeto exemplo.
4. Outros documentos de apoio.

Utilizaremos um projeto-exemplo, que consiste na reforma de uma casa para torná-la sustentável, tanto durante a execução como após o término da reforma. Entendo ser um exemplo que pode ser compreendido por diversos profissionais e motivo de reflexão para você, leitor, quanto a poder contribuir para a preservação de nosso planeta. Apelidei esse projeto de "**EasyHome: Reforma Sustentável de uma Casa**".

Você perceberá, com o desenvolvimento desse projeto-exemplo, que as dificuldades não estão necessariamente no modelo proposto pelo Guia PMBOK®, mas sim na maneira inadequada como alguns o utilizam.

Ao final desta nossa experiência, você estará apto a atuar como gerente de projetos, de forma simples e objetiva, utilizando um padrão desenvolvido com a colaboração de milhares de profissionais por todo o mundo: o Guia PMBOK®.

Apelidei esta estratégia de **EasyBOK,** fazendo alusão a tornar mais fácil o uso do Guia PMBOK® 5ª edição, e no sentido de auxiliar o gerente de projetos na sua "sobrevivência" até o final de sua vida profissional ou do projeto em desenvolvimento.

> **Importante:** Não existe de minha parte a pretensão de substituir o Guia PMBOK®, que durante anos vem documentando as boas práticas em gerenciamento de projetos. Não acredito que seja necessário repetir aqui todos os conceitos e práticas relacionados ao gerenciamento de projetos e que constam do Guia PMBOK®.

É imprescindível que você tenha o Guia PMBOK® 5ª edição como principal referência (pelo menos até a próxima edição ser publicada em 2017), e esta obra, o *EasyBOK*, como um facilitador e uma fonte complementar de informações.

Aliás, vale destacar que agreguei muitas propostas e dicas que serão úteis para a sua sobrevivência, mas que não constam do Guia PMBOK®.

Boa sorte e conte comigo para auxiliá-lo no que estiver ao meu alcance!

A importância do gerenciamento de projetos

É notório o crescimento e a importância que o tema "gerenciamento de projetos"[1] tem apresentado nos últimos anos, em todo o mundo. As empresas percebem que o uso de técnicas associadas ao tema são progressivamente mais rentáveis, e que os resultados atingidos são confiáveis e atendem ao cliente com a qualidade esperada. Se consi-

---

[1] Segundo o Guia PMBOK®, é a aplicação de conhecimentos, habilidades, ferramentas e técnicas às atividades do projeto a fim de atender aos seus requisitos.

derarmos o fato de você estar interessado no assunto, podemos deduzir que alguém comentou que você deveria se aprofundar, ou então que, por conta própria, percebeu essa necessidade.

Primeiro, é importante entender que um projeto sempre é temporário; portanto, tem data de início e fim definidos, ou a definir; ainda, tem um propósito específico, que não é produzir o mesmo resultado por diversas vezes, como por exemplo em uma linha de montagem de automóveis. Quando produzimos o mesmo resultado repetidamente, isso é chamado de **Operação**.

Desenvolver um novo modelo de um carro é um projeto, e produzir diversas unidades desse mesmo modelo de carro é uma operação.

Alguns colegas especialistas no assunto dizem que no futuro todas as empresas terão uma área específica para projetos,[2] como hoje elas têm um Departamento de Recursos Humanos, Financeiro etc. Algumas organizações já adotam esta estrutura. Acreditamos na necessidade e eficiência da criação de um Departamento de Projetos, desde que a organização execute ou sobreviva de projetos.

Muitas áreas de negócios têm seu trabalho desenvolvido no formato de projetos, e dominar essas técnicas deixa de ser um diferencial competitivo no mercado, para se tornar algo essencial para a sobrevivência das organizações.

Da mesma forma, os profissionais que têm o seu trabalho desenvolvido em formato de projetos, necessariamente devem se especializar e se preparar cada vez mais, pois para estes também deixa de ser um diferencial para se tornar uma competência básica. É comum escutarmos que determinado profissional já não é mais técnico, mas que agora é "apenas" gerente dos projetos.[3]

Então, podemos concluir que essas empresas não percebem que existem técnicas específicas para gerenciar projetos e pessoas, e não se preocupam em identificar em seus funcionários profissionais qualificados para gerenciamento, mas sim em promover os melhores técnicos, como se os gerentes já viessem "prontos de fábrica". Muitas vezes essa promoção de cargo acaba virando um "castigo" para o profissional promovido e para os seus subordinados, pois o profissional que tem perfil técnico nunca foi preparado para ser gerente, e os seus subordinados perdem um colega de trabalho eficiente e ganham um "chefe" incompetente.

Ainda existe muito a melhorar quanto ao gerenciamento adequado dos projetos, tanto por parte das empresas quanto dos profissionais. A evolução é constante, pois o enfoque do mundo corporativo sobre como realizar o trabalho muda constantemente, e o que apelidei de "Darwinismo Corporativo" é básico para a sobrevivência profissional, e para atingirmos resultados efetivos.

Podemos destacar entre os benefícios relacionados ao gerenciamento eficaz de projetos:

- O aumento das chances de sucesso nos projetos;
- O aumento dos processos formais implica maior comprometimento dos envolvidos e apoia o trabalho a ser desenvolvido (como as coisas serão feitas);

---

[2] Segundo o Guia PMBOK®, é um esforço temporário empreendido para criar um produto, serviço ou resultado único.

[3] Profissional responsável pelo cumprimento dos objetivos do projeto. É nomeado pela organização executora.

- Na maioria das situações, a formalização aplicada, de acordo com a necessidade, implica diminuição dos conflitos;
- A repetição dos processos e o uso de metodologias facilita o planejamento e a execução;
- O planejamento adequado diminui os desvios dos projetos quanto a prazo, custo, qualidade e desempenho;
- Projetos com desvios menores aumentam as chances da empresa perante a concorrência.

Harold Kerzner, Ph.D., e Frank P. Saladis, PMP, citam que alguns dos benefícios do Gerenciamento de Projetos são:

- mais eficiência;
- aumento da rentabilidade;
- mudanças de escopo menos dispendiosas;
- aumento da estabilidade organizacional;
- aumento da proximidade com os clientes;
- facilita a resolução de problemas;
- aumento da qualidade sem aumento dos custos;
- diminuição de questionamentos relacionados a autoridade e poder;
- diminuição geral dos custos na organização;
- melhor gerenciamento dos riscos;
- a redução na quantidade de reuniões não produtivas propicia melhoria no desempenho da equipe e na comunicação;
- aumento da satisfação do cliente.

O que é o PMI® – Project Management Institute?

O PMI® – Project Management Institute – foi fundado em 1969, e é atualmente a organização mundial mais conceituada no Brasil e no mundo quando o assunto é Gerenciamento de Projetos. Desenvolve normas, programas educacionais e certificação profissional. Visa profissionalizar e expandir o conhecimento na área de Gerência de Projetos. É formado por profissionais da área que compartilham as "boas práticas" para gerenciar projetos. Quando você se torna um associado, tem acesso a diversos benefícios, que podem ser consultados no *site* www.PMI.org. Vale a pena conferir por que esse instituto tem tanto prestígio e é utilizado como referência por diversas organizações espalhadas pelo mundo.

No Brasil são vários Capítulos (ou seções regionais) que podem ser acessados pelo portal http://brasil.pmi.org/.

Atualmente a certificação mais reconhecida na área de gerenciamento de projetos é o PMP® – Project Management Professional, credenciamento administrado pelo PMI®. Para ser um PMP®, o profissional precisa comprovar experiência e estudo na área, e se submeter a um exame com 200 questões de múltipla escolha. Mais informações no link http://www.PMI.org/CareerDevelopment/Pages/AboutPMIsCredentials.aspx.

O Guia PMBOK®

O Guia do Conhecimento em Gerenciamento de Projetos (Guia PMBOK® – Project Management Body of Knowledge) é atualmente a publicação mais respeitada e utilizada com relação ao assunto. É um padrão reconhecido para a profissão de gerenciamento de projetos. É um documento formal, que descreve normas, métodos, processos e práticas estabelecidas pela comunidade associada ao PMI®. Seu objetivo primário é identificar o subconjunto do conjunto de conhecimentos, que é amplamente reconhecido como "boa prática" para Gerência de Projetos:

- Identificar – significa fornecer uma visão geral;
- Amplamente reconhecido – o conhecimento e as práticas são aplicáveis à maioria dos projetos na maior parte do tempo, e existe um consenso geral em relação ao seu valor e sua utilidade;
- Boa prática – significa que existe acordo geral de que a aplicação correta dessas habilidades, ferramentas e técnicas pode aumentar as chances de sucesso em uma ampla série de projeto diferentes.

A **Equipe de Gerenciamento do Projeto** (o gerente do projeto e todos os profissionais que executam atividades de gestão do projeto) é responsável por determinar o que é apropriado para um projeto específico.

A figura a seguir, extraída do Guia PMBOK® e redesenhada pelo autor, dá uma ideia do conjunto de conhecimentos contemplados:

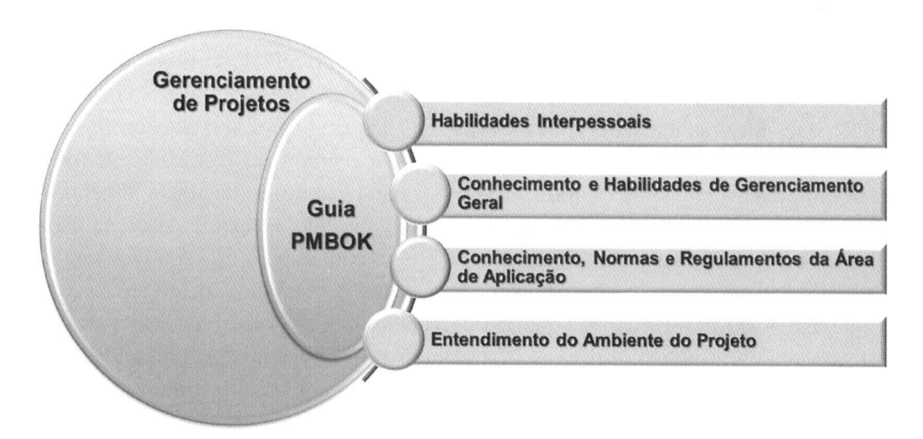

FIGURA I.1. Conhecimento necessário para gerenciar projetos.

Um vocabulário-padrão é um elemento essencial para uma profissão. O Guia PMBOK® fornece e promove um vocabulário comum para o Gerenciamento de Projetos. É muito importante destacar que ele é um guia, e não uma metodologia. Pode ser usado como base para definir uma metodologia, que deverá considerar os aspectos específicos da área de negócios e das organizações que a utilizarão.

A 5ª edição do Guia PMBOK®, publicada no início de 2013, deverá ser substituída no início de 2017. A periodicidade de atualização do Guia é de quatro anos, e toda a comunidade mundial de associados do PMI® pode participar de sua elaboração e revisão. Para tal, você pode se candidatar como voluntário, diretamente no *site* do PMI®.

> Recomendo que você se associe ao PMI®, pois, entre outros benefícios, poderá "baixar" uma cópia do Guia PMBOK® e de todos os padrões publicados pelo PMI®. A associação lhe dará a oportunidade de se manter atualizado e diferenciado profissionalmente. Confira em http://brasil.pmi.org/brazil/Membership.aspx .

Modelos de maturidade, qualidade e benchmarking

Nas conversas, dentro das empresas, nos bares, nas salas de aula, boa parte das pessoas comenta que "o mundo corporativo está doente". Pois bem, provavelmente você também já comentou ou refletiu a respeito. Neste sentido, cabe uma reflexão individual e coletiva sobre os motivos e as soluções. No universo dos motivos poderíamos destacar o imediatismo que o fenômeno Internet potencializou nas pessoas, fazendo com que todos, principalmente os mais jovens, acreditassem que basta um clique para que as informações estejam à disposição, e consequentemente as coisas aconteçam conforme desejado, e de imediato.

O discurso corporativo coloca que o trabalho em equipe, e saber trabalhar em equipe, é essencial para conseguirmos uma boa colocação profissional, e também para atingir resultados de acordo com as expectativas da organização. Ao mesmo tempo, as pessoas cada vez mais se sentem capazes de serem felizes sem a participação dos demais seres humanos, que podem ser acionados com aquele mesmo clique em alguma comunidade virtual.

Talvez você tenha assistido a um filme que correu pelo mundo virtual, onde um jovem está olhando para o vazio, conversando em uma mesa de restaurante com a sua namorada que, desesperada, tenta chamar a sua atenção para o que ela fala; ele pega a mão dela como se fosse um mouse, e mexe freneticamente, como se estivesse na tentativa de desativá-la, chegando a bater contra a mesa por não obter resposta... cena lamentável! Você também acredita ser possível viver teclando e clicando, isolado do resto da humanidade? Será que você não está ficando doente junto com as empresas, ou vice-versa?

O egoísmo invade as mentes e os corações das pessoas, e o discurso é de que os interesses são das empresas, quando percebemos que o objetivo da maioria dos profissionais é individual, e muitas vezes puramente financeiro. A humanidade tem gerado um volume considerável de doenças ocupacionais, com o pretexto da busca pela eficiência e por resultados imediatistas.

> A essência de minha proposta é que as pessoas reflitam sobre a possibilidade de atingir resultados com planejamento, trabalho sério, com objetivos bem definidos e, acima de tudo, respeitando os seres humanos envolvidos; acreditando ser possível atingir resultados sem a necessidade de superar todos os limites humanos, físicos e psíquicos, o tempo todo.

Para tal, é preciso conhecer e dominar competências e técnicas relacionadas ao gerenciamento de projetos e, novamente, a quantidade de profissionais e empresas preocupados com o assunto endossa a importância dessa iniciativa. O gerente de projetos deve ser um profissional atento a minimizar os impactos negativos ao projeto, nas mais diversas dimensões, e os projetos são realizados por pessoas, em especial a sua equipe.

Faça um exercício mental e imagine o quanto você precisa de gerenciamento de projetos em seu cotidiano. Faça uma autoanálise do quanto você precisa melhorar, e quais os pontos nos quais você não tem qualquer domínio. Registre esses pontos e estipule metas para atingir os níveis de competência desejados. Para auxiliá-lo nessa iniciativa, o PMI® tem uma publicação chamada PMCD Framework – Project Manager Competency Development Framework, ou seja, Estrutura de Desenvolvimento da Competência de Gerente de Projetos. E existe tradução para o português, produzida pelo Capítulo do PMI® no Rio de Janeiro.

Neste documento são listadas as competências e habilidades que um Gerente de Projetos deve possuir, além de apontar como medir se, de fato, ele as tem e como desenvolvê-las. É um ótimo ponto de partida para avaliar se você é um gerente de projetos de verdade, ou se é mais um técnico que foi promovido sem o devido preparo, "castigando" assim seus subordinados, mas nem por isso deixando de sofrer. Ao se tornar associado do PMI® você pode realizar o *download* do PMCD Framework e de muitas outras publicações já citadas, em formato PDF.

Agora, de que adianta os profissionais desenvolverem competências se as organizações continuarem "doentes"? É preciso preparar as pessoas e as empresas para essa realidade.

Existem alguns modelos para avaliar à maturidade das organizações em gerenciamento de projetos. Destaco o OPM3® – Organizational Project Management Maturity Model, também do PMI®, que permite apurar em qual nível de maturidade do gerenciamento de projetos a empresa se encontra. Este documento também está acessível para *download* aos associados do PMI®, em formato PDF, no endereço http://www. PMI.org/.

Portanto, não basta os profissionais desenvolverem as respectivas competências para a gestão dos projetos. As organizações também precisam adquirir maturidade para tratar o assunto.

Agora, pare para pensar: É hábito nas organizações por onde você passou estipular prazos sem ter a noção do escopo do projeto (o que precisa ser entregue e quais as atividades necessárias), ou isso só acontece na concorrência? Por que será que os executivos entendem que atribuir prazos antes de conhecer o "tamanho da encrenca", também conhecido por escopo, acelera as entregas, sendo que há muitos anos é de conhecimento público que "administração por conflitos" não funciona para o gerenciamento eficaz de projetos?

Então, será que podemos concluir que isso não funciona? Do meu ponto de vista sim. Ocorre em algumas empresas uma correria muito grande para iniciar a execução dos projetos, sem planejamento adequado, e na maioria das vezes, acreditando que o gerente de projetos alocado será um super-herói, ou pelo menos terá a *performance* de um. Você pode escolher o herói de sua preferência para incorporar e representar em seus projetos. Fica a seu critério.

O fato é que milagres não existem no gerenciamento de projetos, a não ser que você contrate algum Ser Divino, seja lá qual for a sua crença.

Portanto, caro amigo, gerente de projetos, o principal a ser modificado para que Você tenha sucesso é a sua **postura** perante todas essas dificuldades, que a maioria acredita não ser possível mudar. Nesta obra abordaremos estratégias para a condução dos projetos, propondo que você **mude já a sua postura**, e atue com o objetivo de conduzir seus projetos com menos sofrimento e melhores resultados.

Está em suas mãos!

Sumário

CAPÍTULO 11

APÊNDICE A

APÊNDICE B

APÊNDICE C

APÊNDICE D

APÊNDICE E

Capítulo 1

Como Utilizar os Modelos de Documentos e o Projeto-exemplo

1.1. OBJETIVOS DESTE CAPÍTULO

- Apresentar uma estratégia para facilitar a gestão e a documentação dos projetos, tendo como principal referência o Guia PMBOK® 5ª edição.
- Mostrar as ferramentas que serão utilizadas e orientar sobre como fazê-lo de forma prática e facilitada.
- Contextualizar e explicar como será utilizado o projeto-exemplo: *EasyHome*.

Já foi dito que as empresas não nos permitem mais "perder tempo" no preparo pessoal para o desempenho adequado das atividades; no passado, muitas investiam massivamente em treinamento para capacitar os colaboradores. Cada vez mais o próprio profissional precisa investir em sua qualificação e desenvolvimento de competências, e precisa chegar à organização "mostrando serviço" em intervalos de tempo muito pequenos.

Criamos o *EasyBOK* para ajudá-lo a conseguir isso.

Siga estes passos para preparar o ambiente necessário para apoiar o projeto:

1. Crie uma pasta no computador com o nome ***EasyHome***.
2. Faça o *download* nessa pasta de cada arquivo ou documento, conforme for solicitado neste livro, diretamente do endereço http://www.easybok.com.br/downloads/.
3. Use este livro como tutorial. Ele contém o roteiro sobre como utilizar os arquivos e documentos e uma demonstração com o projeto-exemplo.
4. Faça o *download* e preencha a planilha: **EasyPMDOC_5ed_2013_v5_13.xlsx** (ou uma versão mais atualizada).
5. A partir de então, cada documento poderá ser preenchido de acordo com as orientações dos capítulos do *EasyBOK*.

Confira em ordem alfabética os principais documentos propostos (criamos siglas para facilitar a identificação dos documentos):

1. ADE – Avaliações do Desempenho da Equipe
2. CA – Contratos de Aquisições
3. CR – Cronograma do Projeto
4. DA – Documentos de Aquisições

5. DAA – Documentação de Acompanhamento das Aquisições
6. DEA – Documentação de Encerramento das Aquisições
7. DEAP – Dicionário da EAP
8. DMRR – Documentação e Matriz de Rastreabilidade dos Requisitos
9. EAP – Estrutura Analítica do Projeto
10. EARe – Estrutura Analítica dos Recursos
11. EEP – Especificação do Escopo do Projeto
12. ETA – Especificações do Trabalho das Aquisições
13. ETP – Especificação do Trabalho do Projeto (em inglês: *SOW – Statement of Work*)
14. LVQ – Listas de Verificação da Qualidade (em inglês: *checklists*)
15. PGP – Plano de Gerenciamento do Projeto (a seguir planos auxiliares):
    - PGE – Plano de Gerenciamento do Escopo
    - PGRE – Plano de Gerenciamento dos Requisitos
    - PGCR – Plano de Gerenciamento do Cronograma
    - PGCS – Plano de Gerenciamento dos Custos
    - PGQ – Plano de Gerenciamento da Qualidade
    - PMPR – Plano de Melhorias no Processo
    - PGRH – Plano de Gerenciamento dos Recursos Humanos
    - PGCO – Plano de Gerenciamento das Comunicações
    - PGRI – Plano de Gerenciamento dos Riscos
    - PGA – Plano de Gerenciamento das Aquisições
    - PGPI – Plano de Gerenciamento das Partes Interessadas
16. RDAP – Relatórios de Desempenho e Acompanhamento do Projeto
17. RDT – Relatórios de Desempenho do Trabalho
18. RPI – Registro das Partes Interessadas
19. RQ – Registro das Questões
20. RR – Registro dos Riscos
21. SM – Solicitações de Mudanças
22. TAP – Termo de Abertura do Projeto

Todos os modelos de documentos utilizam como principal referência a proposta do Guia PMBOK® 5ª edição e estão estruturados de acordo com a interpretação do autor em relação ao Guia, bem como com a sua experiência profissional.

> **É importante que você os utilize como referência, e não como único modelo ou padrão, sem pensar no que de fato é necessário e relevante para os seus projetos!**

Sempre analise com atenção e discernimento o que é fundamental, lembrando que cada projeto é único, e com necessidades específicas. Não ligue o piloto automático ou utilize modelos e guias sem avaliar seu verdadeiro valor para o seu projeto!

1.2. A PLANILHA *EasyPMDOC*

Pela minha experiência nos diversos anos na área de Gerenciamento de Projetos, uma reclamação constante dos profissionais é que documentar os projetos "dá muito trabalho", e o custo benefício não justifica o esforço. Interessante é que essas pessoas não consideram que o retrabalho, por exemplo, causado por uma indefinição ou falta da informação, gera muito mais custo, tempo necessário para conclusão, conflitos e diversas outras consequências indiretas. Um exemplo simples de entender: se você é o gerente do projeto e receberá diversos profissionais para atuar em sua equipe em momentos diferentes, é mais fácil explicar a cada um o que precisa ser feito ou elaborar uma documentação confiável que poderá ser utilizada por todos?

Quanto custa corrigir algo que foi feito, está pronto e defeituoso por uma falha de comunicação ou por falta de um documento que explicasse como deveria ter sido feito?

Não tenho o menor receio em afirmar que documentar o projeto é essencial para o sucesso, e por isso criei a planilha *EasyPMDOC*. Ela otimiza e dá confiabilidade à documentação de projetos de pequeno e médio portes. Utilize a planilha *EasyPMDOC* e este livro para ajudá-lo na tarefa de gestão do projeto, e não como a principal ferramenta.

> **NÃO recomendo que você utilize essa planilha para projetos grandes e complexos. Para tal, existem diversas ferramentas mais sofisticadas no mercado, mas se você está envolvido em um projeto de grande porte, provavelmente as organizações envolvidas têm uma metodologia própria que deverá ser seguida.**

1.3. A CAPA

Como todos os documentos foram integrados em uma única planilha, uma capa unificada atende à proposta. Nessa aba da planilha você irá preencher o **apelido** e o **PITCH** do projeto, que serão copiados em todos os documentos.

É importante criar um apelido para o projeto. Imagine se todas as vezes que formos nos referir a um projeto utilizarmos o nome completo: "Projeto de Reforma da Casa da Família Souza". O uso do apelido irá facilitar consideravelmente as comunicações.

O PITCH é uma frase concisa e objetiva que permite identificar a que se propõe o projeto.

Para ajudar o entendimento, observe como preenchemos o projeto-exemplo:

Apelido: *EasyHome*.
PITCH: Reforma Sustentável de uma Casa.

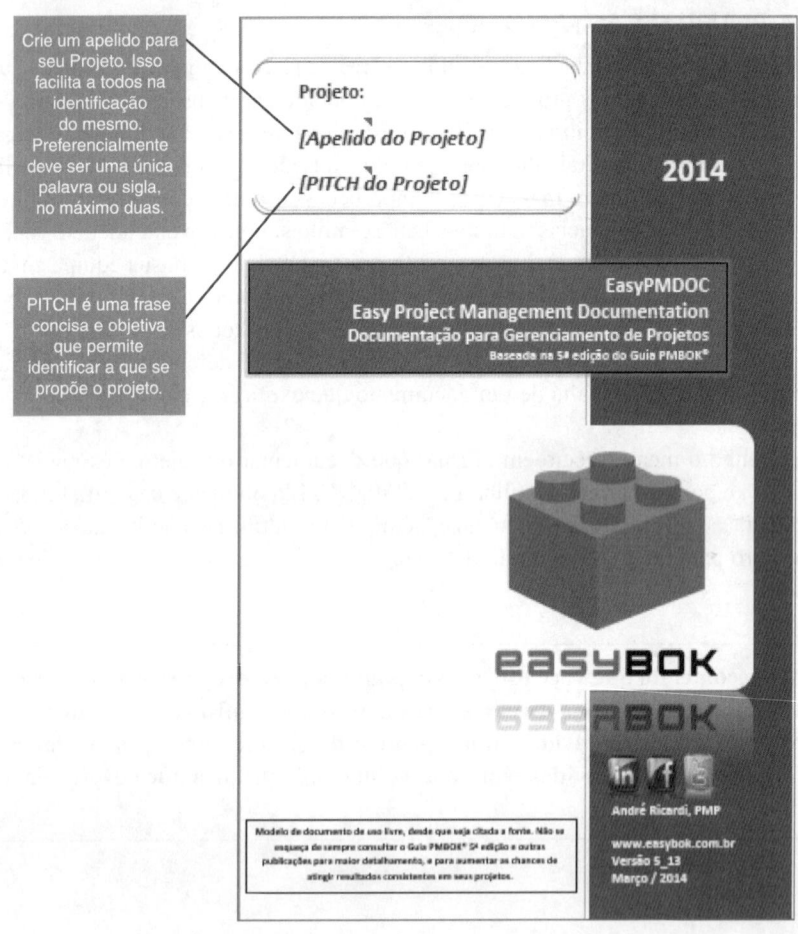

FIGURA 1.1. *EasyPMDOC* – **Capa.**

1.4. HISTÓRICO

Levando-se em consideração que os documentos estão integrados e o nosso intuito é facilitar o uso da planilha, é também possível controlar o histórico de alterações de forma centralizada e unificada.

FIGURA 1.2. *EasyPMDOC* – **Histórico.**

É importante que a versão do documento seja modificada somente quando as alterações forem significativas. Para pequenas alterações, utilize os dois dígitos que estão após o *underline*, ou sublinhado, se preferir. Por exemplo, para todas as versões da *EasyPMDOC* baseadas na 5ª edição do Guia PMBOK®, e que porventura disponibilizarmos em nosso *site*, iremos manter a versão como 5_.. — esta versão principal será atualizada somente para a 6ª edição (6_..); quando da publicação desta edição do *EasyBOK*, estávamos na versão 5_13 da planilha *EasyPMDOC*, que poderá ser atualizada para 5_14, 5_15, e assim por diante.

Você não precisa seguir esse padrão, mas recomendamos que discuta com os demais participantes do projeto qual será a regra para controle de versões dos documentos, pois é comum serem consultadas versões desatualizadas dos documentos e tomadas decisões erradas com base em informações antigas.

1.5. OS PROCESSOS

O mapa a seguir propõe uma ordem lógica "mais provável" para o início da execução dos processos, de acordo com as saídas do Guia PMBOK® 5ª edição, e que são utilizadas como entradas de outros processos.

> Você NÃO precisa utilizar a ordem proposta, mas pode usá-la como referência inicial em cada projeto. Também é importante destacar que os processos podem ser executados em paralelo, e a sua execução pode ser repetida quando necessário.

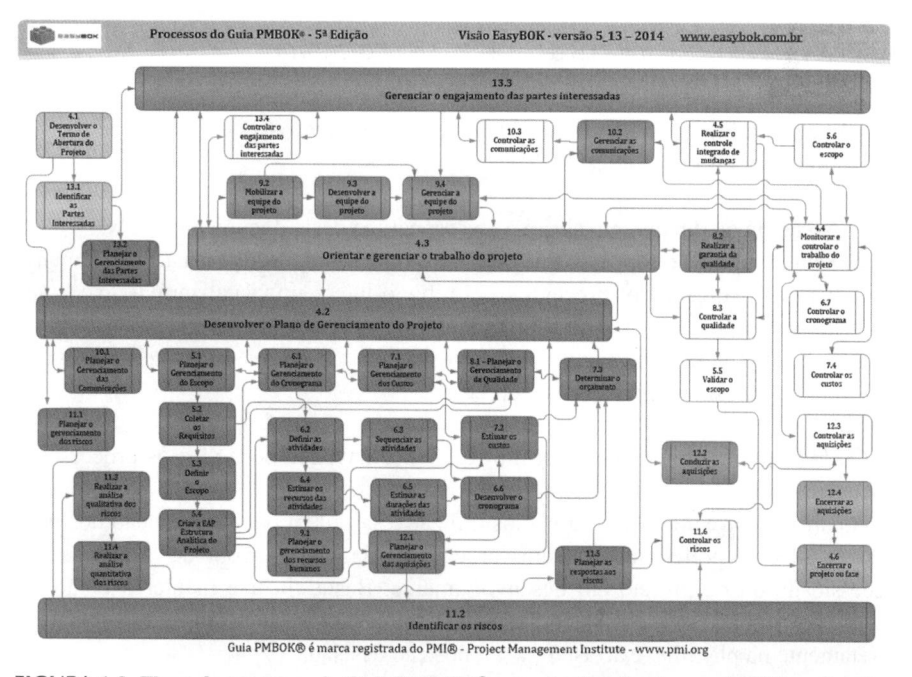

FIGURA 1.3. Fluxo de processos do Guia PMBOK® com a ordem "mais provável" de execução.

Faça o *download* do fluxo de processos em: http://www.easybok.com.br/downloads/.

Na planilha *EasyPMDOC* existe uma aba chamada "Fluxo Processos", que contém o fluxo geral, na qual você poderá acessar diretamente os processos específicos clicando sobre a figura de cada um. Assim, ao clicar sobre a figura do processo 4.1, por exemplo, irá abrir a aba específica, conforme ilustrado a seguir.

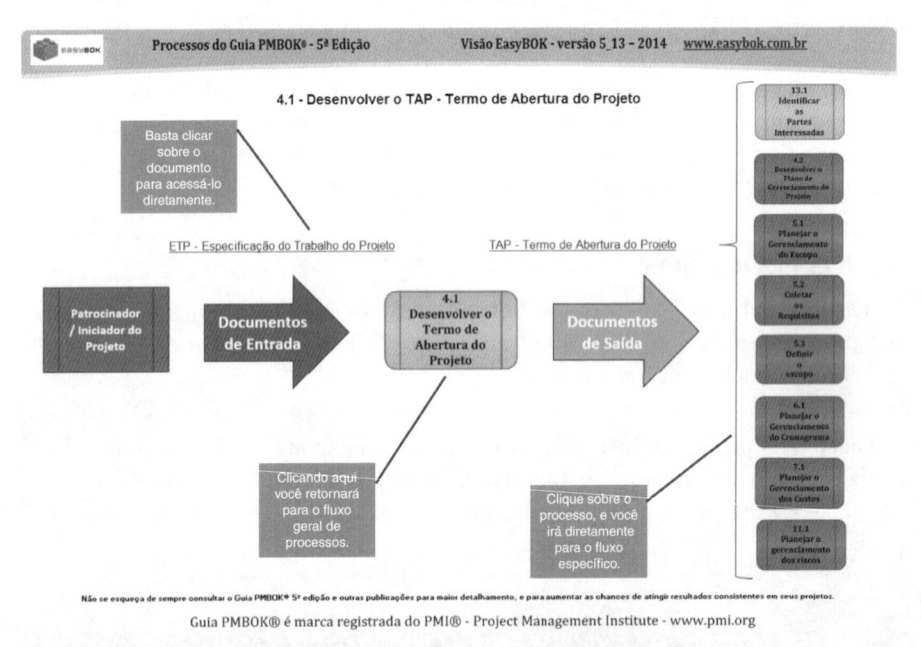

FIGURA 1.4. Padrão visual dos processos na planilha *EasyPMDOC*.

Conforme a Figura 1.4, em todos os fluxos representativos de todos os processos da planilha, quando você clicar:

1. No nome do documento abrirá a aba específica deste documento.
2. Sobre a figura do processo que este fluxo representa, você retornará diretamente para o fluxo geral dos processos, permitindo-lhe assim visualizar o todo e navegar para outro processo de acordo com a sua necessidade.
3. Sobre a figura dos demais processos, sejam anteriores ou posteriores, você abrirá o fluxo específico deste processo.

Os *links* foram criados para permitir que você navegue por todos os processos e documentos de forma rápida e intuitiva.

A partir do próximo capítulo vamos utilizar essa ordem para a execução dos processos. Se você preferir utilizar uma ordem própria, fique à vontade. Adapte à sua necessidade ou do projeto em desenvolvimento. Basta clicar e manter o botão do mouse pressionado sobre a aba com o nome do processo ou do documento específico, diretamente na planilha, e arrastar para a posição desejada.

Todos os processos serão detalhados utilizando a seguinte estrutura:

- Por que utilizá-lo?
- Quais os principais cuidados a tomar?
- Quem deve participar?
- Principais documentos relacionados ao processo
- Principais entradas
- Principais ferramentas e técnicas
- Principais saídas
- Usando o projeto-exemplo
- Praticando no seu projeto

> Nos itens relacionados a entradas, ferramentas e técnicas, e saídas, aqueles que constam no Guia PMBOK® serão destacados iniciando com letras maiúsculas e em negrito. Assim ficará mais fácil você identificar e associar o conteúdo desta obra com este Guia.

1.6. OS COMPONENTES

O que chamamos de **componentes,** também conhecidos como **elementos**, são todas as **entradas**, **ferramentas e técnicas** e **saídas** dos processos. A aba de detalhamento dos componentes contém todos esses elementos, bastando clicar sobre aqueles que estão associados aos documentos para a aba correspondente ser aberta. Por meio dessa aba você também pode acessar diretamente os processos clicando sobre o nome.

Nessa aba os processos estão organizados pela mesma ordem que sugerimos como a mais provável. Assim como você pode mudar a ordem das abas da planilha, se achar conveniente e necessário, mude aqui esta ordem.

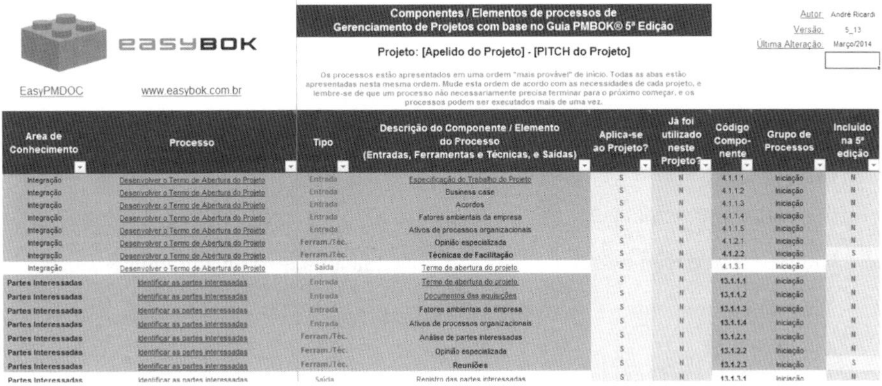

FIGURA 1.5. *EasyPMDOC* – **Componentes.**

Utilize a coluna **E** — "Aplica-se ao projeto?" — para identificar e selecionar quais elementos se aplicam ao seu projeto.

A coluna **G** contém o código do componente no Guia PMBOK® 5ª edição. Com esse código você consegue acessar diretamente este componente no Guia. O processo é simples:

1. Quando você se associa ao PMI®, tem o direito a realizar *download* de todos os padrões, diretamente no *site* www.pmi.org. Faça as contas e comprove que vale a pena se associar, pois o valor da associação é pequeno perante os benefícios que você terá;
2. Tendo o Guia PMBOK® em formato PDF, você pode pesquisar diretamente o conteúdo associado, utilizando como referência o código do componente, de forma ágil e simplificada;
3. A estrutura dos componentes tem o seguinte padrão:

FIGURA 1.6. Padrão de código de componentes do Guia PMBOK®.

Explicando em detalhes

A = Número da área de conhecimento que coincide com o número do capítulo do Guia. É a identificação numérica da área:

    4 – Integração
    5 – Escopo
    6 – Tempo
    7 – Custos
    8 – Qualidade
    9 – Recursos Humanos
    10 – Comunicações
    11 – Riscos
    12 – Aquisições
    13 – Partes Interessadas

P = Número sequencial do processo dentro de cada área de conhecimento.

C = Tipo de componente:

    1 – Entrada
    2 – Ferramenta e Técnica
    3 – Saída

C = Número sequencial do componente, sendo reiniciado a cada tipo de componente e para cada processo

    Exemplo: Componente 4.1.3.1 – código relacionado à primeira saída do processo 4.1 – Desenvolver o Termo de Abertura do Projeto. É o documento TAP – Termo de Abertura do Projeto. Veja na Figura 1.7.

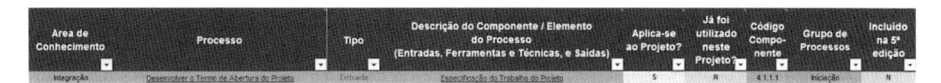

FIGURA 1.7. Exemplo de componente e o código associado.

1.7. O PROJETO-EXEMPLO

"**EasyHome – Reforma Sustentável de uma Casa**" é uma situação totalmente fictícia, e qualquer semelhança com fatos reais terá sido mera coincidência. Os personagens foram criados com base em pessoas estimadas pelo autor, e que nunca participaram de uma reforma semelhante a esta.

> Por favor me perdoem, caros **arquitetos** e **engenheiros**, pois não tenho a pretensão de apresentar aqui um projeto completo e tecnicamente consistente e viável. Minha intenção, como já foi dito, é plantar uma semente para aqueles que, no futuro, forem iniciar uma reforma em suas casas, pensem com carinho em fazê-lo de forma sustentável. O uso deste projeto-exemplo é ilustrativo e serve de sustentação para a apresentação da proposta *EasyBOK*.

Representar todas as variáveis associadas a um projeto semelhante seria cansativo ao leitor, e não facilitaria em nada atingir nossos objetivos com este Guia de Sobrevivência para o gerente de projetos: *EasyBOK*.

> Caros **leitores**, não tentem utilizar este exemplo como única fonte de referência para executar uma reforma em sua casa. Contrate um profissional qualificado para auxiliá-lo.

Você irá notar que os documentos do *EasyHome* podem não conter todas as informações propostas no Guia PMBOK®, pois, de fato, o PMI® propõe dessa forma; ou seja, não é preciso seguir exatamente o que consta nos processos do Guia PMBOK®.

Esses documentos podem ainda conter informações que não constam no Guia PMBOK®, mas é importante utilizá-los para exemplificar esta situação.

> Faça assim também com seus projetos: não se limite a simplesmente preencher os documentos. Avalie se as informações são suficientes para gerenciar o projeto de forma adequada.

A seguir apresentamos o documento **ETP (Especificação do Trabalho do Projeto)** para o *EasyHome*. O mercado utiliza frequentemente a sigla em inglês para esse documento: **SOW – *Statement Of Work***.

Segue modelo proposto pela estratégia *EasyBOK*:

ETP - Especificação do Trabalho do Projeto

Projeto: [Apelido do Projeto] - [PITCH do Projeto]

www.easybok.com.br

1. **Necessidade a ser Atendida pelo Projeto**

   Qual é a necessidade a ser atendida pelo projeto, seja ou não relacionado a negócios. Podemos ter projetos que não necessariamente estão relacionados a negócios como, por exemplo, projetos patrocinados por órgãos governamentais ou instituições sem fins lucrativos.

2. **Descrição do Escopo do Projeto**

   Descrever aqui quais são as principais entregas esperadas, bem como uma visão macro das atividades a serem executadas no Projeto, se for o caso.

3. **Plano Estratégico**

   Se for o caso, associa o Projeto ao Planejamento Estratégico das organizações envolvidas.

FIGURA 1.8. Modelo de ETP (Especificação do Trabalho do Projeto).

Aproveitamos a apresentação deste modelo para explicar alguns recursos que estarão disponíveis em todos os documentos da planilha *EasyPMDOC*:

1. No canto superior esquerdo você terá um *link* direto para o processo que produz o documento.
2. O apelido e o PITCH do projeto serão automaticamente copiados em todos os documentos quando preenchidos na aba "Capa". Assim, se essas informações forem alteradas, bastará atualizar em um único lugar, e todos os documentos estarão adequados.
3. Você poderá fazer um controle específico de histórico para todos os documentos, no canto superior direito, de forma independente do controle geral da aba "Histórico".
4. Todas as informações do documento têm uma orientação específica para preenchimento.

Apresentamos a seguir a **ETP** preenchida para o projeto *EasyHome*:

ETP - Especificação do Trabalho do Projeto

Projeto: EasyHome - Reforma Sustentável de uma Casa

www.easybok.com.br

1. **Necessidade a ser Atendida pelo Projeto**

   A família Souza reside atualmente em uma casa térrea, antiga, e que necessita de uma reforma com urgência. Ocorre que o Sr. Pedro Souza, marido e pai, é Gerente de Projeto há muitos anos, e pretende aplicar na gestão do projeto técnicas baseadas no Guia PMBOK, principal referência mundial no assunto, e que é publicada pelo PMI – Project Management Institute.
   A Sra. Olga Souza, esposa e mãe, é uma pessoa preocupada com o futuro de seus três filhos, Alexandre, Beatriz e Isabella. Neste sentido, ela sugeriu ao marido que fosse diretriz para a reforma a preocupação com a sustentabilidade, tanto para a execução do projeto quanto para o funcionamento da casa quando estiver pronta.

FIGURA 1.9. *EasyHome* – ETP – Especificação do Trabalho do Projeto.

Observe na Figura 1.9 que o apelido e o PITCH do projeto já estão preenchidos. Como foi dito antes, quando essas informações forem preenchidas na aba "Capa", serão automaticamente atualizadas em todos os documentos.

> Cuidado para não apagar as fórmulas da planilha *EasyPMDOC*. Se por acaso algo não funcionar adequadamente, consulte uma cópia original da planilha, que recomendamos seja mantida em local seguro. Sempre que você precisar iniciar um novo projeto, ou consultar alguma célula da planilha que estiver apresentando algum problema, consulte o original. Se a dúvida ou o erro persistirem, por favor envie *e-mail* para easybok@easybok.com.br.

2. Descrição do Escopo do Projeto

2.1. A casa tem uma sala em L, cozinha, despensa, três dormitórios, três banheiros, garagem e lavanderia (planta atual anexa a esta declaração);

2.2. Deverá ser contratado um arquiteto para desenvolver o projeto, sendo que este será responsável por adequar o projeto de acordo com os requisitos levantados junto à família Souza, bem como aqueles que estão relacionados à execução de projetos de casas sustentáveis;

2.3. O Sr. Pedro Souza será o responsável pela gestão do projeto;

2.4. A família permanecerá morando na casa durante as obras;

2.5. Deverá ser construída uma piscina, uma churrasqueira e uma varanda na parte frontal da casa;

2.6. A casa deverá ter jardins e plantas em todos os cômodos onde isso for possível e saudável;

2.7. As obras deverão ser executadas somente em dias de semana e durante o horário comercial;

2.8. A planta deverá ser reformulada com o objetivo de incluir uma sala exclusiva para TV, bem como um quarto para uma empregada doméstica;

2.9. Deverá ser construída uma lareira na sala de estar e outra na suíte;

2.10. Os dois quartos que compartilham um dos banheiros deverão ser transformados para duas suítes;

2.11. Deverá ser construído um lavabo social;

2.12. No quintal deverá ser construído um orquidário, por solicitação da Sra. Olga;

2.13. A casa não deverá ter degraus entre os cômodos, e caso seja necessário, deverão ser construídas rampas, de forma a permitir o deslocamento de pessoas com necessidades especiais;

2.14. Todas as suítes deverão ter portas duplas no lugar de janelas, de forma a permitir a saída dos familiares diretamente de seus respectivos quartos para o quintal da casa;

2.15. A casa deverá ter infraestrutura totalmente embutida para a rede elétrica e lógica;

2.16. O aquecimento da água não deverá utilizar energia elétrica;

2.17. Deverá ser construído um canil para dois cães;

2.18. A sala deverá ter um aquário construído com alvenaria, em local a ser definido pelo Sr. Pedro;

2.19. Na suíte das meninas deverá ser construída uma janela em frente ao local onde ficará a penteadeira;

2.20. A suíte do Alexandre deverá ser isolada acusticamente, pois ele estuda guitarra, baixo e bateria;

2.21. Todos os banheiros deverão ter banheiras com hidromassagem;

2.22. A divisão entre o quarto e o banheiro do casal deverá ser de vidro temperado;

2.23. A sala de TV deverá ter instalação para um Home Theater;

2.24. A cozinha deverá ter instalação para máquina lava louças;

2.25. Ao lado da churrasqueira deverá ser construído um forno a lenha.

3. Plano Estratégico

Não se aplica

FIGURA 1.10. *EasyHome* – ETP (Especificação do Trabalho do Projeto) – Continuação 1.

Para apoiar o desenvolvimento do *EasyHome*, apresento a seguir a planta inicial da casa da família Souza, que propositalmente não tem medidas. Assim o fiz para que o leitor não caia na tentação de se preocupar com aspectos técnicos da engenharia e da construção civil, principalmente nossos colegas engenheiros e arquitetos. Minha intenção, como já foi dito, está focada no gerenciamento do projeto e em facilitar a aplicação das práticas propostas pelo PMI® e por outras fontes.

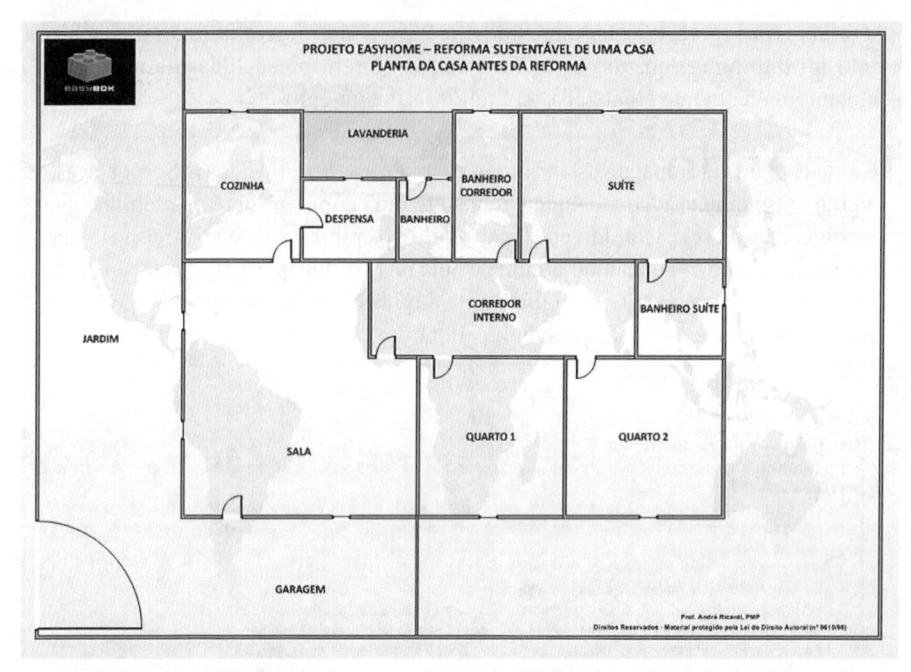

FIGURA 1.11. *EasyHome* – **Planta da casa antes da reforma.**

Observe que é uma planta propositalmente bem simplificada.

Agradecemos antecipadamente se você enviar sugestões para easyhome@easybok.com.br, a fim de melhorarmos o projeto-exemplo.

Consulte atualizações e melhorias em www.easybok.com.br/EasyHome.

> Se você está iniciando, tem pouco conhecimento na área de gerenciamento de projetos, ou se não conhece a proposta do PMI® e do Guia PMBOK®, consulte o livro *Fundamentos do gerenciamento de projetos*, de Luis Fernando Torres, um dos volumes da Coleção Grandes Especialistas Brasileiros, da Elsevier.

A partir do próximo capítulo muitas referências, orientações e dicas serão repetidas. Está desta forma propositalmente, para que um leitor que fizer uma consulta aleatória neste livro possa ser orientado a respeito.

Capítulo 2

Iniciando um Projeto e o seu Planejamento

2.1. OBJETIVOS DESTE CAPÍTULO

- Identificar o que é necessário para iniciar um projeto.
- Mostrar como formalizar um projeto.
- Definir como se pode identificar e documentar as partes interessadas no projeto.
- Orientar sobre como iniciar o planejamento de um projeto.

O início adequado de um projeto é essencial para que ele termine bem!

Uma viagem que se inicia para o rumo errado terá poucas chances de agradar aos envolvidos. Então, é importante definir os objetivos com clareza e com a certeza de que são factíveis dentro das condições que se apresentam.

É preciso compreender por que o projeto deve ser executado e, no caso do mundo corporativo, entender como ele ajudará a trazer resultados para as organizações envolvidas e como vai gerar valor para o negócio.

A seguir, o primeiro processo a ser executado.

PROCESSO DE DESENVOLVIMENTO DO TERMO DE ABERTURA DO PROJETO

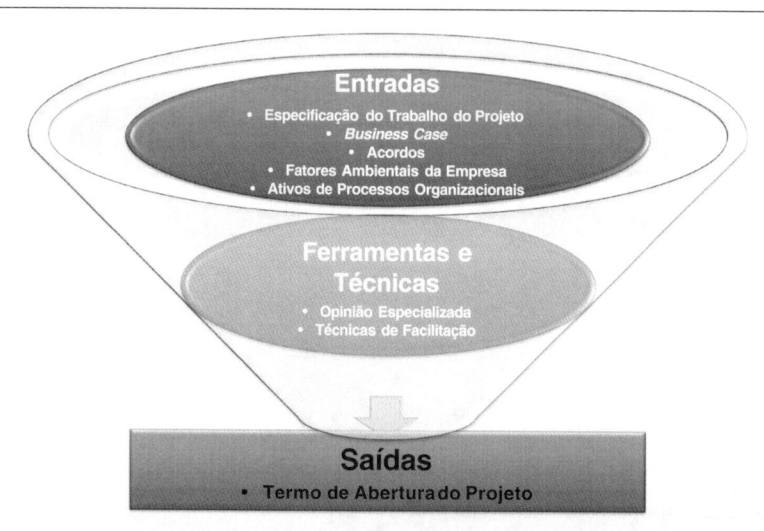

FIGURA 2.1. Processo 4.1 | Desenvolver o Termo de Abertura do Projeto.

2.2. POR QUE UTILIZÁ-LO?

Iniciar um projeto sem formalização é um grande erro!

Este processo visa autorizar formalmente a existência do projeto, nomear o gerente do projeto e criar o envolvimento das principais partes interessadas. Ainda, é possível que já exista um orçamento definido, um prazo a ser cumprido ou outras informações que irão auxiliar e direcionar o planejamento e a execução do projeto.

É importante que a versão aprovada do **TAP (Termo de Abertura do Projeto)** seja preservada, pois ela permitirá, durante o andamento ou ao final do projeto, avaliar qual é a variação do projeto em relação à visão inicial.

2.3. QUAIS OS PRINCIPAIS CUIDADOS A TOMAR?

Definir o(s) objetivo(s) do projeto é o principal deles. Formalizar um projeto com objetivos obscuros, ambíguos ou incorretos pode ser fatal. É importante que as principais partes interessadas tenham clareza sobre os aspectos essenciais do projeto, como premissas, restrições e requisitos *iniciais*. Também é importante definir qual é a autoridade do gerente do projeto, principalmente com relação à tomada de decisões e aprovações relacionadas à estratégia do projeto.

Todos os aspectos relacionados à cultura, aos processos e aos procedimentos administrativos devem ser considerados, bem como as relações contratuais, que serão referência na contratação de projetos a serem executados por outras organizações.

2.4. QUEM DEVE PARTICIPAR?

O **Gerente do Projeto** e a **Equipe de Gerenciamento do Projeto** (profissionais que executam atividades de gestão ou liderança no projeto). Outras partes interessadas devem ser convidadas ou convocadas, como o **Cliente**, o **Patrocinador** e **Pessoas-chave**, que precisam estar engajadas no projeto desde o seu início.

2.5. PRINCIPAIS DOCUMENTOS RELACIONADOS AO PROCESSO

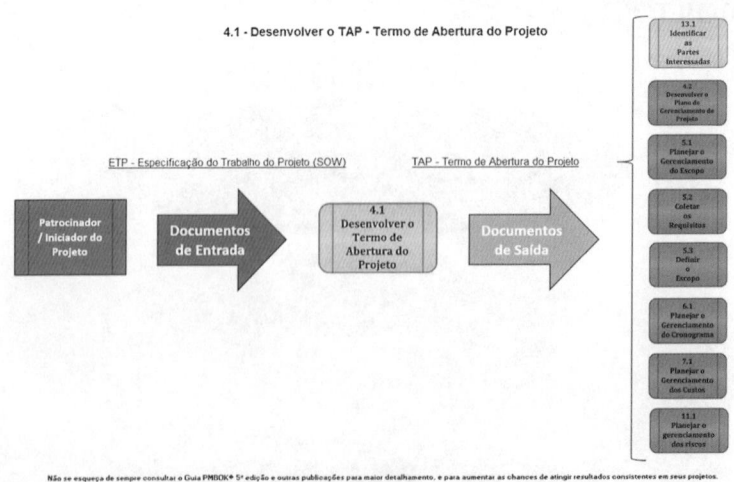

FIGURA 2.2. Principais documentos do processo 4.1.

2.6. PRINCIPAIS ENTRADAS

Alinhar a execução de um projeto aos objetivos de negócios das organizações envolvidas é fundamental. Não podemos conceber que um projeto possa ser executado sem estar alinhado à estratégia de negócios e aos clientes finais das organizações.

Então, para justificar um projeto, é preciso que ele esteja respaldado por um **caso de negócios (*business case*)** que justifique e comprove o custo-benefício do projeto; pelo menos deve existir alguma documentação formal que explique por que o projeto foi selecionado e deve ser executado, e como ele trará valor para a organização e para os envolvidos.

> Se você for convidado a gerenciar um projeto desalinhado da estratégia de negócios da organização, ou, ainda, se a sua organização não tem noção do que seja isso ou onde ela quer chegar, pense bem se não vale a pena procurar outro lugar para trabalhar...

Também é comum que um projeto seja contratado junto a uma empresa externa. Nesse caso, uma entrada importante é o **contrato** que rege a prestação de serviços e que servirá de parâmetro para as diversas demandas do projeto. Se o projeto for desenvolvido total ou parcialmente dentro da mesma empresa, ele pode ser formalizado por meio de **acordos**, que não necessitam do mesmo grau de formalização dos contratos externos.

Na área da construção civil é comum existir um memorial descritivo como parâmetro para iniciar um projeto. Nesse caso estamos tratando de um tipo de entrada chamada pelo Guia PMBOK® de **ETP (Especificação do Trabalho do Projeto)**, apresentada na Introdução desta obra.

> Na 5ª edição do Guia PMBOK®, os **Fatores Ambientais da Empresa** são citados como entrada para 27 e os **Ativos de Processos Organizacionais** para 38 dos 47 processos que o compõem.
>
> O que isso significa? Significa que você deve estar sempre atento a todos os aspectos relacionados a ambiente, cultura, processos, leis, normas, padrões, lições aprendidas, enfim, a todas as informações e condições que podem delinear diretrizes e obrigações com relação a um projeto. É importante você "saber onde pisa" quando estiver gerenciando um projeto, mesmo que esses aspectos não estejam explicitamente citados como entradas dos processos.
>
> **Na estratégia *EasyBOK* não detalharemos esses itens para cada processo conforme o Guia PMBOK®, acreditando que você irá consultá-los diretamente no Guia e, sobretudo, estará sempre atento a eles.**

2.7. PRINCIPAIS FERRAMENTAS E TÉCNICAS

Para elaborar um **TAP (Termo de Abertura do Projeto)** você irá consultar as principais partes interessadas, como outras unidades organizacionais de sua empresa, PMO, consultores, patrocinador, cliente, entre outros. Dependendo do porte e da complexidade do projeto, podem ser necessárias diversas reuniões para a definição de um documento que o formalize. Em diversos processos do Guia PMBOK® é referenciada a **Opinião Especializada** como uma das técnicas a ser utilizada.

> Costumo explicar **Opinião Especializada** como: se você não sabe como fazer e o que é preciso para tal, **"pergunte para quem sabe"**, e envolva essas pessoas adequada e oportunamente em seus projetos. Esta não é a definição formal do PMI®.

O Guia PMBOK® considera as **Técnicas de Facilitação** úteis para esse processo, destacando: *brainstorming*, resolução de conflitos, solução de problemas e gerenciamento de reuniões. Não deixe de aprimorar o uso dessas técnicas.

Indicamos que você use uma técnica muito interessante, desenvolvida pelo Professor José Finocchio Junior: o Project Model Canvas. Ela permite que os envolvidos no projeto visualizem e participem da definição inicial e do macroplanejamento do projeto. Consulte em: http://www.projectmodelcanvas.com/.

> Para se aprofundar no uso desta técnica, consulte o livro *Project Model Canvas – gerenciamento de projetos sem burocracia*, de José Finocchio Junior, publicado pela Elsevier.

Na *EasyPMDOC* existe uma aba específica para apoiar o seu uso.

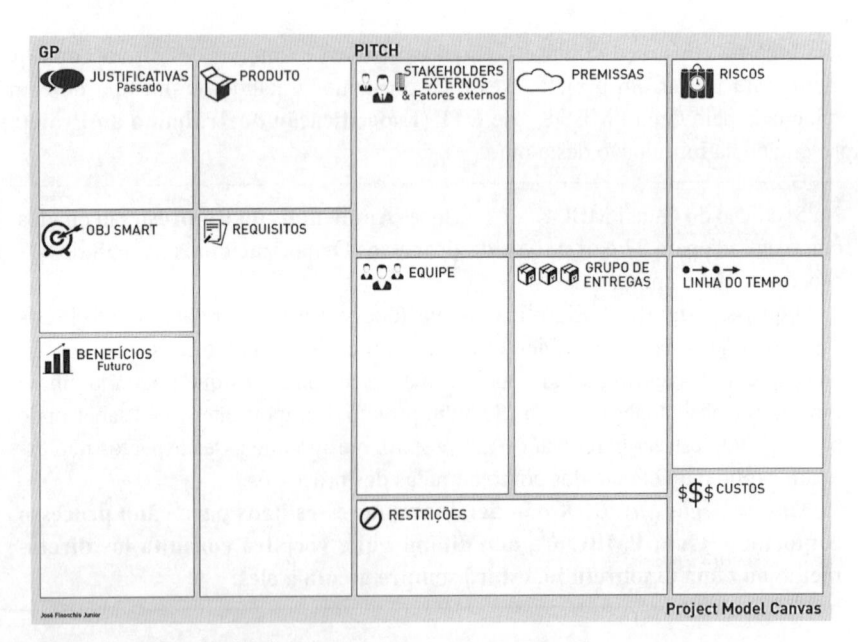

FIGURA 2.3. Project Model Canvas.

2.8. PRINCIPAIS SAÍDAS

Este processo tem uma única saída, que é o documento que formaliza o projeto, e que na sua empresa pode ter um nome diferente de **TAP (Termo de Abertura do**

Projeto). Pode ser uma ordem de serviço, o próprio contrato, outro documento ou registro qualquer que contenha as informações iniciais do projeto.

Seguem modelos propostos pela estratégia *EasyBOK*:

TAP - Termo de Abertura do Projeto *(Project Charter)*
Projeto: [Apelido do Projeto] - [PITCH do Projeto]

1. Descrição do Projeto em alto nível

> Descrever em uma visão MACRO ou resumida o que é o Projeto, o que será entregue, como será executado (estratégia), e incluir aqui qualquer informação que não caiba nos demais itens.
> Pense em construir uma descrição que permita a alguém que não está envolvido no projeto entender e ter noção do que se trata.

2. Propósito ou justificativa do Projeto

> O que justifica o desenvolvimento do Projeto, a necessidade associada ou a demanda a ser atendida.
> Qual a razão para executar este projeto.
> Justificativa está associada ao passado ou ao presente, ou seja, uma situação que o Projeto pretende modificar.

3. Objetivos do Projeto

3.1
> Aonde se quer chegar com o Projeto, ou seja, qual o objetivo a ser atingido, o resultado que se espera e como isso será medido. Todos os objetivos do Projeto devem ter, associado ao seu detalhamento, como será verificado o resultado, ou seja, se o objetivo foi ou não atingido. Os critérios de sucesso precisam ser claros e isentos de dupla interpretação. Se necessário, associe aos requisitos a serem documentados posteriormente e associe às premissas para alinhar o entendimento entre as partes interessadas.

3.2

3.3

4. Benefícios

> O que se pretende obter como resultado indireto do Projeto, ou seja, qual é o benefício que será conseguido ao final ou em consequência do Projeto.
> Lembre-se: benefício é futuro.

FIGURA 2.4. Modelo de TAP (Termo de Abertura do Projeto).

5. Requisitos de alto nível

5.1
> Detalhar quais são os macro requisitos do Projeto, ou seja, o que ele precisa atender em uma visão macro, condições ou capacidades de alto nível que devem ser atendidas, tanto com relação ao produto quanto à execução do projeto, a fim de satisfazer o propósito do projeto.
> Os requisitos devem ser alinhados com as partes interessadas para que tenham a consistência adequada.

5.2

5.3

6. Premissas iniciais

6.1
> Premissas são condições ou situações consideradas verdadeiras para fins de planejamento, independentemente de prova; ou seja, as partes interessadas concordaram que esta condição servirá de base para o planejamento do Projeto e, se de fato não acontecer conforme previsto, todos concordam que este planejamento precisará ser revisto.

6.2

6.3

7. Restrições iniciais

7.1
> Restrições são condições ou situações que restringem a execução das atividades do Projeto; ou seja, impactam no desempenho do Projeto.

7.2

7.3

8. Limites do Projeto

> Limites são utilizados para delimitar o escopo do Produto e do Projeto.
> Utilize limites para estabelecer o que não será atendido ou realizado pelo Projeto e pela equipe. Também é conhecido como "escopo negativo".

FIGURA 2.5. Modelo de TAP (Termo de Abertura do Projeto) – Continuação 1.

9.   **Riscos de alto nível**

9.1	Identificar os principais riscos associados ao Projeto, e que sejam visíveis já no princípio do Projeto. Tenha em mente que risco é um evento incerto. Portanto, se você estiver tratando de algo que você tem certeza de que acontecerá, isso não é um risco, mas um fato, e deverá ser documentado, provavelmente, como um requisito, uma premissa ou uma restrição
9.2	
9.3	

10.   **Resumo do cronograma de marcos**

10.1	[apontar as principais datas do Projeto, por exemplo:] • Reunião de kick off do Projeto • Datas das principais entregas • Encerramento da fase de planejamento do Projeto, ou outras fases importantes • Encerramento do Projeto
10.2	
10.3	

11.   **Resumo do orçamento**

	Informe se existem valores predeterminados para o orçamento a ser autorizado para o Projeto. Detalhar se necessário.

12.   **Lista das partes interessadas**

12.1	Listar as partes interessadas já identificadas no início do Projeto. Partes Interessadas são pessoas ou organizações que influenciam ou são influenciadas pela execução e/ou pelo resultado do projeto.
12.2	
12.3	

FIGURA 2.6. Modelo de TAP (Termo de Abertura do Projeto) – Continuação 2.

13.   **Requisitos para aprovação do Projeto**

	Quais são os requisitos a serem atendidos para aprovar o início e a execução do Projeto. Consulte o responsável pela aprovação.

14.   **Gerente do Projeto**

	• Nome • Responsabilidade, ou seja, quais os resultados que dependem de sua gestão direta e que, se não acontecerem, ele será o responsável

15.   **Patrocinador**

	• Nome • Nível de autoridade Patrocinador é a pessoa ou grupo que provê recursos, autoriza o uso do orçamento alocado e dá suporte para o projeto e o seu sucesso.

Assinatura do responsável pela autorização do início do Projeto
Nome do responsável pela autorização do início do Projeto

FIGURA 2.7. Modelo de TAP (Termo de Abertura do Projeto) – Continuação 3.

2.9. USANDO O PROJETO-EXEMPLO

Por se tratar de uma família e da reforma de sua casa, certamente alguns podem acreditar que a criação de um documento e a formalização são desnecessárias. Entretanto, você há de concordar que o ser humano é complexo e, por mais que elabore um documento que formalize e alinhe as expectativas antes de iniciar o projeto, problemas irão ocorrer. Existem casos reais em que uma simples reforma acabou com um casamento de muitos anos. Evite conflitos planejando e combinando os diversos aspectos relacionados ao projeto antes de iniciá-lo. Isso pode manter o ambiente familiar saudável e feliz!

A seguir, apresentamos o **TAP** preenchido para o projeto *EasyHome*. Você vai notar que os documentos não necessariamente seguirão a mesma ordem e estrutura dos modelos disponibilizados para *download* e apresentados nesta obra, que procuram seguir de maneira muito próxima a proposta do PMI®. É importante que você sempre analise as necessidades de cada projeto, e assim fizemos para este projeto-exemplo.

Você pode discordar de algumas das informações a seguir, e talvez as interprete de maneira diferente. Tenha em mente que é importante registrar essas informações, independentemente de em qual item ou em qual documento e também que os principais envolvidos concordem e aprovem. Não fique discutindo "filosoficamente" o que é objetivo, restrição, premissa e requisito (consulte o glossário desta obra e do Guia PMBOK®); enfim, registre e deixe a discussão conceitual para o ambiente acadêmico. Na prática é melhor ter algo registrado e aprovado, mesmo que isso não esteja conceitualmente correto.

TAP - Termo de Abertura do Projeto
(Project Charter)

Projeto: EasyHome - Reforma Sustentável de uma Casa

1. Descrição do Projeto em alto nível

A família Souza reside atualmente em uma casa que necessita ser reformada com urgência. O Sr. Pedro Souza é Gerente de Projeto, e pretende utilizar na gestão do projeto técnicas baseadas no Guia PMBOK, principal referência mundial no assunto, e que é publicada pelo PMI – Project Management Institute.
A Sra. Olga Souza e seu marido se preocupam com o futuro de seus três filhos, Alexandre, Beatriz e Isabella; neste sentido, a sustentabilidade é diretriz para a reforma, tanto para a execução do projeto quanto para o funcionamento da casa quando estiver pronta.

2. Propósito ou justificativa do Projeto

A família Souza pretende reformar sua casa, pois a mesma tem apresentado problemas, por ter sido construída há muito tempo e estar desgastada. Esta reforma deverá ser executada com diretriz de sustentabilidade, bem como ao final esta casa deverá ser sustentável. O casal se preocupa com o futuro do planeta e consequentemente de seus filhos.

3. Objetivos do Projeto

3.1 Reformar a casa da família Souza de forma que esta ao final seja sustentável, e de acordo com os demais requisitos coletados, documentados e aprovados junto a todas as partes interessadas.

3.2 Executar a reforma com diretrizes de sustentabilidade.

4. Benefícios

A Família Souza terá uma residência mais confortável, segura e sustentável.
Suas condições de saúde possivelmente irão melhorar.
A Família também estará colaborando para a sustentabilidade do planeta.

FIGURA 2.8. *EasyHome* – **TAP (Termo de Abertura do Projeto).**

Constatemente colegas e alunos nos perguntam: Qual é o nível de detalhamento necessário para preencher as informações de um documento? Gostaríamos de ter uma resposta única ou uma fórmula mágica para essa questão, mas infelizmente isso limitaria os envolvidos e não permitiria adequarmos às necessidades específicas do projeto. O nível adequado dependerá não somente das necessidades mas também das partes interessadas envolvidas, dos fatores culturais, ambientais e dos ativos de processos organizacionais impostos ao projeto.

Buscar fórmulas mágicas e receitas prontas é um erro fatal em gerenciamento de projetos. Não caia na tentação de buscar otimizar tudo, pois a ocorrência de erros e de problemas pode ser potencializada, se você acreditar que está no caminho adequado, e não estiver.

5.	Requisitos de alto nível
5.1	Por solicitação do Sr. Pedro, que é certificado PMP, a gestão do projeto deverá seguir as melhores práticas preconizadas pelo PMI;
5.2	Tanto a execução como o resultado da reforma deverão atender diretrizes de sustentabilidade;
5.3	A família Souza tem urgência para a conclusão da reforma;
5.4	Deverá ser contratado um arquiteto para desenvolver o projeto arquitetônico, sendo que este será responsável por adequar o projeto de acordo com os requisitos levantados junto à família Souza;
5.5	O Arquiteto será responsável por coletar os requisitos que estão relacionados à execução de projetos para casas sustentáveis;
5.6	A família deverá permanecer morando na casa durante a execução de reforma, e assim sendo a equipe de gerenciamento do projeto deverá propiciar condições de habitação neste período para todos os integrantes;
5.7	Deverá ser construída uma piscina;
5.8	Deverá ser construída uma churrasqueira;
5.9	Deverá ser construída uma varanda na parte frontal da casa;
5.10	A casa deverá ter jardins e plantas em todos os cômodos onde isso for possível e saudável;
5.11	As obras deverão ser executadas somente em dias de semana e durante o horário comercial;
5.12	A planta deverá ser reformulada com o objetivo de incluir uma sala exclusiva para TV;
5.13	A planta deverá ser reformulada com o objetivo de incluir um quarto para uma empregada doméstica;
5.14	Deverá ser construída uma lareira na sala de estar;
5.15	Deverá ser construída uma lareira na suíte do casal;
5.16	Os dois quartos que compartilham um dos banheiros deverão ser transformados para duas suítes;
5.17	Deverá ser construído um lavabo social;
5.18	No quintal deverá ser construído um orquidário, por solicitação da Sra. Olga;
5.19	A casa não deverá ter degraus entre os cômodos, e caso seja necessário, deverão ser construídas rampas, de forma a permitir o deslocamento de pessoas com necessidades especiais;
5.20	Todas as suítes deverão ter portas duplas no lugar de janelas, de forma a permitir a saída dos familiares diretamente de seus respectivos quartos para o quintal da casa;

FIGURA 2.9. *EasyHome* – TAP (Termo de Abertura do Projeto) – Continuação 1.

5.20	Todas as suítes deverão ter portas duplas no lugar de janelas, de forma a permitir a saída dos familiares diretamente de seus respectivos quartos para o quintal da casa;
5.21	A casa deverá ter infraestrutura totalmente embutida para a rede elétrica;
5.22	A casa deverá ter infraestrutura totalmente embutida para a rede lógica de computadores;
5.23	O aquecimento da água não deverá utilizar energia elétrica; somente solar;
5.24	Deverá ser construído um canil para dois cães;
5.25	A sala deverá ter um aquário construído com alvenaria, em local a ser definido pelo Sr. Pedro;
5.26	Na suíte das meninas deverá ser instalada uma janela em frente ao local onde ficará a penteadeira;
5.27	A suíte do Alexandre deverá ser isolada acusticamente, pois ele estuda guitarra, baixo e bateria;
5.28	Todos os banheiros das suítes deverão ter banheiras com hidromassagem;
5.29	A divisão entre o quarto e o banheiro do casal deverá ser de vidro temperado;
5.30	A sala de TV deverá ter instalação para um Home Theater;
5.31	A cozinha deverá ter instalação para máquina lava-louça;
5.32	Ao lado da churrasqueira deverá ser construído um forno a lenha;
5.33	O projeto deverá cumprir com o limite máximo previsto no orçamento, tendo uma tolerância de 10% para mais;
5.34	Atender às normas e leis vigentes.

6.	Premissas iniciais
6.1	O arquiteto deverá levantar requisitos com todos os membros da família Souza, e em caso de solicitações conflitantes, deverá se reunir com o Sr. Pedro e a Sra. Olga para deliberar a respeito;
6.2	A gestão do projeto será responsabilidade do Sr. Pedro;
6.3	Os familiares estarão ausentes da casa durante o horário comercial (08h00 às 17h00) nos dias de semana. O Sr. Pedro e a Sra. Olga terão livre acesso neste horário para acompanhamento das atividades que estarão em execução;
6.4	Caso seja necessário executar alguma atividade fora do horário acima, o empreiteiro responsável deverá solicitar uma autorização formal do Sr. Pedro;
6.5	A equipe do projeto deverá retirar antes do fim do expediente todos os equipamentos que representem algum tipo de risco à segurança da família residente. Caso isso não seja possível, deverá sinalizar o local e garantir que todos sejam avisados;
6.6	Qualquer acidente que ocorrer por negligência comprovada da equipe do projeto será de responsabilidade da empreiteira contratada.

FIGURA 2.10. *EasyHome* – TAP (Termo de Abertura do Projeto) – Continuação 2.

7.	**Restrições iniciais**
7.1	As atividades do projeto poderão ser executadas somente em dias de semana e no horário comercial, entre 08h00 e 17h00;
7.2	Todas as atividades do projeto deverão ser executadas obedecendo a práticas sustentáveis;
7.3	Os operários deverão utilizar equipamentos de segurança de acordo com a legislação vigente;
7.4	Não será permitida a permanência na casa dos operários após o horário comercial;
7.5	Os operários e demais profissionais participantes do projeto deverão respeitar a família, tendo conduta respeitosa e educada durante a sua permanência na casa, bem como quando estiverem ausentes.

8.	**Limites do Projeto**
	O projeto não inclui possíveis melhorias externas à residência da família Souza, bem como não está diretamente relacionado com possíveis projetos paralelos que estejam ocorrendo em domicílios vizinhos.

9.	**Riscos de alto nível**
9.1	Dificuldades no levantamento dos requisitos, tendo em vista a solicitação de aderência a práticas sustentáveis;
9.2	Problemas com fornecedores;
9.3	Falta de mão de obra qualificada;
9.4	Falta de equipamentos adequados;
9.5	Estouro de orçamento;
9.6	Distúrbios à rotina da família;
9.7	Intempéries;
9.8	Acidentes de trabalho;
9.9	Desmoronamento da construção;
9.10	Danos provocados a terceiros;
9.11	Acidentes durante a obra que envolvam os familiares.

FIGURA 2.11. *EasyHome* – TAP (Termo de Abertura do Projeto) – Continuação 3.

10.	**Resumo do cronograma de marcos**
10.1	Reunião de kickoff do Projeto
10.2	Coleta de Requisitos
10.3	Definição do Escopo
10.4	Planejamento
10.5	Execução da reforma

11.	**Resumo do orçamento**
	Está previsto um orçamento de R$ 200.000,00 para o Projeto.

12.	**Lista das partes interessadas**
12.1	Pedro Souza – Gerente do Projeto e Cliente
12.2	Olga Souza – Patrocinadora e Cliente
12.3	Alexandre – Cliente
12.4	Beatriz – Cliente
12.5	Isabella - Cliente
12.6	Arquiteto – a contratar
12.7	Operários
12.8	Fornecedores
12.9	Órgãos Públicos

13.	**Requisitos para aprovação do Projeto**
	O Sr. Pedro, a Sra. Olga e o Arquiteto deverão assinar este termo de abertura.

FIGURA 2.12. *EasyHome* – TAP (Termo de Abertura do Projeto) – Continuação 4.

14.	**Gerente do Projeto**
	• Nome: Pedro Souza • Responsabilidade: Conduzir o projeto de acordo com as boas práticas preconizadas pelo PMI • Nível de autoridade designado: Total.

15.	**Patrocinador**
	• Nome: Sra. Olga Souza. • Autoridade: Controla o orçamento do projeto

Assinatura do responsável pela autorização do início do Projeto
Pedro Souza, Olga Souza e Arquiteto

FIGURA 2.13. *EasyHome* – TAP (Termo de Abertura do Projeto) – Continuação 5.

2.10. PRATICANDO NO SEU PROJETO

Neste ponto é importante que você já tenha escolhido um projeto pessoal para praticar. Pode ser algo relacionado à sua vida pessoal, como um casamento, uma festa, uma viagem, não importa. O que importa é você tentar aplicar esta propostas no seu projeto, sentir as dificuldades e tomar as suas decisões. Também pode ser um projeto relacionado ao seu ambiente profissional. Apenas não recomendo que você aplique diretamente no ambiente profissional, ou seja, não leve isso já para o dia a dia de trabalho, pois é necessário antes entender bem e por completo a proposta *EasyBOK*.

> Não se importe em fazer correto na primeira vez e, se tem vergonha do que produziu, não mostre a ninguém. Mas certamente você concorda que não há forma melhor de aprender do que a prática.

Então não tenha medo de ser feliz. Faça o *download* da planilha *EasyPMDOC* em http://www.easybok.com.br/downloads/ e preencha a aba "**Capa**", **ETP** e **TAP** de acordo com o projeto que você escolheu.

> Para se aprofundar na área de conhecimento de Integração, consulte o livro *Gerenciamento da integração em projetos*, de Paulo Mei, um dos volumes da Coleção Grandes Especialistas Brasileiros, da Elsevier.

PROCESSO DE IDENTIFICAÇÃO DAS PARTES INTERESSADAS

FIGURA 2.14. Processo 13.1 | Identificar as Partes Interessadas.

2.10. POR QUE UTILIZÁ-LO?

É difícil entender como um ser humano acredita ser possível ter sucesso no projeto sem gerenciar de maneira adequada todos os envolvidos. Quem em sã consciência acredita que realiza qualquer projeto sozinho, mesmo que seja para conquistar uma medalha olímpica?

Alguns colegas, gerentes de projetos experientes, criticaram a criação desta nova área de conhecimento da 5ª edição do PMBOK®, **Gerenciamento das Partes Interessadas**, que para nós passa a ser a mais importante do gerenciamento de projetos; sem menosprezar as demais áreas, você pode ser um gestor sensacional de escopo, tempo, custo, enfim de todas, e ao mesmo tempo ser um "zero à esquerda" no engajamento das outras partes envolvidas. Sem o apoio de todos certamente sua missão será muito mais difícil e exposta a riscos, concorda?

2.11. QUEM DEVE PARTICIPAR?

O **Gerente do Projeto** e a **Equipe de Gerenciamento do Projeto**. O **Cliente** e o **Patrocinador** são essenciais no processo, por terem conhecimento para definir quem deve participar de determinadas atividades do projeto, como e quando.

2.12. QUAIS OS PRINCIPAIS CUIDADOS A TOMAR?

Identificar, analisar e documentar informações importantes sobre pessoas, grupos e organizações que podem impactar ou ser impactadas pelo projeto é essencial. Uma parte interessada não identificada ou mal gerenciada pode "afundar" um projeto.

Talvez você já tenha presenciado pelo menos uma situação em que isso aconteceu... Uma parte interessada que "aparece" ou é identificada tardiamente em um projeto pode mudar todo o seu rumo, dependendo do grau de influência e poder que ela tenha no ambiente onde está sendo executado. Da mesma forma, uma parte interessada que não está engajada no projeto pode negligenciar suas atividades e sua importância. Não menospreze ninguém que esteja direta ou indiretamente relacionado ao projeto. Tudo pode acontecer!

Novamente, o ser humano é complexo...

2.13. PRINCIPAIS DOCUMENTOS RELACIONADOS AO PROCESSO

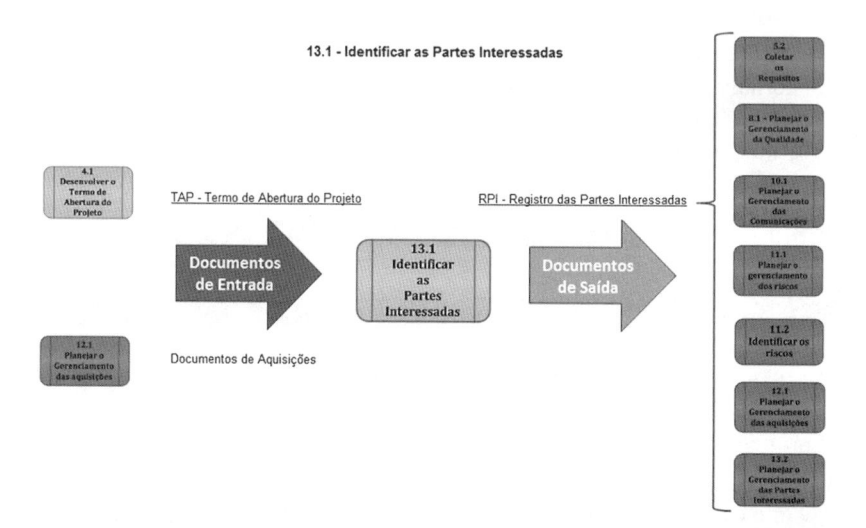

FIGURA 2.15. Principais documentos do processo 13.1.

2.14. PRINCIPAIS ENTRADAS

O **TAP (Termo de Abertura do Projeto)** é a referência determinante para identificar as partes interessadas. Nele temos os principais envolvidos, bem como informações importantes para que as demais também sejam identificadas. Essas partes interessadas podem ser internas ou externas. Todas devem ser registradas! Se o projeto tem necessidade de aquisições, sejam produtos ou serviços, os documentos relacionados também serão utilizados como entrada para o processo oportunamente.

2.15. PRINCIPAIS FERRAMENTAS E TÉCNICAS

A **Análise das Partes Interessadas** é a primeira técnica citada no Guia PMBOK® para esse processo. Você deverá analisar "criteriosamente" com quem está lidando, e quais situações e relacionamentos a que o projeto será submetido.

A **Opinião Especializada** também é indicada para este processo. Na verdade o Guia PMBOK® 5ª edição cita em *28 processos* a opinião especializada como técnica.

> É importante não tentar executar algo sem preparo, ou sem ter auxílio de quem tem conhecimento e está apto para tal. Não tente "mostrar serviço" sem ter certeza do que deve ser feito e como fazê-lo. Gerenciar projetos sem esses cuidados pode custar caro, muito caro.

Reuniões são ferramentas importantes para identificar partes interessadas, bem como para que se resolva e formalize decisões sobre os projetos. Entretanto, se você ainda não o fez, estude técnicas de reuniões para utilizar este recurso com eficácia. Muitos profissionais questionam e criticam o uso de reuniões, pois elas são mal planejadas e malconduzidas. Seja reconhecido como alguém que sabe planejar e conduzir reuniões. Você será mais respeitado, e os resultados serão muito mais consistentes.

2.16. PRINCIPAIS SAÍDAS

O **RPI (Registro das Partes Interessadas)** é o documento que detalha as informações importantes sobre os envolvidos. Ele pode conter informações pessoais, de avaliação e classificação das partes interessadas.

Segue modelo proposto pela estratégia *EasyBOK*:

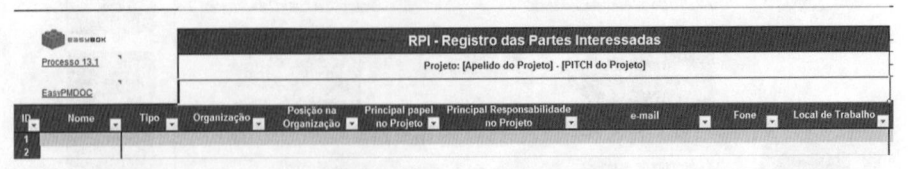

FIGURA 2.16. Exemplo de RPI (Registro das Partes Interessadas).

Na primeira parte deste documento, as informações são básicas. Vale comentar:

- O **tipo** de parte interessada pode ser adaptado para as necessidades de sua organização ou do projeto. A princípio nossa proposta é utilizar as opções interna ou externa.

- O **papel** no projeto está relacionado ao tipo de atividade que a pessoa irá executar. Nossas sugestões são: cliente, equipe, fornecedor, gerente do projeto, patrocinador ou outros.

ID	Nome	Requisitos Essenciais	Principais Expectativas	Fase de Maior Interesse	Observações
1					
2					

FIGURA 2.17. Exemplo de RPI (Registro das Partes Interessadas) – Continuação 1.

- Os **requisitos essenciais** devem ser levantados diretamente com a parte interessada relacionada; é tudo aquilo que precisa ser atendido e considerado essencial para o solicitante.

2.16. USANDO O PROJETO-EXEMPLO

Para o primeiro momento de nosso exemplo serão registradas somente as partes interessadas que já estariam identificadas no início do projeto. Esse documento será atualizado no decorrer de nossa simulação. Nos projetos reais não deixe de preencher esse documento e gerenciar as partes interessadas a partir do momento em que forem identificadas. É importante que todas estejam identificadas e as informações disponíveis para uso da equipe.

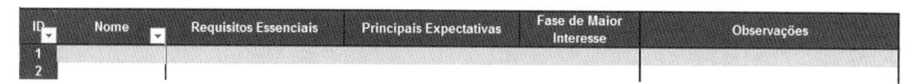

RPI - Registro das Partes Interessadas
Projeto: EasyHome - Reforma Sustentável de uma Casa

ID	Nome	Tipo	Organização	Posição na Organização	Principal papel no Projeto	Principal Responsabilidade no Projeto	e-mail	Fone	Local de Trabalho
1	Pedro Souza	Interna	Família	Pai	Gerente do Projeto	Atingir os objetivos do projeto	pedro@familiasouza.com.br	55 11 2222-2222	Residência Souza
2	Olga Souza	Externa	Família	Mãe	Patrocinador	Autorizar os pagamentos e controlar o orçamento	olga@familiasouza.com.br	55 11 2222-2222	Residência Souza
3	Alexandre Souza	Externa	Família	Filho	Cliente	Definir e validar requisitos	alexandre@familiasouza.com.br	55 11 2222-2222	Residência Souza
4	Beatriz Souza	Externa	Família	Filho	Cliente	Definir e validar requisitos	beatriz@familiasouza.com.br	55 11 2222-2222	Residência Souza
5	Isabella Souza	Externa	Família	Filho	Cliente	Definir e validar requisitos	isabella@familiasouza.com.br	55 11 2222-2222	Residência Souza
6	Vicente Mondragone	Interna	Mundo Melhor Arquitetura	Proprietário	Equipe	Levantar requisitos, definir o projeto arquitetônico e fiscalizar a obra	vicente@mundomelhor.com.br	55 11 3333-3333	Av do Sítio, 1934
7	Elcy Novo Horizonte	Externa	Construtora Deixa Comigo	Proprietário	Fornecedor	Gerenciar a execução da obra	elcy@deixacomigo.com.br	55 11 4444-4444	Rua Trajano Machado, 1938
8	Departamento da Prefeitura	Externa	Prefeitura Municipal	Autorizações e licenças	Outros	Aprovações e licenças	contato@prefeitura.gov.br	55 11 5555-5555	Prefeitura Municipal
9									

FIGURA 2.18. EasyHome – RPI (Registro das Partes Interessadas).

ID	Nome	Requisitos Essenciais	Principais Expectativas	Fase de Maior Interesse	Observações
1	Pedro Souza	Utilizar as melhores práticas preconizadas pelo PMI	Projeto atingir todos os objetivos propostos	Todo o projeto	
2	Olga Souza	Obra e resultado serem sustentáveis	Melhorar a qualidade de vida de sua família	Todo o projeto	
3	Alexandre Souza	Quarto a prova de som	Ter privacidade para estudar música	Planejamento	
4	Beatriz Souza	Banheira na sua suíte	Obra terminada o mais rápido possível	Encerramento	
5	Isabella Souza	Penteadeira na janela	Um belo jardim na vista da janela de seu quarto	Execução e Encerramento	
6	Vicente Mondragone	Aquisição de materiais sustentáveis em fornecedores especializados	Clientes satisfeitos ao final do projeto	Todo o projeto	
7	Elcy Novo Horizonte	Manter sua equipe motivada	Clientes satisfeitos ao final do projeto	Execução e Encerramento	
8	Departamento da Prefeitura	O projeto deve estar de acordo com a legislação municipal	Legislação atendida	Todo o projeto	
9					

FIGURA 2.19. *EasyHome* – RPI (Registro das Partes Interessadas) – Continuação 1.

2.17. PRATICANDO NO SEU PROJETO

Agora, preencha o **RPI** da planilha *EasyPMDOC* do seu projeto. Se tiver dúvida, consulte-nos pelo *e-mail* easybok@easybok.com.br.

> Para se aprofundar na área de conhecimento das Partes Interessadas, consulte o livro *Gerenciamento das partes interessadas em projetos*, de Maristela Hurtado, um dos volumes da Coleção Grandes Especialistas Brasileiros, da Elsevier.

PROCESSO DE DESENVOLVIMENTO DO PLANO DE GERENCIAMENTO DO PROJETO

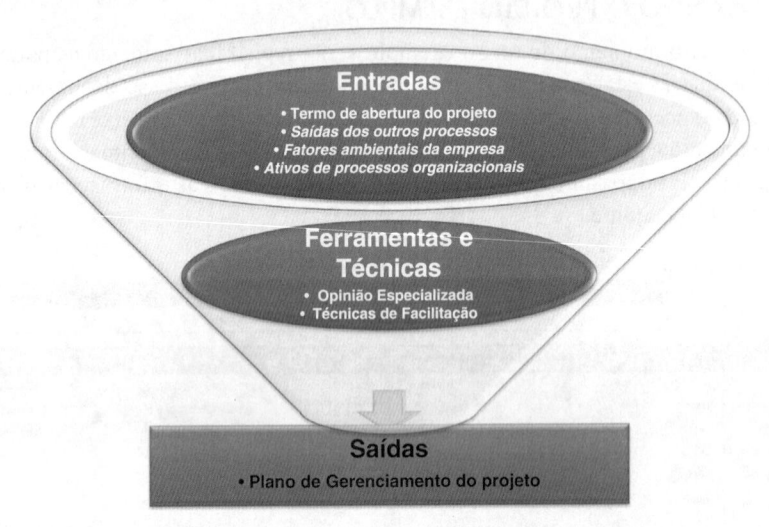

FIGURA 2.20. Processo 4.2 | Desenvolver o Plano de Gerenciamento do Projeto.

2.18. POR QUE UTILIZÁ-LO?

O grande desafio é convencer alguns profissionais sobre a importância do planejamento, notadamente nas culturas de origem latina. Muitas culturas entendem que planejar é essencial para executar com mais eficiência e obter melhores resultados, por isso apresentam resultados significativos em seus projetos. Então perguntamos: Por que não copiá-los? Por que insistir em "sair fazendo" por acreditar que planejar é perda de tempo? São questões que atormentam a mente de alguns profissionais sérios e comprometidos...

> O Guia PMBOK® propõe *24 processos* para planejamento, ou seja, mais da metade dos 47 que a 5ª edição contempla. Isso significa que, para uma grande parcela dos profissionais do mercado, é essencial planejar adequadamente para obter resultados consistentes. Se você ainda não faz isso, reflita e avalie os benefícios que pode obter.

Existem também os profissionais que chamam apenas o cronograma de plano de projeto. Sem dúvida o cronograma é um componente essencial para o gerenciamento do projeto mas, além disso, é fundamental analisar todas as necessidades e estratégias para um projeto específico, de maneira integrada e consolidada.

Para a maioria dos projetos, este processo será o primeiro do planejamento a ser iniciado, e o último a ser encerrado. Isso porque é também por meio dele que as informações são consolidadas e integradas. Sem consolidar, você estará se transformando em um *"entregador de papel"*, que elabora documentos apenas para justificar a atividade perante áreas de controle, como por exemplo um PMO – *Project Management Office* (Escritório de Gerenciamento de Projetos).

> Um documento oficial que contém informações imprecisas ou desatualizadas é uma arma contra o projeto, pois "alguém" poderá utilizar as informações como base para análises, decisões e ações. Depois que o problema acontecer, você terá de "gastar" muito mais tempo na correção do que se tivesse "investido" tempo em evitar, planejando adequadamente e mantendo a documentação atualizada. Pense a respeito!

2.19. QUEM DEVE PARTICIPAR?

O **Gerente do Projeto** e a **Equipe de Gerenciamento do Projeto**. Outras partes interessadas podem ser convidadas ou convocadas, de acordo com a necessidade.

2.20. QUAIS OS PRINCIPAIS CUIDADOS A TOMAR?

Se você precisa envolver o Departamento Financeiro da empresa no planejamento, é possível que ele apresente tendência a dar prioridade a aspectos financeiros. Se você envolver a Área Técnica, provavelmente irão priorizar as necessidades e as especificações técnicas. E assim pode acontecer com as mais diversas áreas e especializações.

Então, o que é preciso fazer?

> É preciso balancear as demandas concorrentes, ou seja, equilibrar as necessidades e soluções, de forma a aumentar as chances de sucesso do projeto e tentar atender a todos da melhor forma possível. É evidente que cada projeto tem necessidades específicas, e alguns aspectos irão ser prioritários em relação a outros.
>
> O maior desafio é exatamente encontrar o ponto de equilíbrio, equalizando planejamento, execução, monitoramento, controle e encerramento do projeto.

O **PGP (Plano de Gerenciamento do Projeto)** não deve ser um documento de uso e acesso exclusivo da equipe do projeto, pelo menos para a maioria dos projetos. Todos os envolvidos precisam conhecer, compreender e, dependendo de sua função no projeto, aprovar o conteúdo.

Esse documento também precisa refletir qualquer atualização na estratégia definida para gerenciar o projeto. Não adianta produzir um plano sensacional se daqui a algum tempo ele estiver distante da realidade.

2.21. PRINCIPAIS DOCUMENTOS RELACIONADOS AO PROCESSO

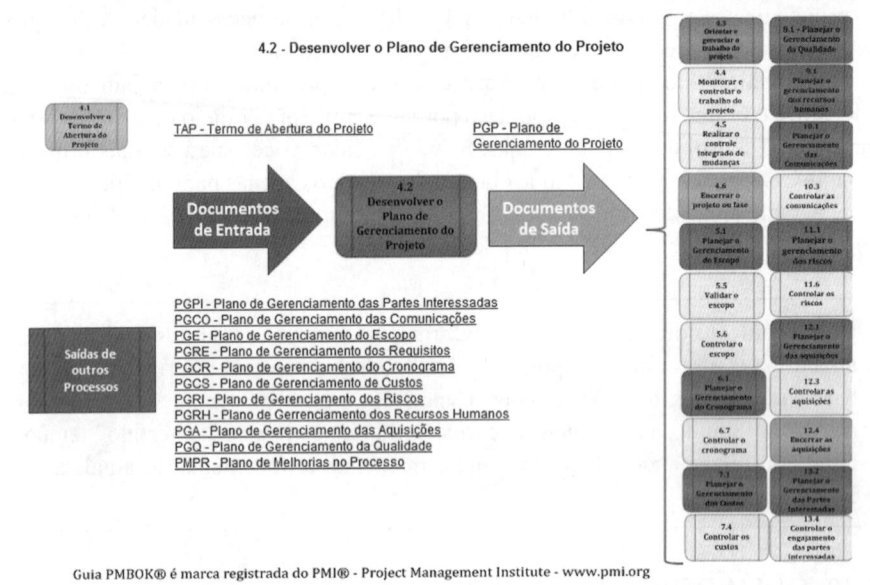

Guia PMBOK® é marca registrada do PMI® - Project Management Institute - www.pmi.org

FIGURA 2.21. Principais documentos do processo 4.2.

2.22. PRINCIPAIS ENTRADAS

O **TAP (Termo de Abertura do Projeto)** é uma referência importante para o planejamento. As informações iniciais e a formalização são parâmetros que direcionam o planejamento e servirão de base para avaliar o desempenho do projeto.

Na proposta do PMI®, o PGP (Plano de Gerenciamento do Projeto) tem diversos **planos auxiliares**, que são saídas de outros processos do grupo de planejamento, nos quais são especificados os aspectos relacionados às demais áreas de conhecimento, bem como a outros direcionamentos importantes. Muitas empresas consolidam os planos em um único documento físico, o que pode facilitar a consulta e o manuseio. Analise as necessidades das empresas e as pessoas envolvidas; caso considere benéfico, elabore os planos separadamente. Na proposta *EasyBOK* vamos utilizar cada documento separadamente e criar links entre eles com a planilha *EasyPMDOC*.

2.23. PRINCIPAIS FERRAMENTAS E TÉCNICAS

A **Opinião Especializada** e as **Técnicas de Facilitação** são sugeridas pelo Guia PMBOK® para o processo. É essencial envolver todos os que podem auxiliar para chegar a um planejamento consistente.

Apesar de não estarem citadas explicitamente no Guia PMBOK®, reuniões e apresentações são fundamentais para dar consistência aos planos de projetos. Esses recursos estão sutilmente citados em **Técnicas de Facilitação** como técnicas de gerenciamento de reuniões. Mas não caia na tentação de elaborar um plano que faça sentido somente para você e a sua equipe.

2.24. PRINCIPAIS SAÍDAS

O **PGP (Plano de Gerenciamento do Projeto)** é a única saída do processo; porém, para a maioria dos projetos, este documento provavelmente será o mais complexo, pois pode conter ou ser integrado a todos os planos auxiliares, quais sejam:

* PGE – Plano de Gerenciamento do Escopo
* PGRE – Plano de Gerenciamento dos Requisitos
* PGCR – Plano de Gerenciamento do Cronograma
* PGCS – Plano de Gerenciamento dos Custos
* PGCO – Plano de Gerenciamento das Comunicações
* PGPI – Plano de Gerenciamento das Partes Interessadas
* PGRI – Plano de Gerenciamento dos Riscos
* PGQ – Plano de Gerenciamento da Qualidade
* PMPR – Plano de Melhorias no Processo
* PGRH – Plano de Gerenciamento dos Recursos Humanos
* PGA – Plano de Gerenciamento das Aquisições

Além disso, o PGP conterá as principais linhas de base, que são:

* LBE – Linha de Base do Escopo
* LBCR – Linha de Base do Cronograma
* LBC – Linha de Base dos Custos

> Uma **linha de base** é uma referência a ser utilizada para avaliar o desempenho futuro do projeto, ou seja, você as utilizará para avaliar se o projeto está sendo executado de acordo com o planejado. Costumo associar a linha de base a uma fotografia, que registra uma situação em um momento específico e que será utilizada como referência para comparação posterior.

Manter as linhas de base inalteradas, criando outras se for necessário, é fundamental para o sucesso de um projeto, pois por meio da análise e comparação entre elas será possível medir a variação entre o que foi planejado e o resultado do trabalho. Todas as principais ferramentas de mercado permitem armazenar **diversas** linhas de base, ou seja, você não precisa apagar uma linha de base sequer para registrar outro momento a ser utilizado como referência no futuro.

Muitos gerentes de projetos alteram as linhas de base do projeto para tentar passar uma impressão de que o projeto não tem desvios, ou seja, de que tudo está ocorrendo conforme o planejado. Isso é um dolorido "tiro no próprio pé", pois nem sempre os desvios são de responsabilidade direta do Gerente do Projeto.

> **Acredite:** "Jogar limpo" e evidenciar as dificuldades é bastante positivo na gestão de projetos; afinal, todos querem o sucesso, sobretudo o Cliente e o Patrocinador. Envolva todos na busca de soluções e não esconda, em hipótese nenhuma, possíveis desvios em seus projetos. Todos vão ajudar, desde que você saiba como mostrar a importância disso!

Segue modelo proposto pela estratégia *EasyBOK*:

PGP - Plano de Gerenciamento do Projeto
Projeto: [Apelido do Projeto] - [PITCH do Projeto]

1.   **Ciclo de Vida do Projeto**
Identificar quais serão as fases do Projeto que irão organizar o trabalho do início ao final deste Projeto. É comum que as organizações já tenham algum padrão definido, que pode ter ciclos diferentes e variações de acordo com o tipo de Projeto.

2.   **Adequações do modelo proposto pelo Guia PMBOK® e que serão aplicadas a este Projeto**
[Utilize a planilha de componentes para descrever e complemente aqui com as informações que considerar necessárias] Apontar quais os processos do Guia PMBOK® que serão ou não utilizados, o nível de implementação de cada processo selecionado, as descrições das ferramentas e técnicas a serem utilizadas e as dependências entre os processos. Você pode e deve incluir processos, entradas, ferramentas e técnicas, e saídas que eventualmente não constem no Guia e que entende que seriam úteis para este Projeto específico. Nossa sugestão é utilizar como apoio a aba "Componentes", nesta planilha.

3.   **Diretrizes para a execução do Projeto**
3.1   Detalhar as principais diretrizes a serem seguidas por todas as partes interessadas do Projeto, de forma a viabilizar atingir os objetivos do Projeto.
3.2
3.3

4.   **Plano de Gerenciamento de Mudanças**
Como serão solicitadas, analisadas, aprovadas, executadas, monitoradas e controladas as solicitações de mudanças do Projeto. Recomendamos que seja desenhado um processo para definir como as mudanças serão gerenciadas, caso sua organização não o tenha pronto.

FIGURA 2.22. Exemplo de PGP (Plano de Gerenciamento do Projeto).

5.   **Plano de Gerenciamento de Configuração**
Detalhar como serão controladas as versões de documentos e de entregas do Projeto.

6.   **Manutenção da integridade das linhas de base de medição do desempenho**
Como será garantida a integridade das linhas de base do Projeto. As principais linhas de base do Projeto são: escopo, cronograma e custo.

7.   **Necessidades e técnicas para comunicação entre as partes interessadas**
Quais são as necessidades de comunicação específicas para o Projeto, e ainda quais serão as técnicas de comunicação utilizadas.
Coloque aqui informações gerais, e que não foram detalhadas no plano de gerenciamento das comunicações e na matriz de comunicação.

8.   **Revisões chave para gerenciamento de conteúdo, prorrogações, prazos para tratamento, questões abertas e decisões pendentes**
Como, quando e quais serão os participantes nos eventos citados.

9.   **Linha de base do escopo**
9.1   Especificação do Escopo do Projeto
9.2   EAP
9.3   Dicionário da EAP

FIGURA 2.23. Exemplo de PGP (Plano de Gerenciamento do Projeto) – Continuação 1.

10. **Linha de base do cronograma**

> Versão do cronograma que está sendo utilizada como parâmetro para medir o desempenho do projeto.

11. **Linha de base dos custos**

> Versão da estimativa de custos que está sendo utilizada como parâmetro para medir o desempenho do projeto. Algumas das ferramentas de gestão de projeto disponíveis no mercado calculam e mantêm esta linha de base diretamente com o cronograma.

FIGURA 2.24. Exemplo de PGP (Plano de Gerenciamento do Projeto) – Continuação 2.

2.25. USANDO O PROJETO-EXEMPLO

Muitos acreditam que um projeto aparentemente simples, quase familiar, como o que foi proposto nesta obra, não precisa de um plano de projeto. É um erro, pois sem planejar você pode, por exemplo, gastar muito mais do que havia previsto no orçamento; então, não adianta chorar, pois será difícil parar uma reforma no meio do caminho, até mesmo por falta de dinheiro.

> Existe um preconceito de que planejar é complicar e sofisticar demais algo simples, quando na prática percebemos que o planejamento não precisa ser complexo ou extremamente detalhado. Simplifique, mas planeje, pois isso pode aumentar muito as chances de sucesso.

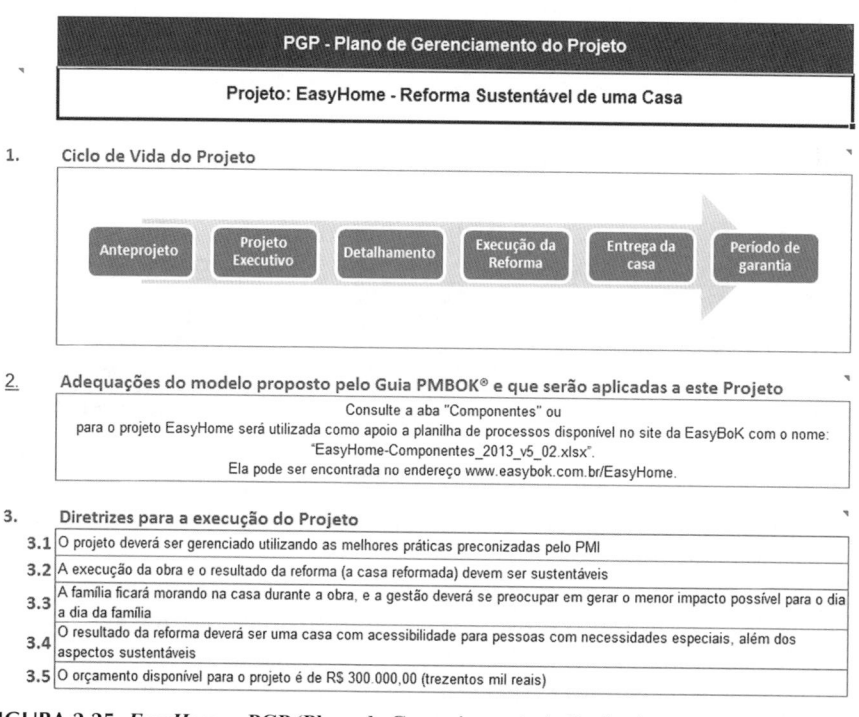

FIGURA 2.25. *EasyHome* – PGP (Plano de Gerenciamento do Projeto).

4.   Plano de Gerenciamento de Mudanças

O solicitante da mudança irá direcionar o assunto ao Gerente do Projeto, que irá analisar o impacto desta mudança. Caso a solicitação tenha fundamento, o Gerente do Projeto irá solicitar uma reunião com o Sr. Pedro, a Sra. Olga e o arquiteto para aprovação. Se necessário, os filhos serão envolvidos.
Se a mudança for aprovada, o Gerente do Projeto irá atualizar o planejamento e demais documentos do projeto de acordo com a necessidade.

5.   Plano de Gerenciamento de Configuração

O Gerente do Projeto é responsável pelo controle e integridade de todas as linhas de base do Projeto, bem como de todas as versões das entregas e dos documentos do Projeto. Também é responsável pela implementação das solicitações de mudanças aprovadas.
A verificação do atendimento dos requisitos de produto relacionados às entregas do projeto será executada pelos responsáveis apontados diretamente no cronograma do projeto, e serão todas verificadas logo após pelo Sr. Pedro em conjunto com a Sra. Olga.

6.   Manutenção da integridade das linhas de base de medição do desempenho

As linhas de base de cronograma e desempenho de custos serão mantidas com os recursos do software de gerenciamento de projetos escolhido.
A linha de base de escopo será controlada pelas versões dos documentos associados ao Escopo, citados no item 9 deste documento, e sua manutenção será de responsabilidade do Gerente do Projeto.

7.   Necessidades e técnicas para comunicação entre as partes interessadas

Serão utilizadas redes sociais, e-mails, conversas pessoais ou telefônicas e reuniões para tratar de assuntos específicos que deverão ser registrados em atas. Detalhes deverão ser planejados no plano de gerenciamento das comunicações.

FIGURA 2.26. *EasyHome* – **PGP (Plano de Gerenciamento do Projeto) – Continuação 1.**

8.   Revisões-chave para gerenciamento de conteúdo, prorrogações, prazos para tratamento, questões abertas e decisões pendentes

Os participantes do Comitê Executivo do Projeto são:
• o Gerente do Projeto,
• o Patrocinador e
• o Cliente.
Dado o caráter do projeto, é recomendado que o Arquiteto e o Empreiteiro (se for contratado) também participem das revisões chave.
Serão realizadas reuniões semanais, ou quando solicitado. Deverão ser realizadas preferencialmente na residência a ser reformada ou em local próximo.

9.   Linha de base do escopo

9.1	EEP - Especificação do Escopo do Projeto
9.2	EAP - Estrutura Analítica do Projeto
9.3	CRO - Dicionário da EAP

10.   Linha de base do cronograma

| CRO - Cronograma |

11.   Linha de base dos custos

| LBCS - Linha de Base dos Custos |

FIGURA 2.27. *EasyHome* – **PGP (Plano de Gerenciamento do Projeto) – Continuação 2.**

Observe que algumas das informações, como por exemplo as linhas de base, estão apontando diretamente para as outras abas da planilha, que estão relacionadas aos documentos específicos.

Quando as linhas de base e as outras informações do planejamento forem atualizadas durante a execução do projeto, tudo já estará no seu devido lugar, sem repetições da mesma informação. Assim você não correrá o risco de utilizar algo que já não está mais valendo. Muito cuidado para não atualizar o que ainda não foi aprovado, pois senão terá dificuldades em avaliar o desempenho real do projeto.

2.26. PRATICANDO NO SEU PROJETO

Agora preencha a PGP da planilha *EasyPMDOC*, utilizada para o seu projeto. Se tiver dúvida, consulte-nos pelo *e-mail* easybok@easybok.com.br.

PROCESSO DE PLANEJAMENTO DO GERENCIAMENTO DAS PARTES INTERESSADAS

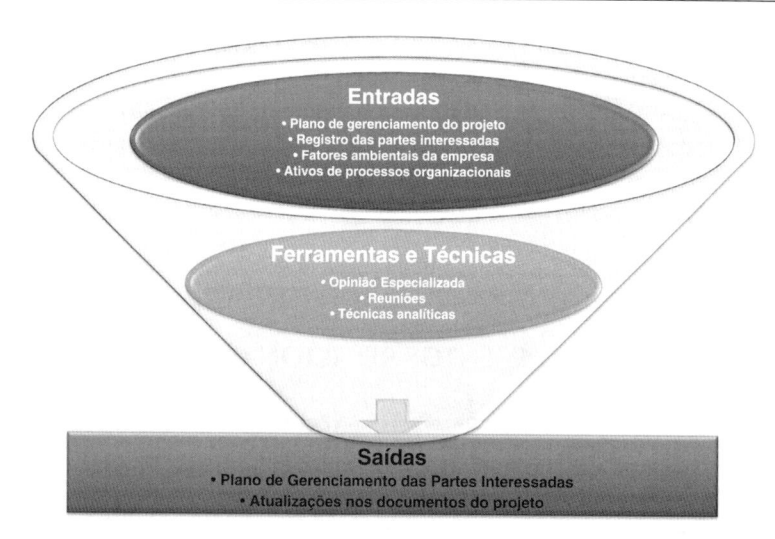

FIGURA 2.28. Processo 13.2 | Planejar o Gerenciamento das Partes Interessadas.

2.27. POR QUE UTILIZÁ-LO?

Para planejar como manter o envolvimento das partes interessadas durante todo o ciclo de vida do projeto com base nas necessidades, nas expectativas e nos interesses, será elaborado um **PGPI (Plano de Gerenciamento das Partes Interessadas)**, a fim de desenvolver meios para que todos estejam "engajados" de acordo com as necessidades do projeto. Engajar significa criar e manter relacionamentos entre a equipe e as demais partes interessadas, de forma que todos tenham senso de responsabilidade e comportamento profissional, dando a devida importância ao seu papel no sucesso do projeto.

2.28. QUEM DEVE PARTICIPAR?

O **Gerente do Projeto** e a **Equipe de Gerenciamento do Projeto**. Outras partes interessadas podem ser convidadas ou convocadas de acordo com a necessidade.

2.29. QUAIS OS PRINCIPAIS CUIDADOS A TOMAR?

Durante o ciclo de vida do projeto as partes interessadas envolvidas poderão ser trocadas, as que continuarem poderão perder o interesse pelo projeto e a estratégia definida para o gerenciamento também poderá mudar. Se algo assim ocorrer, esse processo deverá ser revisitado para ajustes, sempre que necessário.

Um dos principais cuidados a se tomar é envolver as partes interessadas com poder de decisão, bem como aquelas que têm conhecimentos específicos, desde o princípio, ou pelo menos no momento em que se está definindo aspectos importantes do projeto. Corrigir algo que foi direcionado ou elaborado de forma errada é muito mais trabalhoso do que definir corretamente e ir para o caminho certo. Será que alguém discorda disso?

Na estratégia *EasyBOK* nossa proposta é de que o planejamento do gerenciamento das partes interessadas e das comunicações aconteça logo depois do início do desenvolvimento do **PGP (Plano de Gerenciamento do Projeto)**. Isso porque, na maioria dos projetos, algumas partes interessadas devem ser envolvidas no planejamento de outras áreas de conhecimento. Assim, é importante definir de que maneira os aspectos vitais para o projeto deverão ser gerenciados desde o começo.

2.30. PRINCIPAIS DOCUMENTOS RELACIONADOS AO PROCESSO

13.2 - Planejar o Gerenciamento das Partes Interessadas

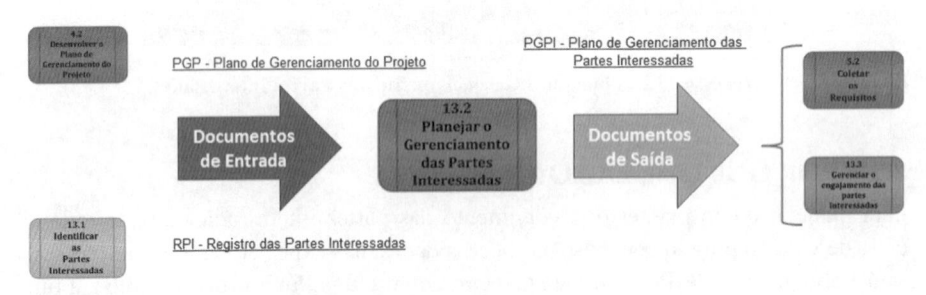

FIGURA 2.29. Principais documentos do processo 13.2.

2.31. PRINCIPAIS ENTRADAS

O **PGP (Plano de Gerenciamento do Projeto)** é a principal entrada para este processo, pois contém informações de como o gerenciamento do projeto será executado e, portanto, toda a gestão das partes interessadas é influenciada.

Certamente o **RPI (Registro das Partes Interessadas)** também é utilizado como entrada, pois contém informações essenciais para o planejamento adequado e sobre quem deve ser envolvido e engajado.

2.32. PRINCIPAIS FERRAMENTAS E TÉCNICAS

A **Opinião Especializada** (reforçando, se você não sabe o que e como fazer, pergunte ou peça ajuda para quem sabe) irá ajudá-lo a identificar quais e quando as partes interessadas precisam estar engajadas no projeto.

Reuniões podem ser utilizadas para discutir os níveis de engajamento necessários para cada parte, e em cada momento do projeto, a fim de criar o envolvimento adequado. **Técnicas Analíticas** podem ser utilizadas para definir o nível de engajamento e como gerenciar para que isso de fato ocorra.

2.33. PRINCIPAIS SAÍDAS

O Guia PMBOK® sugere a criação de um documento chamado **Matriz de Avaliação do Engajamento das Partes Interessadas**. Na estratégia *EasyBOK* sugerimos que essas informações sejam incluídas no documento **RPI (Registro das Partes Interessadas)** e, se considerar necessário para o seu Projeto, crie quadros analíticos em formato de gráficos.

Também no **RPI** sugerimos que sejam incluídas algumas informações propostas para o documento **PGPI (Plano de Gerenciamento das Partes Interessadas)**, que é a principal saída desse processo. Utilizando a estratégia *EasyBOK* você terá parte das informações em cada um desses documentos, a fim de facilitar a integração entre essas informações.

Segue modelo proposto pela estratégia *EasyBOK*:

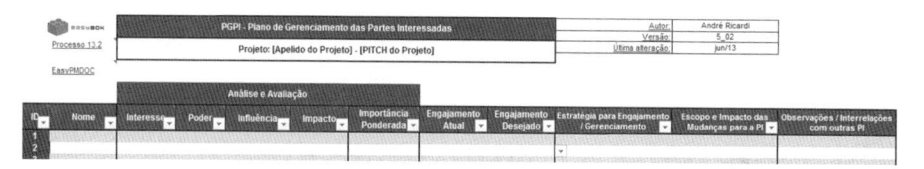

FIGURA 2.30. Exemplo de PGPI (Plano de Gerenciamento das Partes Interessadas).

Onde:

- **ID** = Número de identificação da parte interessada.
- **Interesse** = Nível de preocupação com o Projeto e o interesse de que ele tenha sucesso.
- **Poder** = Poder e Autoridade dentro da Organização e relacionada ao projeto.
- **Influência** = Capacidade de influenciar ativamente no ambiente do Projeto e das organizações envolvidas.
- **Impacto** = Habilidade para efetuar mudanças no planejamento ou na execução do Projeto, e o possível impacto associado.
- **Importância Ponderada** = Percentual ponderado considerando Interesse, Poder, Influência e Impacto. A planilha *EasyPMDOC* calcula um valor considerando estas quatro variáveis.

2.34. USANDO O PROJETO-EXEMPLO

Aparentemente os envolvidos podem acreditar que, por se tratar de uma reforma familiar, não é necessário planejar o gerenciamento das partes interessadas. Provavelmente você o faria, mas sem a necessidade de formalizar em um documento. Nós o faremos aqui para ilustrar o preenchimento desse documento.

		Análise e Avaliação							
ID	Nome	Interesse	Poder	Influência	Impacto	Importância Ponderada	Engajamento Atual	Engajamento Desejado	Estratégia para Engajamento / Gerenciamento	Escopo e Impacto das Mudanças para a PI
1	Pedro Souza	90%	90%	90%	90%	90%	Engajado	Engajado	Deve participar de todas as decisões.	Residência completa
2	Olga Souza	90%	90%	90%	90%	90%	Engajado	Engajado	Deve participar de todas as decisões.	Residência completa
3	Alexandre Souza	50%	30%	50%	70%	50%	Apoiador	Apoiador	Manter motivado e engajado, solicitando sua participação nas decisões relacionadas ao seu quarto.	Seu quarto e área comum.
4	Beatriz Souza	30%	70%	50%	50%	50%	Resistente	Apoiador	Convencê-la de que a reforma lhe dará mais conforto e privacidade. Manter motivada e engajada, solicitando sua participação nas decisões relacionadas ao seu quarto.	Seu quarto e área comum.
5	Isabella Souza	70%	50%	30%	50%	50%	Engajado	Engajado	Manter motivada e engajada, solicitando sua participação nas decisões relacionadas ao seu quarto.	Seu quarto e área comum.
6	Vicente Mondragone	90%	70%	90%	90%	80%	Engajado	Engajado	Deve participar de todas as decisões relacionadas aos aspectos arquitetônicos e à sustentabilidade.	Estratégia do projeto.
7	Elcy Novo Horizonte	90%	50%	70%	90%	75%	Engajado	Engajado	Escuta ativa e solicitação de sua participação nas principais decisões do Projeto.	Estratégia do projeto.
8	Departamento da Prefeitura	10%	90%	90%	70%	60%	Neutro	Neutro	Atender à legislação vigente.	Não se aplica.

PGPI - Plano de Gerenciamento das Partes Interessadas
Processo 13.2
EasyPMDOC
Projeto: EasyHome - Reforma Sustentável de uma Casa
Autor: André Ricardi
Versão: 5_02
Última alteração: jun/13

FIGURA 2.31. *EasyHome* – PGPI (Plano de Gerenciamento das Partes Interessadas).

2.35. PRATICANDO NO SEU PROJETO

Agora preencha a **PGPI** da planilha *EasyPMDOC*, utilizada para o seu projeto. Se tiver dúvida, consulte-nos pelo *e-mail* easybok@easybok.com.br.

PROCESSO PLANEJAR O GERENCIAMENTO DAS COMUNICAÇÕES

Entradas
• Plano de gerenciamento do projeto
• *Registro das partes interessadas*
• *Fatores ambientais da empresa*
• *Ativos de processos organizacionais*

Ferramentas e Técnicas
• Análise de requisitos das comunicações
• Tecnologias de comunicações
• Modelos de comunicações
• Métodos de comunicação
• Reuniões

Saídas
• Plano de Gerenciamento das Comunicações
• Atualizações nos documentos do projeto

FIGURA 2.32. Processo 10.1 | Planejar o Gerenciamento das Comunicações.

2.36. POR QUE UTILIZÁ-LO?

Diversos estudos e pesquisas de mercado apontam a área de conhecimento do gerenciamento das comunicações como a área que apresenta mais dificuldades para os projetos. Infelizmente, o ser humano tem dificuldade em se comunicar desde os primórdios da nossa história – apesar de ser algo que fazemos o tempo todo, ainda há muito a aprender. Talvez até tenhamos conhecimento suficiente a respeito, mas aplicar de maneira eficiente e oportuna é um grande desafio.

Sem que as informações sejam armazenadas, distribuídas e gerenciadas adequadamente, as chances de sucesso de um projeto serão minimizadas. Pense em uma informação sobre uma tempestade que venha no dia seguinte. Pense em quanto valeria a informação do atentado de 11 de setembro na véspera...

2.37. QUEM DEVE PARTICIPAR?

O **Gerente do Projeto** e a **Equipe de Gerenciamento do Projeto**. Outras partes interessadas podem ser convidadas ou convocadas, de acordo com a necessidade.

2.38. QUAIS OS PRINCIPAIS CUIDADOS A TOMAR?

É importante levantar, junto às partes interessadas, quais são os seus requisitos de comunicação. Adivinhar as necessidades alheias não é recomendável, pois podemos ter uma visão míope ou ineficiente a respeito. Enviar informações inadequadas e inapropriadas também é um problema muito sério. É preciso realizar um planejamento cuidadoso, pois essas necessidades variam de acordo com a evolução do projeto. É essencial que o "bombardeio de informações" seja evitado.

> É comum, neste momento da evolução humana que tenho chamado de "sociedade do clique", as pessoas terem a expectativa de informações e resultados instantâneos, ou seja, bastando um clique e pronto.

Por conta disso, muitas doenças têm surgido ou aumentado, pois o grande volume de informações e a necessidade de respostas ágeis têm causado nas pessoas uma ansiedade acima do tolerável. É preciso evitar o envio de informações desnecessárias, por isso planejar é fundamental.

2.39. PRINCIPAIS DOCUMENTOS RELACIONADOS AO PROCESSO

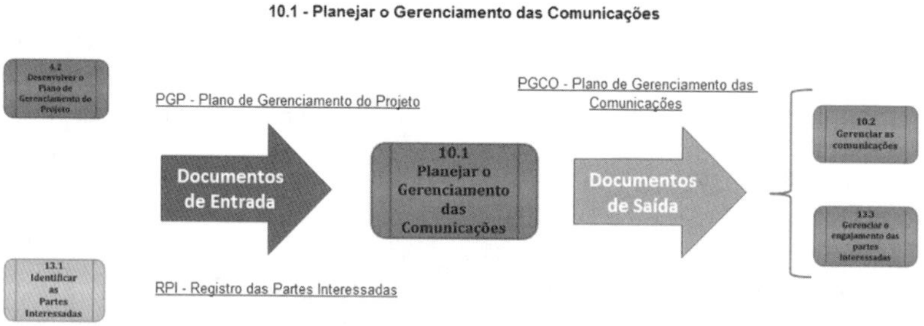

FIGURA 2.33. Principais documentos do processo 10.1.

2.40. PRINCIPAIS ENTRADAS

O **PGP (Plano de Gerenciamento do Projeto)** fornecerá as referências básicas para que este processo seja eficiente.

O **RPI (Registro das Partes Interessadas)** documenta os envolvidos. É importante analisar também as questões culturais e os processos que já estiverem definidos.

2.41. PRINCIPAIS FERRAMENTAS E TÉCNICAS

A **Análise de Requisitos da Comunicação** irá estruturar as necessidades de informações, de acordo com o que foi identificado com as partes interessadas. É importante considerar que, quanto mais pessoas envolvidas, maior a atenção direcionada ao planejamento. Projetos geograficamente dispersos também merecem atenção especial, apesar de hoje termos inúmeros recursos de comunicação rápidos e eficazes.

> A ferramenta adequada, mal utilizada, traz resultados indesejados ou ineficazes!

A **Tecnologia das Comunicações** será definida e adotada para cada necessidade, considerando aspectos como urgência, disponibilidade da tecnologia, facilidade de uso, ambiente, sensibilidade e confidencialidade da informação. **Modelos** e **Métodos** de comunicação também são referências importantes ao processo. Utilize **Reuniões** para definir com a equipe do projeto e outras partes de que maneira as comunicações do projeto serão gerenciadas.

2.42. PRINCIPAIS SAÍDAS

O **PGCO (Plano de Gerenciamento das Comunicaçõe**s) é a principal saída do processo. Ele definirá como as comunicações do projeto serão planejadas, estruturadas, distribuídas, monitoradas e controladas.

Segue modelo proposto pela estratégia *EasyBOK*:

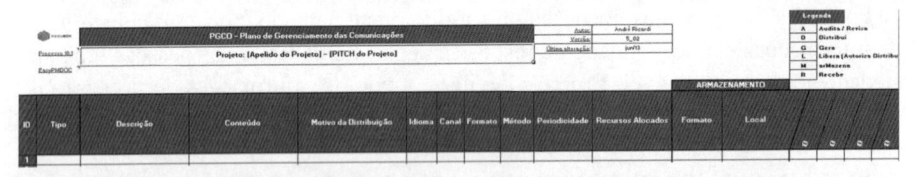

FIGURA 2.34. **Exemplo de PGCO (Plano de Gerenciamento das Comunicações).**

A partir da coluna "**N**" cada Parte Interessada que foi incluída no **RPI** será colocada no cabeçalho; assim, para cada uma das linhas de detalhe da planilha, você poderá associar o tipo de relação da parte interessada de acordo com a seguinte legenda:

- A = Audita / revisa
- D = Distribui
- G = Gera
- L = Libera (autoriza a distribuição)
- M = arMazena
- R = Recebe

2.43. USANDO O PROJETO-EXEMPLO

Faça uma reflexão sobre como funciona a comunicação em sua residência; faça o mesmo para o seu ambiente profissional. Você acredita que tudo funciona perfeitamente? Suas comunicações são adequadas e eficientes? É bem provável que a resposta para as duas perguntas seja não!

Como vimos, boa parte dos estudos e pesquisas relacionados a projetos aponta a comunicação como a área que apresenta a maior quantidade de dificuldades e oportunidades de melhoria. Então, planejar é evitar erros e aumentar a eficiência. Note, PLANEJAR, e não preencher documentos.

> Não acredite que preencher documentos é o suficiente. Você consegue explicar o conteúdo de seus documentos? Você os entende de verdade? Vamos ver como isso ficaria para o *EasyHome*.

Processo 10.1
EasyPMDOC

PGCO - Plano de Gerenciamento das Comunicações

Projeto: EasyHome - Reforma Sustentável de uma Casa

ID	Tipo	Descrição	Conteúdo	Motivo da Distribuição	Idioma	Canal	Formato	Método
1	Interna	Relatório de Desempenho do Projeto	Informações para monitoramento e controle	Gestão do Projeto	Português	e-mail	Documento	Ativa
2	Interna	Solicitação de Mudança	Informações sobre uma mudança necessária ao Projeto	Manter todos informados a respeito da alteração solicitada	Português	Banco de Dados	Sistema	Passiva
3	Interna	Ata de reunião	Informações sobre alguma reunião realizada no Projeto	Conhecimento e aprovação dos participantes da reunião. Informação para os demais envolvidos que não puderam participar da reunião.	Português	e-mail	Documento	Interativa
4	Externa	Aprovações e solicitações da prefeitura	Informações solicitadas ou definidas pelo órgão público	Atender à legislação	Português	Reunião	Documento	Interativa

FIGURA 2.35. *EasyHome* – PGCO (Plano de Gerenciamento das Comunicações).

Processo 10.1
EasyPMDOC

Autor:	André Ricardi
Versão:	5_02
Última alteração:	jun/13

Legenda	
A	Audita / Revisa
D	Distribui
G	Gera
L	Libera (Autoriza Distribuição)
M	arMazena
R	Recebe

					ARMAZENAMENTO										
ID	Tipo	Descrição	Periodicidade	Recursos Alocados	Formato	Local	Pedro Souza	Olga Souza	Alexandre Souza	Beatriz Souza	Isabella Souza	Vicente Mondragone	Elcy Novo Horizonte	Departamento da Prefeitura	
1	Interna	Relatório de Desempenho do Projeto	Semanal	EasyPMDOC	XLSX	Pasta na WEB	G	A				R	R		
2	Interna	Solicitação de Mudança	Conforme necessário	Planilha Excel	XLSX	Pasta na WEB	A	R	R	R	R	G	G		
3	Interna	Ata de reunião	Conforme necessário	Editor de texto	DOC / PDF	Pasta na WEB	G	R				A	R		
4	Externa	Aprovações e solicitações da prefeitura	Conforme necessário	Mesa de reunião	DOC / PDF	Pasta na WEB	R	R				A	R	G	

FIGURA 2.36. *EasyHome* – PGCO (Plano de Gerenciamento das Comunicações) – Continuação 1.

2.44. PRATICANDO NO SEU PROJETO

Agora preencha o **PGCO** da planilha *EasyPMDOC*, utilizada para o seu projeto. Se tiver dúvida, consulte-nos pelo *e-mail* easybok@easybok.com.br.

Para se aprofundar na área de conhecimento das Comunicações, consulte o livro *Gerenciamento das comunicações em projetos*, de José Abranches, um dos volumes da Coleção Grandes Especialistas Brasileiros, da Elsevier.

Capítulo 3

Planejando o Básico e o Essencial

3.1. OBJETIVOS DESTE CAPÍTULO

- Identificar o básico para planejar o gerenciamento de um projeto de forma confiável e consistente: escopo, tempo e custos.
- Apresentar o essencial para elaborar o plano de gerenciamento do projeto e os principais planos auxiliares.
- Destacar a importância do gerenciamento dos riscos em projetos.

É importante considerar todas as variáveis quando estivermos planejando um projeto, mas existem alguns itens que não podem deixar de ser compreendidos, seja qual for o tamanho e a complexidade do projeto. Imagine que você está planejando uma viagem de férias com sua família. Você precisa pelo menos definir:

- Para onde vai, com quem, e os demais envolvidos (já fizemos isso: objetivos e partes interessadas);
- Como irá gerenciar todo o projeto (responsável pelo projeto) e como gerenciar as comunicações (também já está definido);
- O que precisa ser providenciado e quais as atividades a executar (escopo);
- Qual a melhor sequência para executar estas atividades, restrições, recursos necessários e tempo total (cronograma);
- Quanto irá custar (custos);
- O que os envolvidos esperam da viagem (qualidade);
- Quem irá ajudá-lo a executar o projeto (recursos humanos);
- O que pode ajudar ou atrapalhar tudo isso (riscos);
- O que será preciso comprar ou contratar (aquisições);
- Como tudo isso será gerenciado (plano de gerenciamento).

Qualquer que seja o empreendimento temporário que você pretende realizar (projeto), até mesmo uma viagem familiar, é necessário definir tudo o que está listado anteriormente. Concorda?

Observe que, anteriormente, estão representadas as dez áreas de conhecimento do Guia PMBOK® 5ª edição. Então, podemos dizer que, sem esses componentes básicos e essenciais, suas chances de sucesso serão bem menores.

> Mas não basta definir o que é básico. É preciso planejar como gerenciar tudo isso!

Você já experimentou planejar uma viagem de férias sem consultar seu cônjuge ou parceiro, seu filho adolescente ou sua sogra (se você levá-la junto)? Que tal os amigos? Será que tudo irá ocorrer conforme planejado? Cuidado. Perigo à vista!

PROCESSO DE PLANEJAMENTO DO GERENCIAMENTO DO ESCOPO

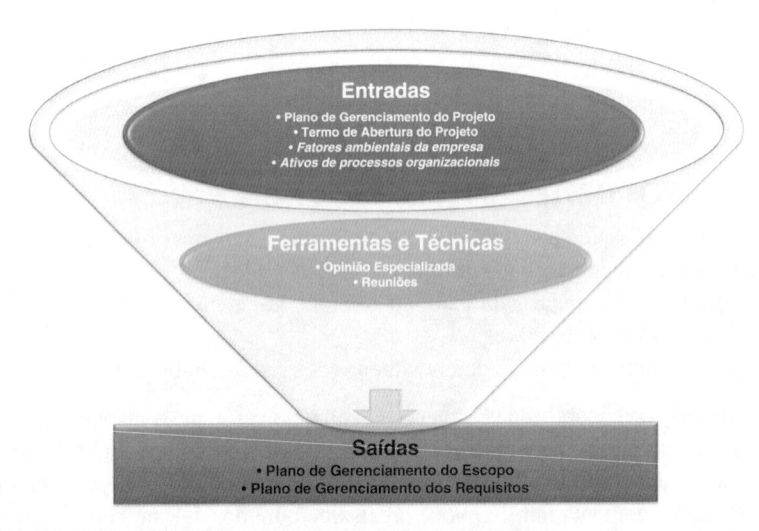

FIGURA 3.1. Processo 5.1 | Planejar o Gerenciamento do Escopo.

3.2. POR QUE UTILIZÁ-LO?

É fundamental entender o que é o **escopo do projeto**: as atividades que são necessárias para entregar o resultado. Tenha clareza do que é preciso entregar, ou seja, um produto, serviço ou resultado exclusivo, único (**escopo do produto**).

Definir como o escopo será gerenciado é a base para o seu sucesso. Costumo dizer que um projeto sem escopo é "um bando de gente, que está fazendo algo que não sabe o que é, para chegar não sei aonde". Jamais poderíamos chamar algo assim de projeto.
- Você se identificou com essa situação?
- O que tem feito no seu cotidiano profissional é similar?
- Então, é hora de mudar! É uma questão de sobrevivência!

A estratégia *EasyBOK* está focada em atividades de **Gerenciamento de Projeto**, assim como o Guia PMBOK®. As técnicas e ferramentas relacionadas a **Escopo do Produto** dependem diretamente das diversas áreas de aplicação e de negócios.

Consulte referências específicas da área do produto do seu projeto para gerenciá-lo de maneira adequada e eficiente!

3.3. QUEM DEVE PARTICIPAR?

O **Gerente do Projeto** e a **Equipe de Gerenciamento do Projeto**. Outras partes interessadas podem ser convidadas ou convocadas, de acordo com a necessidade. É importante para envolver as pessoas-chave que irão participar das atividades relacionadas ao escopo, pois a participação ativa e o engajamento, como vimos, são essenciais para o sucesso do projeto.

3.4. QUAIS OS PRINCIPAIS CUIDADOS A TOMAR?

Iniciar um projeto, mesmo que seja o planejamento, sem ter certeza do que precisa ser entregue é um risco a ser controlado com muita atenção. Existem de fato projetos que se iniciam sem todo detalhamento do que precisa ser entregue e de como será feito. Mas nem por isso significa que se deve "sair fazendo" sem pelo menos definir como essa situação de incerteza será gerenciada. Você precisa definir como o **Escopo do Projeto** será gerenciado. Vamos explorar cada um destes aspectos mais adiante.

A certeza é que, mesmo sem todo detalhamento, o escopo tem uma possibilidade "enorme" de mudar depois de definido, ainda que em pequenos detalhes. É quase impossível terminar um projeto, por menor que seja, sem que absolutamente nada seja modificado. Então, você também sabe que definir como isso será gerenciado é uma questão básica, e deve ser tratada em todos os projetos.

> Mudar pode! O que não pode é perder o controle sobre isso, ou acreditar que tudo se resolverá em um "passe de mágica", ou porque o chefe assim o deseja; quando acreditar que uma missão impossível está sendo solicitada, faça de tudo para convencer a todos sobre isso, e evitar que fique desta forma.

3.5. PRINCIPAIS DOCUMENTOS RELACIONADOS AO PROCESSO

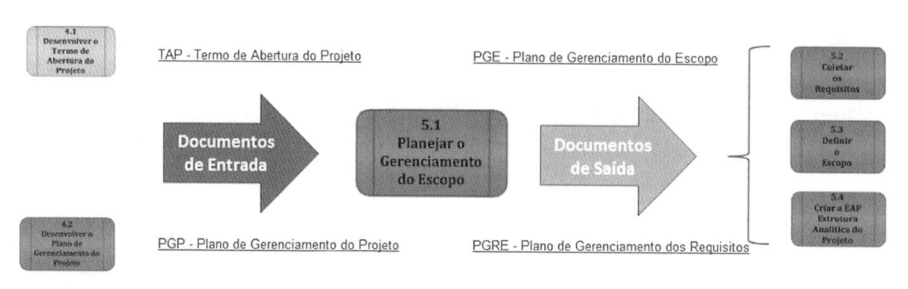

FIGURA 3.2. **Principais documentos do processo 5.1.**

3.6. PRINCIPAIS ENTRADAS

O **TAP (Termo de Abertura do Projeto)** tem as informações iniciais para se definir como o escopo deve ser definido e o gerenciamento planejado. O **PGP (Plano de Gerenciamento do Projeto)** contém as informações que norteiam o projeto, inclusive o gerenciamento do escopo. Com essas informações analisadas em conjunto com o ambiente e as organizações envolvidas, você está pronto para esse processo.

3.7. PRINCIPAIS FERRAMENTAS E TÉCNICAS

Envolva todos que podem colaborar com o planejamento do gerenciamento do escopo (**Opinião Especializada**). Organize **Reuniões** com as partes interessadas selecionadas e que possam agregar valor ao processo.

3.8. PRINCIPAIS SAÍDAS

O **PGE (Plano de Gerenciamento de Escopo)** é o documento que define como o escopo será definido, desenvolvido, monitorado, controlado e verificado.

Segue modelo proposto pela estratégia *EasyBOK*:

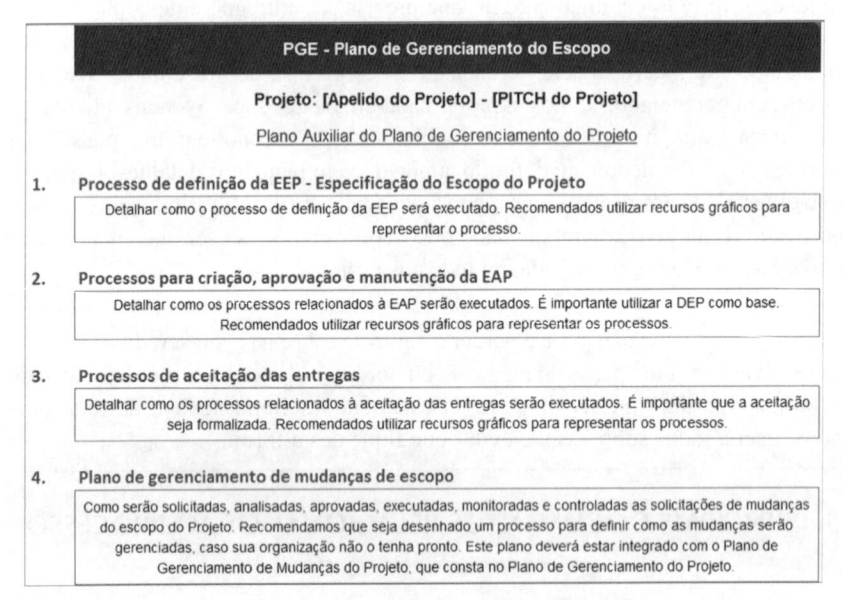

FIGURA 3.3. Exemplo de PGE (Plano de Gerenciamento do Escopo).

Outro documento elaborado por este processo é o **PGRE (Plano de Gerenciamento dos Requisitos)**. Muitos profissionais acreditam que requisito é algo relacionado somente a algumas áreas de produto. Isso não é verdade!

Todos os projetos têm requisitos, que em parte são coletados junto às partes interessadas. Pode até ser que na sua área de atuação ele tenha o nome de necessidades do cliente, especificações técnicas, memorial descritivo, documentação técnica, entre outros; mas, na verdade, são requisitos, ou seja, características ou situações que precisam ser atendidas e consideradas para o projeto. Podem ser também leis, cláusulas contratuais, normas etc.

Requisito precisa ser atendido, ou o seu não atendimento justificado e aceito pelos envolvidos! Ignorá-los não vai resolver o seu problema nem de mais ninguém!

Segue modelo proposto pela estratégia *EasyBOK*:

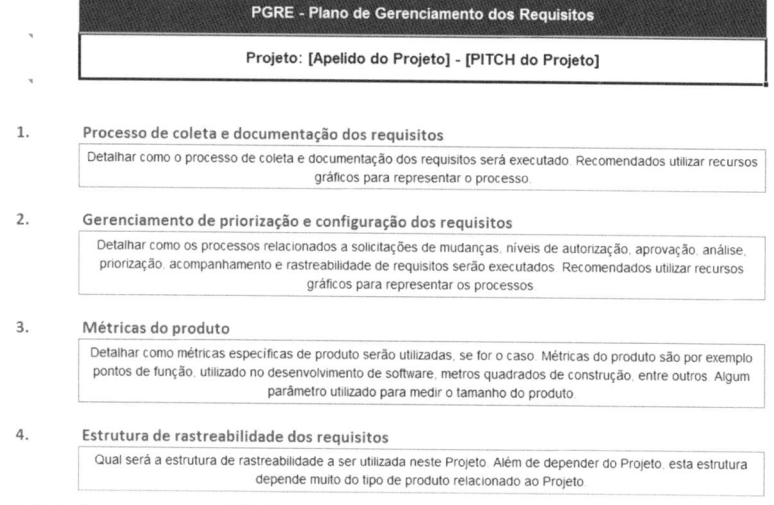

FIGURA 3.4. Exemplo de PGRE (Plano de Gerenciamento dos Requisitos).

3.9. USANDO O PROJETO-EXEMPLO

Quando o projeto a ser gerenciado tiver orçamento limitado, o que normalmente ocorre em um projeto familiar e na maioria dos projetos profissionais, o gerenciamento do escopo e dos requisitos será particularmente delicado. Como já dissemos, um conflito durante o projeto pode ter consequências desastrosas para a convivência familiar. Os processos podem ser simples e até mesmo informais, mas é importante combinar como tudo será tratado.

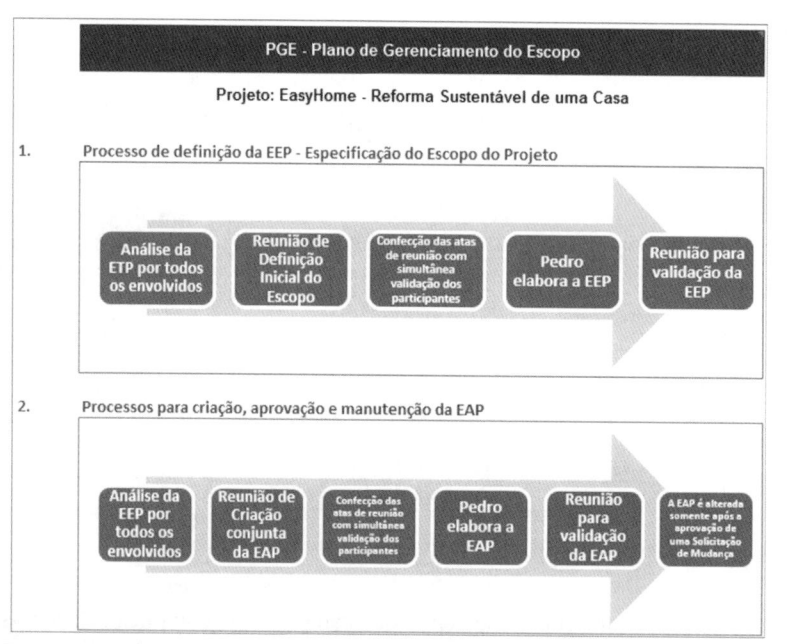

FIGURA 3.5. *EasyHome* – **PGE (Plano de Gerenciamento do Escopo).**

3. Processos de aceitação das entregas

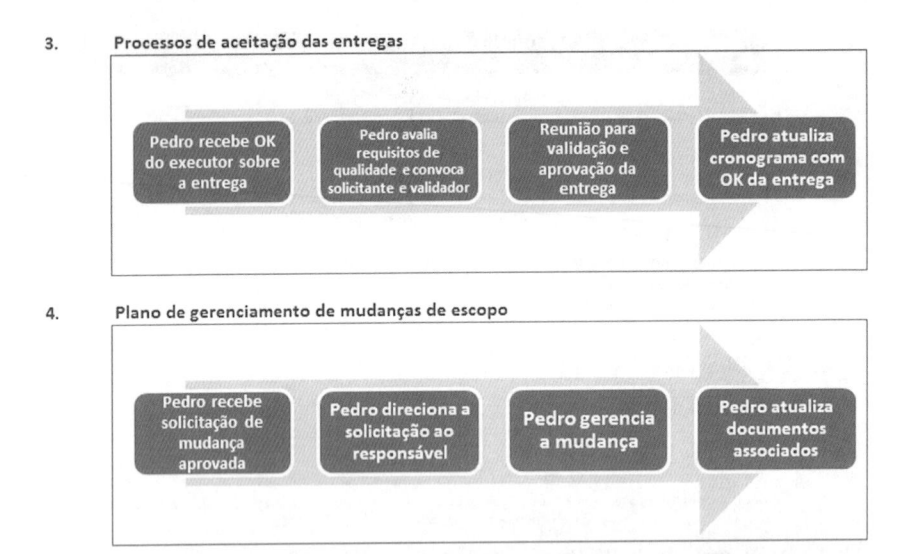

4. Plano de gerenciamento de mudanças de escopo

FIGURA 3.6. *EasyHome* – PGE (Plano de Gerenciamento do Escopo) – Continuação 1.

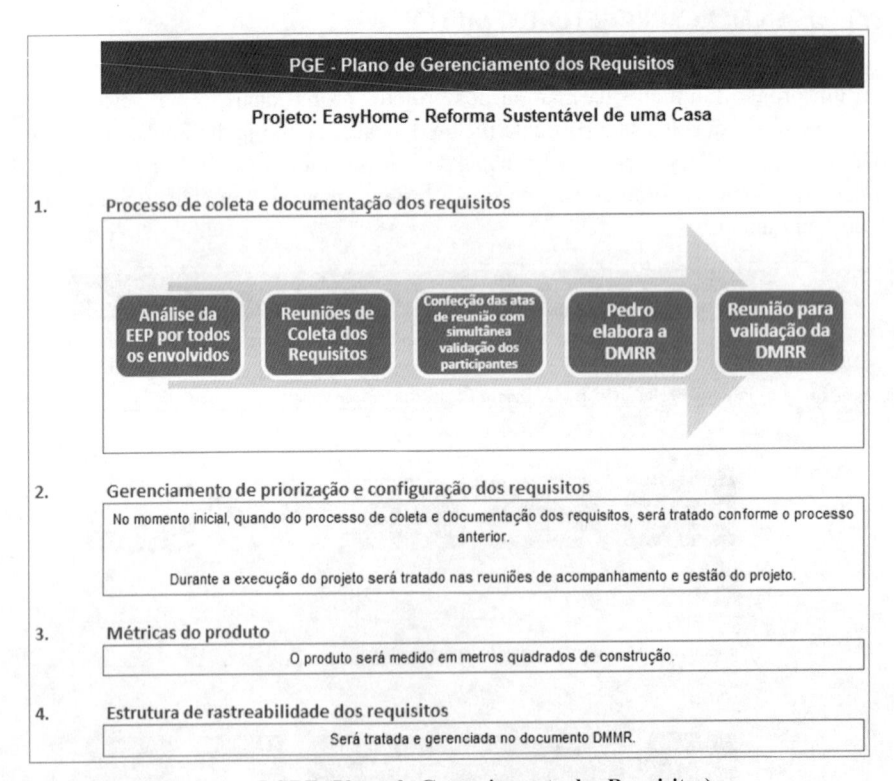

FIGURA 3.7. *EasyHome* – PGRE (Plano de Gerenciamento dos Requisitos).

Nos documentos anteriores, fica claro que não é preciso complicar. Podemos definir processos simples e eficientes. Isso não faz essas definições serem desnecessárias.

Definir como as situações serão tratadas e gerenciadas é essencial para evitar conflitos, retrabalho e indefinições.

É evidente que em um projeto familiar, dependendo da situação, talvez não seja necessário criar documentos específicos e separados. Para o que está relacionado somente à família isso pode ser aplicado, porém não recomendamos que você deixe de formalizar o que envolve outras partes, como o arquiteto e o empreiteiro.

> Podemos centralizar essas definições e até mesmo tratá-las sem que se crie um documento físico. O fato é que, como diz o ditado popular, "o combinado não sai caro". Então, combine como será feito antes de começar e, se envolver externos, formalize!

3.10. PRATICANDO NO SEU PROJETO

Agora preencha o **PGE** e o **PGRE** da planilha *EasyPMDOC*, utilizada para o seu projeto. Se tiver dúvida, consulte-nos pelo *e-mail* easybok@easybok.com.br.

> Para se aprofundar na área de conhecimento do escopo, consulte o livro *Gerenciamento do escopo em projetos*, de Gutenberg Silveira e Roque Rabechini Jr., um dos volumes da Coleção Grandes Especialistas Brasileiros, da Elsevier.

PROCESSO DE PLANEJAMENTO DO GERENCIAMENTO DO CRONOGRAMA

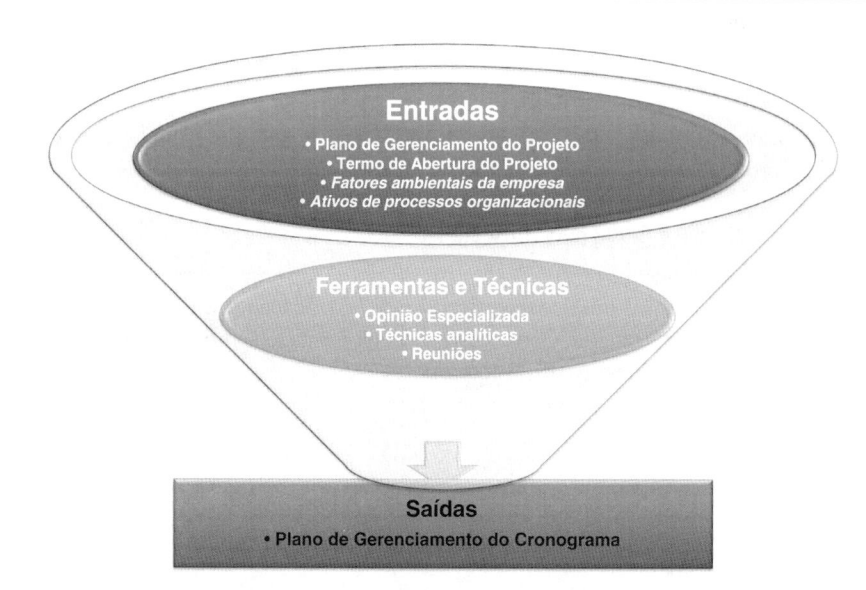

FIGURA 3.8. Processo 6.1 | Planejar o Gerenciamento do Cronograma.

3.11. POR QUE UTILIZÁ-LO?

O cronograma é a principal referência para acompanhar e monitorar o andamento de um projeto. Um cronograma mal elaborado ou mal planejado terá um impacto extremamente negativo em seu projeto e tornará a sua missão muito mais difícil. Este documento é tão importante que muitos acreditam que ele por si só é o próprio plano do projeto.

Assim, é importante definir também como este instrumento importantíssimo será gerenciado durante todo o ciclo de vida do projeto. Como já dissemos, planejar de forma adequada é um dos maiores segredos para o sucesso do projeto.

3.12. QUEM DEVE PARTICIPAR?

O **Gerente do Projeto** e a **Equipe de Gerenciamento do Projeto**. Outras partes interessadas podem ser convidadas ou convocadas de acordo com a necessidade.

3.13. QUAIS OS PRINCIPAIS CUIDADOS A TOMAR?

Elaborar cronogramas que se "encaixam" em um prazo impossível é um grande erro, e infelizmente muitos o cometem. Por outro lado, o cronograma pode se transformar em uma das principais ferramentas para "provar" que o que está sendo exigido é impossível, ou que serão necessários recursos adicionais. Se ele for elaborado de maneira consistente e realista, será mais fácil convencer os envolvidos sobre a necessidade de ajustes e adequações para ter sucesso no projeto.

> Não acreditamos que você tenha participado de algum projeto em que o cronograma, no final, estivesse "idêntico" à versão inicial. Ajustes serão necessários e precisam ser gerenciados. Não definir como isso será gerenciado pode ser fatal.

É importante também para a maioria dos projetos que, antes de planejar o gerenciamento do cronograma, se tenha uma noção clara, pelo menos macro, sobre o escopo e os riscos do projeto. É muito difícil planejar como gerenciar o tempo sem saber o que precisa ser entregue e o que pode influenciar isso.

> O PMI® tem um guia padrão específico e uma certificação profissional para gerenciamento de cronograma. Consulte-os e melhore seu desempenho neste aspecto crucial do gerenciamento de projetos.

3.14. PRINCIPAIS DOCUMENTOS RELACIONADOS AO PROCESSO

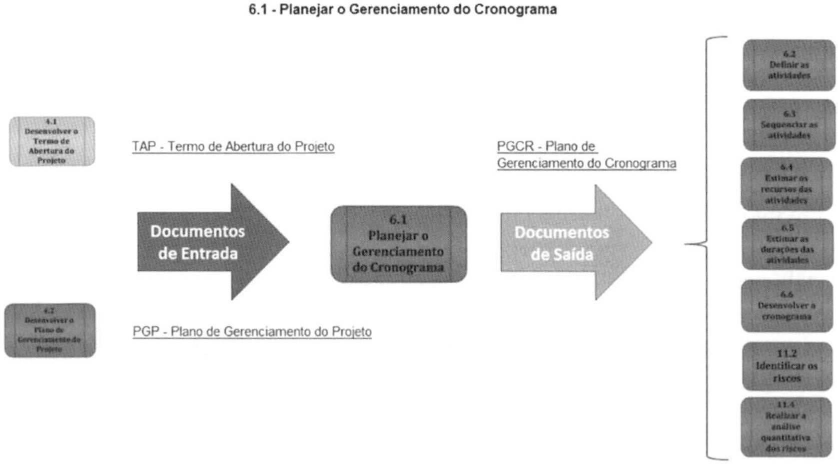

FIGURA 3.9. Principais documentos do processo 6.1.

3.15. PRINCIPAIS ENTRADAS

As entradas são as mesmas utilizadas para planejar o gerenciamento do escopo. O **PGP (Plano de Gerenciamento do Projeto)** e o **TAP (Termo de Abertura do Projeto)**.

> **Importante lembrar:**
> Certifique-se de que todos os **fatores ambientais da empresa** e os **ativos de processos organizacionais** estão sendo considerados entradas, para todos os processos de planejamento (mesmo que eles não estejam citados no Guia PMBOK® como entradas explícitas para alguns deles).
>
> Siga as regras do jogo e considere os fatores ambientais, pois senão será quase impossível gerenciar o engajamento das partes interessadas e se manter no comando até o fim do projeto.

3.16. PRINCIPAIS FERRAMENTAS E TÉCNICAS

Consulte colegas e profissionais que participaram de projetos anteriores e que tenham alguma similaridade com o atual. Para que reinventar a roda? Vamos aprender com os acertos e os erros do passado. O PMI® incorpora isso em lições aprendidas e é uma das principais referências para a técnica de **Opinião Especializada**; você envolve pessoas que tenham conhecimento e experiência em situações e necessidades semelhantes. Novamente: "se você não sabe como fazer, consulte quem sabe". Não acredite que isso é um sinal de fraqueza. Ninguém é capaz de conhecer tudo!

Analise todos os fatores que influenciam a elaboração do cronograma, considerando metodologias, técnicas e modelos. Organize **Reuniões** com todos os que podem auxiliá-lo, mas somente eles. Não envolva quem não irá agregar valor ou quem não tenha comprometimento com o assunto.

Defina um *software* de gerenciamento de projetos a ser utilizado, se a sua empresa ou o cliente ainda não tiverem algum definido. Existem várias opções no mercado, incluindo as gratuitas. Pesquise e identifique qual se adapta melhor às suas necessidades.

3.17. PRINCIPAIS SAÍDAS

O **PGCR (Plano de Gerenciamento do Cronograma)** é a única saída deste processo. Ele irá estabelecer critérios e identificar as atividades necessárias para desenvolver, monitorar e controlar o cronograma.

Segue modelo proposto pela estratégia *EasyBOK*:

PGCR - Plano de Gerenciamento do Cronograma

Projeto: [Apelido do Projeto] - [PITCH do Projeto]

1. **Modelo para desenvolvimento do Cronograma do Projeto**

   Detalhar quais serão os métodos e ferramentas de cronograma a serem utilizados no Projeto, e como isso irá ocorrer. Recomendamos utilizar recursos gráficos para representar os processos, caso necessário.

2. **Nível de precisão necessário e unidades de medida que serão utilizadas**

   Detalhar os itens acima de acordo com a necessidade do projeto e a área associada. Cada área e cada projeto tem necessidades específicas.

3. **Procedimentos organizacionais relacionados**

   Relacionar quais os procedimentos organizacionais que servirão de base para o gerenciamento do cronograma, se for o caso.

4. **Processos para definição e manutenção do cronograma**

   Definir processos para manter a situação, progresso, limites e demais informações necessárias, e relacionadas ao cronograma. Recomendamos utilizar recursos gráficos para representar os processos, caso necessário.

5. **Regras para medição de desempenho**

   Considerar utilizar técnicas de Gerenciamento de Valor Agregado, e outras técnicas que considerar necessário.

6. **Formato de relatórios**

   Se preferir centralize todos os formatos de relatórios no Plano de Gerenciamento de Comunicações.

FIGURA 3.10. Exemplo de PGCR (Plano de Gerenciamento do Cronograma).

3.18. USANDO O PROJETO-EXEMPLO

Para projetos de baixa complexidade você não precisa de muitos detalhes. Poucas atividades podem ser suficientes para uma gestão adequada.

Assim, um plano de gerenciamento do cronograma, bem como os demais planos auxiliares, devem ter a complexidade adequada para o projeto: nem mais nem menos. Mas então como saber qual é o ponto ideal? Se você não sabe, pergunte para quem sabe, ou seja, alguém mais experiente.

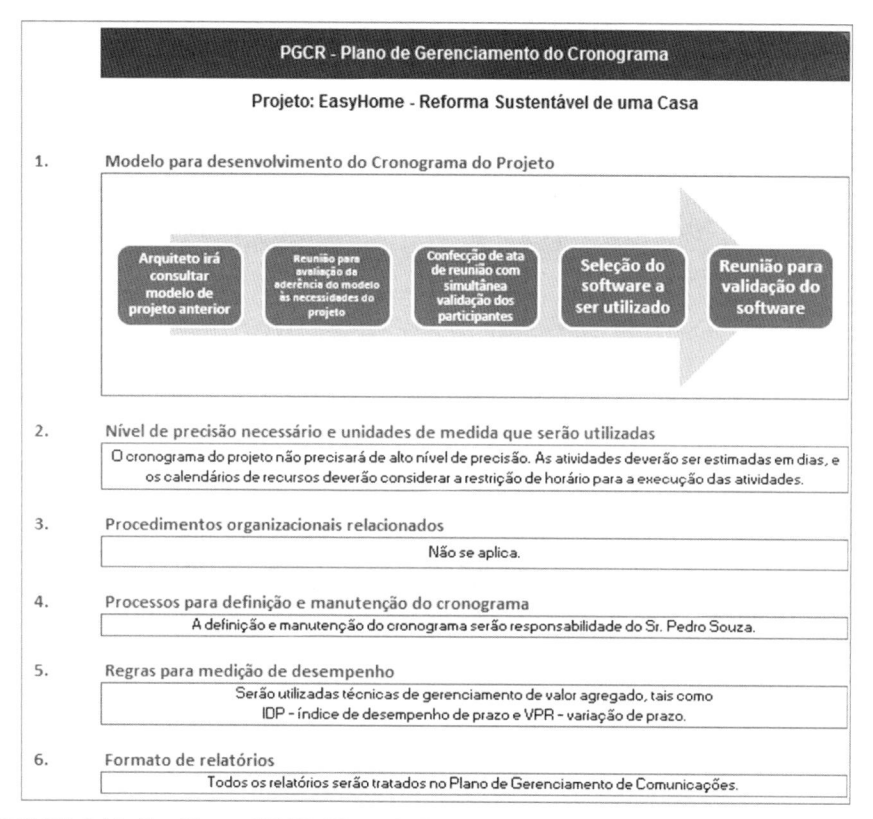

FIGURA 3.11. *EasyHome* – **PGCR (Plano de Gerenciamento do Cronograma).**

3.19. PRATICANDO NO SEU PROJETO

Agora preencha o **PGCR** de sua planilha *EasyPMDOC*, utilizada no projeto. Se tiver dúvida, consulte-nos pelo *e-mail* easybok@easybok.com.br.

Para se aprofundar na área de conhecimento do tempo, consulte o livro *Gerenciamento do tempo em projetos*, de Norberto Almeida, um dos volumes da Coleção Grandes Especialistas Brasileiros, da Elsevier.

PROCESSO DE PLANEJAMENTO DO GERENCIAMENTO DOS CUSTOS

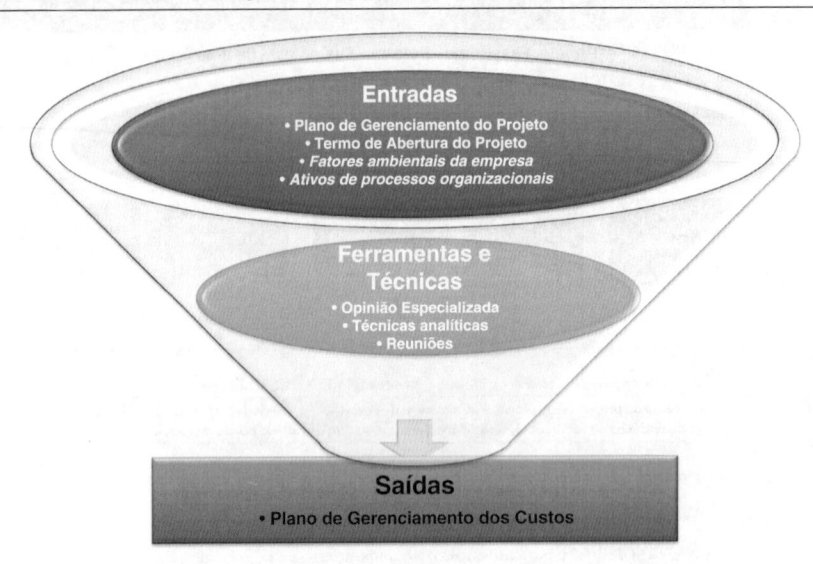

Entradas
- Plano de Gerenciamento do Projeto
- Termo de Abertura do Projeto
- *Fatores ambientais da empresa*
- *Ativos de processos organizacionais*

Ferramentas e Técnicas
- Opinião Especializada
- Técnicas analíticas
- Reuniões

Saídas
- Plano de Gerenciamento dos Custos

FIGURA 3.12. Processo 7.1 | Planejar o Gerenciamento dos Custos.

3.20. POR QUE UTILIZÁ-LO?

Quem trabalha em uma empresa que não visa ao lucro? Mesmo que você atue em uma organização sem fins lucrativos, os recursos financeiros não são infinitos. Então, é preciso gerenciar os custos de seus projetos, pois senão "a casa cai".

> Custos é uma área vital em tudo na vida e até nos aspectos pessoais. Um orçamento financeiro mal administrado pode acabar com o relacionamento de um casal e prejudicar toda a família. Vivemos em um mundo predominantemente capitalista!
> Pensar assim às vezes é cruel, mas é real!

Certamente, sem recursos financeiros, seu projeto acabará, e você não conseguirá atingir os objetivos. Assim, muita atenção com os custos.

3.21. QUEM DEVE PARTICIPAR?

O **Gerente do Projeto** e a **Equipe de Gerenciamento do Projeto**. Outras partes interessadas podem ser convidadas ou convocadas de acordo com a necessidade. Para este processo é importante envolver os que irão acompanhar e controlar os custos do projeto, sejam eles sócios, executivos ou profissionais que atuam em departamentos correlatos.

3.22. QUAIS OS PRINCIPAIS CUIDADOS A TOMAR?

Muitos executivos se preocupam "somente" com os custos e acabam tendo dificuldades, pois essa é uma área que, quando apresenta problemas, provavelmente já se perdeu o controle em alguma outra, como a do escopo ou do tempo. Não estamos afirmando que isso não seja importante, mas que é preciso se preocupar "também" com os demais aspectos, pois praticamente tudo acaba impactando nos custos. Assim, gerenciar custos envolve controlar todos os aspectos de um projeto. Pense muito sobre isso, pois temos conhecimento de "vários" casos de projetos e empresas que fracassaram por conta de ingerência em outros fatores, e até hoje acreditam que foi um problema de custos, quando na verdade foi o efeito. Então, o período de "caça aos culpados" começa e, muitas vezes, acaba penalizando pessoas inocentes e competentes.

Quando se fala sobre isso é importante não "sonhar" e não tentar realizar missões impossíveis que nos são impostas com "frases prontas" que, infelizmente, alguns ainda utilizam como:

- Saia da caixa!
- Se vira!
- Inove! (Inovar é importante, mas desde que não seja impossível de realizar.)
- Não quero saber se é pato ou pata. Eu quero o ovo!
- Eu só enxergo custos. O resto é por sua conta!
- Cada um com seus problemas!
- Será que você tem condições de continuar conduzindo esse projeto?
- Será que eu precisarei rever a sua posição em nossa organização? (Esta é a pior delas. Falta coragem para demitir e se utiliza da ameaça!)

Sonhos são importantes, mas não são suficientes para que o impossível se realize! É essencial você mudar a postura com relação a isso e parar de aceitar prazos e orçamentos impossíveis sem nem ao menos saber o que precisa ser feito.

Desenvolva suas habilidades de definir orçamento, elabore cronogramas e planos de gerenciamento de projetos consistentes e inquestionáveis. Em algumas oportunidades, já conseguimos convencer as partes interessadas de que estávamos em "missões impossíveis", sem a participação especial de nenhum herói ou artista de cinema.

Utilize todos os recursos disponíveis para gerenciar os custos e tudo mais que possa prejudicar. Será que frases prontas resolverão o problema?

3.23. PRINCIPAIS DOCUMENTOS RELACIONADOS AO PROCESSO

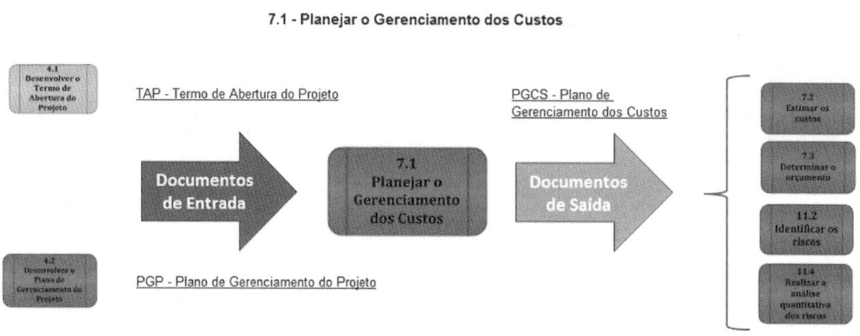

FIGURA 3.13. Principais documentos do processo 7.1.

3.24. PRINCIPAIS ENTRADAS

O **PGP (Plano de Gerenciamento do Projeto)** é a principal entrada para esse processo (destacando as linhas de base de escopo e de cronograma). Nossa sugestão é que você inicie na sequência apresentada nesta obra, e conclua quando tiver uma noção mais detalhada do escopo e do cronograma do projeto. Por que isso? Porque existem atividades para definição do escopo e do cronograma que necessitam de pessoas e de outros recursos; portanto, vão custar alguma coisa. Dependendo dos custos envolvidos, você pode perder o controle dos custos antes mesmo de planejar como gerenciá-los.

O **TAP (Termo de Abertura do Projeto)** também é uma referência importante, pois pode, por exemplo, determinar um orçamento específico para o projeto que precisa ser seguido.

Avalie bem o **ambiente** e os **ativos** relacionados a custos. Isso pode demandar um volume grande de atividades extras se não for muito bem planejado. Por exemplo: a empresa pode utilizar um *software* de gestão corporativa que exige que os valores relacionados ao projeto sejam atualizados em prazos rigorosos. Será que isso já não aconteceu com você?

Então, é essencial que estas atividades estejam previstas em seu cronograma!

3.25. PRINCIPAIS FERRAMENTAS E TÉCNICAS

Novamente, a sugestão é de utilizar **Especialistas**, **Técnicas Analíticas** e **Reuniões** para planejar o gerenciamento. O planejamento exige seriedade e envolvimento de pessoas que tenham conhecimento e experiência, como já foi dito. Não tire tudo de sua cabeça!

Mostre a importância da participação a todos e os convença de que é muito mais efetivo prevenir do que remediar.

3.26. PRINCIPAIS SAÍDAS

O **PGCS (Plano de Gerenciamento dos Custos)** é a saída deste processo. Ele contém informações sobre como os custos serão planejados, estruturados e controlados.

Segue modelo proposto pela estratégia *EasyBOK*:

PGCS - Plano de Gerenciamento dos Custos
Projeto: [Apelido do Projeto] - [PITCH do Projeto]

1. **Processos para gerenciamento dos custos do Projeto**
   Detalhar quais serão os processos a serem utilizados no gerenciamento dos custos do Projeto. Recomendamos utilizar recursos gráficos para representar os processos, caso necessário.

2. **Nível de precisão necessário, limites e unidades de medida que serão utilizadas**
   Detalhar os itens acima de acordo com as necessidades da área e do projeto. Cada área e cada projeto tem suas necessidades específicas.

3. **Procedimentos organizacionais relacionados**
   Relacionar quais os procedimentos organizacionais que servirão de base para o gerenciamento do cronograma, se for o caso.

4. **Regras para medição de desempenho**
   Considerar utilizar técnicas de Gerenciamento de Valor Agregado, e outras técnicas que considerar necessário.

5. **Formato de relatórios**
   Se preferir centralize todos os formatos de relatórios no Plano de Gerenciamento de Comunicações.

FIGURA 3.14. Exemplo de PGCS (Plano de Gerenciamento dos Custos).

3.27. USANDO O PROJETO-EXEMPLO

Mesmo em projetos de baixa complexidade, você precisa definir com muito cuidado como os custos serão controlados. Isso não significa que esse plano precisa ser extremamente detalhado.

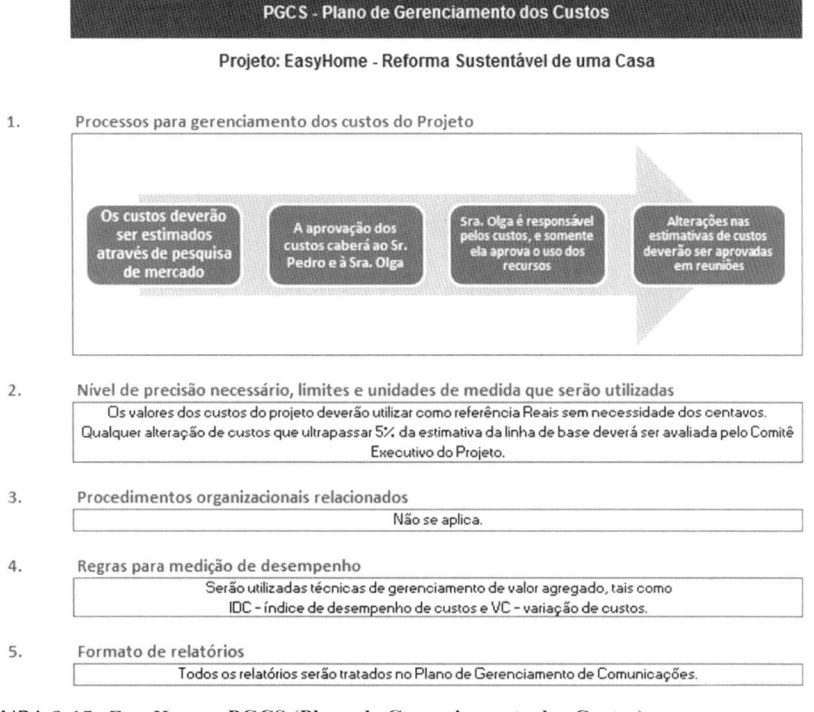

FIGURA 3.15. *EasyHome* – PGCS (Plano de Gerenciamento dos Custos).

3.28. PRATICANDO NO SEU PROJETO

Agora preencha o **PGCS** da planilha *EasyPMDOC*, utilizada para o seu projeto. Se tiver dúvida, consulte-nos pelo *e-mail* easybok@easybok.com.br.

> Para se aprofundar na área de conhecimento dos custos, consulte o livro *Gerenciamento dos custos em projetos*, de Armando Terribilli Filho, um dos volumes da Coleção Grandes Especialistas Brasileiros, da Elsevier.

PROCESSO DE PLANEJAMENTO DO GERENCIAMENTO DOS RISCOS

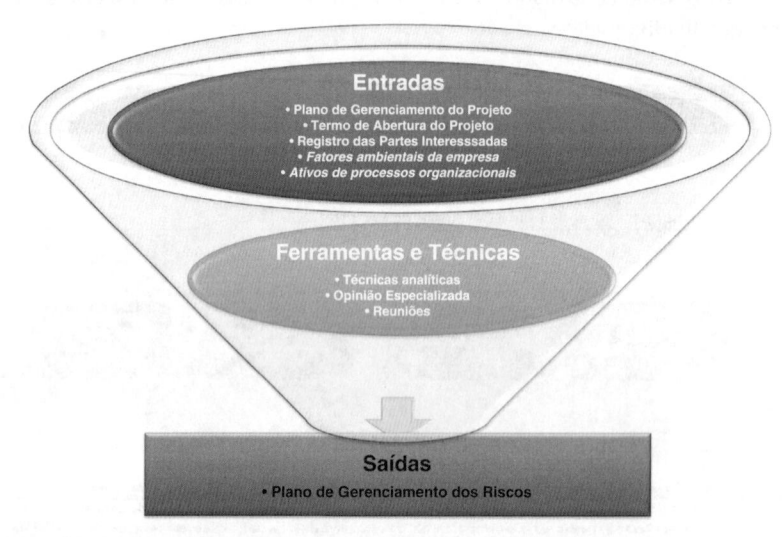

FIGURA 3.16. Processo 11.1 | Planejar o Gerenciamento dos Riscos.

3.29. POR QUE UTILIZÁ-LO?

Este é certamente o maior desafio para quem executa projetos em culturas que não têm histórico de gestão profissional de projetos. Para muitos, se preocupar com riscos é ser pessimista, e não precavido.

> No fluxo de processos – visão *EasyBOK* colocamos aqueles relacionados a riscos na base de tudo; está assim, propositalmente, para que todos possam refletir que um projeto é um empreendimento exposto a risco constante, pois certo grau de incerteza existirá sempre.

Ignorar os riscos não os faz deixarem de existir. Da mesma forma, agir por reação e não por prevenção pode ser trágico para os objetivos do projeto e inviabilizar totalmente o empreendimento.

Voltando à sua viagem: Existe o risco de alguém que iria viajar com você ficar doente? Se isso acontecer, você poderá cancelar aquele pacote caríssimo que contratou na agência de viagens? E se alguém adoecer durante a viagem no exterior? Será que o seu seguro saúde cobrirá as despesas?

Pois é, parece que está claro que sua viagem é um projeto, e mesmo algo aparentemente mais simples tem riscos potenciais que podem causar muitos aborrecimentos se não forem gerenciados.

Você precisa planejar como irá gerenciar os riscos, porque eles existem, independentemente de sua vontade ou força do pensamento. Você já ouviu falar da Lei de Murphy?

3.30. QUEM DEVE PARTICIPAR?

O **Gerente do Projeto** e a **Equipe de Gerenciamento do Projeto**. Outras partes interessadas podem ser convidadas ou convocadas de acordo com a necessidade. É importante alinhar as tolerâncias das partes interessadas com relação aos riscos. Qualquer profissional pode visualizar riscos que outros não conseguiriam.

3.31. QUAIS OS PRINCIPAIS CUIDADOS A TOMAR?

Sempre que você estiver iniciando um dos planos auxiliares do projeto, olhe primeiro para os demais processos que o Guia PMBOK® propõe para a área de conhecimento. Pense: Como iremos executá-los? Este é um ótimo ponto de partida!

Note que a área sobre gerenciamento de riscos tem seis processos propostos, sendo cinco de planejamento. Chama a atenção e serve de alerta para que você avalie o quanto isso é importante para o sucesso do seu projeto.

O maior cuidado a ser tomado é avaliar o ambiente no qual você irá executar o projeto, como a cultura local e organizacional, a tolerância e a preocupação que os envolvidos têm com relação aos riscos. É preciso convencer os que ainda não perceberam o quanto certos eventos podem prejudicar ou ajudar a atingir os resultados desejados, e gerenciá-los é vital. Quanto esse projeto é importante para as organizações e para as pessoas envolvidas? Qual será o impacto de um possível insucesso?

Talvez um bom caminho para o convencimento seja pensar os **riscos positivos**, também chamados de **oportunidades**. Eles são muito mais difíceis de identificar, pois a maioria das situações atrapalha a execução do projeto.

> Ricardo Viana Vargas, autor do Prefácio deste livro, costuma dizer que: "Um projeto é algo que nasceu para dar errado. Se você não fizer nada, ele não vai ter sucesso. Então, é necessário gerenciá-lo para que as dificuldades sejam superadas".

Se as atividades relacionadas ao gerenciamento de riscos não estiverem explícitas no seu cronograma, e se os custos associados não forem estimados, você não terá tempo nem dinheiro para tratar disso!

3.32. PRINCIPAIS DOCUMENTOS RELACIONADOS AO PROCESSO

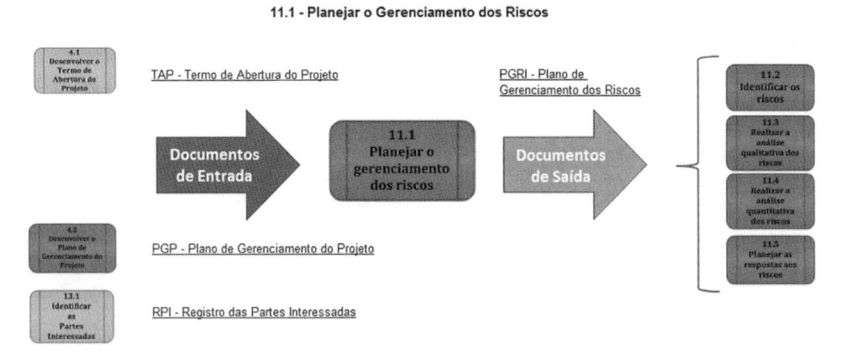

FIGURA 3.17. Principais documentos do processo 11.1.

3.33. PRINCIPAIS ENTRADAS

Os principais documentos para obter as informações de entrada para este processo são o **PGP (Plano de Gerenciamento do Projeto)**, o **TAP (Termo de Abertura do Projeto)** e o **RPI (Registro das Partes Interessadas)**.

É importante entender e analisar como o projeto será gerenciado, quais são suas principais referências, quem está envolvido, quais são os **Fatores Ambientais** e os **Ativos de Processos Organizacionais**.

3.34. PRINCIPAIS FERRAMENTAS E TÉCNICAS

Através de **Técnicas Analíticas** pode-se entender e definir o contexto geral para o gerenciamento dos riscos. É precisar ponderar propensão e tolerância aos riscos das partes interessadas, bem como a exposição a riscos do projeto.

Neste processo a **Opinião Especializada** é essencial, pois cada pessoa, exercendo seu papel no projeto, tem uma visão diferente e única. Assim, todos podem colaborar significativamente para este planejamento. Promova **Reuniões** eficientes para viabilizar um plano consistente e com o qual todos estejam engajados.

3.35. PRINCIPAIS SAÍDAS

Uma única e importantíssima saída é produzida por esse processo. Trata-se do **PGRI (Plano de Gerenciamento dos Riscos)**.

Segue modelo proposto pela estratégia *EasyBOK*:

PGRI - Plano de Gerenciamento dos Riscos
Projeto: [Apelido do Projeto] - [PITCH do Projeto]

1. **Metodologia**
   Abordagem, ferramentas e fontes de dados que serão utilizadas para gerenciar os riscos do Projeto.

2. **Papéis e responsabilidades**
   Detalhar quais serão os papéis e responsabilidades dos profissionais que serão os responsáveis por atividades relacionadas aos riscos do Projeto.

3. **Orçamento**
   Destacar informações que tiverem importância para o Projeto, e caso a organização utilize uma ferramenta específica para gestão de custo, recomendamos que seja integrado a outros recursos e ao gerenciamento dos riscos.

4. **Prazos associados**
   Utilize de forma integrada ao cronograma, se for o caso.

5. **Processos relacionados à estratégia para gerenciamento dos riscos**
   Detalhar todos os processos de gerenciamento dos riscos que considerar necessário para o Projeto. Recomendamos utilizar recursos gráficos para representar os processos, caso necessário.

6. **Categorias de riscos**
   Detalhar quais as categorias que serão utilizadas; pode ser utilizada em formato de EAR – Estrutura Analítica de Riscos.

FIGURA 3.18. Exemplo do PGRI (Plano de Gerenciamento dos Riscos).

3.36. USANDO O PROJETO-EXEMPLO

Pode parecer que em um projeto simples e com baixa complexidade não é necessário planejar o gerenciamento de riscos com tantos detalhes. Quantas pessoas você conhece que tiveram problemas em uma "simples" reforma? Novamente, risco é algo natural em projetos, e você precisa planejar como irá gerenciar isso. Será que a família Souza terá problemas em sua reforma?

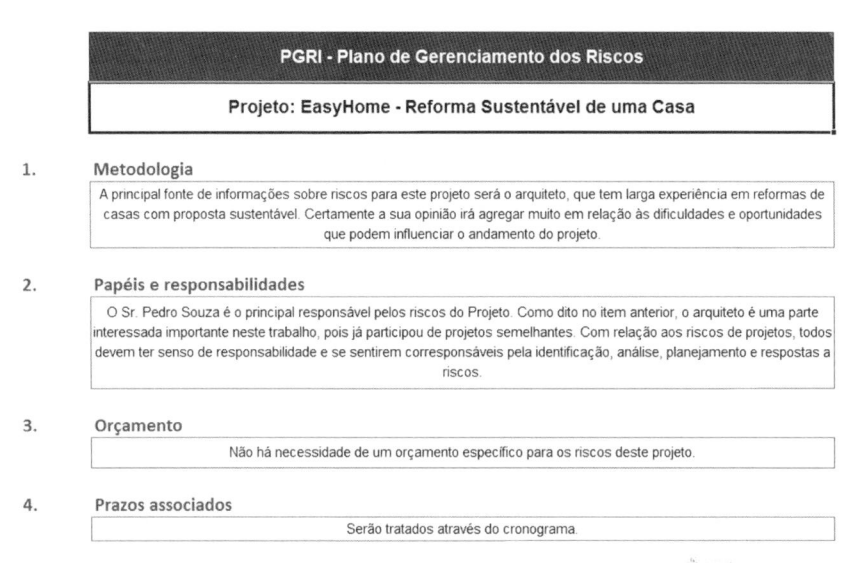

FIGURA 3.19. *EasyHome* – PGRI (Plano de Gerenciamento dos Riscos).

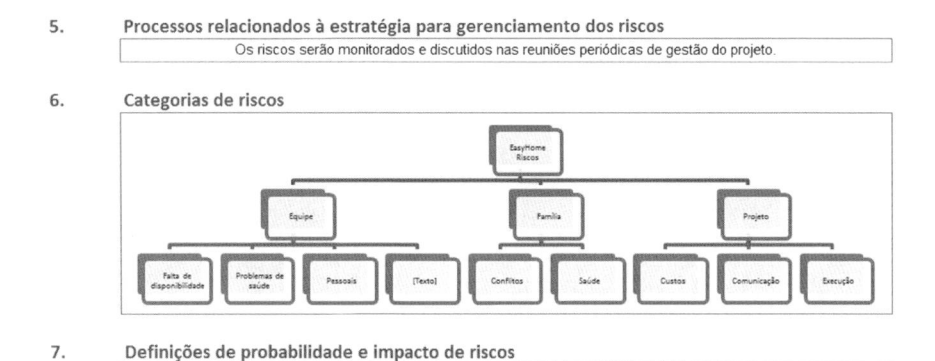

FIGURA 3.20. *EasyHome* – PGRI (Plano de Gerenciamento dos Riscos) – Continuação 1.

8.   Matriz de probabilidade e impacto

MATRIZ DE PROBABILIDADE E IMPACTO - GRAU DO RISCO							
Proba-bilidade	Ameaças				Oportunidades		
90%	9%	18%	36%	72%	72%	36%	18%	9%
70%	7%	14%	28%	56%	56%	28%	14%	7%
50%	5%	10%	20%	40%	40%	20%	10%	5%
30%	3%	6%	12%	24%	24%	12%	6%	3%
10%	1%	2%	4%	8%	8%	4%	2%	1%
	10%	20%	40%	80%	80%	40%	20%	10%

9.   Tolerâncias revisadas das Partes Interessadas

> A Sra. Olga não tem muita receptividade com relação aos riscos do Projeto. O Sr. Pedro se preocupa muito com o assunto, tendo em vista ele ser PMP e um Gerente de Projeto experiente.

10.   Formato de relatórios

> Todos os relatórios serão tratados no Plano de Gerenciamento de Comunicações.

11.   Auditoria e rastreabilidade

> Não há necessidade para este projeto.

FIGURA 3.21. *EasyHome* – **PGRI (Plano de Gerenciamento dos Riscos) – Continuação 2.**

3.37. PRATICANDO NO SEU PROJETO

Agora preencha o **PGRI** da planilha *EasyPMDOC* do seu projeto. Se tiver dúvida, consulte-nos pelo *e-mail* easybok@easybok.com.br.

Para se aprofundar na área de conhecimento dos riscos, consulte o livro *Gerenciamento dos riscos em projetos*, de Fernando Dias, um dos volumes da Coleção Grandes Especialistas Brasileiros, da Elsevier.

Capítulo 4

Definindo o Escopo do Produto e do Projeto

4.1. OBJETIVOS DESTE CAPÍTULO

- Orientar o leitor sobre como definir o escopo do projeto e do produto.
- Apresentar técnicas para coleta, documentação e gerenciamento de requisitos.
- Mostrar como produzir os principais documentos associados ao escopo.
- Orientar sobre como definir quais são as atividades necessárias para produzir o resultado do projeto, utilizando como base a EAP (Estrutura Analítica do Projeto).
- Demonstrar como sequenciar as atividades de acordo com as necessidades do projeto.

O primeiro paradigma a ser quebrado é a ideia de que é possível executar um projeto sem definição, entendimento e controle de escopo, e que determinar prazo e custo sem saber o que fazer e o que deverá ser entregue é uma missão fácil. De fato não dá!

Citamos no Capítulo 3 algumas das "frases prontas" que são utilizadas no mercado, e que alguns acreditam possuírem "poderes sobrenaturais" para que aconteçam apenas porque esta é a sua vontade ... que assim seja! Não é possível pintar uma parede antes de ela estar construída, concorda? Então, existem limitações que estão acima da capacidade dos mortais.

Se este é o seu caso, você precisa se preparar para provar a todos os envolvidos quando uma missão for impossível.

O primeiro passo é ter clareza do escopo do produto e do projeto: o que precisa ser entregue e quais as atividades necessárias para isso.

PROCESSO DE COLETA DOS REQUISITOS

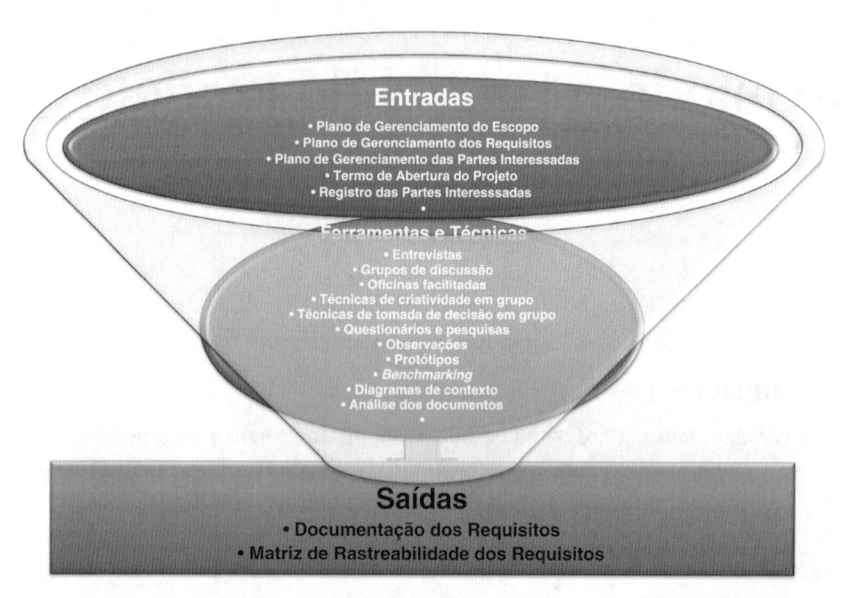

FIGURA 4.1. Processo 5.2 | Coletar os Requisitos.

4.2. POR QUE UTILIZÁ-LO?

Para o sucesso do projeto precisamos coletar junto aos diversos envolvidos o que eles esperam do projeto. Chamamos de **Requisitos** as condições, as características ou as capacidades que estão relacionadas ao produto, ao serviço ou ao resultado esperado. Todos têm seus requisitos, mas nem todos sabem como pedi-los ou documentá-los. Assim, é importante que a equipe do projeto tenha profissionais qualificados e competentes para esta tarefa, pois sem requisitos consistentes será difícil validar se o projeto está indo bem.

Se não houver requisitos, não há como ter a certeza de que o projeto contemplará tudo o que é preciso ser entregue. Além disso, como você poderá desenvolver algo, seja lá o que for, sem conhecer quais são as características e as condições relacionadas ao projeto?

Os requisitos precisam ainda de critérios de aceitação, ou seja, quais serão os critérios que serão validados quando da entrega do produto.

Vale destacar que, além de **requisitos de produto**, existem também **requisitos de projeto** que estão relacionados às características e condições que devem ser atendidas pelas atividades a serem executadas.

Os requisitos são importantes para o cumprimento dos objetivos do projeto, pois, sem eles, seria quase impossível medir se de fato os objetivos foram atingidos.

4.3. QUEM DEVE PARTICIPAR?

Todas as partes interessadas podem ser convidadas ou convocadas, de acordo com as necessidades do projeto. Todas podem ter requisitos específicos a colocar e é de responsabilidade da equipe do projeto coletar de forma adequada esses requisitos.

4.4. QUAIS OS PRINCIPAIS CUIDADOS A TOMAR?

O primeiro cuidado é ter certeza de que todas as partes interessadas que podem e devem definir requisitos estão identificadas. Descobrir no meio do caminho que "alguém foi esquecido" pode ser fatal para um projeto, dependendo de quem seja e quais requisitos poderiam surgir.

O segundo cuidado é definir uma estratégia consistente para envolver, engajar e coletar os requisitos junto às partes interessadas. É comum que determinadas pessoas tenham pouco ou nenhum interesse em participar da coleta de requisitos, principalmente se tiver a percepção de que o resultado do projeto poderá afetar sua "zona de conforto". Existem ainda algumas pessoas com receio de se comprometer com o que solicitam, seja por insegurança pessoal ou pela cultura da empresa, que pode propiciar um ambiente no qual há pouca ou nenhuma tolerância a erros. Você se identificou com essa situação? Já aconteceu isso com você?

> Sem o controle e a definição sobre como os requisitos devem ser coletados, entre outros aspectos, fica muito difícil obter sucesso no resultado do projeto, uma vez que não é possível "adivinhar as coisas", pois todos devem participar do projeto de forma engajada e comprometida.

Você, gerente do projeto, precisa convencer o cliente de que ele é o *dono do projeto* e, por isso mesmo, precisa definir e detalhar o que é necessário e o que se espera do projeto. A equipe do projeto pode ser composta por prestadores de serviços internos ou externos com conhecimentos técnicos específicos, de acordo com as necessidades do projeto. Na maioria das situações, quem sabe o que é preciso entregar, e como isso será validado, é o cliente. Se ele não participar da definição, não receberá o que deseja, e o projeto será um fracasso!

Mas não basta levantar esses requisitos somente com o cliente. É preciso identificar com clareza todos os interessados que podem ser fonte de requisitos para o projeto. Certamente o patrocinador é um deles!

Outro erro comum é manter o foco somente nos **requisitos de produto** e esquecer ou não se preocupar com os **requisitos de projeto,** que devem ser coletados, documentados, gerenciados e validados com o mesmo cuidado direcionado aos requisitos de produto.

Existem diversas ferramentas profissionais eficientes para a gestão de requisitos no mercado. Pesquise e avalie se não vale a pena adotar uma delas.

4.5. PRINCIPAIS DOCUMENTOS RELACIONADOS AO PROCESSO

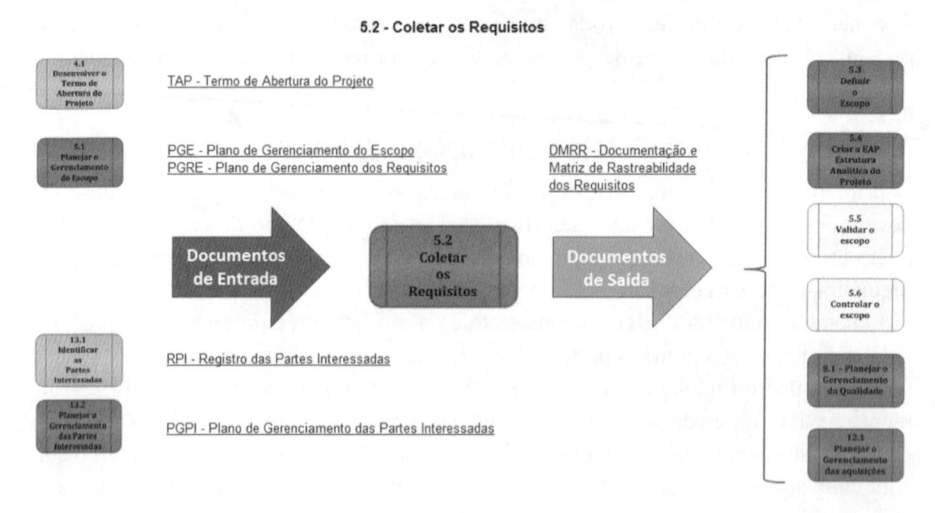

FIGURA 4.2. Principais documentos do processo 5.2.

4.6. PRINCIPAIS ENTRADAS

O **PGE (Plano de Gerenciamento do Escopo)** irá orientar a equipe do projeto sobre os tipos de requisitos necessários ao projeto.

O **PGRE (Plano de Gerenciamento dos Requisitos)** contém os processos a serem utilizados para definir e documentar as necessidades das partes interessadas.

O **PGPI (Plano de Gerenciamento das Partes Interessadas)** é utilizado para o entendimento das necessidades de comunicação e o nível de engajamento das partes interessadas para as atividades relacionadas a requisitos.

O **TAP (Termo de Abertura do Projeto)** é uma referência importante para a coleta de requisitos, pois proporciona a visão geral do produto, serviço ou resultado do projeto, que será detalhado por meio dos requisitos.

O **RPI (Registro das Partes Interessadas)** contém as informações sobre quem deve ser envolvido e quais as principais expectativas de cada parte.

4.7. PRINCIPAIS FERRAMENTAS E TÉCNICAS

As **Entrevistas** devem ser utilizadas quando houver confidencialidade ou especificidade nas informações a serem coletadas. Também podem ser utilizadas para coletar requisitos com partes interessadas importantes ou que tenham conhecimento de informações essenciais para o desenvolvimento do projeto.

Caso seja necessário coletar as informações com grupos específicos e em situações em que entrevistas ou grupos maiores não sejam indicados, utilize **Dinâmicas de grupo**. Por meio delas você poderá tratar de assuntos importantes e que não necessitam da participação de todos. É necessário um moderador treinado na dinâmica a ser utilizada.

Oficinas são sessões focadas mas que envolvem participantes multidisciplinares. Nesse caso, diferentemente das **Dinâmicas de grupo**, teremos a participação de pessoas com perfis e conhecimentos diferentes e que, através de técnicas específicas, colaboram para a definição de requisitos de produto. O Guia PMBOK® cita algumas dessas técnicas. Consulte.

Brainstorming, **Técnica de Grupo Nominal**, **Mapas Mentais**, **Diagramas de Afinidade** e **Análise de Decisão Envolvendo Critérios Múltiplos** são citadas no Guia PMBOK® como **Técnicas de Criatividade em Grupo**. Elas podem auxiliar nas tomadas de decisão tanto para requisitos de projeto quanto de produto.

As **Técnicas de Tomada de Decisão em Grupo** são citadas no Guia PMBOK® como: **Unanimidade**, **Maioria**, **Pluralidade** e **Ditadura**. Elas serão utilizadas com forte influência da necessidade relacionada à decisão a ser tomada, assim como dos **Fatores Ambientais da Empresa**. Por exemplo, se você está executando um projeto no qual o cliente e/ou o patrocinador é o dono da empresa, existe uma grande chance das decisões serem tomadas utilizando a técnica de **Ditadura**, de acordo com a personalidade desta pessoa.

Se o projeto necessitar do envolvimento de uma grande quantidade de pessoas, ou mesmo que estejam geograficamente distantes, utilize **questionários e pesquisas**. Também podem ser utilizados quando se tem urgência na coleta das informações.

Em determinadas situações as **observações** aos indivíduos, sobretudo em seu ambiente de trabalho, facilitam a identificação de requisitos que não são visualizados de imediato com as demais técnicas; também é eficaz quando existe resistência do profissional que deve fornecer os requisitos, pois a observação direta no ambiente de trabalho cria condição favorável à identificação e ao detalhamento.

Construir **Protótipos**, em diversas áreas de negócios, é uma excelente forma de validar se os requisitos foram totalmente identificados e detalhados, antes de obter o resultado esperado. Com certeza é muito mais barato e menos traumático identificar deficiências antes de iniciar um trabalho, seja ele qual for.

Benchmarking é uma forma excelente de identificar possíveis melhorias pela comparação de processos e práticas com organizações externas ou outras áreas de sua empresa.

Diagramas de contexto são utilizados para representar o escopo, ilustrando um sistema de negócios e as relações com outros sistemas, pessoas e organizações.

Muitos requisitos podem ser identificados com a **análise de documentos**. A equipe do projeto e as demais partes interessadas devem identificar quais documentos podem ser utilizados como fonte de informações para um projeto específico.

Vale a pena reforçar: Se você e sua equipe não dominam técnicas sobre coleta, documentação, gerenciamento e validação de requisitos, contrate um profissional ou uma consultoria especializada, pois sem dominar este aspecto crucial do projeto suas chances de sucesso serão muito menores.

Pense a respeito! Muitos projetos têm a raiz de seus problemas na má gestão de requisitos. Como posso saber o que deve ser entregue sem o detalhamento dos requisitos associados?

4.8. PRINCIPAIS SAÍDAS

O Guia PMBOK® 5ª edição propõe duas saídas para esse processo. Para a estratégia *EasyBOK* resolvemos juntar estes dois documentos (Documentação dos Requisitos e Matriz de Rastreabilidade dos Requisitos), pois a relação entre eles, para a maioria dos projetos, é intensa e essencial. Use o documento **DMRR (Documentação e Matriz de Rastreabilidade dos Requisitos)** como saída desse processo.

Segue modelo proposto pela estratégia *EasyBOK*:

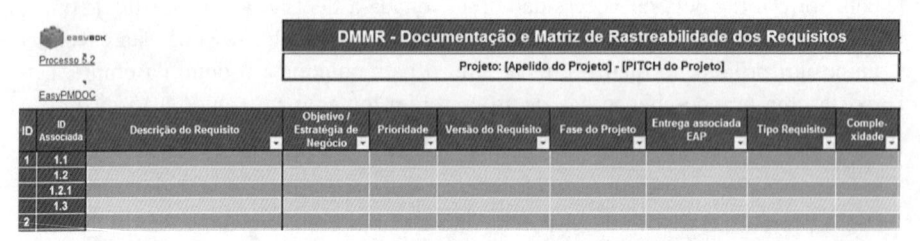

FIGURA 4.3. Exemplo do DMRR (Documentação e Matriz de Rastreabilidade dos Requisitos).

Utilize a coluna **ID** para identificar de forma única e integrada o requisito.

A coluna **ID Associada** permite que você decomponha um requisito em subitens.

Para descrever um requisito é preciso seguir algumas diretrizes importantes. Todo requisito deve ser:

1. **Necessário:** essencial para o bom funcionamento e, se ausente, caracteriza uma deficiência.
2. **Conciso:** define uma única coisa que deve ser feita e só a coisa que deve ser feita.
3. **Isento de implementação:** define o que deve ser feito e não como.
4. **Factível:** passível de ser atingido durante o projeto por um custo adequado, no prazo necessário e com os recursos disponíveis.
5. **Completo:** não exige complementação para ser atingido ou atendido.
6. **Consistente:** não contradiz outros requisitos.
7. **Não ambíguo:** tem uma única interpretação (dentro do possível).
8. **Verificável:** não vago mas quantificado de forma a ter o seu atendimento verificado com testes ou inspeções.

O requisito pode e deve estar associado a um objetivo ou estratégia de negócio. A sugestão do PMI® é utilizar as principais áreas de conhecimento sobre como gerenciar projetos: escopo, tempo, custos, qualidade, recursos humanos etc. Utilize essa informação se isso fizer sentido para o seu projeto e fique à vontade para associar a outros objetivos e estratégias que façam sentido a você e às demais partes interessadas.

Algumas informações desse documento não precisam ser preenchidas durante o processo de coleta de requisitos — a **prioridade** é uma delas. Além disso, as informações são dinâmicas e a prioridade dos requisitos pode mudar durante a vida do projeto. Muitas vezes existe a necessidade de atualizar e modificar requisitos durante o projeto. Para tal, **versionar** esse requisito pode ser essencial para entender possíveis desvios relacionados a outras áreas, como tempo e custos. Por que demoramos mais tempo do que o previsto? Por que estouramos o limite orçamentário do projeto? São perguntas que podem ser esclarecidas analisando as mudanças nos requisitos.

Os requisitos podem estar associados a determinadas fases do projeto. Neste caso, você deve preencher esta coluna (Fase), pois facilita de forma significativa a gestão desses requisitos.

> Nem todas as informações precisam ser preenchidas em um documento, para todos os detalhes. Por exemplo, se um requisito não está associado a uma fase específica, ou qualquer outra informação não faz sentido para o projeto, minha recomendação é que você preencha com NA (não se aplica). Isso significa que a situação já foi analisada e evita que outros parem para pensar em algo que já foi resolvido.

Associar os requisitos a **entregas** facilita a validação posterior. Cuidado para não associar a uma entrega específica um requisito que precisa ser considerado também para outras.

Crie os tipos de requisitos que façam sentido para a sua área de negócios e para o seu projeto. Os mais comuns são:

- **Legal:** associado a leis, normas e condições impostas por órgãos externos, e que o seu não atendimento implica punições ou multas.
- **Negócio:** faz sentido e está associado à área de negócio.
- **Parte interessada:** desejo ou necessidade de uma parte interessada específica. São o tipo que representa maior risco para o projeto, pois, se a parte interessada for substituída, a nova pode não concordar com o que fora solicitado anteriormente.
- **Produto:** características a serem atendidas pelo produto a ser entregue.
- **Projeto:** condições a serem atendidas pela execução do projeto, ou seja, pelas atividades ou condições gerais associadas ao projeto. É comum confundir requisitos de projeto com restrições. Pense da seguinte forma: requisitos têm de ser atendidos. Não há liberdade para atender ou não. Restrições limitam a execução das atividades do projeto, e podem ser consequência de um requisito de produto, mas não necessariamente. Por exemplo: você pode ter um requisito que impõe determinado horário de trabalho para o projeto. Isso sem dúvida é também uma restrição, mas é consequência do requisito.
- **Solução:** está relacionada à solução de um problema que o projeto pretende atingir. Lembre-se de que nem todos os projetos têm uma entrega física, ou seja, algo que é tangível e visível. O resultado de um projeto pode ser algo sobre como resolver um problema ou atingir alguma condição específica, que não existia antes.

A **complexidade** é algo que depende muito da percepção das partes interessadas e do tipo e tamanho do projeto. Minha sugestão é que você alinhe as expectativas com os demais quando da análise desta complexidade. Existem métricas de produto que ajudam a dimensionar esta complexidade, como por exemplo *metros quadrados* na construção civil e *pontos de função* no desenvolvimento de *software*.

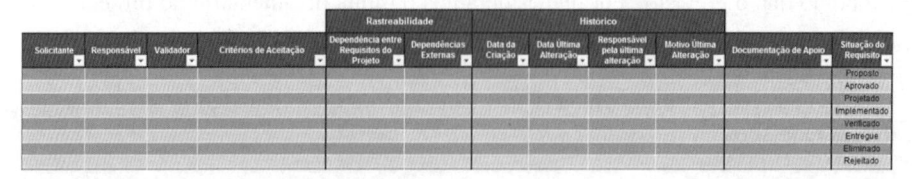

FIGURA 4.4. Exemplo do DMRR (Documentação e Matriz de Rastreabilidade dos Requisitos) – Continuação 1.

Por que separar **solicitante**, **responsável** e **validador**? Porque em muitos projetos ocorre de o requisito ser coletado com uma pessoa, ou seja, o **solicitante**, e o **responsável** por definir o que de fato é preciso atender ou a pessoa que irá **validar** o atendimento deste escopo são pessoas diferentes. Então, o conflito será quase inevitável.

Cuidado, caro leitor. Esta situação é comum no mundo empresarial, mas também em outros aspectos da vida cotidiana. Para evitar isso, se você tem pessoas diferentes nesses papéis, faça todos participarem do processo de coleta do requisito, pois assim o entendimento e o alinhamento irão ocorrer antes de se iniciar a execução do projeto.

Grande parte dos problemas de desvios de tempo e custos em projetos nascem da falta de uma atitude simples, como entender e alinhar entre vários interessados o que é preciso. Evite isso, pois perda de tempo é refazer, como consequência de não definir corretamente. Não corra na fase de coleta e validação dos requisitos por pressões do ambiente. Todos sairão perdendo.

Costumo dizer que o melhor amigo do requisito é o **critério de aceitação**. Sem ele o requisito pode ser ambíguo, pois não há clareza sobre como o seu atendimento será validado. Quando se está coletando o requisito é essencial perguntar, principalmente ao validador, quais os critérios que serão utilizados para comprovar o atendimento deste requisito.

Um exemplo fácil de entender é o seguinte: imagine que você solicitou ao pintor que as paredes de sua casa nova sejam brancas. Quando você chega para verificar o resultado, ele pintou as paredes com cal, diretamente em cima do cimento rústico. Você fica nervoso e diz a ele: "Mas eu queria as paredes com massa corrida, e que a pintura fosse realizada com uma tinta acrílica de qualidade. É óbvio que eu não queria uma parede assim!". Então, o pintor lhe responde: "Mas Doutor, na minha casa eu pintei assim, e ficou bom!".

Observe que é uma situação causada pela falta de critérios de aceitação claros e alinhados entre as partes. Lembre-se: o óbvio não existe. Então, é preciso definir com cuidado e em detalhes todos os critérios de aceitação, de todos os requisitos. Refazer é muito mais difícil e custoso do que acertar na primeira, na grande maioria das situações.

A **rastreabilidade** facilita a definição e a validação dos requisitos. Se você associa os requisitos entre si, por meio de dependências implícitas ou explícitas com outros requisitos ou com algo externo, fica muito mais difícil esquecer de algo; e facilitará muito a validação posterior quanto ao atendimento destes requisitos. Criar a rastreabilidade entre requisitos e fatores externos dá trabalho, muito trabalho, mas o benefício é exponencialmente maior, pois as chances de desvios significativos diminuem na mesma proporção.

É importante ter em mãos o **histórico** do requisito, ou seja, quando foi criado e quais são as informações sobre a última alteração. Em alguns casos extremos, para requisitos mais complexos, pense em usar um histórico completo, ou seja, com todas as alterações efetuadas. Nesses casos, reforçamos a recomendação anterior quanto ao uso de uma ferramenta específica (*software*).

Existem diversas formas de controlar a situação do requisito. Segue uma proposta:

- **Proposto:** foi solicitado mas ainda não foi analisado quanto a ser necessário, conciso, isento de implementação, factível, completo, consistente, não ambíguo e verificável.
- **Aprovado:** já foi analisado quanto aos aspectos anteriores, e todas as partes interessadas neste requisito entendem que ele deve ser atendido.
- **Projetado:** já está definido como ele será atendido.
- **Implementado**: já está contemplado na entrega, resultado, solução ou atividade associada.
- **Verificado:** já foi validado e verificado, ou seja, está atendendo aos requisitos de qualidade, critérios de aceitação e existe a formalização do validador de que ele está sendo atendido.
- **Entregue:** o cliente recebeu o resultado associado ao requisito.
- **Eliminado:** chegou-se à conclusão de que ele não era mais necessário ao projeto.
- **Rejeitado:** não foi aceito por condições técnicas impeditivas ou por não haver consenso ou aceite das partes interessadas relacionadas ao requisito.

4.9. USANDO O PROJETO-EXEMPLO

Para projetos de baixa complexidade você não precisa de muitos detalhes. Poucos requisitos e critérios de aceitação simples podem ser suficientes para uma gestão adequada.

Cuidado para não simplificar demais e não acredite no óbvio. Converse, discuta e alinhe com os demais o que se espera do projeto. De novo, quantas famílias não foram separadas por conta de um projeto mal planejado e mal executado? Quantas discussões entre você, sua família e prestadores de serviços não aconteceram e que poderiam ter sido evitadas?

ID Associado	Descrição do Requisito	Objetivo / Estratégia de Negócio	Prioridade	Versão do Requisito	Fase do Projeto	Entrega associada EAP	Tipo Requisito	Complexidade	Solicitante	Responsável	Validador	Critérios de Aceitação
1	A gestão do projeto deverá seguir as boas práticas preconizadas pelo PMI	1		1,00	Todas	Todas	Projeto	Alta	Pedro		Pedro	Seguir os padrões definidos nos guias e manuais publicados pelo PMI, de acordo com as necessidades do Projeto
2	Tanto a execução como o resultado da reforma deverão atender diretrizes de sustentabilidade	2		1,00	Todas	Todas	Produto	Máxima				
3	A família Souza tem urgência para a conclusão da reforma	1		1,00	Todas	Todas	Parte Interessada	Média				
4	Deverá ser contratado um arquiteto para desenvolver o projeto arquitetônico, sendo que este será responsável por adequar o projeto de acordo com os requisitos levantados junto a família	1		1,00			Parte Interessada	Alta				
5	O Arquiteto será responsável por coletar os requisitos que estão relacionados à execução do projeto para casas sustentáveis	2		1,00			Produto	Alta				
6	A família deverá permanecer morando na casa durante a execução da reforma, e assim sendo, a equipe de gerenciamento do projeto deverá propiciar condições de habitação neste período para todos os integrantes	1		1,00			Parte Interessada	Alta				
7	Deverá ser construída uma piscina	1		1,00			Produto	Média				
8	Deverá ser construída uma churrasqueira	1		1,00			Produto	Baixa				
9	Deverá ser construída uma varanda na parte frontal da casa	1		1,00			Produto	Média				
10	A casa deverá ter jardins e plantas em todos os cômodos onde isso for possível e saudável	1		1,00			Produto	Média				

FIGURA 4.5. *EasyHome* – DMRR (Documentação e Matriz de Rastreabilidade dos Requisitos).

A Figura 4.5 representa uma **DMRR** incompleta, com as informações básicas, e que constam nos documentos iniciais do projeto. Dessa forma você, leitor, poderá perceber que não é necessário termos um detalhamento completo dos requisitos para iniciar a sua documentação. As demais informações serão incluídas na sequência desta obra, de acordo com a necessidade e ilustrando a simulação do projeto *EasyHome*.

4.10. PRATICANDO NO SEU PROJETO

Agora preencha a **DMMR** da planilha *EasyPMDOC*, utilizada para o seu projeto. Se tiver dúvida, consulte-nos pelo *e-mail* easybok@easybok.com.br.

PROCESSO DE DEFINIÇÃO DO ESCOPO

Entradas
- Plano de Gerenciamento do Escopo
- Termo de Abertura do Projeto
- Documentação dos Requisitos
- *Ativos de processos organizacionais*

Ferramentas e Técnicas
- Opinião Especializada
- Análise do produto
- Geração de alternativas
- Oficinas

Saídas
- Especificação do Escopo do Projeto
- Atualizações nos documentos do projeto

FIGURA 4.6. Processo 5.3 | Definir o Escopo.

4.11. POR QUE UTILIZÁ-LO?

A pergunta agora é: Por que não utilizá-lo?

Como alguém pode conceber que consegue definir cronograma, custos, qualidade e recursos humanos necessários, requisitos de comunicação, riscos associados, aquisições adequadas e como gerenciar as partes interessadas sem definir de forma consistente o escopo? É uma pergunta que me faço há muitos anos e infelizmente ainda constatamos que grande parte das pessoas acredita que é possível...

Como definir a data de entrega sem saber o que será entregue, em detalhes, e os recursos necessários? Qual é o milagre? É a pergunta que não quer calar!

É evidente que em algumas situações o prazo é o principal, como em eventos como uma Copa do Mundo ou nos Jogos Olímpicos; mas, mesmo nessas situações, precisamos equilibrar as demandas e provar que é necessário equalizar as demais variáveis a fim de atingirmos o objetivo mais importante neste contexto.

Temos conhecimento de várias situações em que já existe uma data definida para cumprir uma entrega que não se sabe o que é... É lamentável, pois a chance de insucesso é enorme; depois se inicia a "caça aos culpados", quando se conhece de fato quem são...

> Nosso apelo aqui é o seguinte: se você é um executivo estratégico de uma empresa e acredita que agir dessa forma irá auxiliá-lo a conseguir o seu bônus de fim de ano, pense se não é melhor buscar o **bônus de fim de vida**. Será que não é melhor ser lembrado como alguém que atua com ética e profissionalismo e que, de fato, se preocupa com os resultados da empresa e não com os resultados "fictícios" que irão garantir o seu "enriquecimento temporário" e, portanto, altamente volátil?
>
> Fica aqui a sugestão para que você reflita se não é o momento de mudar o seu comportamento...

O que cabe ao gerente de projetos profissional é "provar", com o uso do conhecimento, habilidades e atitude, que algo que foi proposto é "impossível" dentro de determinadas circunstâncias de escopo, tempo, custo, e assim por diante... Acredite, isso é possível! Basta você se preparar e desejar mudar a situação caótica que, em algumas organizações, tem provocado a doença, o desespero e o insucesso de alguns, talvez muitos, profissionais que deveriam ser vistos como competentes, mas acima de tudo: Humanos!

Minha proposta, séria e intensa, é de que você reveja seus valores. Avalie se é mais importante dar um aparelho eletrônico de última geração ao seu filho no Natal ou contar que você é um "**Ser Humano**" que tem valores e, principalmente, dar de presente a ele esses valores com o seu exemplo, além de, se possível, atender ao seu desejo de consumo. Será que você não está abrindo mão de seus valores?

4.12. QUEM DEVE PARTICIPAR?

O **Gerente do Projeto** e a **Equipe de Gerenciamento do Projeto**. Outras partes interessadas podem ser convidadas ou convocadas de acordo com a necessidade. É importante que o escopo seja aprovado por pessoas-chave e que isso seja formalizado.

Não menospreze pessoas que eventualmente tenham pouca importância ou poder na empresa, pois elas podem ter informações vitais para o sucesso do projeto.

4.13. QUAIS OS PRINCIPAIS CUIDADOS A TOMAR?

O escopo não se restringe apenas ao que vai ser entregue, mas também ao esforço necessário para atingir o resultado desejado. A maioria dos desvios relacionados a escopo tem a ver com o trabalho a realizar, e não aos detalhes e requisitos da entrega.

Quando temos um projeto sem escopo, temos: "um grupo de pessoas trabalhando para entregar algo que não sabe o que é, a fim de chegar não se sabe onde". Isso não é projeto! Pode chamá-lo como preferir.

Definir o escopo em uma visão macro não basta. É necessário detalhar o escopo pela composição dos requisitos, agrupando-os por entregas e relacionando tudo de maneira adequada aos objetivos do projeto. Assim, teremos a garantia de que existe um rumo, a certeza do que precisa ser entregue e, principalmente, quais são as expectativas das partes interessadas. A alma do projeto é o detalhamento do que será entregue e do trabalho necessário. Um projeto sem alma é um projeto perdido, sem futuro, fadado ao fracasso!

Novamente, como é possível definir o prazo e o orçamento de algo que não se conhece na plenitude e com o nível de detalhes suficientes para garantir o sucesso? Esta é, do meu ponto de vista, a principal causa das estatísticas alarmantes sobre projetos que não conseguem atingir níveis de sucesso aceitáveis. Sem escopo, o projeto é um navio à deriva e, quanto maior o navio, maiores as chances de colidir com um *iceberg*. Acionar a força total dos motores não garante que chegaremos ao destino final.

Certamente você conhece a história do Titanic!

4.14. PRINCIPAIS DOCUMENTOS RELACIONADOS AO PROCESSO

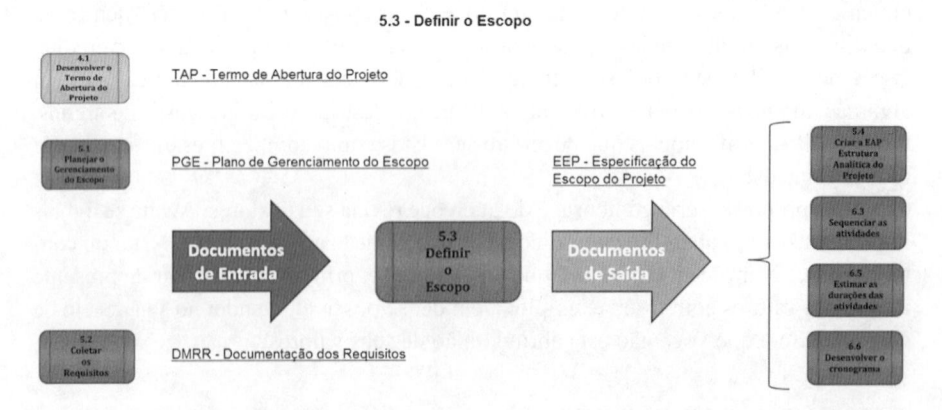

FIGURA 4.7. Principais documentos do processo 5.3.

4.15. PRINCIPAIS ENTRADAS

O **PGE (Plano de Gerenciamento do Escopo)**, para este processo, contém o detalhamento de como o escopo será definido. O escopo definido deverá estar alinhado com o escopo delineado no **TAP (Termo de Abertura do Projeto)**. O TAP define o escopo em uma visão macro, para agora ser detalhado. Caso o escopo definido seja diferente do que era visualizado no início do projeto, é importante deixar isso claro para todas as partes interessadas e as que têm o poder de decisão e/ou papel destacado no projeto precisam estar de acordo com esta mudança formalmente.

A **DMRR (Documentação e Matriz de Rastreabilidade dos Requisitos)** é a base para a definição de um escopo consistente, realista e coerente com as expectativas das partes interessadas. Por meio do agrupamento dos requisitos de produtos, associando-os às suas respectivas entregas, teremos um escopo adequado. Também é importante visualizar as relações com objetivos e outros requisitos.

4.16. PRINCIPAIS FERRAMENTAS E TÉCNICAS

A **Opinião Especializada** novamente poderá auxiliar muito, pois nada como envolver quem entende do assunto. Assim, cada projeto terá necessidades específicas e, portanto, precisará de opiniões de especialistas. Não tente adivinhar o que é necessário. Pergunte a quem de direito.

A **Análise de Produto**, é claro, depende do tipo de produto a ser gerado. Cada área tem suas técnicas específicas que irão auxiliar a transformar requisitos em entregas tangíveis. Algumas citadas no Guia PMBOK são: **decomposição do produto**, **análise de sistemas**, **análise de requisitos**, **engenharia de sistemas**, **engenharia de valor** e **análise de valor**. Avalie o que se aplica ao seu Projeto.

Pensando no que será executado, ou seja, no escopo do projeto, é importante utilizar a técnica de **Geração de Alternativas**, analisando possíveis cenários e soluções para atingir os objetivos do projeto. Você pode utilizar também **Oficinas** para auxiliar na definição do escopo.

4.17. PRINCIPAIS SAÍDAS

A **EEP – Especificação do Escopo do Projeto** é o único documento gerado neste projeto, mas não é o único que deve ser atualizado, de acordo com as definições formalizadas junto às partes interessadas. É importante manter todos os documentos do projeto consistentes com o escopo, de acordo com a sua evolução e possíveis alterações no ciclo de vida do projeto. Perguntamos: de que adianta você ter uma documentação bem elaborada se estiver desatualizada ou inconsistente?

Este documento deve conter não somente as entregas e o trabalho necessário para concluí-las, mas também o que é chamado de "escopo negativo", ou exclusões. É importante documentar e formalizar também o que NÃO será entregue e o que NÃO será executado.

Segue modelo proposto pela estratégia *EasyBOK*:

EEP - Especificação do Escopo do Projeto

Projeto: [Apelido do Projeto] - [PITCH do Projeto]

1. **Descrição do escopo do Produto**

   Quais são as características do produto, serviço ou resultado a ser entregue ao final do projeto. É elaborada progressivamente e deve ser atualizada sempre que necessário.

2. **Critérios de aceitação do Produto**

   Processo e critérios gerais a serem executados e atendidos antes do aceitação do produto, serviço ou resultado. Os detalhes são especificados nos critérios de aceitação dos requisitos. Cuidado para não duplicar critérios, pois pode ser um motivo de conflito ou mesmo de dificuldade em validar a(s) entrega(s) do projeto.

3. **Entregas do Projeto**

   3.1 Detalhamento de tudo o que o projeto irá entregar, não somente os produtos, mas também resultados auxiliares ou parciais, como relatórios e documentação de gerenciamento do projeto. Pode ser feita uma referência direta à EAP, e complementado com as entregas que não constam neste outro documento.

   3.2

   3.3

4. **Exclusões do Projeto**

   Tudo o que o projeto NÃO irá entregar ou executar.

5. **Restrições do Projeto**

   5.1 Listar restrições específicas associadas ao escopo. Fatores limitadores que afetam a execução do Projeto.

   5.2

6. **Premissas do Projeto**

   6.1 Listar premissas específicas associadas ao escopo. Fatores que, para fins de planejamento, são considerados reais e verdadeiros sem prova ou demonstração.

   6.2

   6.3

FIGURA 4.8. Exemplo da EEP (Especificação do Escopo do Projeto).

4.18. USANDO O PROJETO-EXEMPLO

Como vimos, para projetos de baixa complexidade você não precisa de muitos detalhes. Se o projeto for muito pequeno, talvez a **DMRR** e a **EAP (Estrutura Analítica do Projeto)** sejam suficientes para definir todo o escopo de forma consistente. Porém, não faça isso por preguiça ou por achar que não tem tempo para documentar. Um escopo mal definido é quase certeza de insucesso.

EEP - Especificação do Escopo do Projeto
Projeto: EasyHome - Reforma Sustentável de uma Casa

1. **Descrição do escopo do Produto**

Ao final do projeto a casa da família Souza deverá estar reformada de acordo com os requisitos levantados diretamente com seus membros, bem como outros relacionados à sustentabilidade, e que serão levantados e documentados pelo arquiteto contratado.

2. **Critérios de aceitação do Produto**

A reforma será dada como concluída com a aprovação do Sr. Pedro e da Sra. Olga, de acordo com uma revisão minuciosa de todos os requisitos documentados e aprovados. A revisão deverá ocorrer com a participação do arquiteto e do empreiteiro contratados. Ao final da revisão será emitido um termo de aceite final.

3. **Entregas do Projeto**

3.1	Documentos de gestão do projeto
3.2	Projeto arquitetônico
3.3	Sala
3.4	Cozinha
3.5	Corredor dos quartos
3.6	Lavabo
3.7	Suíte casal
3.8	Suíte Alexandre
3.9	Suíte filhas
3.10	Lavanderia
3.11	Churrasqueira
3.12	Piscina
3.13	Orquidário
3.14	Canil

FIGURA 4.9. *EasyHome* – EEP (Especificação do Escopo do Projeto).

4. **Exclusões do Projeto**

4.1	Hospedagem da família em caso de impossibilidade de ficarem na casa
4.2	Transporte dos familiares em caso de mudanças de horários
4.3	Aquisição de equipamentos sustentáveis que extrapolem o orçamento do projeto, sem um novo aporte de recursos
4.4	Mudanças legais na documentação do imóvel que eventualmente sejam necessárias por conta do caráter sustentável do projeto

5. **Restrições do Projeto**

5.1	As atividades do projeto poderão ser executadas somente em dias de semana e no horário comercial, entre 08h00 e 17h00
5.2	Todas as atividades do projeto deverão ser executadas obedecendo a práticas sustentáveis
5.3	Os operários deverão utilizar equipamentos de segurança de acordo com a legislação vigente
5.4	Não será permitida a permanência na casa dos operários após o horário comercial
5.5	Os operários e demais profissionais participantes do projeto deverão respeitar a família, tendo conduta respeitosa e educada durante a sua permanência na casa, bem como quando estiverem ausentes

6. **Premissas do Projeto**

6.1	O arquiteto deverá levantar requisitos com todos os membros da família Souza, e em caso de solicitações conflitantes, deverá se reunir com o Sr. Pedro e a Sra. Olga para deliberar a respeito
6.2	A gestão do projeto será responsabilidade do Sr. Pedro
6.3	Os familiares estarão ausentes da casa durante o horário comercial (08h00 às 17h00) nos dias de semana. O Sr. Pedro e a Sra. Olga terão livre acesso neste horário para acompanhamento das atividades que estarão em execução
6.4	Caso seja necessário executar alguma atividade fora do horário acima, o empreiteiro responsável deverá solicitar uma autorização formal do Sr. Pedro
6.5	A equipe do projeto deverá retirar antes do fim do expediente todos os equipamentos que representem algum tipo de risco à segurança da família residente. Caso isso não seja possível, deverá sinalizar o local e garantir que todos sejam avisados
6.6	Qualquer acidente que ocorrer por negligência comprovada da equipe do projeto será de responsabilidade da empreiteira contratada

FIGURA 4.10. *EasyHome* – EEP (Especificação do Escopo do Projeto) – Continuação 1.

É evidente que o documento da Figura 4.9 poderia ter mais detalhes, mas você já sabe que nossa proposta é apenas ilustrar o assunto.

4.19. PRATICANDO NO SEU PROJETO

Agora preencha a **EEP** da planilha *EasyPMDOC* utilizada para o seu projeto. Se tiver dúvida, consulte-nos pelo *e-mail* easybok@easybok.com.br.

PROCESSO DE CRIAÇÃO DA EAP – ESTRUTURA ANALÍTICA DO PROJETO

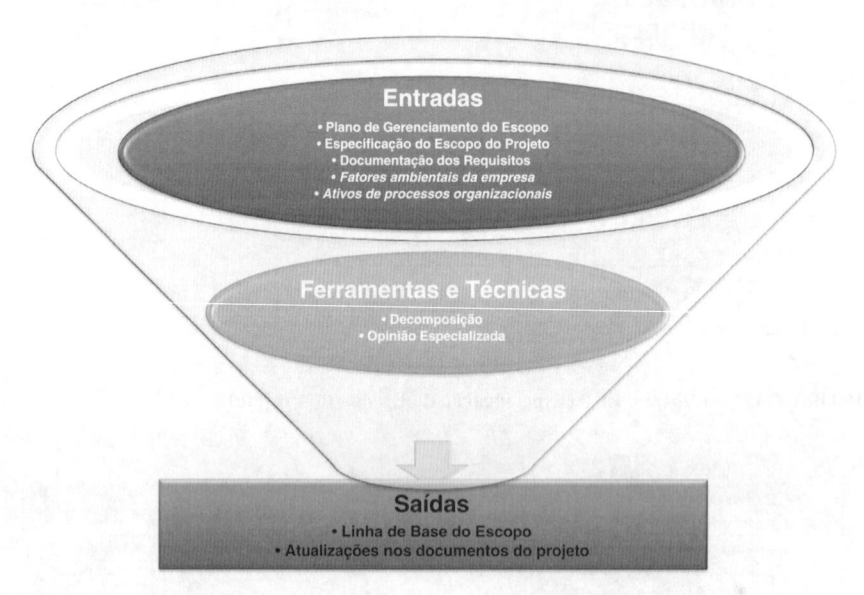

Entradas
- Plano de Gerenciamento do Escopo
- Especificação do Escopo do Projeto
- Documentação dos Requisitos
- *Fatores ambientais da empresa*
- *Ativos de processos organizacionais*

Ferramentas e Técnicas
- Decomposição
- Opinião Especializada

Saídas
- Linha de Base do Escopo
- Atualizações nos documentos do projeto

FIGURA 4.11. Processo 5.4 | Criar a EAP.

4.20. POR QUE UTILIZÁ-LO?

Quando se fala de decomposição, é provável que você se recorde de alguma professora do ensino fundamental falando sobre decomposição e fatoração, utilizadas em matemática. Você se lembra qual era o objetivo de decompor? Quando um problema é decomposto, o intuito é facilitar o entendimento e a sua resolução.

A criação dessa estrutura hierárquica tem como principal objetivo decompor as entregas de um projeto em elementos menores, mais facilmente gerenciáveis. A ideia é facilitar o entendimento do que é preciso entregar e a gestão do trabalho necessário.

Adicione a isso o poder da utilização de recursos visuais para interpretar e entender o que é preciso entregar como resultado do projeto. O que é mais fácil: ler e entender um documento escrito ou interpretar uma representação gráfica do escopo? A resposta é óbvia, mas não nos isenta da tarefa de detalhar as entregas.

A EAP é um ótimo recurso para definir, validar e controlar o escopo, pois envolve todas as partes interessadas.

> Do meu ponto de vista, a EAP é o documento mais importante do projeto, pois ela permite a interpretação e o entendimento rápido e seguro do que está ou não previsto no projeto, e assim uma mudança de escopo é rapidamente identificada.
> De quantos projetos você participou em que o escopo foi modificado? Provavelmente todos tiveram mudanças no escopo; então, facilitar o processo de atualização do escopo irá ajudá-lo e muito!

Lembre-se de que as atividades também compõem o escopo.

4.21. QUEM DEVE PARTICIPAR?

O **Gerente do Projeto** e a **Equipe de Gerenciamento do Projeto**. Todas as partes interessadas que conhecem detalhes sobre o que precisa ser entregue, como isso deve ser feito, e quais as premissas e restrições associadas, devem ser convidadas ou convocadas a participar dessa definição, de acordo com a necessidade.

4.22. QUAIS OS PRINCIPAIS CUIDADOS A TOMAR?

Primeiro é não cair na tentação de sair construindo um cronograma e depois utilizar uma ferramenta de mercado para construir a EAP com base no cronograma somente para entregar a EAP ao departamento ou profissional que está cobrando. Como dissemos, consideramos este documento o mais importante para o gerenciamento do projeto, tendo em vista que, provavelmente, haverá situações de mudança de escopo durante o projeto.

Mas, antes disso, como executar todas as atividades subsequentes do projeto sem uma visão clara do que é preciso entregar? Será uma aventura e tanto para a qual temos a certeza de que você não gostará de participar.

4.23. PRINCIPAIS DOCUMENTOS RELACIONADOS AO PROCESSO

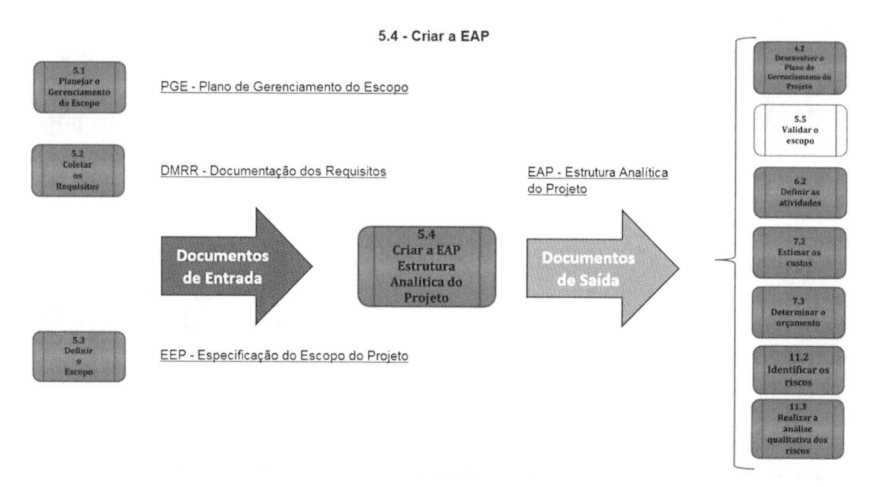

FIGURA 4.12. Principais documentos do processo 5.4.

4.24. PRINCIPAIS ENTRADAS

O **PGE (Plano de Gerenciamento do Escopo)** contém as orientações sobre como a EAP será criada.

A **EEP (Especificação do Escopo do Projeto)** tem os detalhes do escopo do projeto e do produto, premissas, restrições, exclusões, entre outras informações essenciais para definir quais são as entregas do projeto e como elas podem ser decompostas em pacotes de trabalho.

A **DMRR (Documentação e Matriz de Rastreabilidade dos Requisitos)** é essencial para ter a certeza de estar atendendo às necessidades de todas as partes interessadas do projeto, bem como aos detalhes específicos para conseguir o resultado do projeto. Associando os requisitos de produto às entregas do projeto você estará certo de que atendeu a tudo o que foi solicitado.

4.25. PRINCIPAIS FERRAMENTAS E TÉCNICAS

A **decomposição** irá dividir as entregas do projeto de forma a facilitar o gerenciamento. Com pacotes de trabalho menores é possível definir com mais precisão o tempo necessário para executar, quem é o responsável e quanto custará cada um deles.

Uma grande dúvida de quem ainda não tem experiência na construção de uma EAP é: até que nível eu devo decompor? Ou seja, devo parar no segundo, terceiro, quarto nível?

> A resposta é que não existe um padrão, mas a necessidade de cada projeto irá responder a essa pergunta. Se você não tiver experiência na construção de EAPs, solicite ajuda de profissionais experientes.

Não é recomendável utilizar verbos para nomear cada componente da EAP. O componente deve ser o resultado da ação, e não a atividade necessária para produzir o resultado. Assim, nos níveis mais baixos da EAP, se você começar a sentir que não há como nomear um componente a não ser por meio de um verbo, então provavelmente já atingiu o detalhamento suficiente para gerenciar o projeto de maneira eficiente. Depois iremos utilizar estes pacotes de trabalho para definir as atividades necessárias.

Você pode utilizar no segundo nível da EAP fases do projeto, ou seja, na primeira linha de componentes tem as fases do projeto e, em cada um, deve detalhar todas as entregas associadas.

> Eu costumo utilizar como primeiro componente da EAP o "Gerenciamento do Projeto". Não reservar tempo e dinheiro para gerenciar esse projeto e acreditar que milagres irão acontecer pode ser um dos maiores erros no planejamento dos projetos.
> Não há como gerenciar sem tempo e dinheiro.

O pacote de atividades chamado "Gerenciamento do Projeto" talvez seja o mais importante para o seu sucesso. Os documentos relativos ao gerenciamento do projeto devem ser entregas que façam sentido para este projeto; note, este projeto, e não outro qualquer. Pare de buscar fórmulas prontas, e entenda definitivamente que existe um caminho mais provável, mas que precisará ser sempre adaptado para cada momento e cada necessidade que se apresente.

Construa a EAP do seu projeto atual com muita atenção e cuidado. Ela é a espinha dorsal do sucesso em gerenciamento de projetos!

4.26. PRINCIPAIS SAÍDAS

A **LBE (Linha de Base do Escopo)** é composta pela **EEP (Especificação de Escopo do Projeto)**, **EAP (Estrutura Analítica do Projeto)** e **DEAP (Dicionário da EAP)**. Com estes três documentos é possível definir uma "linha de base", ou seja, uma fotografia do tamanho do escopo em um determinado momento. Neste caso, está se referindo à linha de base do escopo que é resultado do processo de definição do escopo durante o planejamento do projeto. Esta **LBE** será utilizada como referência para analisar o desempenho do projeto, e deverá ser atualizada sempre que houver alteração no escopo.

Segue modelo proposto pela estratégia *EasyBOK*:

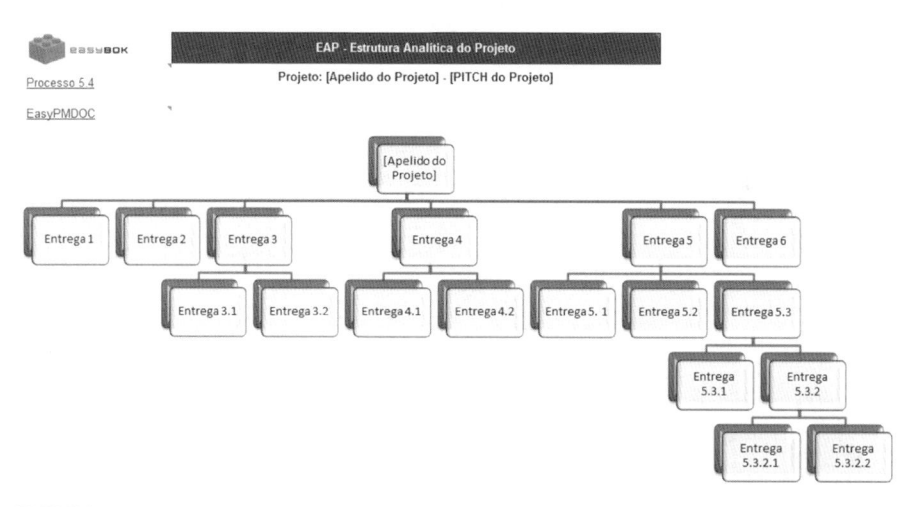

FIGURA 4.13. Exemplo de EAP – Estrutura Analítica do Projeto.

Para a proposta *EasyBOK* sugerimos que o **DEAP** seja inserido diretamente no cronograma do projeto (**CRO**). Assim, a **LBE** será formada para a EEP e pela EAP. Como já mostramos a EEP no processo anterior, aqui apresentamos somente o modelo da EAP.

4.27. USANDO O PROJETO-EXEMPLO

A **EAP** é um documento que representa as entregas, que podem estar agrupadas nas fases do projeto. A seguir, a EAP do projeto-exemplo.

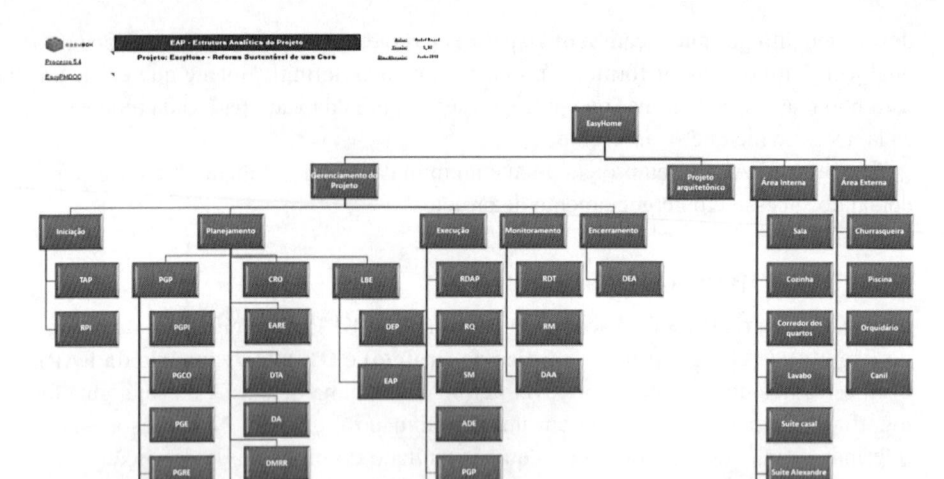

FIGURA 4.14. *EasyHome* – EAP (Estrutura Analítica do Projeto).

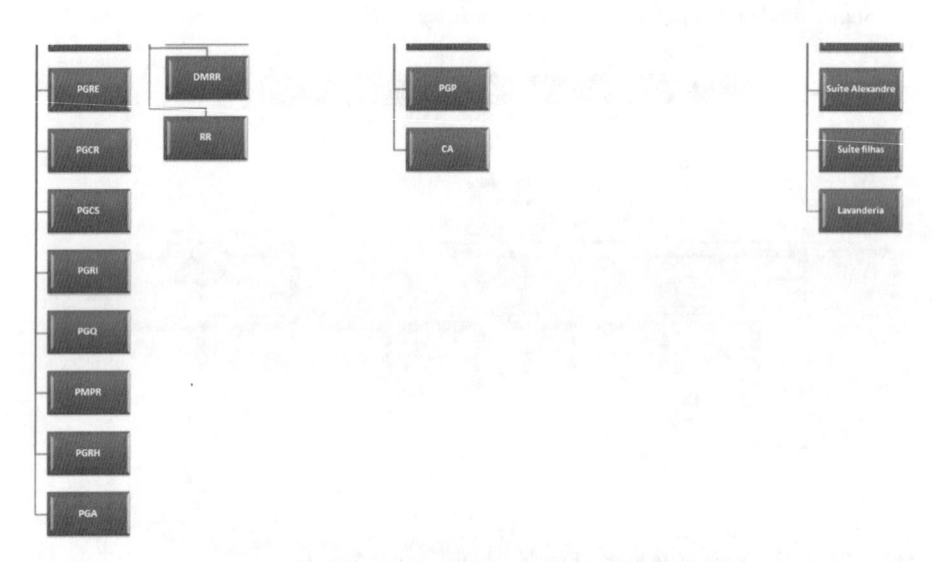

FIGURA 4.15. *EasyHome.* EAP (Estrutura Analítica do Projeto) – Continuação 1.

A EAP apresentada nas Figuras 4.14 e 4.15 está relacionada ao momento de planejamento do projeto. Durante o desenvolvimento do projeto ela poderá ser modificada. Como vimos, este documento é uma referência importante para as possíveis modificações de escopo, pois visualmente é muito mais fácil perceber mudanças, sobretudo nas entregas.

4.28. PRATICANDO NO SEU PROJETO

Agora preencha a **EAP** da planilha *EasyPMDOC*, utilizada para o seu projeto. Se tiver dúvida, consulte-nos pelo *e-mail* easybok@easybok.com.br.

PROCESSO DE DEFINIÇÃO DAS ATIVIDADES

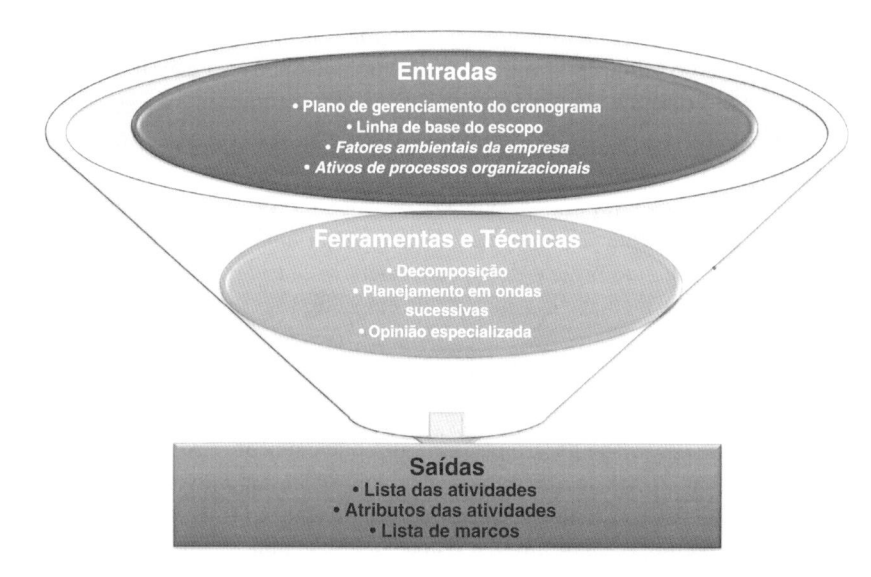

Entradas
- Plano de gerenciamento do cronograma
- Linha de base do escopo
- *Fatores ambientais da empresa*
- *Ativos de processos organizacionais*

Ferramentas e Técnicas
- Decomposição
- Planejamento em ondas sucessivas
- Opinião especializada

Saídas
- Lista das atividades
- Atributos das atividades
- Lista de marcos

FIGURA 4.16. Processo 6.2 | Definir as Atividades.

4.29. POR QUE UTILIZÁ-LO?

É óbvio que precisamos detalhar as atividades necessárias para a execução de um projeto. O que nem todos fazem é definir primeiro as entregas do projeto para depois pensar nas atividades necessárias para produzir este resultado.

> Planejar o projeto pensando primeiro nas entregas traz grandes benefícios, pois assim temos a certeza de que todo o trabalho realizado no projeto está direcionado para as entregas e, ainda, nenhuma entrega deixou de ser contemplada.

Se for identificada a necessidade de executar algo que não está relacionado a uma entrega específica, seja um produto ou um pacote de serviços, então é provável que seja necessário atualizar a definição do escopo e os demais documentos associados.

4.30. QUEM DEVE PARTICIPAR?

O **Gerente do Projeto** e a **Equipe de Gerenciamento do Projeto**. Outras partes interessadas podem ser convidadas ou convocadas de acordo com a necessidade.

É importante envolver profissionais que estejam acostumados com a definição das atividades necessárias para entregar determinados pacotes de trabalho. Dessa forma, além de aumentar as chances de sucesso desta definição, é provável que o comprometimento dos profissionais aumente, sobretudo se os que participarem das estimativas forem os mesmos que irão executá-las mais tarde.

4.31. QUAIS OS PRINCIPAIS CUIDADOS A TOMAR?

É comum esquecermos de colocar no detalhamento do projeto atividades que parecem corriqueiras, ou que não estão diretamente relacionadas com o resultado ou a entrega, sobretudo se for algo sólido e visível. Pacotes de trabalho não necessariamente produzem um resultado físico, e contemplar serviços nas suas estimativas é essencial para prever custos, recursos essenciais e prazos realistas.

> Muitas organizações erram ao "esconder" do cliente e de si mesma atividades que precisam ser executadas; às vezes até para ganhar uma concorrência. Depois acabam por executar um projeto de maneira ineficiente e entregam um resultado ruim. Isso prejudica o cliente e a imagem da empresa.

Se o cliente, interno ou externo, "força a barra" para encaixar as atividades no prazo e no orçamento estipulados, chegou a hora de uma mudança de postura importantíssima para o sucesso do projeto: com um planejamento adequado é possível convencer qualquer cliente de que se trata de uma missão impossível. Resta saber se você prefere contar isso a ele antes de começar ou somente ao final, quando conflitos e, muitas vezes, prejuízos financeiros, morais e de imagem já se tornaram fato e não há como recuperar.

Acredite: é muito melhor não ganhar a concorrência do que iniciar um projeto que tem variáveis e demandas impossíveis de atender. Várias organizações já encerraram suas atividades por conta desse comportamento inadequado.

4.32. PRINCIPAIS DOCUMENTOS RELACIONADOS AO PROCESSO

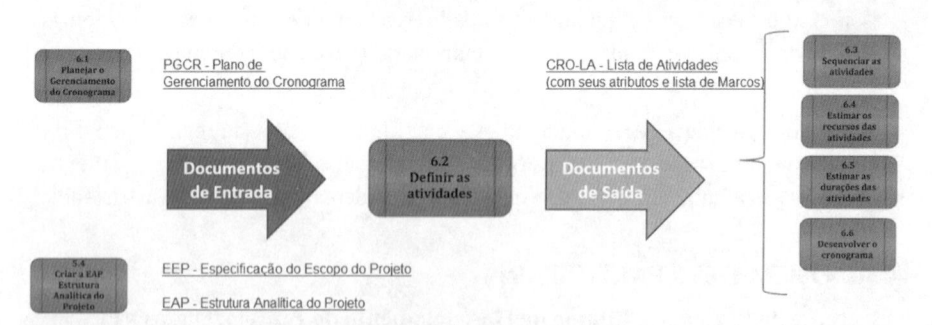

FIGURA 4.17. Principais documentos do processo 6.2.

4.33. PRINCIPAIS ENTRADAS

O **PGCR (Plano de Gerenciamento do Cronograma)** irá determinar como as atividades do projeto serão definidas. É importante pensar isso antes de executar, pois se as atividades não forem estabelecidas de maneira adequada às necessidades do projeto, poderão ocorrer muitos problemas durante a execução.

A **LBE (Linha de Base do Escopo)** irá servir de referência, considerando as entregas, as restrições, as premissas e a EAP deste projeto, que são referências essenciais para a definição do que precisa ser executado. Lembre-se de que o escopo do projeto é definido pelas atividades a serem executadas. Como já foi dito, esquecer ou planejar de forma inadequada quais as atividades necessárias pode provocar desvios significativos e por vezes sem recuperação.

4.34. PRINCIPAIS FERRAMENTAS E TÉCNICAS

Cuidado para não confundir a decomposição da EAP em componentes menores com a **decomposição** dos pacotes de trabalho da mesma EAP em atividades necessárias para entregar o pacote associado. Apesar de terem o mesmo nome, desenvolver essas duas técnicas separadamente e de forma sequencial é importante para obter uma EAP e atividades consistentes. Este é um dos maiores benefícios que se pode ter na aplicação das boas práticas propostas pelo PMI®, pois grande parte dos participantes de projetos define as atividades de forma direta, sem se preocupar com o que precisa ser entregue.

> Correndo o risco de ser repetitivo, vale destacar de novo este aspecto, pois pensar nas entregas e depois nas atividades vai ajudá-lo de forma considerável no sucesso do projeto. Não menospreze este aspecto pela sua simplicidade, pois o simples é poderoso.

O **planejamento em ondas sucessivas** é a técnica que permite iniciar a execução do projeto sem que todos os aspectos estejam esclarecidos e detalhados. Pense no seguinte: você pode detalhar o que é preciso para parte de seu projeto e iniciar a sua execução, desde que esteja dentro de condições de risco aceitáveis. Mais tarde você detalha e executa as demais de acordo com o seu entendimento.

> Algumas organizações, infelizmente, pressionam os funcionários para iniciar a execução de parte do projeto sem nem mesmo ter controle quanto à exposição a riscos identificados. Isso é muito diferente de planejamento em ondas sucessivas. Nesse caso, a situação pode representar excesso de risco e pode inviabilizar um projeto.

Não se deixe pressionar para iniciar o que ainda está inconsistente ou com excesso de risco, a não ser que todas as partes interessadas estejam cientes e de acordo.

4.35. PRINCIPAIS SAÍDAS

Na proposta *EasyBOK* todas as saídas deste processo serão representadas diretamente no cronograma, divididas em **CRO-LA (Lista das Atividades)**, **CRO – Atributos das Atividades** e **CRO – Lista dos Marcos**. Na maioria dos projetos não será necessário colocar essas informações em documentos separados. As ferramentas de gerenciamento de projetos disponíveis permitem que todas as informações sejam agregadas diretamente no cronograma, até mesmo as gratuitas.

Para desenvolvermos a proposta *EasyBOK* e especificamente o cronograma, iremos utilizar o MS-Project, por se tratar da ferramenta mais utilizada no momento em que esta obra foi produzida. Você pode pesquisar ferramentas alternativas, como algumas gratuitas existentes no mercado. Consulte algumas sugestões de ferramentas em nosso site www.easybok.com.br.

Seguem modelos propostos pela estratégia *EasyBOK*:

CRO - Cronograma do Projeto

Processo 6.6

EasyPMDOC

Projeto: [Apelido do Projeto] - [PITCH do Projeto]

CRO-LA - Lista de Atividades

ID	ID Associada	Marco	Fase do Projeto	Entrega associada EAP	Nome da Atividade
1	1.1	Iniciação	GP	TAP	4.1 - Desenvolver o Termo de Abertura do Projeto
	1.2		GP	RPI	13.1 - Identificar as partes interessadas
2	2.1	Planejamento	GP	PGP	4.2 - Desenvolver o plano de gerenciamento do projeto
	2.1.1		GP	PGPI	13.2 - Planejar o Gerenciamento das Partes Interessadas
	2.1.2		GP	PGCO	10.1 - Planejar o gerenciamento das comunicações
	2.1.3		GP	PGE	5.1 - Planejar o gerenciamento do escopo
	2.1.4		GP	PGRE	Planejar o gerenciamento dos requisitos (5.1)

FIGURA 4.18. Exemplo de CRO-LA (Lista das Atividades) – Incluíndo atributos e marcos.

CRO - Cronograma do Projeto

Processo 6.6

EasyPMDOC

Projeto: [Apelido do Projeto] - [PITCH do Projeto]

CRO-LA - Lista de Atividades

ID	ID Associada	Marco	Fase do Projeto	Entrega associada EAP	Nome da Atividade
	2.1.6		GP	PGCS	7.1 - Planejar o gerenciamento dos custos
	2.1.7		GP	PGRI	11.1 - Planejar o gerenciamento dos riscos
	2.1.8		GP	DMRR	5.2 - Coletar os requisitos
	2.1.9		GP	EEP	5.3 - Definir o escopo
	2.1.10		GP	EAP	5.4 - Criar a EAP
	2.1.11		GP	CRO-LA	6.2 - Definir as atividades
	2.1.12		GP	CRO-DR	6.3 - Sequenciar as atividades
	2.1.13		GP	CRO-RRA	6.4 - Estimar os recursos das atividades
	2.1.14		GP	PGRH	9.1 - Planejar o gerenciamento dos recursos humanos
	2.1.15		GP	CRO-EDA	6.5 - Estimar as durações das atividades
	2.1.16		GP	CRO	6.6 - Desenvolver o cronograma
	2.1.17		GP	CRO-ECA	7.2 - Estimar os custos
	2.1.18		GP	PGA	12.1 - Planejar o gerenciamento das aquisições
	2.1.19		GP	RR	11.2 - Identificar os riscos
	2.1.20		GP	RR	11.3 - Realizar a análise qualitativa dos riscos

FIGURA 4.19. Exemplo de CRO-LA (Lista das Atividades) – Exemplo no MS-Project.

A **CRO-LA (Lista das Atividades),** com os atributos e a identificação dos marcos, já pode ser associada às entregas do projeto, sendo físicas, pacotes de serviços ou resultados que formalizam um momento específico do projeto, como um termo de aceite. Apenas tome muito cuidado quando alimentar as atividades e seus atributos diretamente no cronograma para não correr o risco de esquecer de algo importante.

Os marcos podem ser identificados diretamente no cronograma, atualizando as propriedades da atividade. No MS-Project basta um duplo clique sobre a atividade para abrir uma janela com as propriedades da atividade. Todas as informações sobre lista de atividades, marco e demais atributos podem ser atualizadas desta forma.

4.36. USANDO O PROJETO-EXEMPLO

A proposta de cronograma para o *EasyHome* não será apresentada exatamente como o modelo anterior. Será apresentada na sequência de construção dos documentos que serão incorporados a este cronograma, iniciando pela lista de atividades. Nos seus projetos pessoais você pode baixar o modelo de documento no *site* www.easybok.com.br.

		Nome da Atividade
0		− EasyHome
1		− Gerenciamento do Projeto
2		+ Documentos Anteriores à Iniciação
6		+ Iniciação
11		+ Planejamento
72		+ Execução
91		+ Monitoramento e Controle
114		+ Entregas aceitas
116		+ Encerramento
123		− Projeto Arquitetônico
124		Contratação do Arquiteto
125		Reuniões de definição do projeto arquitetônico
126		Desenvolvimento do projeto arquitetônico
127		Aprovação do projeto arquitetônico pelos clientes
128		Aprovação do projeto arquitetônico pelos órgãos competentes
129		Projeto arquitetônico aprovado
130		− Área Interna
131		− Sala
132		Preparação do cômodo para a reforma - sala
133		Execução da reforma - sala
134		Checar itens de qualidade - sala
135		Validar o escopo - sala
136		− Cozinha
137		Preparação do cômodo para a reforma - cozinha
138		Execução da reforma - cozinha
139		Checar itens de qualidade - cozinha
140		Validar o escopo - cozinha
141		− Corredor dos quartos
142		Preparação do cômodo para a reforma - Corredor dos quartos
143		Execução da reforma - Corredor dos quartos
144		Checar itens de qualidade - Corredor dos quartos
145		Validar o escopo - Corredor dos quartos

FIGURA 4.20. *EasyHome* – CRO–LA (Lista das atividades).

As atividades foram definidas de acordo com o detalhamento que existia logo após a definição do escopo e da EAP. Assim, as entregas definidas na EAP serviram de base para a construção do cronograma, separando as atividades de acordo com as entregas.

4.37. PRATICANDO NO SEU PROJETO

Agora preencha a **CRO-LA** da planilha *EasyPMDOC*, utilizada para o seu projeto. Se tiver dúvida, consulte-nos pelo *e-mail* easybok@easybok.com.br.

PROCESSO DE SEQUENCIAMENTO DAS ATIVIDADES

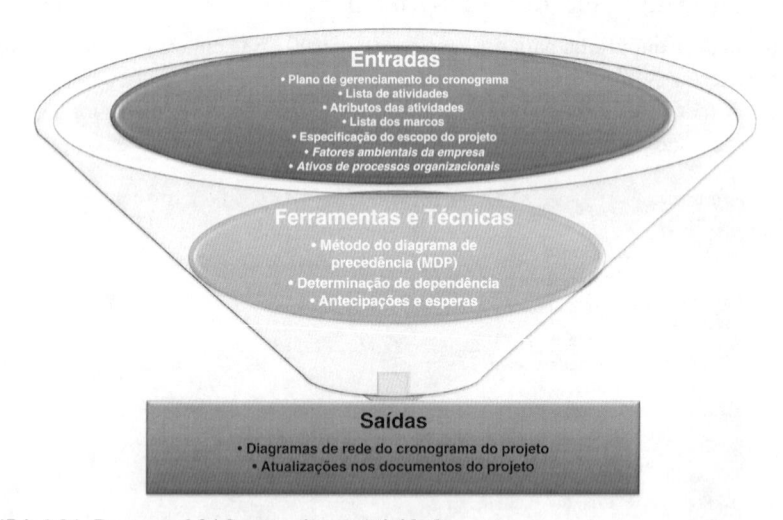

FIGURA 4.21. Processo 6.3 | Sequenciar as Atividades.

4.38. POR QUE UTILIZÁ-LO?

Quantos projetos têm problemas por causa de um sequenciamento inadequado de atividades? Pode-se dizer que é quase impossível calcular este número. Durante anos de experiência com projetos, tive a oportunidade de consultar cronogramas com atividades que estavam ordenadas em uma sequência que não fazia o menor sentido. Por exemplo, como podemos pintar uma parede que ainda não está construída? Ou como podemos testar um *software* que ainda não foi programado? Você conseguiria colocar um telhado em uma casa que ainda não tem suas paredes levantadas? Podemos construir este telhado sem que a laje esteja pronta?

Em certa ocasião, uma aluna contou que a sua casa foi reformada, e que na varanda do quarto de seus pais, no andar superior, não havia torneira ou ralo. Ocorre que sua mãe adora plantas, e seu pai precisava subir todos os dias as escadas com baldes para regar as plantas. Sem considerarmos a oportunidade de exercícios físicos que seu pai teve, certamente a inclusão de uma torneira e um ralo durante o planejamento da obra seriam de grande valia.

Você deve conhecer alguma situação em que foi necessário destruir algo que já estava pronto por causa de um sequenciamento inadequado de atividades que deveriam ser executadas em uma ordem diferente.

> Por que os seres humanos insistem em gastar tanto tempo e dinheiro com retrabalho sem considerar a possibilidade de planejar e evitar essas situações? É algo que me intriga há muitos anos e espero que seja diferente para você após uma profunda reflexão a respeito. Pense em quantas pessoas podem ser prejudicadas por um projeto que foi planejado às pressas e sem a devida atenção.

Por favor, não participe de iniciativas que podem prejudicar seu semelhante apenas por dinheiro ou bens materiais!

4.39. QUEM DEVE PARTICIPAR?

O **Gerente do Projeto** e a **Equipe de Gerenciamento do Projeto** são muito importantes neste processo. Outras partes interessadas podem ser convidadas ou convocadas de acordo com a necessidade, notadamente as que têm experiência nas atividades que devem ser sequenciadas. Não tente adivinhar qual é a melhor sequência para executar as atividades. Envolva quem conhece as diversas variáveis que podem influenciar este cenário.

4.40. QUAIS OS PRINCIPAIS CUIDADOS A TOMAR?

O principal deles foi citado há pouco: não planejar ou começar as atividades antes de saber o que deve preceder essa atividade e como essa relação se dará. Vale lembrar que nem sempre as pessoas sabem que outras atividades são necessárias antes de iniciar algo a ser feito, pois isso pode ser realizado por outra organização, departamento ou pessoa. Dependendo do tipo de projeto, entender o processo de trabalho da organização é essencial para o sucesso.

Algumas organizações adotam a estratégia de compactar cronogramas desconsiderando as sequências mais adequadas, ou até necessárias. Criam cronogramas sem realismo e consistência, o que causa atrasos e desgastes que poderiam ser evitados se todos entendessem que de nada adianta postergar as dificuldades.

4.41. PRINCIPAIS DOCUMENTOS RELACIONADOS AO PROCESSO

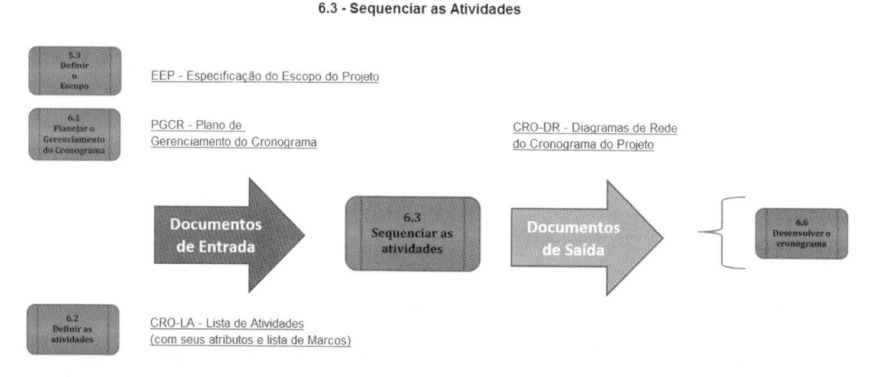

FIGURA 4.22. Principais documentos do processo 6.3.

4.42. PRINCIPAIS ENTRADAS

O **PGCR (Plano de Gerenciamento do Cronograma)** irá definir se alguma ferramenta ou *software* será utilizado, e qual será o método para o sequenciamento das atividades.

A **CRO–LA (Lista das atividades)** irá servir de base para o sequenciamento destas atividades. Todos os atributos dessas atividades podem influenciar no sequenciamento.

A **EEP (Especificação do Escopo do Projeto)** contém informações importantes para o sequenciamento, como detalhes sobre o escopo do produto e do projeto, premissas, restrições, entregas, entre outras.

4.43. PRINCIPAIS FERRAMENTAS E TÉCNICAS

A técnica mais utilizada no sequenciamento das atividades é o método de diagrama de precedência (MDP). Por meio dele as atividades são representadas no nó (ANN – Atividade no Nó), ou seja, cada símbolo gráfico representa uma atividade, e as relações entre elas são representadas através de setas, sendo os tipos possíveis de relações:

- **Término para Início (TI):** a atividade predecessora precisa ser encerrada para que a sucessora se inicie.
- **Término para Término (TT):** a atividade sucessora termina somente quando a predecessora terminar.
- **Início para Início (II):** a sucessora inicia somente quando a predecessora iniciar.
- **Início para Término (IT):** a sucessora termina somente após a predecessora iniciar.

Essas dependências podem ser internas, externas, obrigatórias ou arbitradas (a gestão do projeto decidiu que seria melhor desta forma, sem obrigatoriedade). As combinações possíveis são: interna obrigatória, externa obrigatória, interna arbitrada e externa arbitrada.

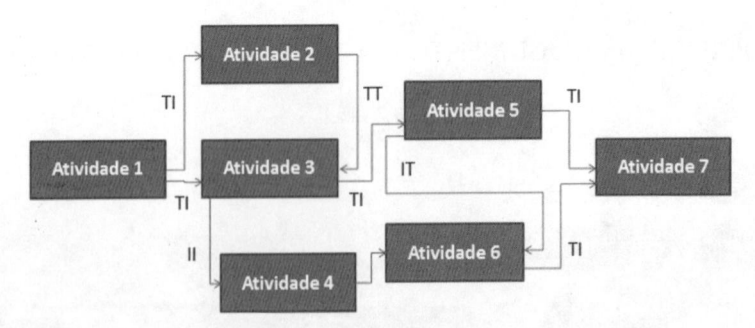

FIGURA 4.23. MDP e relações lógicas entre atividades.

4.44. PRINCIPAIS SAÍDAS

O **CRO-DR (Diagramas de Rede do Cronograma do Projeto)** são as representações gráficas das atividades do projeto e a sequência lógica entre elas, de acordo com os parâmetros explicados anteriormente. Eles permitem que se visualize qual a ordem de execução das atividades, e as características destas relacões de dependência.

Seguem modelos propostos pela estratégia *EasyBOK*:

ID	ID Associada	Marco	Fase do Projeto	Entrega associada EAP	CRO-LA - Lista de Atividades	CRO-DR - Diagramas de Rede (Sequência)			
					Nome da Atividade	Atividade Predecessora	Tipo de Dependência	Anteci-pação	Espera
1	1.1	Iniciação	GP	TAP	4.1 - Desenvolver o Termo de Abertura do Projeto				
	1.2		GP	RPI	13.1 - Identificar as partes interessadas	1.1	TI		
2	2.1	Planejamento	GP	PGP	4.2 - Desenvolver o plano de gerenciamento do projeto	1	TI		

FIGURA 4.24. Exemplo do CRO-DR (Diagrama de Rede do Cronograma).

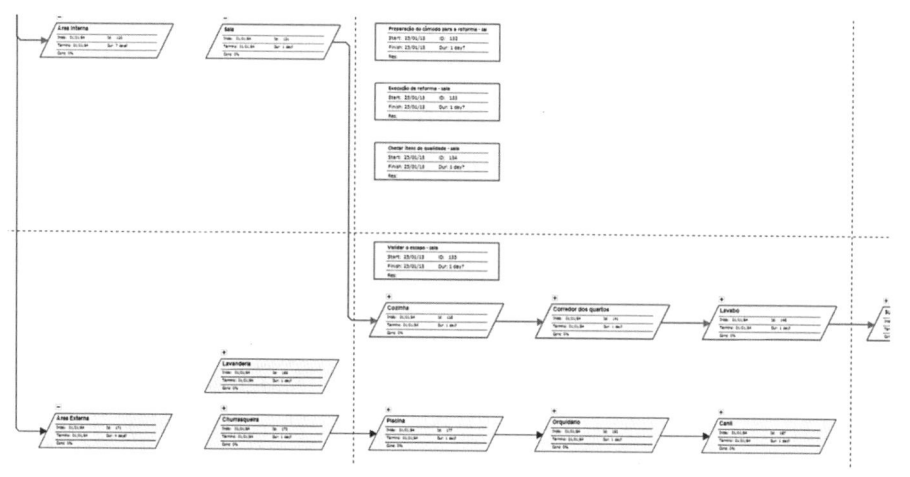

FIGURA 4.25. Exemplo do Diagrama de Rede do Cronograma no MS-Project.

4.45. USANDO O PROJETO-EXEMPLO

Não há como apresentar o diagrama de rede completo do projeto em formato de livro. Na Figura 4.25 ilustramos uma parte do diagrama de rede do *EasyHome*. Consulte o documento completo no *site* www.easybok.com.br.

ID	ID Associada	Marco	Fase do Projeto	Entrega associada EAP	CRO-LA - Lista de Atividades	CRO-DR - Diagramas de Rede (Sequência)			
					Nome da Atividade	Atividade Predecessora	Tipo de Dependência	Anteci-pação	Espera
49	6.1	Fase 1	Interna	Sala	Preparação do cômodo para a reforma da sala	46	TI		
50	6.1.1		Interna	Sala	Execução da reforma sala	49	TI		
51	6.1.2		Interna	Sala	Checar itens de qualidade sala	50	TI		
52	6.1.3		Interna	Sala	Validar o escopo sala	51	TI		
53	6.2		Interna	Cozinha	Preparação do cômodo para a reforma cozinha	46	TI		
54	6.2.1		Interna	Cozinha	Execução da reforma cozinha	53	TI		

FIGURA 4.25. *EasyHome* – CRO-DR (Diagramas de Rede do Cronograma).

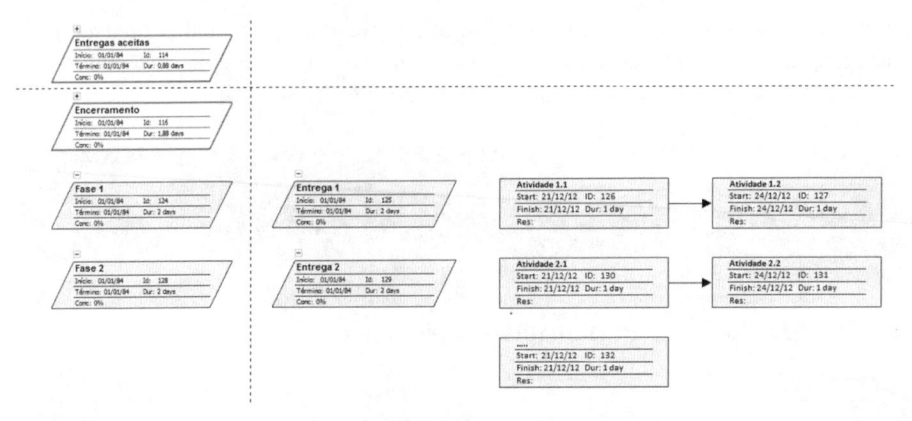

FIGURA 4.26. *EasyHome* – **Diagrama de Rede do Cronograma no MS-Project.**

4.46. PRATICANDO NO SEU PROJETO

Agora preencha a **CRO-DR** da planilha *EasyPMDOC*, utilizada para o seu projeto. Se tiver dúvida, consulte-nos pelo e-*mail* easybok@easybok.com.br.

Capítulo 5

Planejando Recursos
e Estimando Custos

5.1. OBJETIVOS DESTE CAPÍTULO

- Apresentar ao leitor os processos associados à estimativa de recursos, de duração e de custos do projeto.
- Orientar como planejar o gerenciamento dos recursos humanos.
- Demonstrar como desenvolver um cronograma eficiente.
- Orientar como planejar o gerenciamento das aquisições.

Infelizmente, muitos profissionais no mercado acreditam que é possível estimar recursos, a duração das atividades e a necessidade das aquisições sem ter noção do que precisa ser feito. Não importa a eles se aquele recurso estará disponível, ou se há dinheiro suficiente, mas sim que o prazo precisa ser cumprido, de qualquer maneira.

Pode ocorrer de existirem imposições quanto ao prazo final ou às entregas intermediárias de determinado projeto. Um exemplo típico é um evento mundial, como Copa do Mundo ou Olimpíadas. Nesse caso, é preciso avaliar se os recursos disponíveis são suficientes e negociar para aumentá-los ou utilizá-los de forma mais eficiente, se for necessário.

> O que não pode é acreditar que o evento acontecerá em determinada data apenas por conta do desejo das pessoas ou porque existe uma cultura institucionalizada de caça aos culpados quando as coisas não acontecem conforme previsto.

Assim, na maioria dos projetos será possível planejar com consistência os recursos, sejam eles humanos, de equipamentos ou financeiros, somente após termos certeza sobre o que precisa ser entregue e quais as atividades necessárias para tal; ou seja, escopo de produto e de projeto devem estar definidos.

PROCESSO DE ESTIMATIVA DOS RECURSOS DAS ATIVIDADES

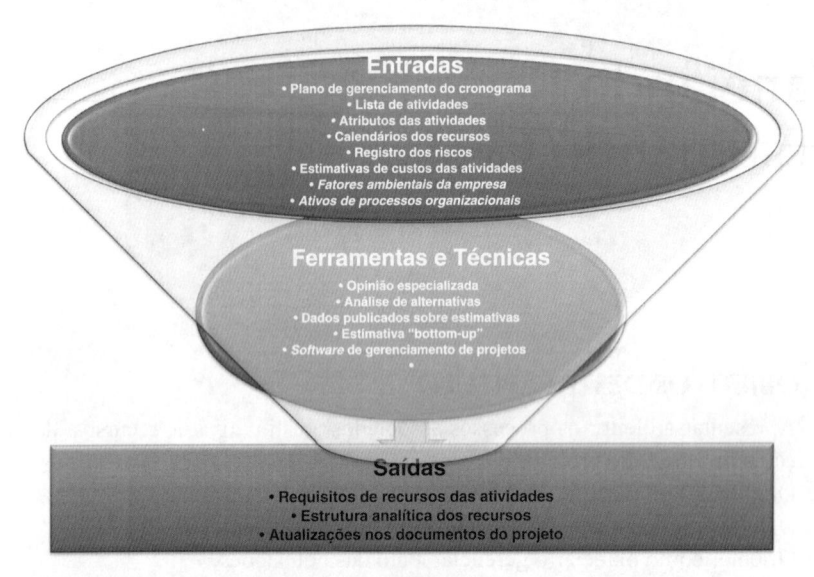

Entradas
- Plano de gerenciamento do cronograma
- Lista de atividades
- Atributos das atividades
- Calendários dos recursos
- Registro dos riscos
- Estimativas de custos das atividades
- *Fatores ambientais da empresa*
- *Ativos de processos organizacionais*

Ferramentas e Técnicas
- Opinião especializada
- Análise de alternativas
- Dados publicados sobre estimativas
- Estimativa "bottom-up"
- *Software* de gerenciamento de projetos

Saídas
- Requisitos de recursos das atividades
- Estrutura analítica dos recursos
- Atualizações nos documentos do projeto

FIGURA 5.1. Processo 6.4 | Estimar os Recursos das Atividades.

5.2. POR QUE UTILIZÁ-LO?

Para estimar de maneira adequada e consistente quais recursos são necessários para executar as atividades, considerando não somente o perfil profissional ou as características de determinado equipamento, entre outros, mas também o prazo para concluir este trabalho. Por meio da estimativa é possível definir quanto irá custar e o tempo despendido para cada atividade.

5.3. QUEM DEVE PARTICIPAR?

Todas as partes interessadas podem ser convidadas ou convocadas, de acordo com as necessidades do projeto. Na estimativa de recursos é importante envolver quem conhece em detalhes o trabalho a ser realizado. Se o seu cliente é quem conhece esses detalhes, então o convença a participar da estimativa. Se for um profissional alocado na equipe do projeto, garanta que ele irá participar, pois, assim, seu compromisso com o resultado será maior e a estimativa será mais precisa.

5.4. QUAIS OS PRINCIPAIS CUIDADOS A TOMAR?

Como já foi dito, é comum os profissionais estimarem prazo e custo das atividades sem ter conhecimento dos recursos necessários para executá-las. Não há problema em fazer dessa forma, desde que seja feita uma análise adicional quando os recursos estiverem definidos. Não há como estimar quanto custa e quanto tempo irá demorar uma atividade sem saber, por exemplo, a qualificação e a experiência do profissional que irá executá-la.

Não há dúvida de que o prazo e o orçamento finais do projeto são variáveis importantes a considerar durante o planejamento, mas é preciso deixar de lado a crença de que basta alguém que tem poder determinar para que as coisas aconteçam conforme desejado. Tentar evitar as condições restritivas relacionadas ao projeto não implica simplesmente ignorá-las.

Planejar é buscar a melhor estratégia para que as coisas aconteçam de acordo com a necessidade, e não fingir que as dificuldades não existem. Um planejamento consistente e realista aumenta significativamente as chances de sucesso de um projeto.

5.5. PRINCIPAIS DOCUMENTOS RELACIONADOS AO PROCESSO

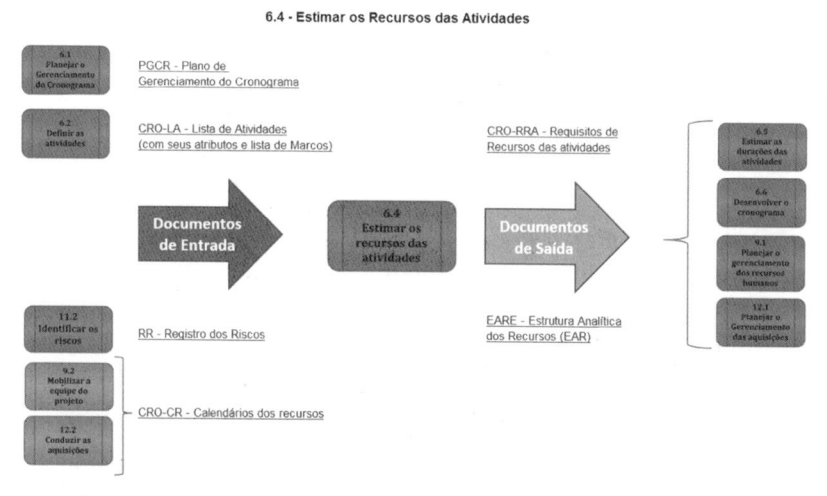

FIGURA 5.2. Principais documentos do processo 6.4.

5.6. PRINCIPAIS ENTRADAS

O **PGCR (Plano de Gerenciamento do Cronograma)** irá identificar quais as unidades a serem utilizadas para a estimativa, bem como os níveis de exatidão necessários.

A **CRO-LA (Lista das Atividades** com os **Atributos das Atividades)** são informações essenciais para que se possa estimar os recursos com confiança.

Os **CRO-CR (Calendários de Recursos)** precisam ser consultados para avaliar se os recursos estarão disponíveis de acordo com as necessidades do projeto.

Os riscos precisam ser considerados na estimativa dos recursos, pois se, por exemplo, existir a possibilidade de um recurso não estar disponível ou não estar qualificado para atender às necessidades do projeto, uma aquisição externa pode ser a melhor solução. Então o **RR (Registro dos Riscos)** também é uma entrada importante para esse processo.

Ainda, apesar de estar representado neste livro após esse processo, as **CRO-ECA (Estimativas de custos das atividades)** são uma entrada que poderá impactar de modo significativo no processo de estimativa dos recursos, pois se os custos estimados excederem os limites definidos, será necessário rever os recursos estimados e, eventualmente, alterar para outro mais adequado.

5.7. PRINCIPAIS FERRAMENTAS E TÉCNICAS

Na estimativa de recursos é importante ter os "pés no chão". **Análise de alternativas** é uma técnica essencial, pois o comodismo em utilizar os mesmos recursos do último projeto pode ser desastroso. Isso não significa que não se deve alocar os mesmos recursos novamente, mas é recomendável refletir a respeito.

O acesso a informações é cada vez mais fácil com a Internet. Então, utilize **dados publicados para auxílio a estimativas**; apenas valide se as informações são confiáveis e consistentes.

Quando se estima com mais granularidade, ou seja, em um nível mais baixo de detalhes, a precisão da estimativa é maior. Assim, a **estimativa *bottom-up*** (de baixo para cima, ou seja, do detalhe para o macro) irá apurar resultados mais precisos e consistentes.

A maioria dos *softwares* **de gerenciamento de projetos** disponíveis no mercado permite que se faça as estimativas de recursos associando-as diretamente às atividades.

5.8. PRINCIPAIS SAÍDAS

Os **CRO-RRA (Requisitos de Recursos das Atividades)** são o resultado das estimativas. Construir uma **EARe (Estrutura Analítica dos Recursos)** auxilia a identificar e a estruturar o processo de estimativas não somente dos recursos mas também dos custos e das aquisições.

A seguir modelos propostos pela estratégia *EasyBOK*:

ID	ID Associada	Marco	Fase do Projeto	Entrega associada EAP	CRO-LA - Lista de Atividades Nome da Atividade	CRO-RRA - Requisitos de Recursos das Atividades Descrição do Recurso	Quantidade Necessária do Recurso	Custo do Recurso por Unidade	Tipo de Recurso
1	1.1	Iniciação	GP	TAP	4.1 - Desenvolver o Termo de Abertura do Projeto	Gerente de Projetos	1	R$ 200,00	Gestor
	1.2		GP	RPI	13.1 - Identificar as partes interessadas	Analista de Negócios	1	R$ 100,00	Técnico
2	2.1	Planejamento	GP	PGP	4.2 - Desenvolver o plano de gerenciamento do projeto	Gerente de Projetos	1	R$ 200,00	Gestor
	2.1.1		GP	PGPi	13.2 - Planejar o Gerenciamento das Partes Interessadas	Gerente de Projetos	1	R$ 200,00	Gestor

FIGURA 5.3. Exemplo do CRO-RRA (Requisitos de Recursos das Atividades).

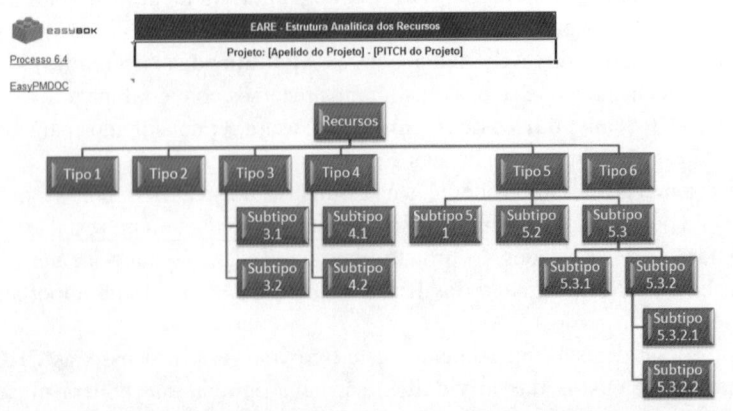

FIGURA 5.4. Exemplo da EARe (Estrutura Analítica dos Recursos).

5.9. USANDO O PROJETO-EXEMPLO

Os requisitos de recursos das atividades para o *EasyHome* foram incluídos diretamente no cronograma do projeto.

					CRO-LA - Lista de Atividades		CRO-RRA - Requisitos de Recursos das Atividades			
ID	ID Associada	Marco	Fase do Projeto	Entrega associada EAP	Nome da Atividade	Descrição do Recurso	Quantidade Necessária do Recurso	Custo do Recurso por Unidade	Tipo de Recurso
49	6.1	Fase 1	Interna	Sala	Preparação do cômodo para a reforma da sala	Pedreiro	1	R$ 35,00	Especialista
50	6.1.1		Interna	Sala	Execução da reforma sala	Pedreiro	2	R$ 35,00	Especialista
51	6.1.2		Interna	Sala	Checar itens de qualidade sala	Arquiteto	1	R$ 150,00	Técnico
52	6.1.3		Interna	Sala	Validar o escopo sala	Cliente	1	R$ 0,00	Externo
53	6.2		Interna	Cozinha	Preparação do cômodo para a reforma cozinha	Pedreiro	1	R$ 35,00	Especialista
54	6.2.1		Interna	Cozinha	Execução da reforma cozinha	Pedreiro	3	R$ 35,00	Especialista

FIGURA 5.5. *EasyHome* – **CRO-RRA (Requisitos de recursos das atividades).**

As atividades de desenvolvimento do caso de negócios e acordos/contratos foram retiradas, pois não serão necessários para este projeto.

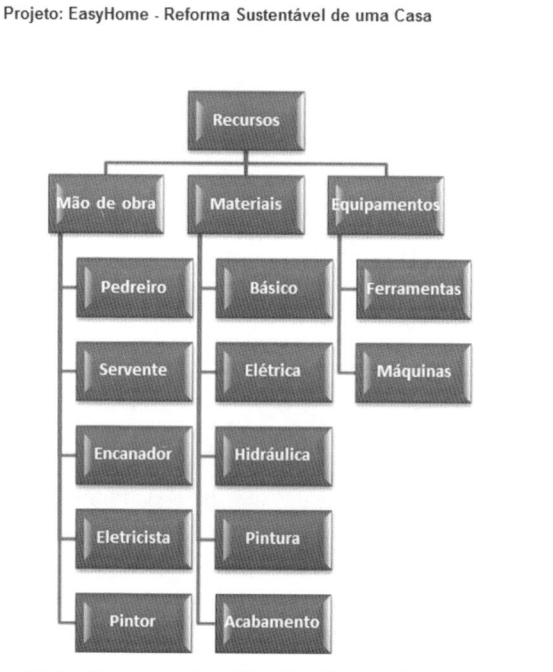

FIGURA 5.6. *EasyHome* – **EARe (Estrutura Analítica dos Recursos).**

5.10. PRATICANDO NO SEU PROJETO

Agora preencha o documento **EARe** de sua planilha *EasyPMDOC* e inclua as informações de estimativas de recursos das atividades no cronograma do seu projeto. Se tiver dúvida, consulte-nos pelo *e-mail* easybok@easybok.com.br.

PROCESSO DE PLANEJAMENTO DO GERENCIAMENTO DOS RECURSOS HUMANOS

FIGURA 5.7. Processo 9.1 | Planejar o Gerenciamento dos Recursos Humanos.

5.11. POR QUE UTILIZÁ-LO?

Não há dúvida de que uma das áreas mais difíceis de gerenciar é a de recursos humanos. As pessoas são complexas e diferentes, graças a Deus, e gerenciá-las envolve entender cada uma, principalmente com relação a seus anseios, desejos, expectativas e motivações.

Planejar o gerenciamento dos recursos humanos envolve não somente analisar os perfis e qualificações necessários e entender as pessoas, mas também o momento pelo qual elas estão passando. As pessoas têm fases de motivação e felicidade diferentes; ainda, a maturidade também influencia sobre como elas irão agir e reagir.

Então, é preciso definir as necessidades de recursos do projeto e como elas serão atendidas, mas sem esquecer que estamos falando de pessoas, e não de máquinas e equipamentos.

Definir papéis e responsabilidades também é essencial para o sucesso de um projeto. Uma das piores situações pelas quais o profissional pode passar é ser cobrado por algo que não estava claro ser de sua responsabilidade. O gestor de pessoas precisa deixar muito claro o que se espera de cada profissional. Hierarquia também é essencial em qualquer grupo de trabalho.

Outro aspecto importante é definir como o bom desempenho será recompensado. Não há dúvida de que o profissional motivado de maneira adequada produz muito mais do que se estivesse simplesmente participando do trabalho sem qualquer motivo para produzir e entregar de acordo com o esperado.

5.12. QUEM DEVE PARTICIPAR?

O **Gerente do Projeto** e a **Equipe de Gerenciamento do Projeto** são as principais partes envolvidas nesse processo. Se você necessitar de profissionais de outras áreas de sua organização, subordinadas a outros gerentes, tenha a certeza de negociar durante o planejamento e formalizar compromissos para não ter surpresas durante a execução.

5.13. QUAIS OS PRINCIPAIS CUIDADOS A TOMAR?

O principal é lembrar que não existem fórmulas prontas para gerenciar pessoas. Planejar como os recursos humanos serão gerenciados não pode ser algo automatizado, e utilizando o mesmo plano de um projeto anterior, sem qualquer adaptação.

É preciso senso de realidade para planejar o gerenciamento dos recursos humanos, ou seja, equilibrar entre o necessário e o disponível. Não adianta "aproveitar" o recurso disponível se ele não tem o perfil adequado para o projeto. Se os profissionais alocados não tiverem o perfil adequado, as chances de sucesso irão diminuindo gradativamente.

Menosprezar a importância dos seres humanos que irão participar do projeto, notadamente a equipe do projeto, é um erro sem perdão. Não existem lojas com prateleiras lotadas de pessoas qualificadas e motivadas a participar de projetos. E formar equipes com espírito verdadeiramente coletivo e auxílio mútuo está cada vez mais difícil, pois as pessoas são motivadas a serem sempre as melhores e a apresentarem resultados que beiram o impossível, incentivando cada um a defender seus interesses pessoais. Assim, quem de fato pode afirmar que trabalha em equipe? Infelizmente são poucos, mas isso está mudando. Todos percebem que com um time coeso e unido a produtividade é maior, sem sombra de dúvida, e os resultados são melhores para todos.

> É importante que as pessoas parem de acreditar que auxílio mútuo é idiotice e que ajudar aos outros e obter resultados para o grupo é somente para fracos e despreparados. Repare quantos profissionais egoístas têm quedas vertiginosas, e no momento de necessidade afundam sem condições de retorno, por conta de não ter formado alianças "saudáveis" e baseadas na ética, o verdadeiro trabalho em equipe, amizade e, por que não, amor ao próximo.

Pensando no aspecto operacional, é comum os gestores não analisarem como funcionam os processos de contratação e mobilização de pessoal das organizações envolvidas, e atividades de preparação para essas ações são previstas sem a devida antecipação; por exemplo, se a sua empresa precisa de 30 dias para contratar novos profissionais, então você precisa prever esse prazo no seu planejamento, senão os profissionais não estarão disponíveis de acordo com o cronograma.

Não caia na tentação de adequar o planejamento dos recursos humanos considerando somente as limitações que o ambiente e os superiores lhe impõem. É preciso demonstrar e analisar a real necessidade, mesmo que você tenha de "se virar" sem as condições mais favoráveis. Deixe isso claro para todos!

5.14. PRINCIPAIS DOCUMENTOS RELACIONADOS AO PROCESSO

9.1 - Planejar o Gerenciamento dos Recursos Humanos

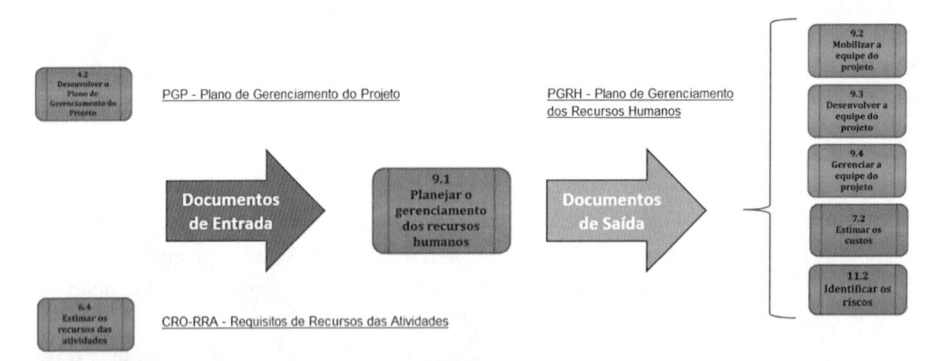

FIGURA 5.8. Principais documentos do processo 9.1.

5.15. PRINCIPAIS ENTRADAS

O **PGP (Plano de Gerenciamento do Projeto)** irá orientar a equipe de gerenciamento do projeto sobre como planejar o gerenciamento dos recursos humanos. Analisar os fatores ambientais e ativos de processos organizacionais da empresa.

Os **CRO-RRA (Requisitos de Recursos das Atividades)** são os principais parâmetros para planejar o gerenciamento dos recursos humanos. Não adianta planejar sem o nível de detalhe adequado.

5.16. PRINCIPAIS FERRAMENTAS E TÉCNICAS

A construção de **Organogramas** e as **Descrições de Cargos** é essencial ao planejamento. Saber quem responde para quem é básico na organização de equipes, e conhecer as responsabilidades e papéis de cada função orienta como o trabalho de cada profissional deve ser realizado.

A **MR (Matriz de Responsabilidades)** é um dos formatos mais eficientes para definir papéis, pois associa o profissional diretamente com a atividade, informando qual a sua responsabilidade em relação a cada atividade específica.

Uma boa **Rede de Relacionamentos (*networking*)** com certeza ajuda na hora de planejar. Um profissional indicado por alguém de confiança, na maioria das vezes, tem uma chance maior de atender às necessidades do projeto, desde que quem indicou saiba do que está falando.

A **Teoria Organizacional** irá ajudar a entender quais as melhores ações de acordo com as estruturas e políticas organizacionais.

5.17. PRINCIPAIS-SAÍDAS

O **PGRH (Plano de Gerenciamento dos Recursos Humanos)** é a única saída desse processo.

Seguem modelos propostos pela estratégia *EasyBOK*:

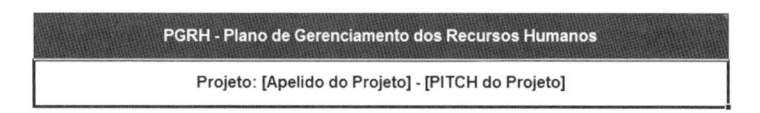

1. Papéis e responsabilidades

1.1. [Nome da Pessoa]
1.1.1. Papel
[descreve a parte do projeto pela qual uma pessoa é responsável e responde pelos resultados].
1.1.2. Autoridade
[O direito de aplicar recursos do projeto, tomar decisões e assinar aprovações].
1.1.3. Responsabilidade
[O trabalho que se espera que um membro da equipe do projeto execute para concluir as atividades do projeto].
1.1.4. Competência
[A habilidade e a capacidade necessárias para concluir atividades do projeto].

2. Organogramas do Projeto

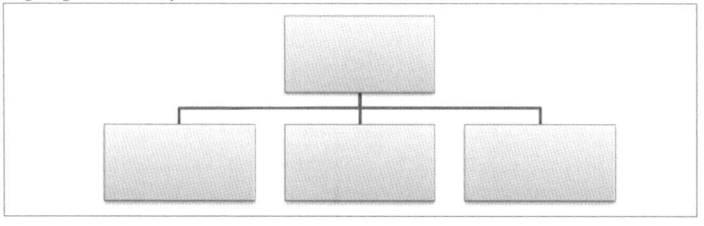

FIGURA 5.9. Exemplo do PGRH (Plano de Gerenciamento dos Recursos Humanos).

3. Plano de Gerenciamento de Pessoal

1.1.5. Mobilização do Pessoal
[os recursos humanos virão de dentro da organização ou de fontes externas contratadas? Os membros da equipe precisarão trabalhar em um local central necessário para o projeto? Quanto apoio o departamento de recursos humanos e os gerentes funcionais da organização podem fornecer à equipe de gerenciamento de projetos?].
1.1.6. Calendários dos Recursos
[descreve os intervalos de tempo necessários para membros da equipe do projeto, individual ou coletivamente, e também quando as atividades de mobilização (como o recrutamento) devem começar].
1.1.7. Plano de Liberação de Pessoal
[Método e a ocasião para liberar membros da equipe].
1.1.8. Necessidades de Treinamento
[Competências necessárias por profissional].
1.1.9. Reconhecimento e Recompensas
[Critérios claros para recompensas e um sistema planejado para seu uso ajudam a promover e reforçar os comportamentos desejados].
1.1.10. Conformidade
[Estratégias para cumprimento das regulamentações do governo aplicáveis, contratos com sindicatos e outras políticas de recursos humanos estabelecidas].
1.1.11. Segurança
[Políticas e procedimentos que protegem os membros da equipe contra riscos de segurança].

FIGURA 5.10. Exemplo do PGRH (Plano de Gerenciamento dos Recursos Humanos) – Continuação 1.

5.18. USANDO O PROJETO-EXEMPLO

Aparentemente gerenciar os recursos humanos de uma "simples" reforma de uma residência é algo corriqueiro e que não exige planejamento detalhado. É fato que ocorrem até mesmo graves acidentes durante projetos cotidianos, como a reforma de uma casa, por exemplo. Então podemos dizer que é pelo menos sensato planejar e evitar conflitos.

PGRH - Plano de Gerenciamento dos Recursos Humanos

Projeto: EasyHome - Reforma Sustentável de uma Casa

---

1. Papéis e responsabilidades

1.1. Pedro Souza
1.1.1. Papel
Gerente do Projeto.
1.1.2. Autoridade
Pode definir todas as estratégias relacionadas ao gerenciamento do projeto.
1.1.3. Responsabilidade
Responsável direto pelo resultado geral do projeto, gerenciando diretamente todas as atividades previstas ou delegando a terceiros.
1.1.4. Competência
Conhece e tem experiência profissional em gestão de projetos.

2. Organogramas do Projeto

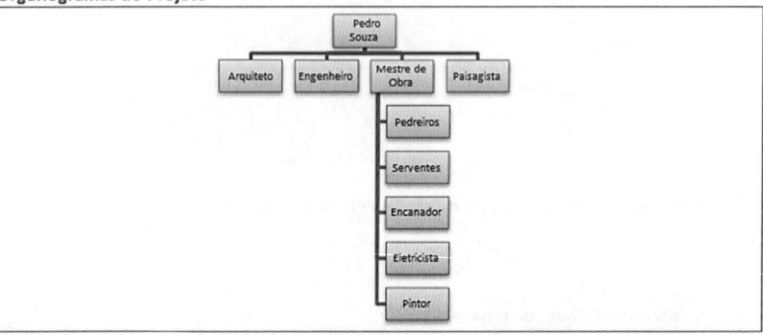

FIGURA 5.11. *EasyHome* – **PGRH (Plano de Gerenciamento dos Recursos Humanos).**

3. Plano de Gerenciamento de Pessoal

1.1.5. Mobilização do Pessoal
O Arquiteto, o Engenheiro e o Jardineiro serão contratados diretamente pelo gerente do projeto. O engenheiro será responsável pela contratação do Mestre de Obras e dos demais profissionais subordinados e ele.
1.1.6. Calendários dos Recursos
Serão controlados diretamente no *software* escolhido para a gestão.
1.1.7. Plano de Liberação de Pessoal
Os profissionais serão liberados depois do de acordo da entrega, que será formalizado pela pessoa apontada em cada entrega.
1.1.8. Necessidades de Treinamento
Todos os profissionais contratados já serão treinados nas atividades a serem realizadas.
1.1.9. Reconhecimento e Recompensas
Ao final de entregas predeterminadas, como por exemplo a parte interna da casa, será realizado um churrasco para todos os profissionais envolvidos. O profissional que entregar a atividade sob sua responsabilidade direta em 90% do tempo estimado, e com a qualidade necessária documentada nos requisitos associados, receberá um bônus de 10% sobre o valor correspondente à sua remuneração no período da atividade.
1.1.10. Conformidade
O projeto deverá seguir toda a legislação vigente.
1.1.11. Segurança
O engenheiro é o responsável por toda a segurança durante a obra.

FIGURA 5.12. *EasyHome* – **PGRH (Plano de Gerenciamento dos Recursos Humanos) – Continuação 1.**

5.19. PRATICANDO NO SEU PROJETO

Agora preencha o **PGRH** da planilha *EasyPMDOC* do seu projeto. Se tiver dúvida, consulte-nos pelo *e-mail* easybok@easybok.com.br.

> Para se aprofundar na área de conhecimento de Recursos Humanos, consulte o livro *Gerenciamento dos recursos humanos em projetos*, de Carlos José Locoselli e Márcio Zenker, um dos volumes da Coleção *Grandes Especialistas Brasileiros*, da Elsevier.

PROCESSO DE ESTIMATIVA DAS DURAÇÕES DAS ATIVIDADES

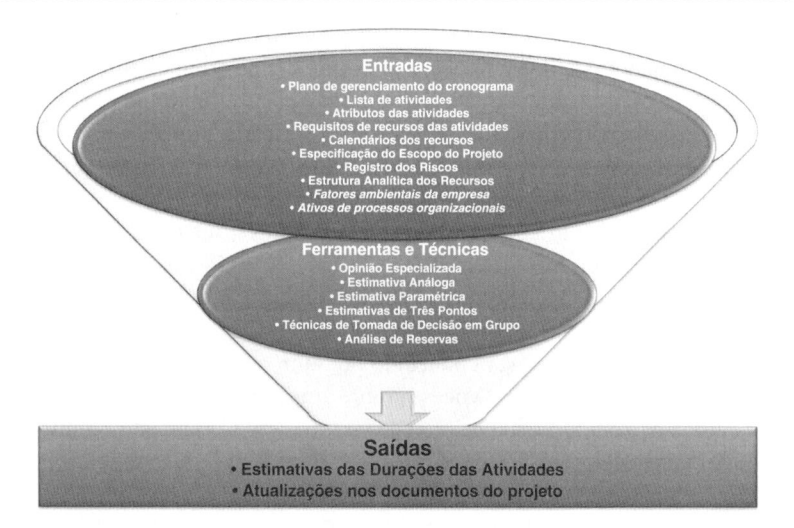

FIGURA 5.13. Processo 6.5 | Estimar as Durações das Atividades.

5.20. POR QUE UTILIZÁ-LO?

Para determinar o tempo necessário para executar as atividades do projeto, de acordo com o escopo do trabalho envolvido, os recursos estimados e a opinião de quem está acostumado a realizar esse tipo de atividade. As estimativas podem ser refinadas de acordo com o entendimento do trabalho a ser realizado e as diversas variáveis que influenciam a estimativa. As informações serão utilizadas posteriormente para desenvolver um cronograma consistente e realista.

5.21. QUEM DEVE PARTICIPAR?

Todas as partes interessadas podem ser convidadas ou convocadas, de acordo com as necessidades específicas das atividades do projeto, bem como a experiência anterior de cada profissional. Não deixe de consultar quem tem familiaridade com as atividades em questão. Algumas organizações têm equipes específicas para planejamento de projetos. Se for o seu caso, aproveite a experiência e a especialização dessa área.

5.22. QUAIS OS PRINCIPAIS CUIDADOS A TOMAR?

O principal é equalizar a necessidade de recursos com a duração de cada atividade. É comum no mercado as pessoas estimarem a duração das atividades no prazo mais curto possível, e sem considerar, por exemplo, a competência do profissional que será alocado para realizá-las (já falamos sobre isso). Também é comum trocar o profissional por um menos qualificado e experiente, caso necessário, e o prazo continua sendo o mesmo. É preciso ser realista nas estimativas e considerar a situação como ela de fato se apresenta.

> Não caia na tentação de concordar com o cliente, o superior imediato ou alguém acima dele, se pressionarem para que entregue "uma criança em um mês com a participação de nove mulheres".

Há limites humanos e também para produzir e alocar determinados recursos necessários a projetos. Se a máquina que produz parafusos tem limite de 1.000 unidades por dia e não há como comprar mais parafusos no mercado, é preciso planejar considerando esse limite. Se seu superior acredita que você é algum tipo de deus, faça de tudo para convencê-lo do contrário.

Outro erro comum é não deixar folgas em atividades críticas e sobre as quais há alto grau de incertezas, ou seja, uma atividade com risco eminente de atraso. De novo, ignorar os riscos não fará que esses eventos não aconteçam. Quanto custa uma estimativa irreal, não somente em termos financeiros, mas principalmente para a reputação da organização? Não é melhor ser conhecido por entregar no prazo e de acordo com as expectativas, em vez de ouvir: "vocês sempre atrasam, como todos..."?

Se você ainda não o fez, passou da hora de virar o jogo! Certamente é muito melhor ser lembrado por aspectos positivos.

5.23. PRINCIPAIS DOCUMENTOS RELACIONADOS AO PROCESSO

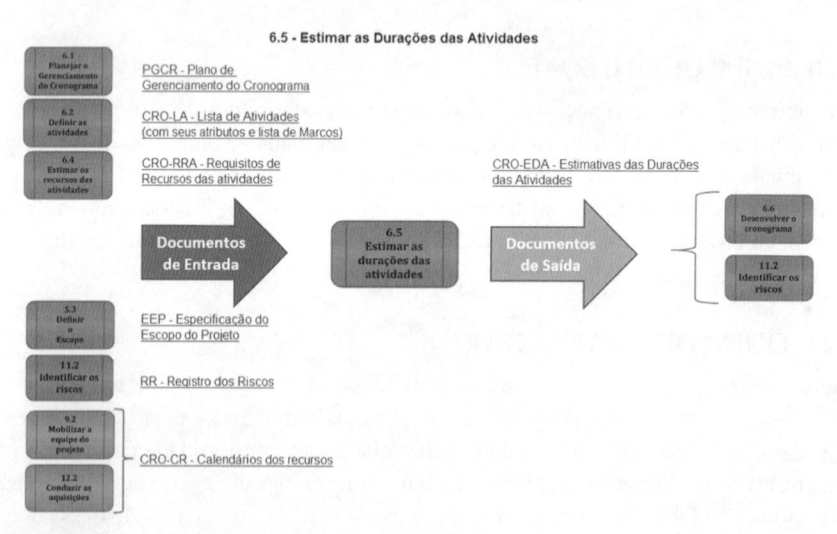

FIGURA 5.14. Principais documentos do processo 6.5.

5.24. PRINCIPAIS ENTRADAS

O **PGCR (Plano de Gerenciamento do Cronograma)** irá orientar a equipe do projeto sobre o método a ser utilizado para estimar as durações das atividades.

Todas as informações das atividades, que já foram coletadas e registradas nos processos anteriores, servem de entrada para esse processo; na proposta *EasyBOK* elas estão no documento **CRO (Cronograma do Projeto)**.

Para este processo as referências de projetos anteriores e de mercado podem auxiliar significativamente nas estimativas.

A **EEP (Especificação do Escopo do Projeto)** é uma entrada essencial para este processo, pois contém, entre outras informações importantes, as premissas e as restrições do projeto com influência direta na estimativa das durações das atividades.

Os riscos também são um aspecto importante a ser considerado. Utilize como entrada **o RR (Registro dos Riscos)** já com todas as informações atualizadas após a análise dos riscos. Observe que ainda não abordamos os riscos que podem surgir durante o projeto. Isso significa que você deverá voltar a este processo, quando a análise e o planejamento das respostas a riscos estiverem concluídos, para analisar a influência deste resultado na estimativa de duração das atividades.

5.25. PRINCIPAIS FERRAMENTAS E TÉCNICAS

Ninguém melhor do que um profissional experiente para estimar o tempo que pode durar uma atividade. Utilize a **opinião especializada** se você não tem determinada qualificação. Se o profissional que for participar da estimativa for o mesmo que irá executar a atividade, melhor ainda, pois, assim, ele já estará comprometido em realizar no tempo estimado, considerando que participou diretamente no planejamento.

Há diversas formas de estimar tempo e custo no planejamento de projetos. A **estimativa análoga** é uma técnica que compara o projeto atual com outros semelhantes realizados anteriormente. Podemos utilizá-la para o projeto todo ou para parte dele. É importante considerar que a analogia nos permite uma estimativa mais rápida, porém pode ser menos confiável do que as demais técnicas.

Se o projeto necessita de uma estimativa mais confiável e você tem parâmetros e informações de bases consistentes e confiáveis, pense em utilizar uma técnica mais precisa, como as detalhadas adiante. Analise se não é melhor investir mais tempo na estimativa do que ficar justificando atrasos durante a execução.

Podemos utilizar a **estimativa paramétrica** com referências históricas e estatísticas para cálculo do tempo necessário, tendo valores e unidades de tempo como base para a realização do trabalho. Observe a contextualização de uma estimativa paramétrica com um exemplo simples:

Se é conhecido que são necessários 10 dias para construir $15m^2$ de determinado tipo de edificação e o projeto da planta prevê a construção total de $150m^2$, serão necessários 100 dias para o término desse empreendimento.

Considerando as incertezas associadas aos riscos que influenciam o projeto, podemos utilizar a **estimativa de três pontos**, que tem origem na técnica PERT (em inglês) – Técnica de Revisão e Avaliação de Programa. Com base nas estimativas de tempo (t) mais provável (tM), pessimista (tP) e otimista (tO) para executar uma atividade, calcula-se o tempo esperado (tE). Há duas fórmulas mais utilizadas no mercado:

> Distribuição Beta: $tE = (tO + 4tM + tP) / 6$
> Distribuição triangular: $tE = (tO + tM + tP) / 3$

Essa técnica é mais precisa do que as anteriores, pois considera a situação atual do projeto aos riscos e incertezas. Portanto ela poderá, e dependendo do projeto deverá, ser recalculada periodicamente.

Não há dúvida de que estimativas com a participação de outras pessoas experientes e de confiança têm chance maior de serem precisas. Utilize **técnicas de tomada de decisão em grupo**, como *brainstorming*, Delphi ou grupos nominais para engajar as partes interessadas do projeto, pois se todos participam da estimativa, haverá ciência das dificuldades e limites impostos, além do aumento do compromisso.

A **análise de reservas** é uma técnica que inclui reservas de tempo para tratar de eventos de risco conhecidos, analisados e aceitos pelas partes interessadas envolvidas. Neste caso, são chamadas de **reservas para contingências**, reservas de tempo ou *buffers* do cronograma. Pode-se ainda incluir **reservas gerenciais** para tratar de eventos não previstos.

> Não há dúvida de que imprevistos ocorrerão durante um projeto. Então, não deixar nenhuma *folga* de tempo (também chamada por alguns de *pulmão*) para tratá--los é assinar um compromisso de atraso.

5.26. PRINCIPAIS SAÍDAS

As **estimativas das durações das atividades** servirão de base para desenvolver um cronograma consistente e realista, durante o processo que veremos a seguir.

Segue modelo proposto pela estratégia *EasyBOK*:

CRO-LA - Lista de Atividades			CRO-EDA - Estimativas das Durações das Atividades					
Nome da Atividade	Duração Estimada	Duração Replanejada	Duração Realizada	Data Início Estimada	Data Início Replanejada	Data Início Realizada	Data Término Estimada	Data Término Replanejada	Data Término Realizada
4.1 - Desenvolver o Termo de Abertura do Projeto	2 dias		2 dias	13/12/2013		13/12/2013	16/12/2013		16/12/2013
13.1 - Identificar as partes interessadas	5 dias	7 dias	7 dias	17/12/2013		17/12/2013	23/12/2013	27/12/2013	27/12/2013
4.2 - Desenvolver o plano de gerenciamento do projeto	15 dias		15 dias	02/01/2014		02/01/2014	22/01/2014	22/01/2014	22/01/2014

FIGURA 5.15. Exemplo do CRO-EDA (Estimativas das Durações das Atividades).

5.27. USANDO O PROJETO-EXEMPLO

Normalmente as pessoas de uma família não têm experiência com reforma de casa e nas atividades a ela relacionadas. No ramo da construção, há dependência das partes envolvidas em um empreendimento, como o arquiteto, o empreiteiro e os profissionais que irão executar as atividades. Assim, consulta-se cada profissional responsável por determinada atividade para obter estimativas realistas. Se algum profissional não lhe transmitir confiança, peça ajuda a outros separadamente para estimar as durações das atividades, ou mesmo pergunte a amigos ou outros profissionais para ter certeza de que não está sendo enganado.

CRO-LA - Lista de Atividades			CRO-EDA - Estimativas das Durações das Atividades					
Nome da Atividade	Duração Estimada	Duração Replanejada	Duração Realizada	Data Início Estimada	Data Início Replanejada	Data Início Realizada	Data Término Estimada	Data Término Replanejada	Data Término Realizada
Preparação do cômodo para a reforma da sala	5		5	05/03/2014		05/03/2014	12/03/2014		12/03/2014
Execução da reforma sala	10		10	13/03/2014		13/03/2014	26/03/2014		26/03/2014
Checar itens de qualidade sala	1		1	27/03/2014		27/03/2014	27/03/2014		27/03/2014
Validar o escopo sala	1		1	28/03/2014		28/03/2014	28/03/2014		28/03/2014
Preparação do cômodo para a reforma cozinha	10			31/03/2014		31/03/2014	11/04/2014		

FIGURA 5.16. *EasyHome* – CRO-EDA (Estimativas das Durações das Atividades).

5.28. PRATICANDO NO SEU PROJETO

Agora preencha o **CRO-EDA** da planilha *EasyPMDOC* do seu projeto. Se tiver dúvida, consulte-nos pelo *e-mail* easybok@easybok.com.br.

PROCESSO DE DESENVOLVIMENTO DO CRONOGRAMA

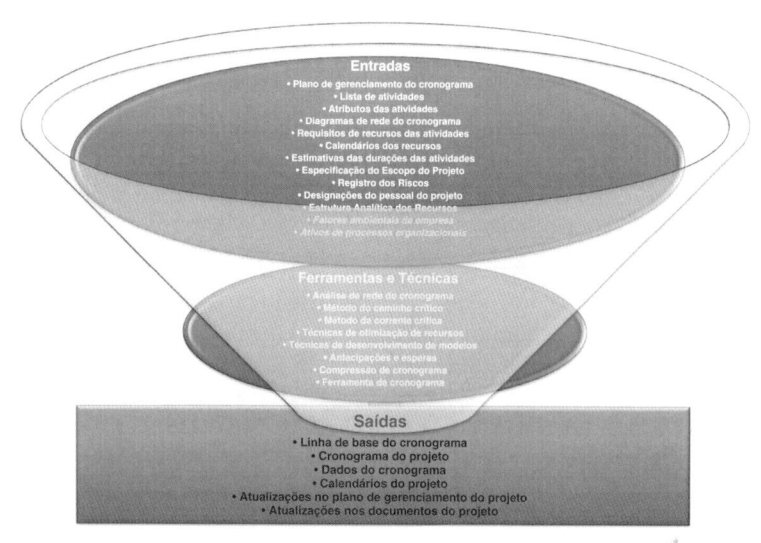

FIGURA 5.17. Processo 6.6 | Desenvolver o Cronograma.

5.29. POR QUE UTILIZÁ-LO?

Para consolidar em um único documento todas as informações geradas no planejamento do cronograma, como definir, sequenciar, estimar recursos e estimar as durações das atividades. Seguir essa ordem de processos é benéfico para produzir um cronograma consistente e realista. Mas é evidente que isso não o impede de antecipar informações que seriam inseridas somente no processo posterior e voltar nos processos anteriores. Esses processos serão repetidos quantas vezes forem necessárias até se obter um cronograma confiável. Em projetos mais simples eles podem ocorrer todos ao mesmo tempo.

O PMI® tem uma publicação específica para ajudá-lo a melhorar o desenvolvimento de seus cronogramas. É um manual chamado *Practice Standard for Scheduling*. Se você deseja se aprofundar no assunto, esse manual é uma ótima referência.

5.30. QUEM DEVE PARTICIPAR?

O **Gerente do Projeto** e a **Equipe de Gerenciamento do Projeto** são os principais envolvidos nesse processo. Os demais membros da **Equipe do Projeto** também devem ser consultados, bem como todas as partes interessadas podem ser convidadas ou convocadas, de acordo com as necessidades do projeto, sobretudo envolvendo-as na consolidação das atividades que ficarão sob sua responsabilidade direta. Todos podem colaborar com informações específicas.

5.31. QUAIS OS PRINCIPAIS CUIDADOS A TOMAR?

Muitos acreditam que o cronograma por si só é o plano de gerenciamento do projeto. De fato ele é um componente importantíssimo no planejamento e na gestão do projeto, porém não deve ser utilizado como a única ferramenta de gestão.

Também é comum que as pessoas construam cronogramas para "cumprir tabela", e não considerando as reais necessidades e condições que um projeto apresenta. Nesse caso não são consideradas todas as demandas e restrições.

Preencher um cronograma sem acreditar que ele é viável não basta para que as coisas se concretizem; é melhor mostrar que algo é impossível antes de realizar do que deixar que os problemas sejam adiados.

Por outro lado, um cronograma consistente, alinhado com um plano de gerenciamento de projeto bem estruturado, pode servir de base para justificar por que razão um projeto precisa ser revisto ou até ser cancelado. Não há como argumentar contra números e condições consistentes e realistas.

Pense nisso: vale a pena provar que uma missão é impossível antes de começá-la. Adiar os problemas pode torná-los progressivamente piores.

5.32. PRINCIPAIS DOCUMENTOS RELACIONADOS AO PROCESSO

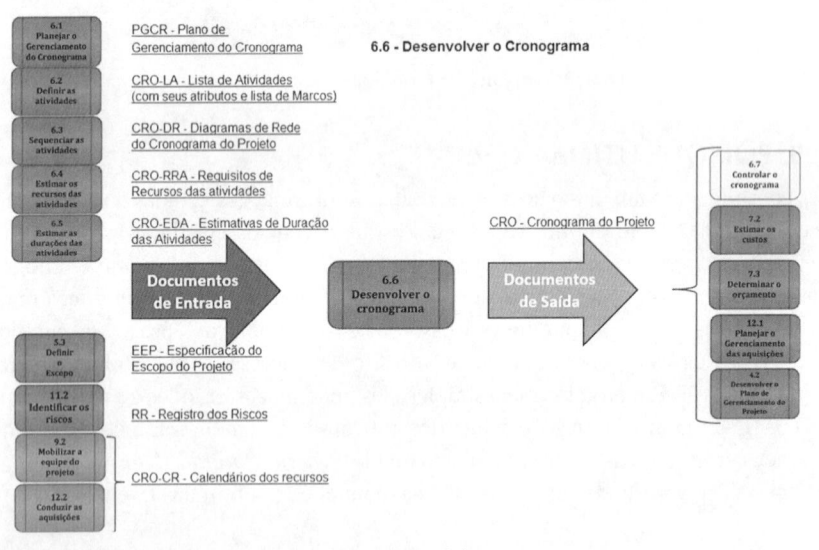

FIGURA 5.18. Principais documentos do processo 6.6.

5.33. PRINCIPAIS ENTRADAS

Todas as saídas dos processos anteriores de planejamento do cronograma são entradas para esse processo, quais sejam: **PGCR (Plano de Gerenciamento do Cronograma)**, **CRO-LA (Lista das Atividades)**, **CRO-DR (Diagramas de Rede do cronograma)**, **CRO-RRA (Requisitos de Recursos das Atividades)**, **CRO-DP (Designações** de Pessoal), **CRO-CR (Calendário dos Recursos)**, **CRO-EDA (Estimativas de Duração das Atividades)** e **CRO-ECA (Estimativas de Custos das Atividades)**.

Da mesma forma, são importantes fontes de informações as definições relacionadas ao escopo, riscos e recursos humanos, destacando: **EEP (Especificação do Escopo do Projeto)** e o **RR (Registro dos Riscos)**.

É comum que a sua empresa ou o seu cliente adotem ferramentas específicas para gerenciar os cronogramas. É evidente que, nesse caso, você irá utilizar a ferramenta ou o *software* para se adequar ao ambiente.

5.34. PRINCIPAIS FERRAMENTAS E TÉCNICAS

Para projetos mais simples, você poderá utilizar a proposta *EasyBOK* para planejamento e gestão do cronograma. Provavelmente ela será suficiente para a sua necessidade.

Se perceber que os seus projetos exigem um pouco mais de recursos, avalie as ferramentas gratuitas sugeridas em nosso *site*.

Se a sua organização ou o seu cliente não lhe impõem o uso de uma ferramenta ou *software* específico, e essas ferramentas gratuitas não atendem às suas necessidades, veja também em nosso *site* as sugestões de ferramentas licenciadas e avalie qual se adapta melhor às suas necessidades.

Escolhida a ferramenta, existem diversas técnicas para o desenvolvimento de cronogramas. As mais utilizadas no momento e citadas no Guia PMBOK® são: **método do caminho crítico**, **método da corrente crítica**, **análise** e **técnicas de otimização de recursos**. Consulte o Guia PMBOK® e outras publicações para se aprofundar nessas técnicas.

Para projetos com menor complexidade, é provável que o seu bom senso seja suficiente para fazer a análise das necessidades do cronograma e estruturá-lo de maneira adequada.

> **Lembre-se:** Complicar não significa resolver. Muitas vezes o mais simples é o mais eficiente!

5.35. PRINCIPAIS SAÍDAS

Um **CRO (Cronograma do Projeto)** consistente e realista. Ele será a base para controlar a execução das atividades do projeto conforme planejado. A versão aprovada do cronograma é chamada de **LBCR (Linha de Base do Cronograma)**, pois é justamente essa versão que servirá de base para comparar os resultados com o planejado.

Segue modelo proposto pela estratégia *EasyBOK*:

FIGURA 5.19. Exemplo do CRO (Cronograma do Projeto).

5.36. USANDO O PROJETO-EXEMPLO

A maior complicação com relação ao cronograma do *EasyHome* é a necessidade de a família ficar na casa durante a execução do projeto. Isso implica restrições como: não é possível trabalhar em todos os cômodos ao mesmo tempo, as atividades precisam ser executadas durante o horário comercial, entre outras.

					CRO-LA - Lista de Atividades		CRO-DR - Diagramas de Rede (Sequência)				CRO-RRA - Requisitos de Recursos das Atividades			
ID	ID Associado	Marco	Fase do Projeto	Entrega associada EAP	Nome da Atividade	Atividade Predecessora	Tipo de Dependência	Antecipação	Espera	Descrição do Recurso	Quantidade Necessária do Recurso	Custo do Recurso por Unidade	Tipo de Recurso	
49	6.1		Fase 1	Interna	Sala	Preparação do cômodo para a reforma da sala	40	TI			Pedreiro	1	R$ 35,00	Especialista
50	6.1.1			Interna	Sala	Execução da reforma sala	49	TI			Pedreiro	2	R$ 35,00	Especialista
51	6.1.2			Interna	Sala	Checar itens de qualidade sala	50	TI			Arquiteto	1	R$ 150,00	Técnico
52	6.1.3			Interna	Sala	Validar o escopo sala	51	TI			Cliente		R$ 0,00	Interno
53	6.2			Interna	Cozinha	Preparação do cômodo para a reforma cozinha	40	TI			Pedreiro	1	R$ 35,00	Especialista
54	6.2.1			Interna	Cozinha	Execução da reforma cozinha	53	TI			Pedreiro	3	R$ 35,00	Especialista

FIGURA 5.20. *EasyHome* – **CRO (Cronograma do Projeto).**

Um dos maiores desafios em um cronograma de um projeto fora do ambiente corporativo não é planejar, mas executar conforme o planejado e continuar utilizando o cronograma como uma ferramenta durante a execução e controle do projeto. Mas isso é algo que trataremos nos capítulos específicos, mais à frente. Por ora veja o exemplo proposto e reflita sobre o que você faria diferente.

5.37. PRATICANDO NO SEU PROJETO

Agora complemente o **CRO** da planilha *EasyPMDOC* do seu projeto. Se tiver dúvida, consulte-nos pelo *e-mail* easybok@easybok.com.br.

PROCESSO DE ESTIMATIVA DOS CUSTOS

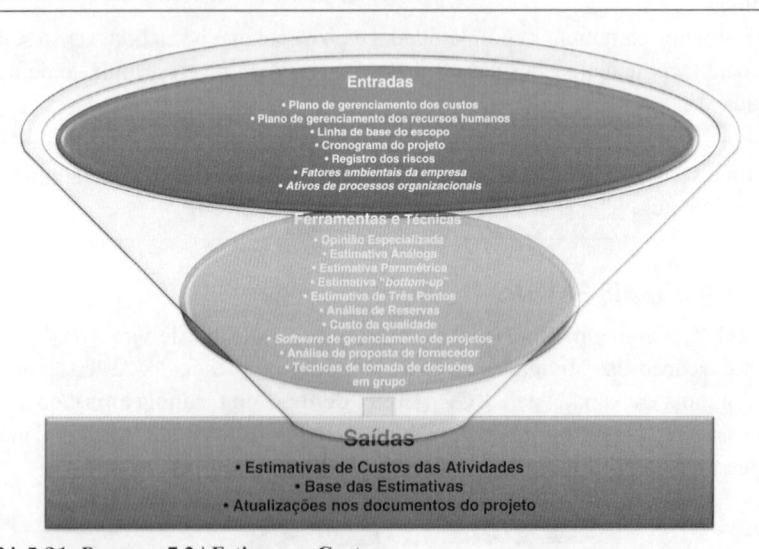

FIGURA 5.21. Processo 7.2 | Estimar os Custos.

5.38. POR QUE UTILIZÁ-LO?

Será que é preciso explicar? Lógico que ninguém tem recursos financeiros ilimitados para executar um projeto, seja ele pessoal ou profissional. É uma área vital, sem sombra de dúvida. Estimar os custos de forma inadequada ou ineficiente pode causar inúmeros problemas durante a execução; e, ao contrário, se for planejado de maneira adequada, além de facilitar a gestão, pode provar que um projeto não é viável ou prioritário antes de ser iniciado de fato.

5.39. QUEM DEVE PARTICIPAR?

Envolva todas as partes interessadas que tenham conhecimento ou informações que auxiliem na estimativa de custos para as atividades específicas. Alternativas entre desenvolver o trabalho internamente ou contratar fora da equipe do projeto (aquisições) devem ser analisadas.

Claro que todos têm noção de que os custos devem ser otimizados, dentro de limites aceitáveis de risco e qualidade necessária. Para tal, não menospreze nenhuma alternativa, mesmo que à primeira vista ela pareça inadequada.

5.40. QUAIS OS PRINCIPAIS CUIDADOS A TOMAR?

O primeiro cuidado é não "encaixar as atividades" do projeto em um orçamento pré-aprovado. Deixar de colocar algo que precisa ser feito, ou apenas deixar de estimar os custos, não evitará problemas posteriores. Melhor provar logo que o orçamento aprovado não é suficiente para o que precisa ser feito.

Outro cuidado a ser tomado é ter a certeza de que as fontes de informações utilizadas são confiáveis. Se não for o caso, é preciso identificar os riscos associados à falta de confiança nas estimativas para evitar surpresas no futuro.

Buscar profissionais ou outros recursos mais baratos também pode ser um erro, pois a economia no custo pode representar um risco de não atendimento, ou mesmo de atraso em atividades essenciais para cumprir algum prazo. Assim, o processo deve ser analisado em um contexto mais amplo do que a simples estimativa isolada do custo das atividades.

> Existe um ditado popular que diz que o barato sai caro. Isso nem sempre é verdade, mas deve ser considerado com atenção.

Não se esqueça também de flutuações de moeda, como inflação ou taxas de câmbio. Também é comum alguns se esquecerem dos dissídios e reajustes salariais, que podem comprometer o orçamento do projeto se não forem considerados durante o planejamento.

5.41. PRINCIPAIS DOCUMENTOS RELACIONADOS AO PROCESSO

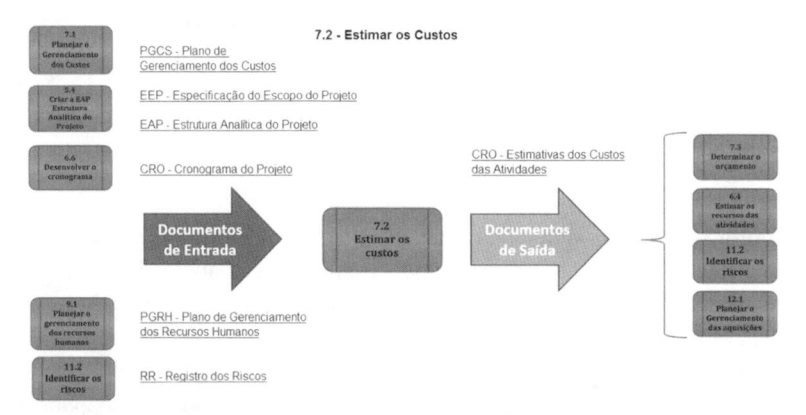

FIGURA 5.22. Principais documentos do processo 7.2 – Estimar os Custos.

5.42. PRINCIPAIS ENTRADAS

O **PGCS (Plano de Gerenciamento dos Custos)** define, entre outras coisas, como os custos serão estimados. É importante lembrar que os projetos são únicos e têm necessidades específicas. Assim, cabe considerar quais as melhores estratégias para este cenário.

O **PGRH (Plano de Gerenciamento dos Recursos Humanos)** também é uma entrada importante para o processo, pois pessoas alocadas no projeto, assim como outros recursos, representam custo. Planejar como utilizar os recursos é vital para uma estimativa de custos consistente e adequada.

Os documentos que definem o escopo do projeto, especificamente a **LBE (Linha de Base do Escopo)**, são: **EEP (Especificação do Escopo do Projeto)**, **EAP (Estrutura Analítica do Projeto)** e **DEAP (Dicionário da EAP)**.

O **CRO (Cronograma do Projeto)** é utilizado como fonte de informações sobre o trabalho necessário para entregar o projeto, essencial para estimar os custos.

O **RR (Registro dos Riscos)** deve ser revisado para estimar custos relacionados ao gerenciamento adequado dos riscos. Abordaremos o assunto com detalhes mais à frente.

5.43. PRINCIPAIS FERRAMENTAS E TÉCNICAS

As organizações costumam ter ferramentas de controle financeiro, de acordo com seu porte e a complexidade de seu trabalho. Podem ser desde simples planilhas eletrônicas até sistemas corporativos complexos e completos. O fato é que o controle das finanças é essencial para uma gestão adequada, seja com relação aos processos operacionais ou aos projetos. É fator básico para a sobrevivência das empresas.

Assim, é importante adequar os controles de projetos específicos ao que é adotado pela empresa, ou mesmo pela família, quando se fala de projetos pessoais. Esse controle eficiente começa pela estimativa dos custos, e o registro adequado do que, como e por que foi feito dessa forma.

Há diversas técnicas para estimar custos, tempo e outras variáveis importantes de um projeto, conforme vimos anteriormente. Já citamos as **estimativas análoga, paramétrica** e **de três pontos**. Para esta última basta trocar o tempo (t) pelo custo (c) mais provável (cM), pessimista (cP) e otimista (cO) estimados para executar uma atividade, calculando-se o custo esperado (cE). Da mesma forma que para o tempo, há duas fórmulas mais utilizadas no mercado:

Distribuição Beta: $cE = (cO + 4cM + cP) / 6$
Distribuição triangular: $cE = (cO + cM + cP) / 3$

A **estimativa *bottom-up*** avalia os detalhes para depois estimar o custo total relacionado a entregas, fases ou ao projeto todo. Significa "de baixo para cima", ou seja, estima-se os detalhes para calcular o total, até se chegar ao valor para o projeto todo.

> Apesar de muitos entenderem que não se pode deixar "folgas" para executar um projeto, as práticas profissionais de gerenciamento de projetos recomendam o contrário, ou seja, é preciso deixar reservas para tratar o imprevisto, pois projetos sempre têm imprevistos, que são, os eventos de risco.

Para riscos identificados chamamos essas folgas de "reservas de contingências; para os não identificados previamente chamamos de "reservas gerenciais". Iremos detalhar as diferenças mais à frente.

Consulte outras formas de estimativa no Guia PMBOK® e em outras publicações.

5.44. PRINCIPAIS SAÍDAS

É importante que, além das **CRO-ECA (Estimativas de custos das atividades)**, as **bases utilizadas para essas estimativas** sejam documentadas e consideradas. Assim, a confiança nas estimativas será maior nas próximas fases do projeto.

Segue modelo proposto pela estratégia *EasyBOK*:

CRO-LA - Lista de Atividades				CRO-ECA - Estimativas de Custos das Atividades										
Nome da Atividade	Custo Estimado	Custo Estimado Acumulado	Custo Replanejado	Reserva de Contingência da Atividade	Somatório dos Pacotes de Trabalho	Reserva de Contingência do Pacote	LBCS Linha de Base dos Custos	Reservas Gerenciais	Orçamento	Custo Replanejado Acumulado	Custo Real	Custo Real Acumulado
4.1 - Desenvolver o Termo de Abertura do Projeto												
13.1 - Identificar as partes interessadas												
4.2 - Desenvolver o plano de gerenciamento do projeto												
13.2 - Planejar o Gerenciamento das Partes Interessadas												
10.1 - Planejar o gerenciamento das comunicações												

FIGURA 5.23. Exemplo do CRO-ECA (Estimativas de custos das atividades).

5.45. USANDO O PROJETO-EXEMPLO

As estimativas de custos das atividades do nosso projeto-exemplo devem ter a participação não somente do gerente do projeto como também do arquiteto e do empreiteiro. A sra. Olga pode auxiliar nessas estimativas com pesquisas de mercado e busca de informações no mercado.

CRO-LA - Lista de Atividades				CRO-ECA - Estimativas de Custos das Atividades										
Nome da Atividade	Custo Estimado	Custo Estimado Acumulado	Custo Replanejado	Reserva de Contingência da Atividade	Somatório dos Pacotes de Trabalho	Reserva de Contingência do Pacote	LBCS Linha de Base dos Custos	Reservas Gerenciais	Orçamento	Custo Replanejado Acumulado	Custo Real	Custo Real Acumulado
Preparação do cômodo para a reforma da sala	R$ 1.000,00	R$ 15.500,00						R$ 50,00	R$ 16.700,00		R$ 900,00	R$ 15.400,00
Execução da reforma sala	R$ 4.000,00	R$ 19.500,00						R$ 200,00	R$ 20.960,00		R$ 4.200,00	R$ 19.600,00
Checar itens de qualidade sala	R$ 400,00	R$ 19.900,00									R$ 400,00	R$ 20.000,00
Validar o escopo sala	R$ 200,00	R$ 21.100,00										

FIGURA 5.24. *EasyHome* – CRO-ECA (Estimativas de custos das atividades).

O sr. Pedro, como gerente experiente, consultou diversas fontes e fez pesquisas para auxiliar na validação das estimativas; afinal, já sabemos que ele tem limites de recursos, como a maioria das famílias que reformam suas casas.

5.46. PRATICANDO NO SEU PROJETO

Agora preencha a **CRO-ECA** da planilha *EasyPMDOC* do seu projeto. Se tiver dúvida, consulte-nos pelo *e-mail* easybok@easybok.com.br.

PROCESSO DE PLANEJAMENTO DO GERENCIAMENTO DAS AQUISIÇÕES

Entradas
- Plano de gerenciamento do projeto
- Documentação dos requisitos
- Registro dos riscos
- Requisitos de recursos das atividades
- Cronograma do projeto
- Estimativas de custos das atividades
- Registro das partes interessadas
- Fatores ambientais da empresa
- Ativos de processos organizacionais

Ferramentas e Técnicas
- Análise de fazer ou comprar
- Opinião especializada
- Pesquisa de mercado
- Reuniões

Saídas
- Plano de Gerenciamento das Aquisições
- Especificação do trabalho das aquisições
- Documentos de aquisição
- Critérios para seleção de fontes
- Decisões de fazer ou comprar
- Atualizações nos documentos do projeto

FIGURA 5.25. Processo 12.1 | Planejar o Gerenciamento das Aquisições.

5.47. POR QUE UTILIZÁ-LO?

Você não precisará planejar aquisições em todos os projetos. Se não necessita de auxílio externo à equipe do projeto, de outros departamentos ou de fornecedores, então não precisará executar esse processo.

É importante notar que estamos falando também de aquisições que não necessariamente ocorrerão junto a fornecedores externos à organização que irá executar o projeto. Assim, utilize-o também para formalizar acordos com outras áreas de sua organização, de acordo com as necessidades de cada projeto.

Definir com critério e responsabilidade o que é necessário adquirir externamente pode tornar o projeto mais fácil de gerenciar, ou não.

5.48. QUEM DEVE PARTICIPAR?

O **Gerente do Projeto** e a **Equipe de Gerenciamento do Projeto** são essenciais nesse processo. Dependendo do projeto, o **Cliente** e o **Patrocinador** também deverão participar. Todas as partes interessadas podem ser convidadas ou convocadas, de acordo com as necessidades do projeto e com os conhecimentos específicos para o planejamento adequado. Por exemplo, dependendo da aquisição, o **Fornecedor** pode ter conhecimentos de que sua organização não dispõe; assim, a participação dessa parte é essencial para o sucesso.

5.49. QUAIS OS PRINCIPAIS CUIDADOS A TOMAR?

O primeiro é não acreditar que acordos dentro da mesma organização, ainda que seja uma família, não precisam ser formalizados. A formalização evita conflitos, pois registra e documenta o que foi decidido.

Direitos e deveres são detalhes importantes na relação de um acordo ou contrato. Melhor discutir e definir antes de planejar e executar.

> Quando fornecedores externos são envolvidos, não corra no planejamento ou deixe de considerar os diversos aspectos relacionados às aquisições, como risco e necessidade de atendimento a padrões de qualidade. Contratar o mais barato pode sair muito caro. O mais caro pode ser a não conclusão do projeto, ou multas impossíveis de absorver sem comprometer o orçamento do projeto.

Outro erro comum é o contratante acreditar que não colocar todos os detalhes sobre o que é preciso adquirir representa algum tipo de vantagem ao projeto. Ledo engano. Quanto melhor for o detalhamento do que é necessário, maiores as chances de o fornecedor avaliar se tem condições de atender, e assim as chances de sucesso do projeto aumentam significativamente. Não cometa o erro de acreditar que contratar o mais barato é melhor e omitir detalhes pode representar vantagens na relação contratual. Muitas empresas depois de algum tempo começam a ter dificuldades em encontrar fornecedores qualificados por conta de um comportamento que popularmente chamamos de "levar vantagem em tudo".

5.50. PRINCIPAIS DOCUMENTOS RELACIONADOS AO PROCESSO

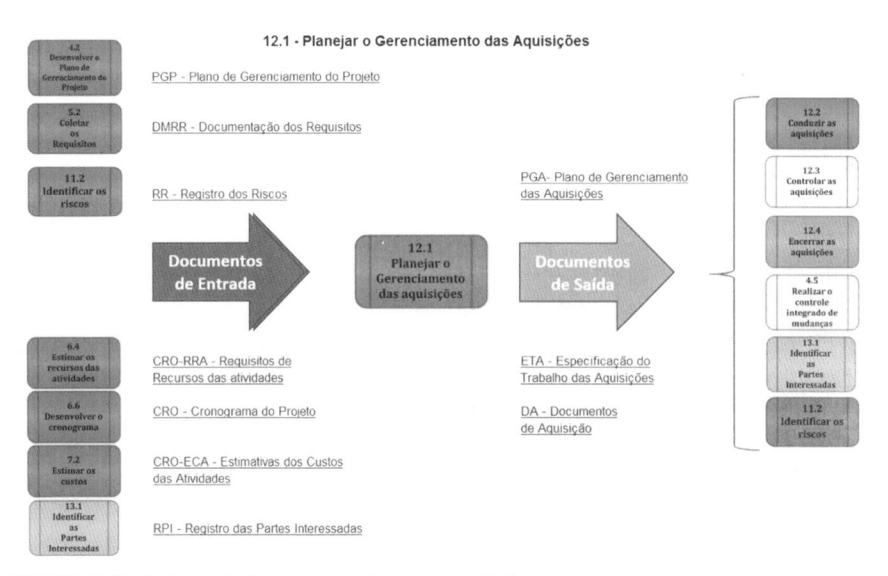

FIGURA 5.26. Principais documentos do processo 12.1.

5.51. PRINCIPAIS ENTRADAS

O **PGP (Plano de Gerenciamento do Projeto)** é a principal entrada do processo. Ele contém, além da **LBE (Linha de Base do Escopo)**, a estratégia a ser adotada para entregar e executar as atividades previstas.

A **DMRR (Documentação e Matriz de Rastreabilidade dos Requisitos)** também é uma entrada importante, pois detalha as características do escopo, essenciais para a análise do que fazer internamente e do que adquirir externamente.

O **RR (Registro dos Riscos)** serve de base para a análise das vantagens e desvantagens da análise de fazer ou comprar.

O **CR (Cronograma do Projeto),** com todas as informações que contém, é utilizado para apoiar as decisões.

As condições de mercado e os tipos de contratos são importantes se você resolver adquirir algo para o projeto. Não é objetivo desta obra explorar todas as variáveis.

Para se aprofundar no assunto, consulte o livro *Gerenciamento das aquisições em projetos*, de Francisco Zuccato, um dos volumes da Coleção *Grandes Especialistas Brasileiros*, da Elsevier.

5.52. PRINCIPAIS FERRAMENTAS E TÉCNICAS

A **Análise de Fazer ou Comprar** deve considerar aspectos como: indisponibilidade de recursos internos, restrições de orçamento, custos diretos e indiretos, riscos associados, condições de mercado, direitos de propriedade e capacidade técnica.

Realize **Reuniões** com as partes interessadas-chaves para definir o que deve ser adquirido ou não.

5.53. PRINCIPAIS SAÍDAS

O **PGA (Plano de Gerenciamento das Aquisições)** é a principal saída do processo, pois ele irá definir todas as decisões e estratégias relacionadas ao assunto.

A **ETA (Especificação do Trabalho das Aquisições)** irá detalhar as características de cada aquisição para que os candidatos a fornecedores tenham a compreensão e o entendimento sobre o que é necessário para o projeto.

Outros documentos relacionados a aquisições podem ser necessários, dependendo do tipo de aquisição, a saber:

- **SDI (Solicitação de Informações).**
- **SDP (Solicitação de Proposta).**
- **SDC (Solicitação de Consulta).**
- **CPL (Convite para Licitação.**

Esses documentos deverão conter os critérios a serem utilizados para selecionar os fornecedores, sejam eles técnicos ou não.

A seguir modelos propostos pela estratégia *EasyBOK*:

PGA - Plano de Gerenciamento das Aquisições

Projeto: [Apelido do Projeto] - [PITCH do Projeto]

Plano Auxiliar do Plano de Gerenciamento do Projeto

1. **Produtos, serviços ou resultados que serão obtidos externamente à organização executora**

   Apontar quais os itens que serão adquiridos externamente, tipos de contrato, fornecedores pré-qualificados, critérios para seleção de fontes, restrições e premissas associadas, cronograma com as principais entregas previstas, riscos, documentos de aquisições, e qualquer outra informação relevante associada às aquisições. Caso seja necessário, listar as necessidades de estimativas independentes a serem utilizadas como critérios de avaliação, definindo quem irá prepará-las e quando.

2. **Ações que a equipe de gerenciamento do projeto pode adotar unilateralmente**

   Listar quais as decisões que podem ser tomadas pela equipe de gerenciamento do projeto. Identificar quais as decisões que têm processos de aprovação específicos e externos à equipe do projeto, independentemente de serem eles impostos pela própria organização ou pelo Cliente

3. **Padrões de documentos a utilizar nas Aquisições**

   Definir se serão necessários padrões de documentos de aquisições específicos, ou se serão utilizados padrões da organização. Podem ser: declarações de trabalho das aquisições, solicitações de informações, cartas convite, solicitações de cotações, solicitações de propostas, anúncios ou convites para negociação. Existem nomenclaturas específicas de acordo com a área de negócios e/ou indústria associada.

4. **Métricas de desempenho de fornecedores a serem utilizadas**

   Critérios para medição de desempenho dos fornecedores contratados, bem como da qualidade do resultado a ser entregue.

5. **Gerenciamento de mudanças**

   Como serão solicitadas, analisadas, aprovadas, executadas, monitoradas e controladas as solicitações de mudanças relacionadas às aquisições, caso não esteja claro no item geral do plano de gerenciamento do projeto.

6. **Gerenciamento de configuração**

   Como serão controladas as versões de documentos e de entregas do Projeto relacionadas às aquisições, caso não esteja claro no item geral do plano de gerenciamento do projeto.

7. **Gerenciamento da aquisição**

   Como será acompanhado o desempenho da aquisição, formatos de relatórios de desempenho e acompanhamento. Caso seja necessário, recomendamos representar graficamente os processos

FIGURA 5.27. Exemplo do PGA (Plano de Gerenciamento das Aquisições).

ETA - Especificação do Trabalho da Aquisição

Projeto: [Apelido do Projeto] - [PITCH do Projeto]

1. **Descrição do item a ser adquirido**

   Detalhar o item a ser adquirido externamente, de forma suficiente para que o fornecedor tenha condições de avaliar sua capacidade de atendimento.

2. **Tipos de contrato associados**

   Definir em detalhes os tipos de contratos a serem utilizados, entre preço fixo, custos reembolsáveis e tempo & material. Utilizar tipos específicos quando necessário.

3. **Critérios para seleção do fornecedor**

   Listar quais são os critérios que serão utilizados para escolher o fornecedor.

4. **Restrições e premissas**

   Detalhar restrições e premissas específicas relacionadas ao item a ser adquirido.

5. **Cronograma das principais entregas**

   Apontar as necessidades de datas para as principais entregas do fornecimento, se for o caso.

6. **Informações complementares**

7. **Gerenciamento da aquisição**

   Como será acompanhado o desempenho da aquisição, formatos de relatórios de desempenho e acompanhamento. Caso seja necessário, recomendamos representar graficamente os processos.

FIGURA 5.28. Exemplo da ETA (Especificação do Trabalho das Aquisições).

5.54. USANDO O PROJETO-EXEMPLO

As aquisições relacionadas ao Projeto *EasyHome* serão todas gerenciadas pelo arquiteto. Assim, podemos considerar que a equipe do projeto está alocada diretamente nas atividades, e não foram contratatadas externamente. As aquisições, portanto, serão apenas os materiais de construção, incluindo o acabamento.

PGA - Plano de Gerenciamento das Aquisições

Projeto: EasyHome - Reforma Sustentável de uma Casa

1. **Produtos, serviços ou resultados que serão obtidos externamente à organização executora**

   A família Souza decidiu contratar o Arquiteto como mão de obra especializada, no formato de consultoria, a ser pago através de contrato com preço fixo.

   O orquidário será construído por uma empresa especializada, que deverá ser contratada através de contrato preço fixo.

2. **Ações que a equipe de gerenciamento do projeto pode adotar unilateralmente**

   O Arquiteto, apesar de não ser considerado um membro efetivo da equipe, poderá autorizar as compras de materiais para o projeto, desde que sejam em valor menor ou igual ao orçado previamente.

3. **Padrões de documentos a utilizar nas Aquisições**

   Será elaborada uma ETA - Especificação de Trabalho para cada aquisição.

4. **Métricas de desempenho de fornecedores a serem utilizadas**

   O fornecedor responsável pela construção do orquidário deverá entregar no prazo acordado. Caso não cumpra este prazo sem motivo de força maior, será multado. Caso tenha um desempenho adequado, a família Souza o indicará para casais de amigos que pretendem reformar suas casas no futuro, e autorizarão o fornecedor a postar comentário positivo em seu site na Internet.

5. **Gerenciamento de mudanças**

   As solicitações de mudanças relacionados aos fornecedores deverão ser aprovadas pelo Sr. Pedro e pela Sra. Olga.

6. **Gerenciamento de configuração**

   O Arquiteto é responsável pelo gerenciamento das entregas.
   O Sr.Pedro é responsável pelo controle da documentação do projeto.

7. **Gerenciamento da aquisição**

   O Arquiteto apresentará um relatório semanal ao casal Souza, em formato a ser definido no plano de gerenciamento das comunicações.

FIGURA 5.29. *EasyHome* – **PGA (Plano de Gerenciamento das Aquisições).**

ETA - Especificação do Trabalho da Aquisição

Projeto: EasyHome - Reforma Sustentável de uma Casa

1. **Descrição do item a ser adquirido**

   O Orquidário da residência da família Souza deverá ser projetado para acomodar de forma predominante orquídeas raras e sensíveis, a combinar entre a Sra. Olga e o contratado. Deverá ser protegido para que os cães não possam entrar e estragar as plantas, bem como para que tempestades não o destruam. A entrada deverá ser trancada para evitar a visita de pessoas não autorizadas. Deverá também conter uma torneira para permitir regar as plantas, e o piso deverá ser gramado.

2. **Tipos de contrato associados**

   Preço fixo.

3. **Critérios para seleção do fornecedor**

   O fornecedor deverá negociar com seus clientes para permitir a visita em pelo menos três residências onde ele tenha realizado trabalho semelhante.

4. **Restrições e premissas**

   Os trabalhos de construção deverão ser realizados em horário comercial. Os cães permanecerão soltos no quintal durante a construção.

5. **Cronograma das principais entregas**

   A combinar com o Arquiteto e o Sr. Pedro.

6. **Informações complementares**

   Nada a declarar.

7. **Gerenciamento da aquisição**

   A Sra. Olga e o Arquiteto irão acompanhar a construção diariamente.

FIGURA 5.30. *EasyHome* – ETA (Especificação do Trabalho das Aquisições).

5.55. PRATICANDO NO SEU PROJETO

Agora preencha o **PGA** e a **ETA** da planilha *EasyPMDOC* do seu projeto. Se tiver dúvida, consulte-nos pelo *e-mail* easybok@easybok.com.br.

Capítulo 6

Planejando o Gerenciamento dos Riscos e Consolidando o Planejamento do Projeto

6.1. OBJETIVOS DESTE CAPÍTULO

- Apresentar os processos relacionados ao planejamento do gerenciamento dos riscos do projeto.
- Demonstrar como realizar a identificação, classificação, priorização e análise qualitativa dos riscos.
- Orientar sobre como identificar quais os riscos que deveriam ser submetidos à análise quantitativa dos riscos.
- Orientar sobre como planejar as respostas adequadas aos riscos.
- Mostrar como realizar uma condução adequada das aquisições.
- Demonstrar como determinar o orçamento do projeto.

Este provavelmente será um dos capítulos mais difíceis para apresentar, pois o gerenciamento dos riscos não é praticado como deveria em boa parte das organizações. Da mesma forma a condução das aquisições é vista por alguns como um processo de massacre e exploração dos fornecedores, o que certamente não traz benefícios tanto para o projeto quanto para a organização contratante.

Outro problema recorrente é fantasiar a realidade do orçamento do projeto, tanto tentando "encaixar" as atividades necessárias em um orçamento pré-aprovado ou limitado, quanto "escondendo" atividades necessárias para fazer uma "conta de chegada" no orçamento. Nenhum destes caminhos é saudável para o gerenciamento profissional de projetos.

PROCESSO DE IDENTIFICAÇÃO DOS RISCOS

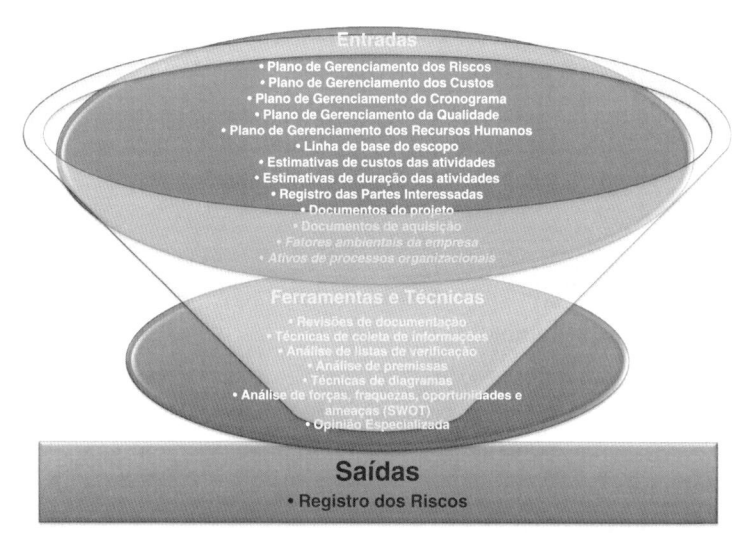

Entradas
- Plano de Gerenciamento dos Riscos
- Plano de Gerenciamento dos Custos
- Plano de Gerenciamento do Cronograma
- Plano de Gerenciamento da Qualidade
- Plano de Gerenciamento dos Recursos Humanos
- Linha de base do escopo
- Estimativas de custos das atividades
- Estimativas de duração das atividades
- Registro das Partes Interessadas
- Documentos do projeto
- Documentos de aquisição
- Fatores ambientais da empresa
- Ativos de processos organizacionais

Ferramentas e Técnicas
- Revisões de documentação
- Técnicas de coleta de informações
- Análise de listas de verificação
- Análise de premissas
- Técnicas de diagramas
- Análise de forças, fraquezas, oportunidades e ameaças (SWOT)
- Opinião Especializada

Saídas
- Registro dos Riscos

FIGURA 6.1. Processo 11.2 | Identificar os Riscos

6.2. POR QUE UTILIZÁ-LO?

Para determinar quais são os eventos incertos que podem ter impacto positivo ou negativo em seu projeto. Isso mesmo: impacto positivo; chamamos de riscos positivos.

É importante que você identifique as situações que podem atrapalhar o seu projeto, eventos que chamamos de riscos negativos, mas você não pode se esquecer de procurar também situações que possam ajudá-lo.

Os riscos positivos também são chamados de oportunidades, e os riscos negativos de ameaças.

Identificar, analisar, planejar respostas e controlar os riscos é essencial para o sucesso do projeto. Não menospreze esta área de conhecimento, mesmo que a sua cultura ou organização não deem a devida importância a ela. Todos os projetos são empreendimentos influenciados por riscos, e dependendo do grau de impacto deste evento no seu projeto ele pode se tornar um fracasso total.

> A identificação de riscos deve ser uma preocupação durante toda a vida do projeto, mesmo que ele esteja muito próximo de seu final.

Para identificarmos os riscos é essencial compreender o que é um risco. Risco é um evento incerto, ou seja, que tem probabilidade maior do que 0% e menor do que 100% de acontecer, e que tem algum impacto no projeto. Ou seja, se um evento tem 0% de chance de acontecer, esqueça, e se ele tem 100% de chance de acontecer, então não é mais risco, é fato ou questão a ser resolvida.

Ainda, se este evento não tem qualquer impacto em seu projeto, por que se preocupar com ele? A Figura 6.2. ilustra os principais elementos que compõem o risco.

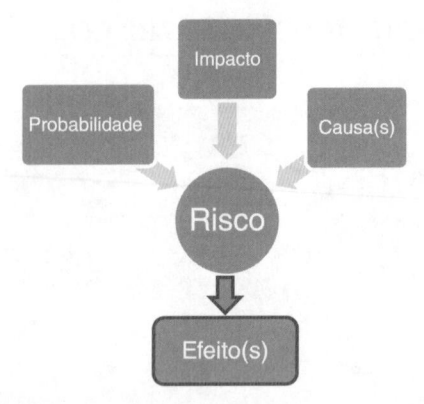

FIGURA 6.2. Risco e seus elementos.

Um risco pode ter uma ou mais causas, e um ou mais efeitos em seu projeto (impacto).

6.3. QUEM DEVE PARTICIPAR?

O **Gerente** e a **Equipe de Gerenciamento do Projeto**. É possível que as organizações envolvidas tenham áreas ou equipes específicas para gerenciamento dos riscos, dependendo do tamanho e da complexidade do projeto. Outras partes interessadas podem ser convidadas ou convocadas, de acordo com a necessidade.

> Todas as partes interessadas do projeto devem estar preocupadas e engajadas em identificar riscos, pois certamente isso irá aumentar as chances de sucesso do projeto.

6.4. QUAIS OS PRINCIPAIS CUIDADOS A TOMAR?

O principal cuidado a ser tomado é não cair na tentação de "esconder" riscos das demais partes interessadas, principalmente do cliente e do patrocinador. Se você é o gerente do projeto, e identifica um risco que você precisa de outras partes para tratar, ou mesmo que está fora de seu controle, não deixe de identificar e registrar este risco. Compartilhe com os demais esta possibilidade e peça a todos que o auxiliem na resposta a este risco, se eles tiverem condições para tal.

Muitas culturas acreditam que mostrar a todos os envolvidos todos os riscos é sinal de fraqueza. De fato profissionais acostumados a participar de projetos sabem que eles estão expostos constantemente a riscos, e que riscos devem ser tratados e não ignorados. Acredite, se você comunica riscos e solicita auxílio dos demais, principalmente do cliente e do patrocinador, estes acabarão por ajudá-lo, pois se não o fizerem ficará evidente que não estão comprometidos com o resultado do projeto, e que seu comportamento não é profissional. É um processo de mudança de comportamento que deve ser iniciado de imediato, se você ainda não trabalha desta forma. A mudança deve ser gradativa e constante.

Isso não significa que você precisa mostrar todos os riscos para todos os envolvidos. Muitas vezes as pessoas envolvidas são os maiores riscos para o projeto. Seja correto, ético e transparente, mas não seja ingênuo.

> Se você tem controle sobre a situação, e sabe que tem condições de cuidar da situação com a ajuda de sua equipe, então mantenha este risco "dentro de casa"; mas é preciso ter certeza de que o final será feliz. Não assuma a responsabilidade sobre o que não depende somente de você e da equipe do projeto, com receio de ser tachado de incompetente.

Se os seus superiores fingem que os problemas não existem, então pense seriamente a respeito da empresa na qual está trabalhando. Será que você conseguirá se desenvolver como profissional em uma organização onde as pessoas fingem que os riscos não existem, e que você deve resolver tudo, mesmo o que está fora de seu controle? Será que não há outras organizações que poderiam lhe proporcionar condições melhores para se aperfeiçoar e ser um gerente de projetos, de verdade? Se você não procurar não vai achar, mas precisa mudar a sua postura primeiro.

> Do meu ponto de vista, o maior risco para um projeto é ter um gerente de projetos que não está preparado para a complexidade e o tamanho do projeto, entre outras variáveis importantes. Se você não se sente preparado para assumir um determinado projeto, não o faça. Como diz o ditado popular, "não devemos dar um passo maior do que a própria perna". Prepare-se antes de dar cada passo, e de olho nos passos seguintes a este. Saiba aonde quer chegar, e planeje detalhadamente este caminho.
>
> Para entender com mais profundidade o que é necessário em seu desenvolvimento profissional, consulte o livro *Desenvolvimento de competências para gerentes de projetos*, de Márcio Zenker, que é um dos volumes da Coleção *Grandes Especialistas Brasileiros*, da Elsevier.
>
> Para consultas rápidas, veja o item 1, do Apêndice D, do *EasyBOK*.

6.5. PRINCIPAIS DOCUMENTOS RELACIONADOS AO PROCESSO

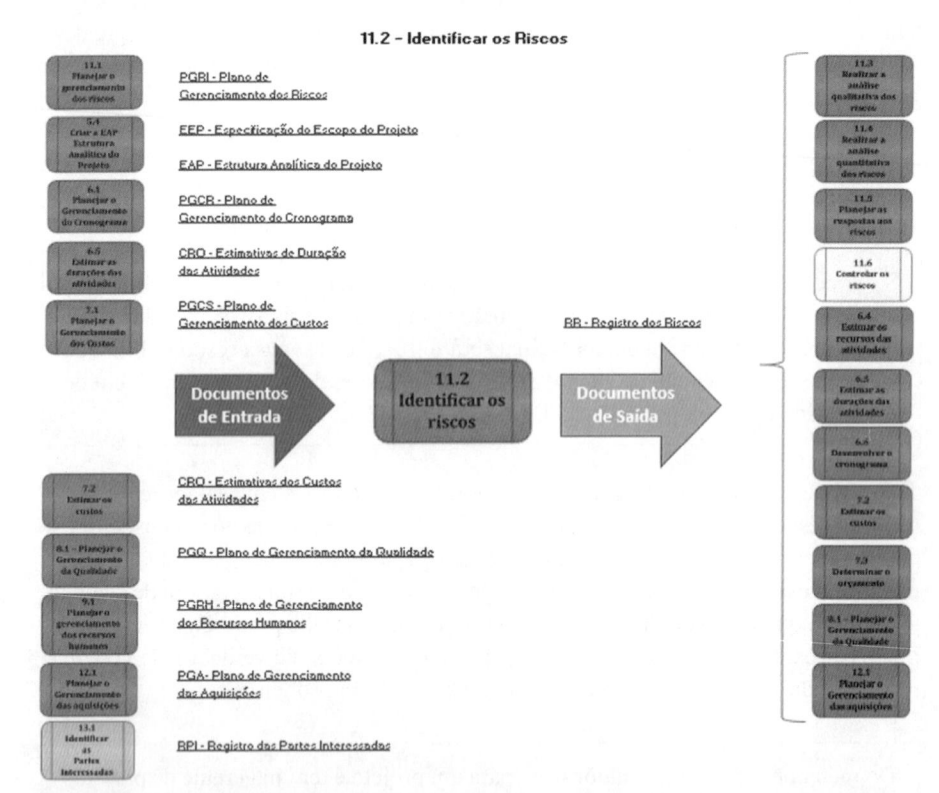

FIGURA 6.3. Principais documentos do processo 11.2.

6.6. PRINCIPAIS ENTRADAS

O **PGRI (Plano de Gerenciamento dos Riscos)** define como os riscos serão identificados. Isso pode acontecer, por exemplo, durante reuniões de planejamento do projeto, ou através da distribuição de questionários para os envolvidos no projeto.

Os **planos auxiliares** do **PGP (Plano de Gerenciamento do Projeto)** são entradas importantes para este processo, com destaque para o **PGCS (Plano de Gerenciamento dos Custos), PGCR (Plano de Gerenciamento do Cronograma), PGQ (Plano de Gerenciamento da Qualidade)** e **PGRH (Plano de Gerenciamento dos Recursos Humanos)**.

A **EAP (Estrutura Analítica do Projeto)** é uma entrada essencial para identificar os riscos, pois ela contém as entregas do projeto, e serve como referência para que se possa analisar o que pode ajudar ou atrapalhar cada uma dessas entregas.

Além destes citados anteriormente, todos os documentos, informações e registros relacionados ao projeto são fontes potenciais de dados para a identificação dos riscos.

6.7. PRINCIPAIS FERRAMENTAS E TÉCNICAS

Revisões de documentação são uma técnica essencial para a identificação dos riscos do projeto. Um pequeno detalhe que não for notado pode ser a fonte de um risco de grande impacto para o projeto.

Existem diversas **Técnicas de Coleta de Informações** que podem ser empregadas para identificar os riscos (também muito utilizadas na coleta de requisitos – processo 5.2), entre elas:

- *Brainstorming*: reunião com a participação de profissionais variados, tendo como principal característica não limitar os participantes sobre o que pode ser um risco para o projeto. É importante a participação de um facilitador para que, dando liberdade de expressão aos participantes, a reunião não perca o controle e a ordem.
- **Técnica Delphi:** a principal característica é a participação anônima de especialistas, a fim de evitar respostas tendenciosas dos participantes, por conhecerem quem respondeu a determinados questionamentos. É enviado pelo facilitador, a todos os participantes, um questionário solicitando a identificação de informações relacionadas aos possíveis riscos do projeto. O facilitador resume e consolida as respostas, reenviando a todos para que possam incluir novos comentários a respeito. São realizadas tantas rodadas quanto necessárias;
- **Entrevistas:** com partes interessadas-chave;
- **Análise da causa raiz:** identificar as possíveis causas para cada risco ou categorias de riscos.

Uma forma muito utilizada para não esquecermos do que deve ser feito – e neste caso podemos usar para identificarmos os possíveis riscos relacionados a um projeto – são as **listas de verificação**, também conhecidas como *checklists*. As listas de verificação contêm o que devemos lembrar de verificar, com base em experiências anteriores. No caso de utilizarmos listas prontas, assim como modelos de documentos, é importante não nos limitarmos ao conteúdo desta lista, ou seja, devemos pensar em outros itens a serem verificados, e que podem ser específicos para este projeto.

> Na proposta da estratégia *EasyBOK*, criamos diversas listas de verificação para ajudá-lo antes e depois de cada processo, e você pode consultar estas *checklists*, em nosso *site*: www.easybok.com.br

A **Análise de Premissas** está diretamente relacionada aos riscos. Por quê? Porque se você assume que algo é real ou verdadeiro sem prova ou demonstração, como diz o conceito, então existe a possibilidade de que isso não seja de fato real ou verdadeiro. Neste caso, isso é um evento incerto, ou seja, um risco. Podemos então concluir que uma premissa terá pelo menos um risco associado a ela, que é a possibilidade de a premissa se confirmar ou não.

Diagramas são uma excelente técnica para que você possa analisar diversos aspectos de projetos, entre eles os riscos. Os diagramas mais utilizados no mercado são os **Diagramas de Causa e Efeito** (também conhecidos como diagramas de Ishikawa ou como diagramas de espinha de peixe), **Diagramas de Sistema ou Fluxogramas** e **Diagramas de Influência**. Veja a seguir alguns exemplos desses diagramas.

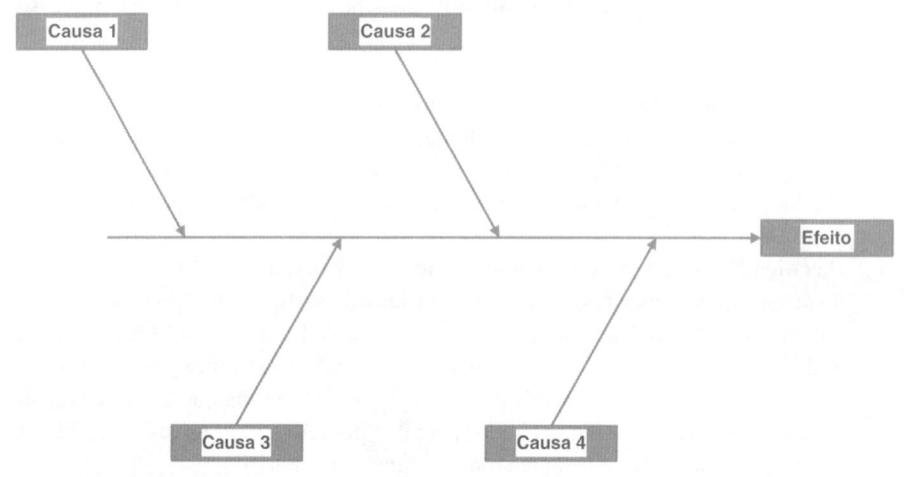

FIGURA 6.4. Diagrama de Causa e Efeito.

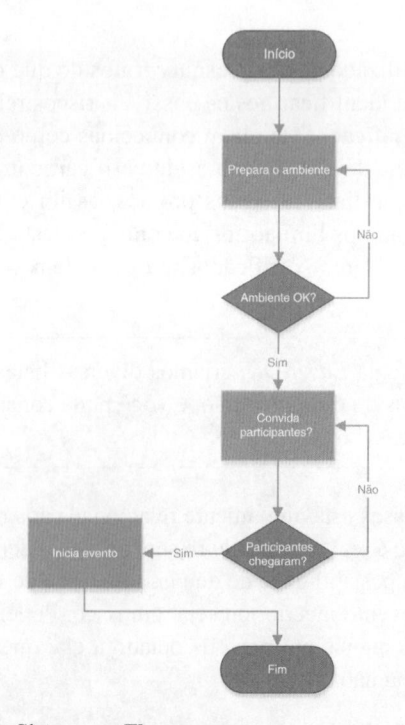

FIGURA 6.5. Diagrama de Sistema ou Fluxograma.

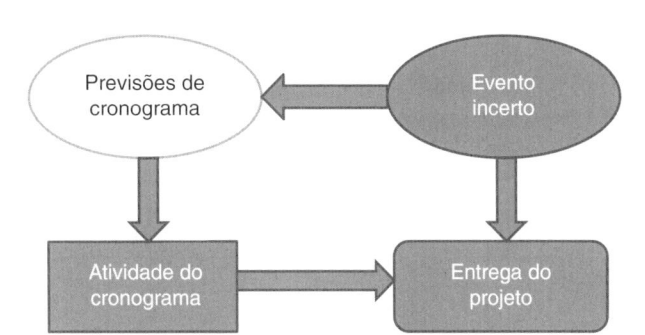

FIGURA 6.6. Diagrama de Influência.

Não deixe de consultar a **Opinião Especializada** se sentir que não tem conhecimento e experiência suficientes para identificar os riscos do projeto.

6.8. PRINCIPAIS SAÍDAS

A única saída deste processo é o **RR (Registro dos Riscos)**. Este documento é elaborado aqui e atualizado nos demais processos do gerenciamento dos riscos. Para este momento, ele será preenchido com os riscos e suas informações iniciais.

Segue modelo proposto pela estratégia *EasyBOK*:

			Identificação do Risco					Análise Qualitativa				
ID	Objetivo Impactado	Priori-dade	Evento	Status do risco	Data da Identificação	Identificador	Tipo de Risco	Proba-bilidade	Impacto	Grau do Risco	Efeito
1											
2											
3											
4											

RR - Registro dos Riscos — Autor: André Ricardi — Versão: 5_13 — Última: Março/14 — Projeto: [Apelido do Projeto] - [PITCH do Projeto] — Processo 11.2 — EasyPMDOC

FIGURA 6.7. Exemplo do RR (Registro dos Riscos).

6.9. USANDO O PROJETO-EXEMPLO

Imagine quantos riscos podem estar associados à reforma de uma casa. Quem já passou por isso sabe que são muitos. Não deixe acontecer para pensar em riscos, e pense também nos riscos positivos, sempre. Um exemplo de risco positivo é você conseguir contratar um arquiteto competente e de confiança, por um custo que caiba em seu orçamento. Certamente a probabilidade de acontecer algo ruim será menor.

			Identificação do Risco				
ID	Objetivo Impactado	Priori-dade	Evento	Status do risco	Data da Identificação	Identificador	Tipo de Risco
1	Escopo		Família Souza resolveu mudar a planta aprovada.	Identificado	12/01/2014	Arquiteto	Ameaça
2	Tempo		Atraso na emissão do alvará da prefeitura.	Identificado	12/01/2014	Pedro	Ameaça
3	Custo		Orçamento não foi suficiente para atender aos imprevistos.	Identificado	12/01/2014	Olga	Ameaça
4	Tempo		Chover menos do que a média prevista para o período	Identificado	12/01/2014	Mestre de obra	Oportunidade

FIGURA 6.8. *EasyHome* – RR (Registro dos Riscos).

6.10. PRATICANDO NO SEU PROJETO

Agora preencha o documento **RR** de sua planilha *EasyPMDOC* e inclua as informações relacionadas aos riscos identificados para o seu projeto. Se tiver dúvida, consulte-nos pelo *e-mail* easybok@easybok.com.br.

PROCESSO DE ANÁLISE QUALITATIVA DOS RISCOS

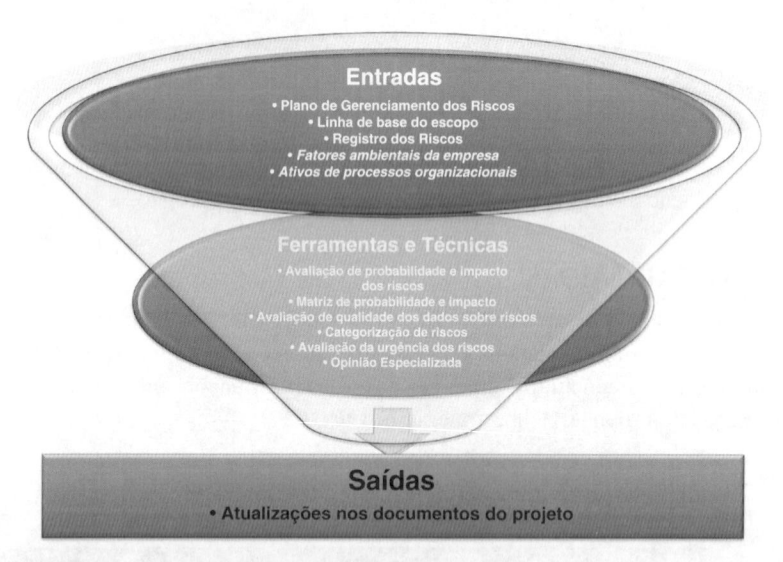

FIGURA 6.9. Processo 11.3 | Realizar a Análise Qualitativa dos Riscos

6.11. POR QUE UTILIZÁ-LO?

A simples identificação do risco, que tratamos no processo anterior, não é suficiente para que tenhamos as condições ideais para gerenciar cada risco, tendo em vista que as condições dos projetos são únicas e devem ser analisadas de maneira isolada e oportuna.

A tolerância a risco das partes interessadas também é diferente e, como já foi dito, deve ser alinhada pela definição de parâmetros para probabilidade e impacto, a fim de analisar esses eventos de risco. Para tal, as definições e a matriz de probabilidade e o impacto dos riscos, que constam no **PGRI (Plano de Gerenciamento dos Riscos)**, itens 7 e 8, são as principais referências. A análise a ser realizada nesse processo deve utilizar essas informações como parâmetro, para que todas as partes interessadas tenham a mesma percepção sobre os riscos do projeto.

6.12. QUEM DEVE PARTICIPAR?

O **Gerente** e a **Equipe de Gerenciamento do Projeto**. Outras partes interessadas podem ser convidadas ou convocadas, de acordo com a necessidade. Para esta análise, para projetos complexos, pense na possibilidade de contratar especialistas em riscos da área específica do projeto, e/ou em gerenciamento de riscos de projetos.

6.13. QUAIS OS PRINCIPAIS CUIDADOS A TOMAR?

Não faça a análise dos riscos tendo somente os seus parâmetros como base. Se a empresa não tem referências como as definições e a matriz de probabilidade e impacto, é importante que sejam definidas pelo menos para este projeto. Você precisa alinhar a percepção de todos, pois senão será impossível gerenciar os riscos do projeto de forma efetiva.

> Não faça algo apenas para "cumprir tabela". Gerenciar riscos apenas preenchendo documentos pode ser pior do que não ter nada. **Lembre-se:** Refazer é muito mais trabalhoso e traumático do que planejar e prever o que pode ocorrer, antes do fato. Isso é risco! Então, seja profissional. Faça certo da primeira vez, ou pelo menos tente. Se possível, minimize os impactos do que pode atrapalhar, e maximize o impacto do que pode ajudar.

Não faça essa análise com pressa. Muito cuidado. Avalie todas as condições incertas do seu projeto com atenção e cautela.

6.14. PRINCIPAIS DOCUMENTOS RELACIONADOS AO PROCESSO

11.3 - Realizar a Análise Qualitativa dos Riscos

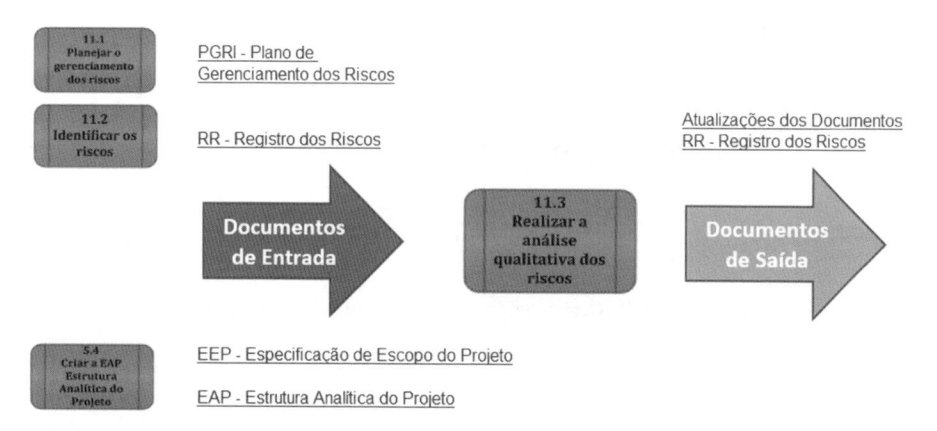

FIGURA 6.10. **Principais documentos do processo 11.3.**

6.15. PRINCIPAIS ENTRADAS

O **PGRI (Plano de Gerenciamento dos Riscos)** contém as definições de como este processo será realizado, os responsáveis pela execução de determinadas atividades e quais as principais referências que servirão de base para a definição da probabilidade e do impacto de cada risco identificado anteriormente.

A análise do que deve ser entregue, através da **LBE (Linha de Base do Escopo)**, é importantíssima para que se possa avaliar a exposição do projeto ao risco, como por exemplo se estiver contemplado no escopo do projeto algo totalmente novo e/ou que utilize alguma tecnologia inédita. Neste caso as lições aprendidas não existirão para que se possa planejar com um índice menor de risco.

O **RR (Registro dos Riscos)** é entrada e saída para esse processo.

6.16. PRINCIPAIS FERRAMENTAS E TÉCNICAS

Todos os riscos identificados deverão ser analisados quanto à probabilidade de ocorrência e ao impacto que ele poderá ter sobre o projeto (**Análise de Probabilidade e Impacto dos Riscos**), seja ele positivo ou negativo. Isso pode ocorrer por meio de reuniões ou entrevistas com as partes interessadas. Riscos com baixa probabilidade e baixo impacto deverão ser incluídos em uma lista de observação, e revistos periodicamente.

A **Matriz de Probabilidade e Impacto** que consta no **PGRI (Plano de Gerenciamento dos Riscos)** será utilizada para definir quais são os valores específicos para cada risco.

É muito importante que os dados que serão utilizados para a análise dos riscos tenham qualidade e confiabilidade. Para tal, a **Opinião Especializada** pode ser uma ótima alternativa.

6.17. PRINCIPAIS SAÍDAS

As informações que resultarão desse processo são incluídas no próprio **RR (Registro dos Riscos)**. Pode ser necessário ainda revisar as premissas do projeto, que na proposta *EasyBOK* estão registradas na **EEP (Especificação do Escopo do Projeto)**.

Segue modelo proposto pela estratégia *EasyBOK*:

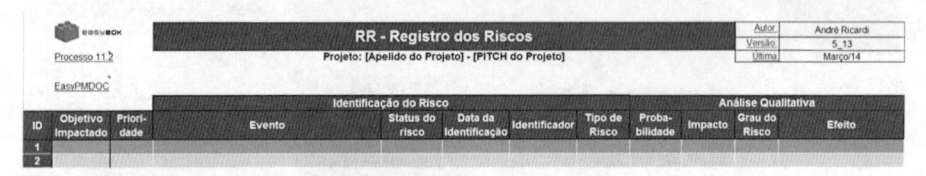

FIGURA 6.11. Exemplo do RR (Registro dos Riscos) após análise qualitativa.

6.18. USANDO O PROJETO-EXEMPLO

Informalmente, poderíamos dizer que o maior risco de um projeto como o *EasyHome* é a separação do casal. Não, isso não é brincadeira. Se as coisas forem mal definidas, e os riscos não forem avaliados com seriedade, o conflito pode transformar a vida do casal e da família em um cenário de terror. Outro risco seriíssimo é o fato de os valores do orçamento sofrerem mudanças para maior que inviabilizem a capacidade de investimento da família. Provavelmente você gastará mais do que o previsto. Pergunte para os seus amigos que já passaram por isso.

ID	Objetivo Impactado	Priori-dade	Identificação do Risco					Análise Qualitativa			
			Evento	Status do risco	Data da Identificação	Identificador	Tipo de Risco	Proba-bilidade	Impacto	Grau do Risco	Efeito
1	Escopo		Família Souza resolveu mudar a planta aprovada.	Identificado	12/01/2014	Arquiteto	Ameaça	50%	60%	30%	Replanejamento de acordo com as mudanças solicitadas
2	Tempo		Atraso na emissão do alvará da prefeitura.	Identificado	12/01/2014	Pedro	Ameaça	20%	80%	16%	Atraso no cronograma.
3	Custo		Orçamento não foi suficiente para atender aos imprevistos	Identificado	12/01/2014	Olga	Ameaça	5%	20%	1%	Necessidade de provisionar recursos financeiros ou diminuir o escopo do produto.
4	Tempo		Chover menos do que a média prevista para o período	Identificado	12/01/2014	Mestre de obra	Oportunidade	30%	10%	3%	Cronograma do projeto acontecer antes do prazo previsto inicialmente.

FIGURA 6.12. *EasyHome* – RR (Registro dos Riscos) após análise qualitativa.

6.19. PRATICANDO NO SEU PROJETO

Agora atualize o documento **RR** da planilha *EasyPMDOC* e inclua as informações relacionadas à análise qualitativa dos riscos, utilizadas para o seu projeto. Se tiver dúvida, consulte-nos pelo *e-mail* easybok@easybok.com.br.

PROCESSO DE ANÁLISE QUANTITATIVA DOS RISCOS

Entradas
- Plano de Gerenciamento dos Riscos
- Plano de Gerenciamento dos Custos
- Plano de Gerenciamento do Cronograma
- Registro dos Riscos
- *Fatores ambientais da empresa*
- *Ativos de processos organizacionais*

Ferramentas e Técnicas
- Técnicas de coleta e apresentação de dados
- Técnicas de modelagem e análise quantitativa dos riscos
- Opinião Especializada

Saídas
- Atualizações nos documentos do projeto

FIGURA 6.13. Processo 11.4 | Realizar a Análise Quantitativa dos Riscos

6.20. POR QUE UTILIZÁ-LO?

Para que você possa quantificar o efeito dos riscos identificados no projeto. Para projetos mais complexos, ou alguns riscos que têm alto impacto no projeto, e que foram priorizados na análise qualitativa do processo anterior, uma análise quantitativa irá possibilitar a tomada consistente de decisões, até mesmo permitindo que se identifique a inviabilidade de um projeto antes que ele se transforme em um grande problema. Analise o efeito agregado dos riscos no projeto.

6.21. QUEM DEVE PARTICIPAR?

O **Gerente** e a **Equipe de Gerenciamento do Projeto**. Outras partes interessadas podem ser convidadas ou convocadas, de acordo com a necessidade. Consulte especialistas em gestão de riscos para projetos caso não tenha conhecimento suficiente a respeito.

6.22. QUAIS OS PRINCIPAIS CUIDADOS A TOMAR?

Os dados de entrada que serão utilizados precisam ser confiáveis. Se você não confia nessas informações, então não utilize análise quantitativa, pois ela poderá criar uma falsa segurança a respeito das situações de risco do projeto.

Não caia na tentação de utilizar análise quantitativa para projetos de baixa complexidade ou com riscos que não têm grande impacto no projeto. Pode ser que a análise qualitativa seja suficiente para o gerenciamento seguro do projeto.

Não tente utilizar análise quantitativa se não entende bem como e por que fazê-lo.

6.23. PRINCIPAIS DOCUMENTOS RELACIONADOS AO PROCESSO

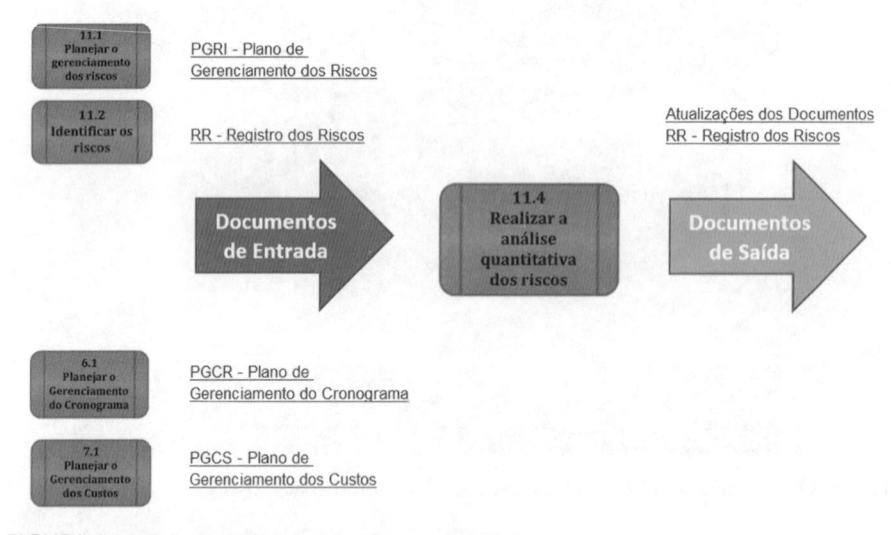

11.4 - Realizar a Análise Quantitativa dos Riscos

FIGURA 6.14. Principais documentos do processo 11.4.

6.24. PRINCIPAIS ENTRADAS

O **PGRI (Plano de Gerenciamento dos Riscos)** contém as definições de como este processo será realizado, os responsáveis pela execução de determinadas atividades e quais os métodos e ferramentas que serão utilizados.

O **PGCS (Plano de Gerenciamentos dos Custos)** e o **PGCR (Plano de Gerenciamento do Cronograma)** fornecem diretrizes de como as reservas de riscos serão gerenciadas.

O **RR (Registro dos Riscos)** é entrada e saída para este processo.

6.25. PRINCIPAIS FERRAMENTAS E TÉCNICAS

Entrevistas podem ser utilizadas para coletar dados que servirão de base para os cálculos relacionados à análise quantitativa dos riscos. Os dados necessários dependem do tipo de análise que foi escolhido. Não vamos nos aprofundar nesses métodos, pois eles são bem explorados no Guia PMBOK® e em outras publicações específicas. Para grande parte dos projetos, você provavelmente utilizará estimativas de três pontos, e para tal precisará levantar, junto às partes interessadas, as estimativas otimista, mais provável, e pessimista para custo e prazo das atividades, considerando a opinião dos entrevistados ou informações históricas de outros projetos semelhantes.

Também é muito utilizada a **Análise do Valor Monetário Esperado (VME)**, que calcula o resultado a ser esperado considerando possíveis cenários. O VME é calculado multiplicando o valor do resultado de cada cenário pela probabilidade de ele ocorrer, somando-se os resultados para todos os cenários. A Figura 6.15 apresenta uma árvore de decisão, que é uma das técnicas utilizadas para cálculo do VME.

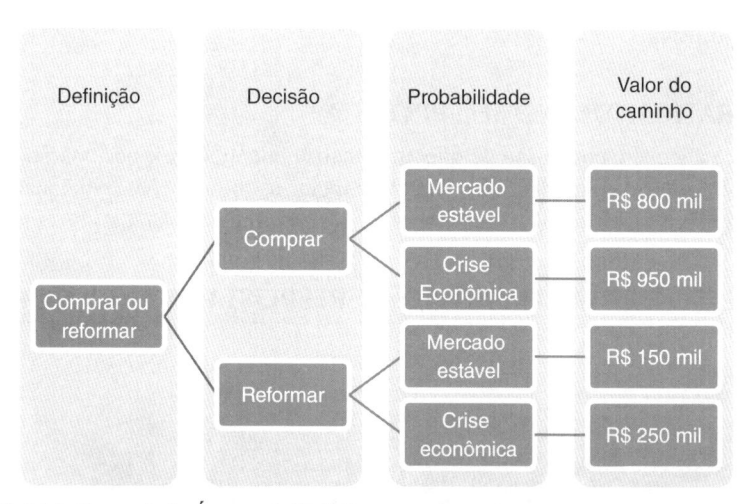

FIGURA 6.15. Exemplo de Árvore de Decisão.

Consulte o Guia PMBOK® e outras publicações sobre **Análise de Monte Carlo**, relacionada a técnicas de simulação.

6.26. PRINCIPAIS SAÍDAS

Este processo poderá atualizar documentos já existentes, como o **RR (Registro dos Riscos)** e criar novos documentos que contenham informações importantes sobre o resultado da análise quantitativa dos riscos do projeto, tais como:

- Estimativas das possíveis datas de término e os custos totais do projeto, considerando a sua exposição aos riscos analisados quantitativamente;
- Probabilidade de atingir os objetivos de custo e tempo do projeto;

- Lista priorizada dos riscos que foram quantificados e que têm maior impacto sobre o projeto;
- Tendências com base nos resultados apurados.

Estas informações podem levar à conclusão de que o custo-benefício do projeto não é aceitável pelas partes interessadas, e pode provocar o cancelamento do projeto.

Segue modelo proposto pela estratégia *EasyBOK*:

			Identificação do Risco				Análise Qualitativa				
ID	Objetivo Impactado	Priori-dade	Evento	Status do risco	Data da Identificação	Identificador	Tipo de Risco	Proba-bilidade	Impacto	Grau do Risco	Efeito
1	Escopo	2	Família Souza resolveu mudar a planta aprovada.	Identificado	12/01/2014	Arquiteto	Ameaça	40%	50%	20%	Replanejamento de acordo com as mudanças solicitadas.
2	Tempo	1	Atraso na emissão do alvará da prefeitura.	Identificado	12/01/2014	Pedro	Ameaça	10%	60%	6%	Atraso no cronograma.
3	Custo	3	Orçamento não foi suficiente para atender aos imprevistos.	Identificado	12/01/2014	Olga	Ameaça	5%	20%	1%	Necessidade de provisionar recursos financeiros ou diminuir o escopo do produto.
4	Tempo	4	Chover menos do que a mídia prevista para o período	Identificado	12/01/2014	Mestre de obra	Oportunidade	30%	10%	3%	Cronograma do projeto acontecer antes do prazo previsto inicialmente.

FIGURA 6.16. Exemplo do RR (Registro dos Riscos) após análise quantitativa.

6.27. USANDO O PROJETO-EXEMPLO

Não utilizaremos este processo para o projeto-exemplo, pois a complexidade do projeto não justifica.

6.28. PRATICANDO NO SEU PROJETO

Caso você chegue à conclusão de que uma análise quantitativa é necessária, atualize o documento **RR** da planilha *EasyPMDOC* e inclua as informações relacionadas para o seu projeto. Se tiver dúvida, consulte-nos pelo *e-mail* easybok@easybok.com.br.

PROCESSO DE PLANEJAMENTO DE RESPOSTAS AOS RISCOS

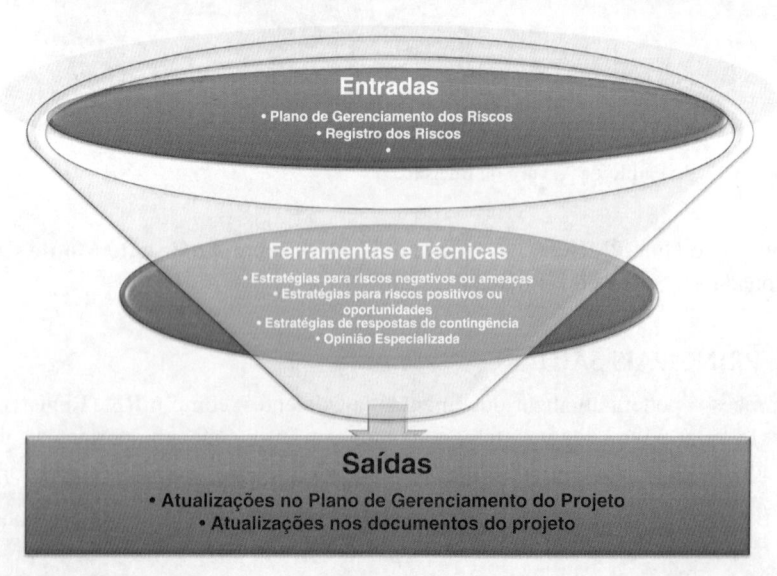

FIGURA 6.17. Processo 11.5 | Planejar as Respostas aos Riscos.

6.29. POR QUE UTILIZÁ-LO?

Para definir como serão as respostas aos riscos que foram identificados e analisados durante os processos anteriores. É importante que essas respostas sejam adequadas às necessidades do projeto, e também ao momento; isso significa que as respostas podem ser modificadas de acordo com o andamento do projeto, tendo em vista que as necessidades, a probabilidade, o impacto e as demais condições relacionadas ao risco podem mudar.

6.30. QUEM DEVE PARTICIPAR?

O **Gerente** e a **Equipe de Gerenciamento do Projeto**. Outras partes interessadas podem ser convidadas ou convocadas, de acordo com a necessidade. Se o gerente e a equipe não conhecerem bem as condições associadas ao risco, uma **Opinião Especializada** deve ser utilizada, para que a resposta tenha o efeito necessário ao projeto.

6.31. QUAIS OS PRINCIPAIS CUIDADOS A TOMAR?

É preciso que os riscos sejam identificados, analisados, e as respostas sejam refletidas em alterações no cronograma e no orçamento do projeto. A resposta ao risco pode ser consistente, mas se para ela não estiverem previstos tempo e dinheiro suficientes, então ficará somente no papel.

O responsável pelo risco deve estar definido, seja associado a cada risco, a uma categoria, a entregas específicas, ou mesmo a fases do projeto. O que não pode é existir todo o planejamento a respeito sem que as respostas sejam de fato executadas e monitoradas.

Ainda, pode haver mais de uma resposta possível e planejada para o mesmo risco. Então será necessário definir qual será utilizada, e em que condições.

As respostas ao risco podem estar associadas à prevenção, ao momento em que o evento está acontecendo, ou posteriormente. Observe na Figura 6.18 que existem situações em que é possível agir antes, durante e/ou depois do evento. Nesse caso, cabe analisar quais as respostas mais adequadas e com mais chance de sucesso, de acordo com uma análise oportuna do evento de risco.

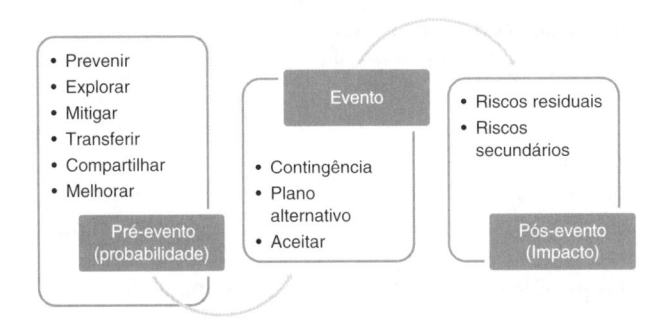

FIGURA 6.18. Respostas aos Riscos na Linha do Tempo.

As estratégias listadas nessa linha do tempo não necessariamente ocorreriam sempre antes, durante ou depois do evento. A Figura 6.18 ilustra que você pode ter impactos e respostas diferentes para o mesmo evento.

6.32. PRINCIPAIS DOCUMENTOS RELACIONADOS AO PROCESSO

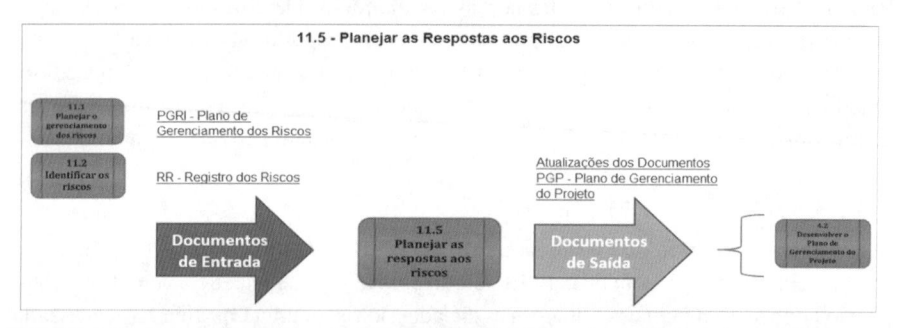

FIGURA 6.19. Principais documentos do processo 11.5 | Planejar as Respostas aos Riscos.

6.33. PRINCIPAIS ENTRADAS

O **PGRI (Plano de Gerenciamento dos Riscos)** contém informações importantes relacionadas ao planejamento de respostas aos riscos, tais como papéis e responsabilidades, parâmetros, periodicidade das revisões dos riscos e tipos de respostas a serem utilizadas.

O **RR (Registro dos Riscos)** é entrada e saída para esse processo.

Além disso, deve-se utilizar qualquer documento ou envolver qualquer pessoa que forneça informações associadas aos riscos.

6.34. PRINCIPAIS FERRAMENTAS E TÉCNICAS

A resposta ao risco pode contemplar uma ou mais estratégias, dependendo do cenário que se apresenta. As árvores de decisão podem ser utilizadas como ferramenta para a definição da resposta mais adequada.

As **Estratégias para Riscos Negativos ou Ameaças** são:

- **Prevenir:** a equipe do projeto age para eliminar a ameaça, tentando levar a zero a probabilidade de ocorrência do risco.
- **Transferir:** a equipe do projeto passa para terceiros o impacto e/ou a responsabilidade pela resposta ao risco.
- **Mitigar:** a equipe do projeto age para reduzir a probabilidade e/ou o impacto do risco no projeto.
- **Aceitar:** quando não existe uma resposta possível, ou quando a resposta não tem um custo-benefício favorável, ou quando o impacto no projeto é pequeno.

As **Estratégias para Riscos Positivos ou Oportunidades** são:

- **Explorar:** a equipe do projeto age para aumentar as chances de acontecer, tentando levar a 100% a probabilidade de ocorrência do risco.
- **Compartilhar:** a equipe do projeto passa para terceiros a responsabilidade pela resposta ao risco, considerando que estes têm melhores condições de tratar da oportunidade.

- **Melhorar:** a equipe do projeto age para aumentar a probabilidade e/ou o impacto do risco no projeto.
- **Aceitar:** existe disposição em aceitar o evento se ele ocorrer, porém nada é feito a respeito.

Existem ainda as **Estratégias de Respostas de Contingências**, que estão associadas à ocorrência de certos eventos, ou seja, estão condicionadas à ocorrência de determinado fato que não o evento de risco em si. A ação a ser adotada pode ser chamada de plano de contingência ou plano alternativo.

A seguir, a visão geral de todas as estratégias mais utilizadas para riscos negativos e positivos.

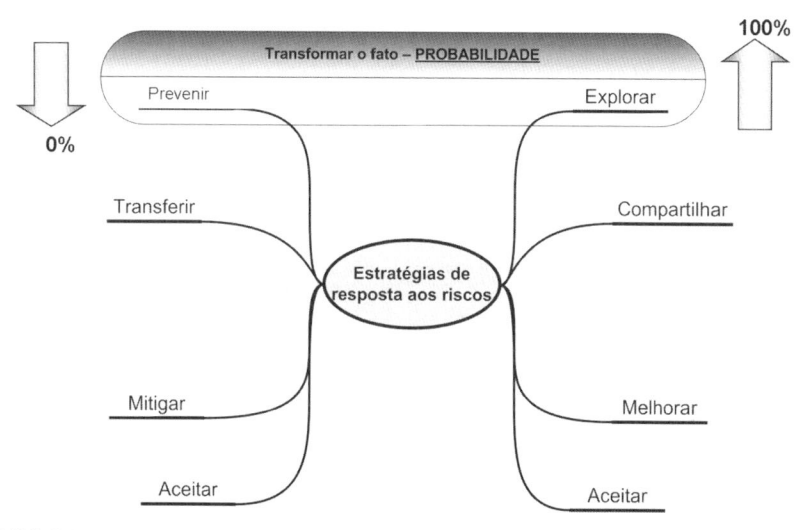

FIGURA 6.20. Estratégias que atuam na probabilidade.

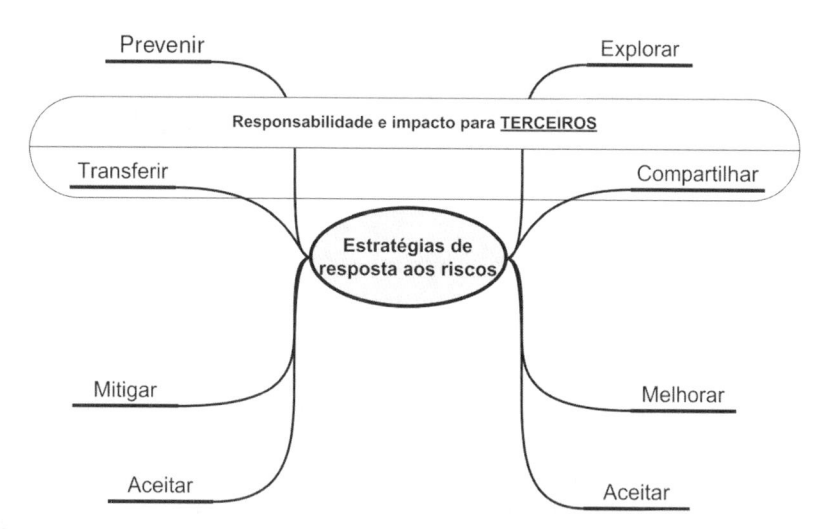

FIGURA 6.21. Estratégias que atuam no impacto e/ou envolvem terceiros.

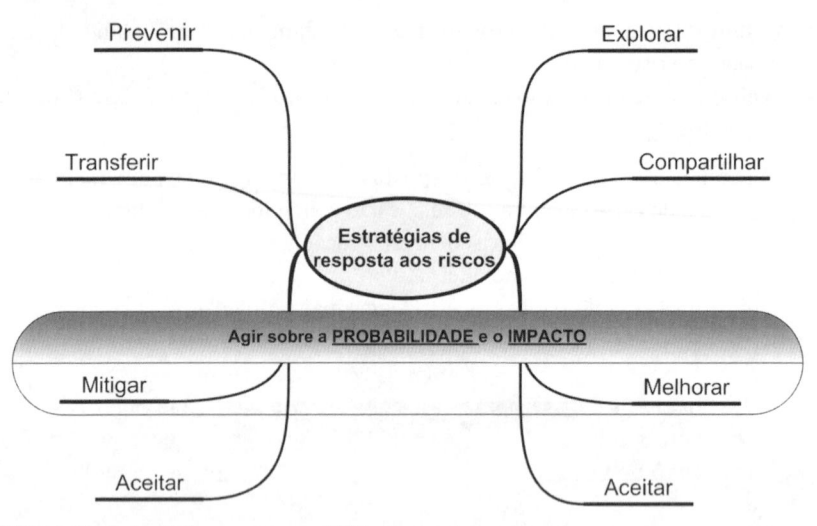

FIGURA 6.22. Estratégias para probabilidade e/ou impacto.

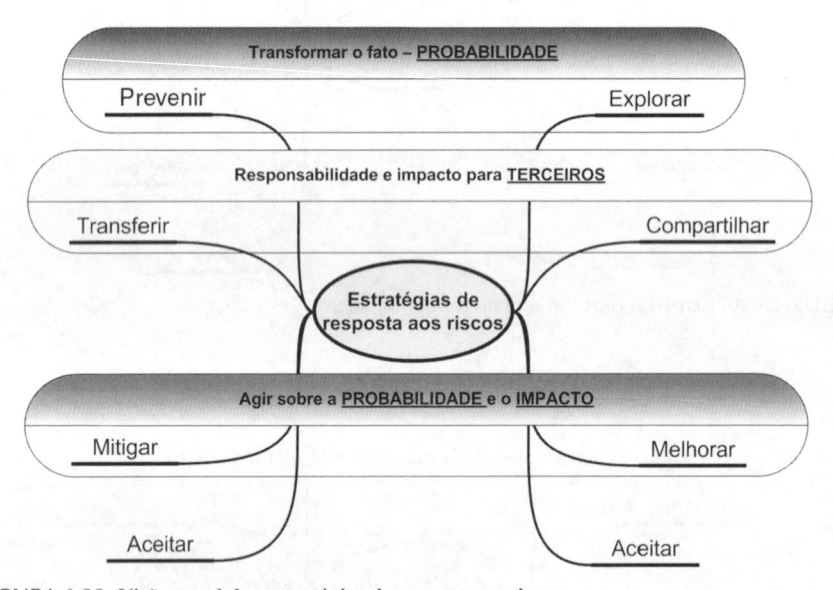

FIGURA 6.23. Visão geral das estratégias de respostas a riscos.

6.35. PRINCIPAIS SAÍDAS

Como consequência das respostas adotadas para os riscos, poderão ser atualizados o **PGCR (Plano de Gerenciamento do Cronograma)**, o **PGCS (Plano de Gerenciamento dos Custos)**, o **PGQ (Plano de Gerenciamento da Qualidade)**, o **PGA (Plano de Gerenciamento das Aquisições)** e o **PGRH (Plano de Gerenciamento dos Recursos Humanos)**, além das três **linhas de base**: escopo, cronograma e custos.

As respostas aos riscos serão documentadas no **RR (Registro dos Riscos)**.
É necessário analisar o impacto das respostas aos riscos em todos os documentos do projeto, principalmente os relacionados ao planejamento.
Segue modelo proposto pela estratégia *EasyBOK*:

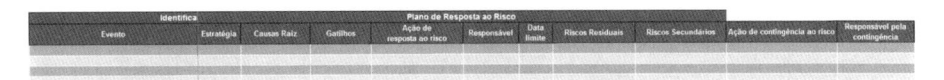

FIGURA 6.24. Exemplo do RR (Registro dos Riscos) atualizado.

6.36. USANDO O PROJETO-EXEMPLO

As respostas aos riscos do *EasyHome* são simples, porém muito importantes. Muitas vezes um risco que representa um aumento significativo do orçamento de um projeto grande e complexo pode ser absorvido pela organização responsável, pois provavelmente ela tem alta capacidade para investimento e absorção de custos imprevistos. Imagine que para empresas pequenas, e no caso uma família, o orçamento é restrito, e a capacidade de a empresa ou de a família absorver aumentos nos custos pode ser mínima, o que pode inviabilizar o projeto.

> **Lembre-se:** Riscos são inerentes aos projetos. Você dificilmente irá acertar tudo no seu planejamento. Portanto, não se preocupar com isso é um grande erro.

| | Objetivo Impactado | Priori-dade | Identifica | | | | Plano de Resposta ao Risco | | | | | |
ID			Evento	Estratégia	Causas Raiz	Gatilhos	Ação de resposta ao risco	Responsável	Data limite	Riscos Residuais	Riscos Secundários
1	Escopo	2	Família Souza resolveu mudar a planta aprovada	Prevenir	Escopo mal definido	Clientes insatisfeitos	Agendar reuniões	Arquiteto		Outras alterações independentemente da vontade das pessoas envolvidas	Conflito potencial entre as partes
2	Tempo	1	Atraso na emissão do alvará da prefeitura	Mitigar	Atraso no processo da prefeitura	Greve dos funcionários municipais	Acompanhar o processo	Arquiteto	15/02/2014	Outros impedimentos	Conflito com os funcionários da prefeitura
3	Custo	3	Orçamento não foi suficiente para atender aos imprevistos	Prevenir	Falha no planejamento	Fluxo de caixa negativo	Replanejamento	Pedro		Aumento de preço dos materiais	Necessidade de financiamento externo
4	Tempo	4	Chover menos do que a média prevista para o período	Aceitar	Tempo seco	Previsões do tempo	Não há	Pedro		Não há	Falta de água

FIGURA 6.25. *EasyHome* – RR (Registro dos Riscos).

6.37. PRATICANDO NO SEU PROJETO

Agora atualize o documento **RR** da planilha *EasyPMDOC* e inclua as informações de resposta aos riscos, utilizados para o seu projeto. Se tiver dúvida, consulte-nos pelo *e-mail* easybok@easybok.com.br.

PROCESSO DE PLANEJAMENTO DO GERENCIAMENTO DA QUALIDADE

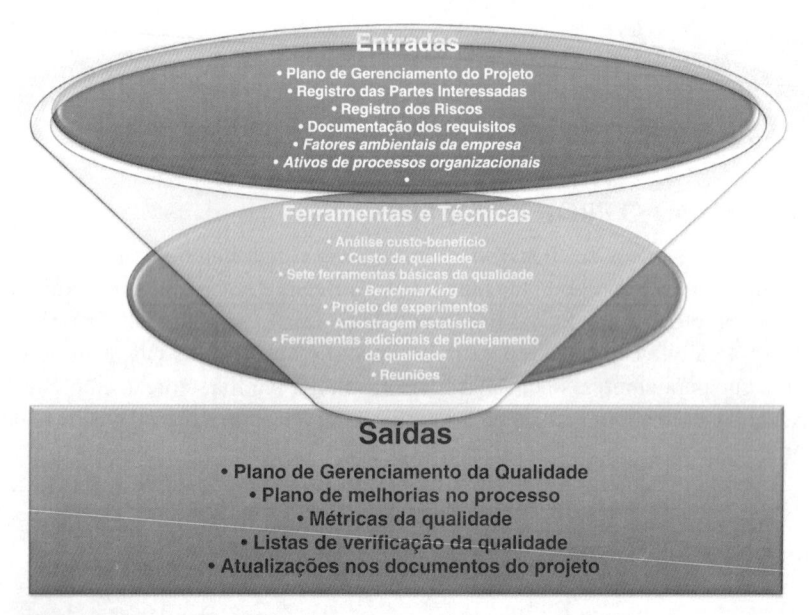

Entradas
• Plano de Gerenciamento do Projeto
• Registro das Partes Interessadas
• Registro dos Riscos
• Documentação dos requisitos
• *Fatores ambientais da empresa*
• *Ativos de processos organizacionais*

Ferramentas e Técnicas
• Análise custo-benefício
• Custo da qualidade
• Sete ferramentas básicas da qualidade
• *Benchmarking*
• Projeto de experimentos
• Amostragem estatística
• Ferramentas adicionais de planejamento da qualidade
• Reuniões

Saídas
• Plano de Gerenciamento da Qualidade
• Plano de melhorias no processo
• Métricas da qualidade
• Listas de verificação da qualidade
• Atualizações nos documentos do projeto

FIGURA 6.26. Processo 8.1 | Planejar o Gerenciamento da Qualidade

6.38. POR QUE UTILIZÁ-LO?

Defina o que é qualidade? Você pode ser um especialista no assunto, e mesmo assim ter uma definição diferente de outro especialista, como acontece com diversos conceitos de mercado nas mais diversas áreas.

Os seres humanos têm referências e exigências diferentes quanto à qualidade. Você já ouviu falar que: "O feio parece bonito a quem ama"? Afinal, como definir o que é feio ou bonito?

O fato é que, não definir parâmetros de qualidade acordados entre as partes interessadas é um risco muito grande, quando se fala de projetos. Planejar como isso será feito é básico e essencial.

> **Lembre-se da nossa viagem:** Pergunte para o seu cônjuge ou um amigo o que ele achou da última viagem surpresa que você organizou, e para a qual você não perguntou quais eram suas expectativas. Provavelmente ouvirá críticas sobre aspectos que não havia previsto; depois não adianta achar que a crítica foi injusta, se você não perguntou antes...

6.39. QUEM DEVE PARTICIPAR?

O **Gerente** e a **Equipe de Gerenciamento do Projeto**. Outras partes interessadas podem ser convidadas ou convocadas, de acordo com a necessidade. Se você tem um departamento de qualidade na sua empresa ou, se for o caso, na empresa-cliente, envolva nesse planejamento os profissionais que irão se relacionar direta ou indiretamente com o seu projeto.

6.40. QUAIS OS PRINCIPAIS CUIDADOS A TOMAR?

Como já dissemos, os projetos têm necessidades específicas relacionadas à qualidade, assim como determinadas áreas de negócios também. A sua primeira preocupação é levantar e documentar quais são as diretrizes da qualidade às quais seu projeto está submetido; elas serão a base para um planejamento consistente para seu gerenciamento.

O segundo passo é levantar junto aos envolvidos quais são suas necessidades, expectativas e parâmetros de avaliação e aceitação das entregas do projeto, bem como de sua execução.

> Documente tudo isso e formalize como se dará o processo de validação. Agindo desta forma, você evitará comentários vazios, que costumam acontecer sempre que alguém percebe que esqueceu de pedir algo ou que o projeto poderá prejudicá-lo de alguma forma.

Gerenciando adequadamente essa situação você terá como provar que tudo está ocorrendo conforme solicitado e planejado.

Livre-se de situações de pressão agindo com profissionalismo e tendo a postura adequada, documentando absolutamente tudo. Pense no que pode fazer a esse respeito!

6.41. PRINCIPAIS DOCUMENTOS RELACIONADOS AO PROCESSO

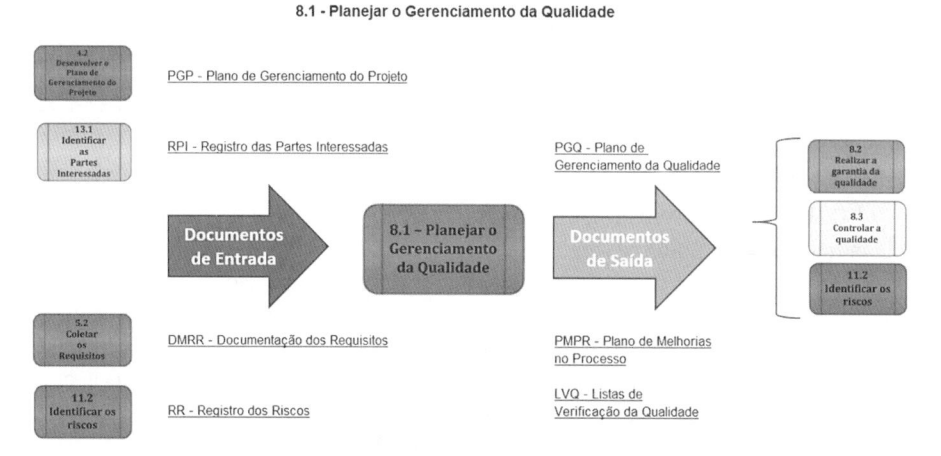

FIGURA 6.27. Principais documentos do processo 8.1.

6.42. PRINCIPAIS ENTRADAS

Você deve considerar como entrada para esse processo o **PGP (Plano de Gerenciamento do Projeto)** e todos os seus planos auxiliares, pois todas as áreas podem necessitar de planejamento relacionado à qualidade.

O **RPI (Registro das Partes Interessadas)** e o **RR (Registro dos Riscos)** também são entradas importantes desse processo, pois é preciso identificar e entender quem são os envolvidos, bem como quais são os riscos a que o projeto está exposto.

6.43. PRINCIPAIS FERRAMENTAS E TÉCNICAS

A **Análise de Custo-Benefício** é uma técnica importante para esse processo, pois o planejamento da qualidade deve considerar o que popularmente chamamos de: "o ótimo é inimigo do bom"; ou seja, nem todos os projetos precisam ter qualidade máxima. Na maioria das vezes não precisam.

O **Custo da Qualidade** deve considerar prevenção, avaliação, falhas internas e externas.

São citadas no Guia PMBOK® as **Sete Ferramentas Básicas da Qualidade**, que são:

1. Diagramas de causa e efeito.
2. Fluxogramas.
3. Planilhas de verificação.
4. Diagramas de Pareto.
5. Histogramas.
6. Gráficos de controle.
7. Diagramas de dispersão.

Consulte o Guia PMBOK® e outras referências para se aprofundar no assunto, e lembre-se de que qualidade está relacionada diretamente com a área de aplicação ou de negócios do projeto, porém também depende, e muito, dos envolvidos e de suas expectativas. Não se esqueça: a coleta de requisitos é um passo importantíssimo para que você atenda às expectativas das partes interessadas com relação à qualidade.

6.44. PRINCIPAIS SAÍDAS

O **PGQ (Plano de Gerenciamento da Qualidade)** é a principal saída desse processo. Ele define como serão utilizadas nesse projeto as políticas de qualidade da organização, se elas existirem. Ainda, como a equipe de gerenciamento do projeto irá atender aos requisitos da qualidade. Nossa sugestão é que você inclua nesse documento as **Métricas da Qualidade**, que têm uma dependência muito grande da área a qual o projeto está associado. A medição da qualidade não pode ser subjetiva, pois neste caso será uma fonte potencial de conflitos e de ineficiência do projeto.

Segue modelo proposto pela estratégia *EasyBOK*:

PGQ - Plano de Gerenciamento da Qualidade

Projeto: [Apelido do Projeto] - [PITCH do Projeto]

Plano Auxiliar do Plano de Gerenciamento do Projeto

1. Metodologia

   Abordagem, ferramentas e fontes de dados que serão utilizadas para gerenciar a qualidade do Projeto

2. Processos relacionados ao gerenciamento da qualidade do Projeto

   Detalhar todos os processos de gerenciamento da qualidade que considerar necessário para o Projeto. Recomendamos utilizar recursos gráficos para representar os processos, caso necessário.

3. Expectativas e tolerâncias revisadas das partes interessadas

   É muito importante alinhar expectativas e tolerâncias com as partes interessadas, que sejam específicas e relacionadas à qualidade das entregas, ciclo de vida do projeto e todas as atividades relacionadas. Faça isso através de premissas, requisitos de qualidade, métricas, checklists (listas de verificação) e engajamento.

4. Formato de relatórios

   Se preferir centralize todos os formatos de relatórios no Plano de Gerenciamento de Comunicações.

5. Auditoria e rastreabilidade

   Documente como as atividades de auditoria serão registradas, bem como para necessidades futuras e lições aprendidas, e também se os processos de gerenciamento da qualidade serão auditados e de que forma.

FIGURA 6.28. Exemplo de PGQ (Plano de Gerenciamento da Qualidade).

Outra saída é o **PMPR (Plano de Melhorias no Processo)**, documento que irá definir limites, configuração, métricas e metas para melhoria dos processos.

É comum as pessoas justificarem que estão fazendo algo "porque está definido no processo". Também é comum alguns colegas afirmarem que estão executando algo "porque está escrito no Guia PMBOK® que tem de ser feito assim". Isso é um grande erro, pois o próprio Guia diz que os processos devem ser adaptados de acordo com as necessidades do projeto. Assim, não faça algo apenas porque está escrito que deve ser feito daquele modo, seja lá o que for.

Analise se isso está agregando valor ao projeto e à organização, e se não existem oportunidades de melhorias. Não ligue o piloto automático, nunca.

Segue modelo proposto pela estratégia *EasyBOK:*

PMPR - Plano de Melhorias no Processo

Projeto: [Apelido do Projeto] - [PITCH do Projeto]

Plano Auxiliar do Plano de Gerenciamento do Projeto

1. Limites do processo

   Detalha todas as principais informações relacionadas aos processos de gerenciamento do projeto, tais como: finalidade, início e fim, entradas e saídas, responsável e partes interessadas relacionadas.

2. Configuração do processo

   Representar graficamente os processos.

3. Métricas do processo

   Quais as métricas que serão utilizadas para medir o desempenho dos processos.

4. Metas para melhoria do desempenho

   É importante definir metas a serem atingidas, para que de fato se possa medir se a abordagem adotada está surtindo o efeito desejado e necessário.

FIGURA 6.29. Exemplo de PMPR (Plano de Melhorias no Processo).

6.45. USANDO O PROJETO-EXEMPLO

A qualidade em projetos pequenos e de menor complexidade tem uma dependência ainda maior das partes interessadas, pois muitas vezes não existem normas internas ou técnicas que pressionem ou determinem o que deve ser atendido de forma mais contundente do que a "vontade do patrocinador". Neste caso, pensando em uma família, certamente a vontade e os desejos dos familiares são as principais referências e diretrizes para o planejamento adequado da qualidade.

> A relação familiar é fator determinante para o sucesso do *EasyHome*. Da mesma forma, se você está trabalhando com projetos em empresas pequenas, familiares ou não, considere que a tendência a confiar no óbvio é maior para os participantes. Provavelmente nesse tipo de ambiente o seu patrocinador e o seu cliente vão acreditar que você tem *poderes paranormais* para ler os seus pensamentos e desejos, e que eles são evidentes. Mostre a eles que reivindicar ou reclamar somente na validação ou na entrega dos resultados pode ser catastrófico, pois certamente neste caso haverá impacto no tempo e no orçamento do projeto. Eles precisam estar engajados e atentos em detalhar quais são suas expectativas, e em documentar tudo isso no processo de coleta dos requisitos.

PGQ - Plano de Gerenciamento da Qualidade

Projeto: EasyHome - Reforma Sustentável de uma Casa

Plano Auxiliar do Plano de Gerenciamento do Projeto

1. Metodologia

   > A qualidade do projeto será gerenciada utilizando como principal referência os requisitos de qualidade do documento DMRR. Outra referência importante é o manual de construção sustentável, que compõe as referências de qualidade do projeto.

2. Processos relacionados ao gerenciamento da qualidade do Projeto

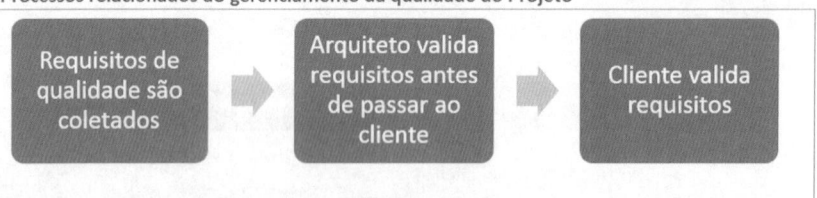

Requisitos de qualidade são coletados ▸ Arquiteto valida requisitos antes de passar ao cliente ▸ Cliente valida requisitos

3. Expectativas e tolerâncias revisadas das partes interessadas

   > É muito importante alinhar expectativas e tolerâncias com as partes interessadas, que sejam específicas e relacionadas à qualidade das entregas, ciclo de vida do projeto e todas as atividades relacionadas. Faça isso através de premissas, requisitos de qualidade, métricas, checklists (listas de verificação) e engajamento.

4. Formato de relatórios

   > Vide Plano de Gerenciamento de Comunicações.

5. Auditoria e rastreabilidade

   > Não se aplica.

FIGURA 6.30. *EasyHome* – PGQ (Plano de Gerenciamento da Qualidade).

A preocupação com a melhoria dos processos deve existir em qualquer projeto, por menor que ele pareça. Melhorar ou corrigir um processo que irá se repetir no futuro pode ter um resultado extremamente positivo em projetos de menor porte. Vale a pena estar atento e aplicar melhorias nos processos, sempre!

PMPR - Plano de Melhorias no Processo

Projeto: EasyHome - Reforma Sustentável de uma Casa

Plano Auxiliar do Plano de Gerenciamento do Projeto

1. Limites do processo

Os processos deste projeto terão como referência o Guia PMBOK 5ª edição. As adaptações constam nos documentos PGP - Plano de Gerenciamento do Projeto e no CR - Cronograma do Projeto.

2. Configuração do processo

A principal referência para a configuração do processo de gestão do projeto é o CR - Cronograma do Projeto, tendo que vista que todos os processos, tanto de gerenciamento como de execução do projeto constam no documento. Processos específicos de áreas específicas constam nos respectivos planos auxiliares.

3. Métricas do processo

Os processos serão comparados com outros projetos em que o arquiteto participou. Evidentemente que todos eles têm características de reforma sustentável, a fim de garantir que o benchmarking está utilizando referência adequada.

4. Metas para melhoria do desempenho

Não se aplica a este projeto, tendo em vista ser um projeto isolado e que não está sendo executado por uma empresa que irá repetir os processos em outras oportunidades.

FIGURA 6.31. *EasyHome* – **PMPR (Plano de Melhorias no Processo).**

6.46. PRATICANDO NO SEU PROJETO

Agora preencha o **PGQ** e o **PMPR** da planilha *EasyPMDOC*, utilizada para o seu projeto. Se tiver dúvida, consulte-nos pelo *e-mail* easybok@easybok.com.br.

PROCESSO DE CONDUÇÃO DAS AQUISIÇÕES

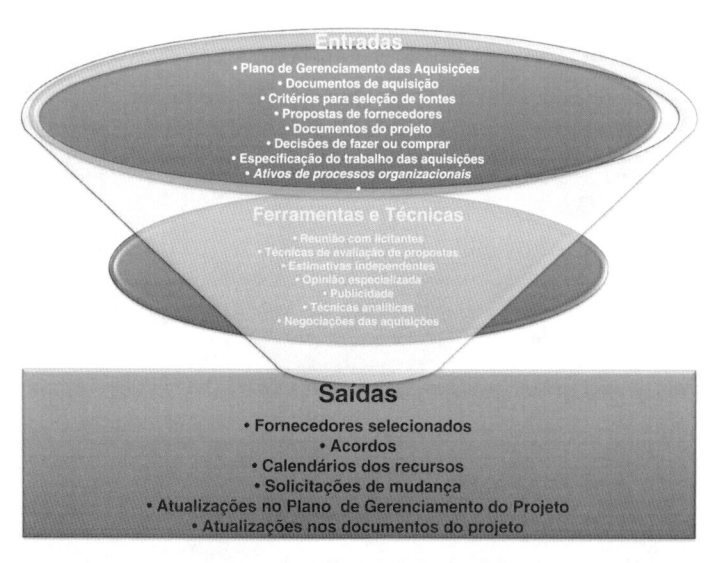

FIGURA 6.32. **Processo 12.2 | Conduzir as Aquisições**

6.47. POR QUE UTILIZÁ-LO?

Para que você aumente as chances de sucesso em seu projeto, selecionando e contratando fornecedores de acordo com o seu planejamento de aquisições.

6.48. QUEM DEVE PARTICIPAR?

O **Gerente** e a **Equipe de Gerenciamento do Projeto**. Outras partes interessadas podem ser convidadas ou convocadas, de acordo com a necessidade. Os candidatos a fornecedores certamente terão participação neste processo e, em alguns casos, eles podem até mesmo participar da elaboração do escopo do fornecimento, quando o contratante não tem domínio técnico sobre o que será produzido (desde que isso ocorra de forma transparente).

6.49. QUAIS OS PRINCIPAIS CUIDADOS A TOMAR?

Se a sua empresa possui um Departamento de Compras, é possível que ele seja responsável pela condução das aquisições, com base em informações fornecidas pela equipe do projeto. Em alguns grupos e conglomerados, muitas vezes, existem empresas terceirizadas que conduzem esse processo.

> Se este for o seu caso, fique atento e acompanhe de perto, pois você, como gerente do projeto, será responsável pelo seu sucesso, e posteriormente não adiantará citar erros no processo de aquisições como desculpa para possíveis problemas.
>
> Evite e previna em vez de corrigir ou buscar desculpas. **Lembre-se:** Motivos são diferentes de desculpas.
>
> O Guia PMBOK® diz que o gerente de projetos não deve ser o principal negociador nesse processo, mas isso não significa que você deve deixar de acompanhar tudo com muita atenção.

6.50. PRINCIPAIS DOCUMENTOS RELACIONADOS AO PROCESSO

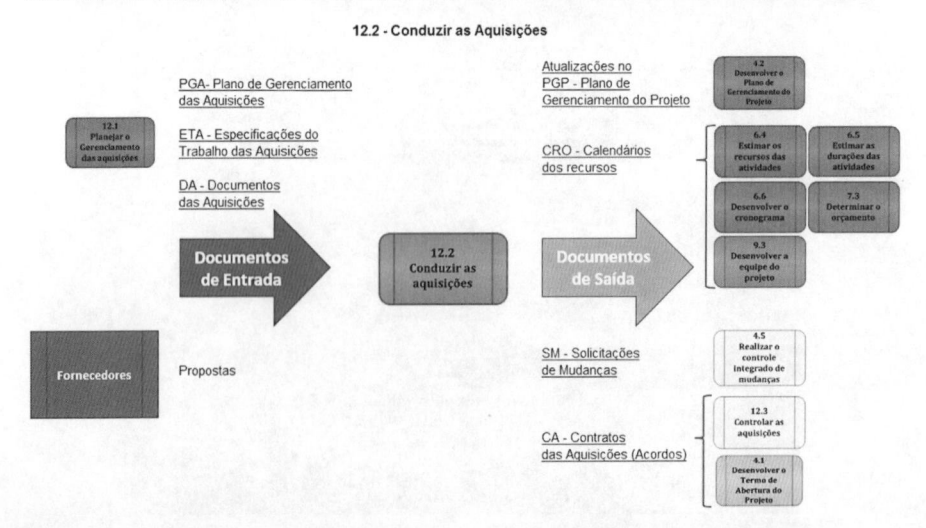

FIGURA 6.33. Principais documentos do processo 12.2.

6.51. PRINCIPAIS ENTRADAS

O **PGA (Plano de Gerenciamento das Aquisições)** é uma entrada essencial para esse processo, pois ele define como os processos de gerenciamento das aquisições irão ocorrer. Ele define, por exemplo, quais serão os **Critérios para Seleção de Fontes** a serem utilizados para analisar as **Propostas dos Fornecedores** relacionadas às entregas selecionadas para aquisição externa, de acordo com as **Decisões de Fazer ou Comprar** e o detalhamento da **ETA (Especificação do Trabalho das Aquisições)**.

Os **Documentos de Aquisição** necessários estão diretamente relacionados com as necessidades do projeto e com as características do que será adquirido. É muito importante utilizar os documentos adequados para cada situação.

Esse processo tem uma forte influência dos **Ativos de Processos Organizacionais**, considerando que os processos, documentos e técnicas de negociação podem estar predeterminados. Apesar de não citados no Guia PMBOK®, entender e analisar os **Fatores Ambientais da Empresa** é essencial para o sucesso desse processo, pois eles são uma referência importante para a condução das negociações entre as partes.

6.52. PRINCIPAIS FERRAMENTAS E TÉCNICAS

Das **Reuniões com Licitantes** participam o contratante e todos os fornecedores em potencial pré-selecionados, a fim de esclarecer dúvidas e propiciar o entendimento consistente da entrega e/ou serviço a serem contratados. É importante garantir que todos tenham as mesmas chances e condições, e que não exista qualquer tipo de tratamento diferenciado.

As **Técnicas de Avaliação de Propostas** dependem muito do tipo de aquisição e do planejamento.

> Faça sempre uma análise das técnicas utilizadas corriqueiramente em sua empresa e em seu ambiente, de forma a garantir que não está repetindo processos e utilizando técnicas de forma automática, sem pensar nas necessidades específicas do projeto.

Estimativas Independentes são uma forma de comparar os valores em referência com fontes que não participarão diretamente da negociação, ou seja, fontes de informações externas ao processo de aquisição, muitas vezes fora do ambiente das organizações envolvidas.

A condução competente das **Negociações das Aquisições** pode ser fator determinante para o sucesso ou o fracasso do projeto. Se você não tem experiência em negociações, ou no tipo de negociação associada ao projeto, procure **Opinião Especializada**, e utilize **Técnicas Analíticas** de acordo com as necessidades do projeto, a área de negócio o histórico dos fornecedores e as referências técnicas específicas da área, como Engenharia ou Tecnologia da Informação.

6.53. PRINCIPAIS SAÍDAS

Os **Fornecedores Selecionados** serão o principal resultado deste processo. Os **Acordos** ou **Contratos** serão formalizados, e os **Calendários dos Recursos** serão determinados para servir de referência ao planejamento de uma maneira geral. Poderão ser necessárias **SM (Solicitações de Mudança)**, **Atualizações no PGP (Plano de Gerenciamento do Projeto)** e **Atualizações nos Documentos do Projeto**.

Por existirem diversos modelos e formas de contratação, não adotaremos um modelo desses documentos para a estratégia *EasyBOK*.

> Para se aprofundar no assunto, consulte o livro *Gerenciamento das aquisições em projetos*, de Francisco Zuccato Junior, que é um dos volumes da Coleção *Grandes Especialistas Brasileiros*, da Elsevier.

6.54. USANDO O PROJETO-EXEMPLO

Com o objetivo de simplificar o entendimento do projeto *EasyHome*, também não será utilizado modelo de contratos para este assunto. Consulte a obra citada anteriormente.

6.55. PRATICANDO NO SEU PROJETO

Agora preencha os documentos de aquisições que você entende serem necessários ao seu projeto, consultando o livro de Zuccato e fontes específicas de sua área de negócios. Se tiver dúvida, consulte-nos pelo *e-mail* easybok@easybok.com.br.

PROCESSO DE DETERMINAÇÃO DO ORÇAMENTO

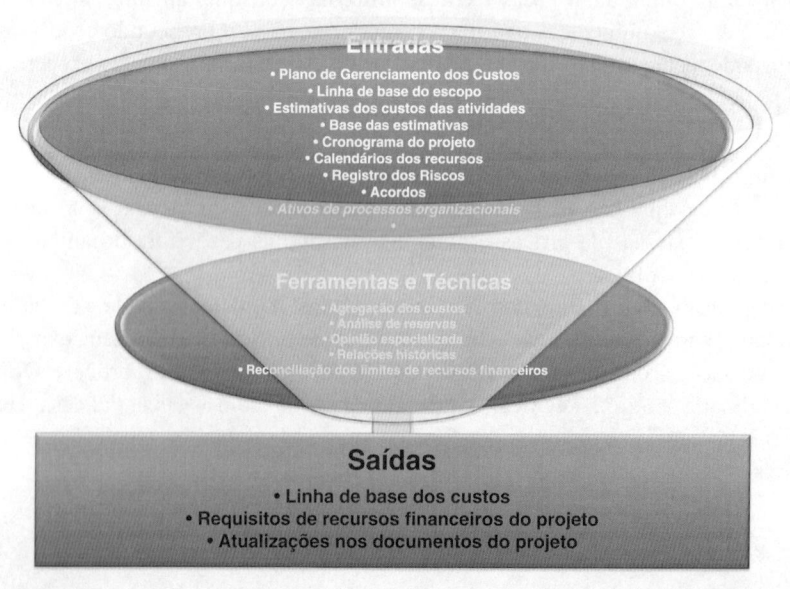

Entradas
- Plano de Gerenciamento dos Custos
- Linha de base do escopo
- Estimativas dos custos das atividades
- Base das estimativas
- Cronograma do projeto
- Calendários dos recursos
- Registro dos Riscos
- Acordos
- *Ativos de processos organizacionais*

Ferramentas e Técnicas
- Agregação dos custos
- Análise de reservas
- Opinião especializada
- Relações históricas
- Reconciliação dos limites de recursos financeiros

Saídas
- Linha de base dos custos
- Requisitos de recursos financeiros do projeto
- Atualizações nos documentos do projeto

FIGURA 6.34. Processo7.3 | Determinar o Orçamento.

6.56. POR QUE UTILIZÁ-LO?

Sem recursos financeiros não há como conduzir projetos, mesmo que eles sejam executados ou patrocinados por uma instituição sem fins lucrativos. É preciso determinar o valor do orçamento necessário para o êxito do projeto, com base nas entregas, no trabalho a ser realizado e nos riscos associados.

6.57. QUEM DEVE PARTICIPAR?

O **Gerente** e a **Equipe de Gerenciamento do Projeto**. Outras partes interessadas podem ser convidadas ou convocadas, de acordo com a necessidade, em especial o Departamento Financeiro de sua organização, se ele existir. Se você está contratando **Fornecedores** externos, ou mesmo internos, dependendo das necessidades do projeto, eles também deverão participar deste processo.

6.58. QUAIS OS PRINCIPAIS CUIDADOS A TOMAR?

Não apertar as atividades e as entregas para "caberem" no orçamento aprovado; é um dos erros mais comuns que se comete no mercado, como já foi citado anteriormente. Afinal, são raríssimas as ocasiões em que você não tem limite financeiro para investimento em seu projeto. Então, neste caso, é preciso provar que o orçamento aprovado não é suficiente para entregar o que está sendo solicitado, e neste caso há algumas alternativas:

- diminuir o escopo do produto e/ou do projeto;
- abrir mão de alguns requisitos ou atendê-los posteriormente;
- buscar fontes alternativas de recursos financeiros para complementar o orçamento necessário;
- abrir mão da qualidade (temeroso, mas possível);
- desenvolver o projeto em um prazo maior, aproveitando recursos internos (possível, mas pouco provável);
- entre outras.

> Não caia na tentação de aceitar um orçamento impossível de ser atendido, ou mesmo de abrir mão da qualidade para fechar o planejamento de um projeto, a não ser que as partes interessadas concordem. Note que a sugestão de ordem de processos da estratégia *EasyBOK* coloca este como o último processo de planejamento que *provavelmente* será executado. Isso se deve ao fato de que, por exemplo, não se deve fechar o orçamento sem definir quais os requisitos de qualidade que deverão ser atendidos, bem como quais serão as respostas aos riscos.

Se não houver dinheiro para gerenciar qualidade e riscos, isso não vai ser feito. Se isso não for feito, suas chances de sucesso serão cada vez menores.

Se não há orçamento aprovado e com valor suficiente para executar o projeto, deixe isso muito claro para todas as partes interessadas assim que perceber a situação, e formalize a concordância de todos. Não há milagre em gerenciamento de projetos, você já sabe!

6.59. PRINCIPAIS DOCUMENTOS RELACIONADOS AO PROCESSO

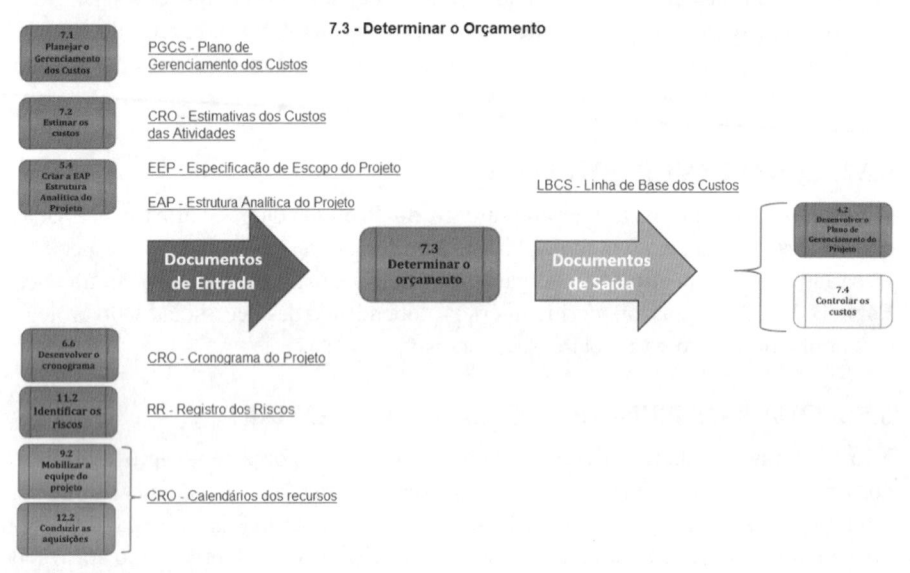

FIGURA 6.35. Principais documentos do processo 7.3.

6.60. PRINCIPAIS ENTRADAS

O **PGCS (Plano de Gerenciamento dos Custos)** define como os custos serão gerenciados, incluíndo a determinação do orçamento.

A **LBE (Linha de Base do Escopo)** contém tudo o que deve ser entregue, com possíveis restrições de quando e sob quais condições. Sem isso não é possível definir o quanto de dinheiro será necessário.

As **CRO-ECA (Estimativas de Custos das Atividades)** serão totalizadas para compor o orçamento do projeto, agregando com as reservas para contingências e as reservas gerenciais.

O **RR (Registro dos Riscos)** contém os valores associados ao custo das respostas aos riscos.

6.61. PRINCIPAIS FERRAMENTAS E TÉCNICAS

A **Agregação dos Custos** é a soma de todos os valores necessários para entregar cada componente da **EAP (Estrutura Analítica do Projeto)**, calculados no processo *Estimar os Custos*. É muito importante que seja feita uma **Análise de Reservas**, que envolve reservas de contingência (riscos identificados) e gerenciais.

Considere as experiências em projetos anteriores utilizando as **Relações Históricas**, ou seja, referências de valores estimados e/ou apurados em projetos anteriores similares, que podem ser utilizadas através de estimativas paramétricas ou análogas.

Além de calcular um orçamento realista, é essencial verificar se ele está adequado na linha do tempo do projeto, ou seja, se não há momentos do projeto que, de acordo com o planejamento, haverá um saldo negativo no caixa. Para tal, utilizamos a **Reconciliação dos Limites de Recursos Financeiros**.

> Provavelmente o seu projeto não terá uma entrada única de recursos financeiros no início, totalizando o valor final do orçamento. As entradas ocorrerão em momentos específicos, e é importante que você analise este fluxo de caixa comparando com as saídas. Talvez você tenha que ajustar o seu cronograma de forma a não ficar com saldo negativo em seu caixa, ou procurar fontes alternativas de recursos para atender o projeto em um prazo inflexível.

6.62. PRINCIPAIS SAÍDAS

Para quem está iniciando o uso das práticas do PMI®, é muito importante entender o que é a **CRO-ECA LBCS (Linha de Base dos Custos)**. Ela é a principal saída desse processo, e será utilizada para gerenciar o desempenho de uma das áreas mais críticas dos projetos: os custos. É possível que, se você atrasar o projeto, e esta não for a principal área a ser atendida, o impacto não seja tão grande, e as principais partes interessadas consigam aceitar. Entretanto, um desvio nos custos provavelmente irá causar inquietação nas partes interessadas, notadamente o patrocinador, e podem prejudicar muito o engajamento de todos, entre outros possíveis impactos negativos.

Veja na Figura 6.36 como os componentes do orçamento do projeto são divididos:

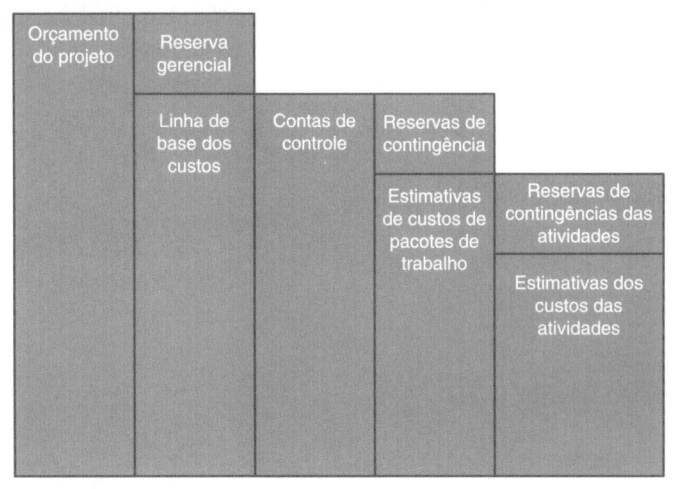

FIGURA 6.36. Componentes do Orçamento do Projeto. Baseada na Figura 7-8 do Guia PM-BOK® 5ª edição.

O Orçamento do Projeto é a soma da **CRO-ECA LBCS (Linha de Base dos Custos)** com as reservas gerenciais (veja aba CRO da planilha *EasyPMDOC*). Então, para se medir o desempenho do projeto, é importante não considerar as reservas gerenciais, mas apenas as reservas de contingências. É fácil de entender o porquê: considerar na avaliação do desempenho do projeto as reservas gerenciais poderia criar uma falsa sensação de bom desempenho ao gerente do projeto e a outras partes interessadas. Isso não é aconselhável, pois se assim fosse, quando for de fato necessário utilizar essas reservas, elas poderiam já não existir.

Os custos associados às contas de controle são a soma das estimativas de custos para os pacotes de trabalho com as reservas de contingências gerais.

A soma das estimativas de custos para os pacotes de trabalho são a soma das estimativas de custos das atividades com as reservas de contingências das atividades.

Segue modelo proposto pela estratégia *EasyBOK*:

CRO-LA - Lista de Atividades				CRO-ECA - Estimativas de Custos das Atividades					
Nome da Atividade	Custo Estimado	Custo Estimado Acumulado	Custo Replanejado	Reserva de Contingência da Atividade	Somatório dos Pacotes de Trabalho	Reserva de Contingência do Pacote	LBCS Linha de Base dos Custos	Reservas Gerenciais	Orçamento
4.1 - Desenvolver o Termo de Abertura do Projeto									
13.1 - Identificar as partes interessadas									
4.2 - Desenvolver o plano de gerenciamento do projeto									

FIGURA 6.37. Exemplo da CRO-ECA LBCS (Linha de Base dos Custos).

O documento **RRF (Requisitos de Recursos Financeiros do Projeto)**, que têm como origem os dados da aba **CRO-ECA (Estimativas de Custos das Atividades)**, mostra as necessidades de recursos na linha do tempo do projeto, conforme a Figura 6.38.

Segue modelo proposto pela estratégia *EasyBOK*:

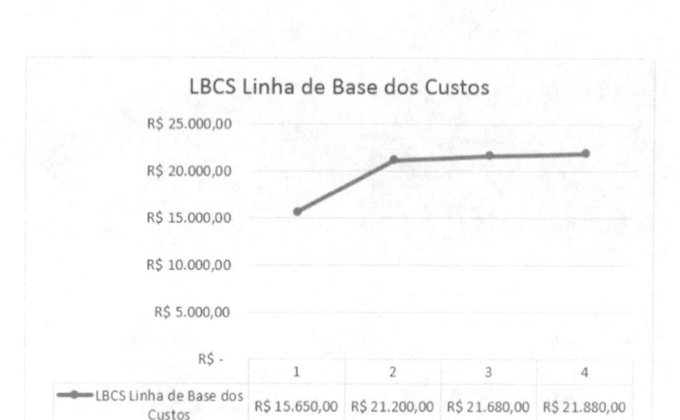

FIGURA 6.38. Exemplo do RRF (Requisitos e Recursos Financeiros do Projeto).

6.63. USANDO O PROJETO-EXEMPLO

Como o *EasyHome* tem entregas que são estruturadas em uma visão macro, fica fácil visualizar o orçamento e a sua distribuição na linha do tempo do projeto. Não se iluda: neste exemplo parece ser simples planejar e controlar o orçamento.

> Se você resolver executar uma reforma, consulte especialistas. É comum ocorrer problemas com o orçamento.

| CRO-LA - Lista de Atividades | | | | CRO-ECA - Estimativas de Custos das Atividades | | | | | |
Nome da Atividade	Custo Estimado	Custo Estimado Acumulado	Custo Replanejado	Reserva de Contingência da Atividade	Somatório dos Pacotes de Trabalho	Reserva de Contingência do Pacote	LBCS Linha de Base dos Custos	Reservas Gerenciais	Orçamento
Preparação do cômodo para a reforma da sala	R$ 1.000,00	R$ 15.500,00		R$ 100,00	R$ 15.600,00	R$ 50,00	R$ 15.650,00	R$ 50,00	R$ 15.700,00
Execução da reforma sala	R$ 4.000,00	R$ 19.500,00		R$ 400,00	R$ 20.000,00	R$ 200,00	R$ 21.200,00	R$ 200,00	R$ 21.400,00
Checar itens de qualidade sala	R$ 400,00	R$ 19.900,00		R$ 40,00	R$ 21.640,00	R$ 40,00	R$ 21.680,00		R$ 21.680,00
Validar o escopo sala	R$ 200,00	R$ 21.100,00			R$ 21.840,00		R$ 21.880,00		R$ 21.880,00
Preparação do cômodo para a reforma cozinha									
Execução da reforma cozinha									

FIGURA 6.39. *EasyHome* – CRO-ECA (Estimativas de Custos das Atividades).

6.64. PRATICANDO NO SEU PROJETO

Agora atualize o documento **CRO-ECA** da planilha *EasyPMDOC*. Se tiver dúvida, consulte-nos pelo *e-mail* easybok@easybok.com.br.

Capítulo 7

Orquestrando a Execução

7.1. OBJETIVOS DESTE CAPÍTULO

- Mostrar a importância de um planejamento consistente para uma execução eficiente e eficaz do projeto, e as dificuldades que a falta deste plano pode causar.
- Relacionar os processos de planejamento, execução e controle.
- Orientar como gerenciar as pessoas e as comunicações durante a execução do projeto.
- Listar outras dificuldades e orientar como superá-las.
- Mostrar o papel do gerente de projetos como principal responsável pelo resultado final do projeto.

É possível que alguns dos leitores, especialmente os colegas mais experientes, considerem o uso do termo "orquestrando" um exagero. Alguns autores usam este termo, e particularmente entendo como o mais adequado quando se trata de executar, monitorar e controlar o projeto.

Já foi dito que não basta gerenciar muito bem uma área específica, mas é preciso sim integrar todos os aspectos e todas as pessoas envolvidas para o sucesso do projeto.

Planejar sem dúvida é o alicerce de uma execução menos difícil e menos problemática; sim, porque na maioria das vezes os projetos são difíceis e problemáticos; afinal, são planejados e executados por humanos.

Se com planejamento haverá surpresas, então imagine sem!

Vamos considerar daqui para a frente que o planejamento do projeto foi bem elaborado, e apontar os problemas que poderiam surgir com um planejamento inadequado.

Em gerenciamento de projetos:

- executar é fazer o que foi planejado;
- monitorar e controlar é comparar os resultados da execução com o planejado.

As dificuldades vão existir, provavelmente será necessário ajustar o plano de gerenciamento do projeto durante a execução, mas que isso seja menos traumático para todos.

PROCESSO DE ORIENTAÇÃO E GERENCIAMENTO DO TRABALHO DO PROJETO

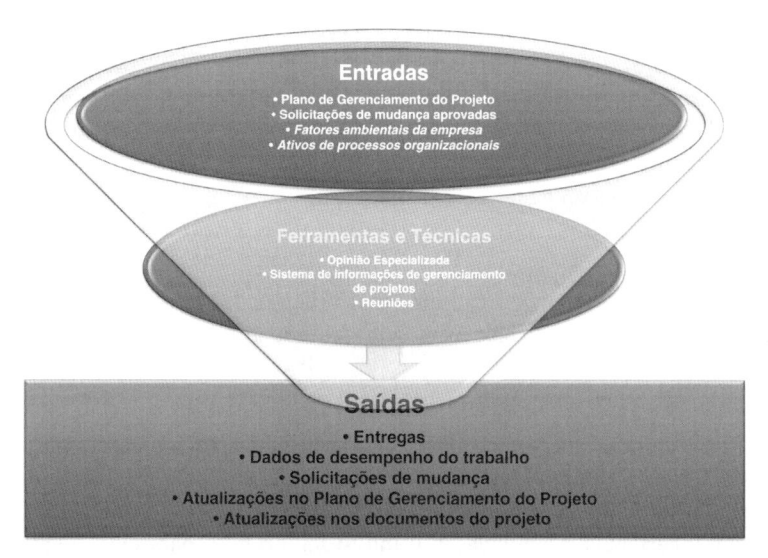

Entradas
- Plano de Gerenciamento do Projeto
- Solicitações de mudança aprovadas
- *Fatores ambientais da empresa*
- *Ativos de processos organizacionais*

Ferramentas e Técnicas
- Opinião Especializada
- Sistema de Informações de gerenciamento de projetos
- Reuniões

Saídas
- Entregas
- Dados de desempenho do trabalho
- Solicitações de mudança
- Atualizações no Plano de Gerenciamento do Projeto
- Atualizações nos documentos do projeto

FIGURA 7.1. Processo 4.3 | Orientar e gerenciar o trabalho do projeto.

7.2. POR QUE UTILIZÁ-LO?

Principalmente para garantir que o resultado do projeto esteja de acordo com as expectativas das partes interessadas. Através da integração de diversos aspectos, como escopo, tempo, custos etc., executando o gerenciamento de acordo com o plano, e modificando este plano quando necessário, o gerente do projeto e sua equipe de gerenciamento são responsáveis:

- por entregar o escopo no menor prazo possível;
- minimizar os custos, com a qualidade esperada e/ou necessária;
- gerenciar a equipe para que tenha alto desempenho;
- gerenciar as comunicações de forma eficiente;
- controlar os riscos;
- administrar as aquisições; e
- engajar as partes interessadas.

Integrando para que tudo isso aconteça em harmonia, ou seja, orquestrando a execução.

7.3. QUEM DEVE PARTICIPAR?

O **Gerente** e a **Equipe de Gerenciamento do Projeto**. Caso existam entregas ou trabalhos sob a responsabilidade de fornecedores, os gestores da empresa contratada terão um papel fundamental na execução do projeto.

7.4. QUAIS OS PRINCIPAIS CUIDADOS A TOMAR?

Esquecer determinadas áreas de conhecimento, e focar somente em aspectos como escopo e custo é um dos erros mais comuns. É evidente que escopo e custo são áreas fundamentais, mas gerenciar só isso não é o suficiente. Não há como ter sucesso em projetos sem que as diversas áreas estejam integradas, e as atividades aconteçam em harmonia. Grande parte dos problemas é causada pela falta de planejamento adequado, pressa em executar, com a crença de que isso é o mais adequado e, principalmente, sem saber de fato o que precisa ser entregue, ou seja, um projeto sendo executado com escopo indefinido e/ou com alto grau de incerteza.

> É muito importante que você não se esqueça de que citamos aqui os principais cuidados, os que comumente causam mais dificuldades no gerenciamento dos projetos, mas não são os únicos; os projetos sim são únicos, e com características peculiares.

Outro erro comum do gerente do projeto é dar atenção somente a partes interessadas externas à equipe do projeto, e "perder" sua equipe por falta de atenção e orientação. O ser humano costuma ser carente. Não deixe sua equipe perdida e sem apoio. Sua experiência e condução são muito importantes para eles, e certamente para o projeto.

Se os seus superiores solicitam informações somente sobre os custos do projeto, mostre a eles que os custos são importantes, mas um desvio financeiro normalmente tem outras causas, que poderiam ter sido evitadas se, por exemplo, a empresa tivesse providenciado as instalações para a equipe do projeto no prazo estipulado, e assim não houvesse um período de tempo em que ficaram sem trabalhar por falta de infraestrutura.

Destacar a importância de engajar as partes interessadas é um dos maiores benefícios que a 5ª edição do Guia PMBOK® traz, pois sem a participação e o compromisso de todos o desafio será maior.

Se você acredita que precisa se desenvolver em técnicas de liderança e em habilidades interpessoais, então não perca tempo. Sempre podemos melhorar, e o aprendizado é constante, mas sem habilidade para lidar com pessoas as suas chances de sucesso como gerente de projetos serão mínimas.

> **Reflita:** Se você aceitou ser gerente do projeto apenas para crescer na carreira, ou porque acredita que é uma posição de destaque e melhor remunerada, então poderá ter dificuldades em atingir os seus objetivos ou, pior que isso, pode se tornar uma pessoa infeliz (se já não é).
>
> Existem no mercado diversas empresas que permitem ao profissional com perfil técnico se destacar, ser mais bem remunerado, através de oportunidades em cargos técnicos com a mesma importância e remuneração dos cargos gerenciais. Não "force a barra", principalmente a sua. Seja feliz. Construa a sua felicidade. Não espere que os outros o façam por você.

Também não basta você acreditar que a equipe está desenvolvendo um bom trabalho, se isso não for visível aos demais, principalmente o patrocinador e o cliente. Fornecer dados consistentes, e principalmente verdadeiros, é conduta essencial ao gerente do projeto.

7.5. PRINCIPAIS DOCUMENTOS RELACIONADOS AO PROCESSO

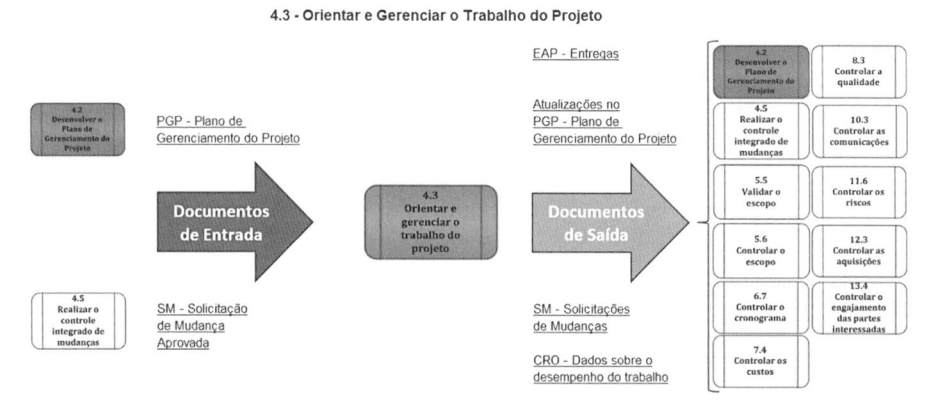

FIGURA 7.2. Principais documentos do processo 4.3.

7.6. PRINCIPAIS ENTRADAS

O **PGP (Plano de Gerenciamento do Projeto)** é a principal entrada pois, como já foi dito, em gerenciamento profissional de projetos, executar é realizar o que está no plano, e se for necessário mudar algo, esta mudança precisa ser formalizada, analisada, aprovada e implementada. Envolve também atualizar os documentos, principalmente este plano.

Esse processo é responsável por implementar as **SM (Solicitações de Mudança) aprovadas** no processo *Realizar o controle integrado de mudanças*.

Não há como executar o projeto com sucesso se você e sua equipe não estiverem atentos aos **Fatores ambientais da empresa** e aos **Ativos de processos organizacionais**. Todos eles são importantes, independentemente de serem formais ou não.

Lembre-se: É preciso jogar de acordo com as regras, pois senão você poderá ser "expulso do campo"!

No caso de projetos existe um fator agravante: esta regra pode mudar durante o jogo, e se você não estiver atento pode fazer errado acreditando que está fazendo o certo.

7.7. PRINCIPAIS FERRAMENTAS E TÉCNICAS

A principal ferramenta para que se tenha sucesso é ter um gerente de projetos preparado para as exigências específicas desse projeto. Ou seja, você pode estar preparado para gerenciar projetos de complexidade baixa ou média, e não para outros maiores e mais complexos. Cada coisa a seu tempo. Sem estar preparado, você até pode ter chance de sucesso, mas também pode estragar tudo. Não necessariamente você precisa ter todas as qualificações exigidas pelo projeto, mas neste caso precisa se cercar de **Opinião especializada** que o tenha, desde que estas partes interessadas tenham profissionalismo, comprometimento e, principalmente, confiança mútua!

Uma discussão comum no mercado é sobre alocar um gerente de projetos que não conheça tecnicamente o trabalho a ser desempenhado. Alguns acreditam que não é possível, e outros, como eu, acreditam que pode funcionar. Se o gerente do projeto tem uma equipe técnica com todas as qualificações citadas anteriormente, então é possível! Há vários exemplos de sucesso, inclusive alguns sob minha gestão direta.

Muito mais traumático, e às vezes catastrófico para um projeto, é ter no papel de gerente do projeto um técnico que não está preparado para gerenciá-lo. As chances de insucesso podem ser bem maiores.

Gerenciar as informações do projeto, comunicar adequadamente e medir o desempenho são fatores essenciais para o seu sucesso. Para tal, o **SIGP (Sistema de Informações de Gerenciamento de Projetos)** é uma ferramenta indispensável. As informações precisam ser gerenciadas, mas isso não significa que tudo precisa estar automatizado. Por exemplo, é possível que uma equipe pequena, de um projeto pequeno, não necessite de ferramentas sofisticadas para gestão da informação. Por outro lado, projetos complexos sem ferramentas adequadas para gerenciá-los podem sair do controle.

As informações não podem estar somente na cabeça das pessoas, muito menos em seu *e-mail* pessoal. A informação pertence ao projeto, e todos devem compartilhar e ter acesso às informações a que têm direito, e necessárias para o bom desempenho de seu papel no projeto, inclusive você, gerente do projeto. Não descuide da gestão da conhecimento. Se necessário, procure apoio de especialistas.

Em algumas organizações, as pessoas "abominam" **Reuniões**. Elas são necessárias, não há dúvida quanto a isso. O fato é que muitos organizam reuniões de maneira inadequada, descuidando de aspectos importantes, tais como:

- Existência de pauta predeterminada, de conhecimento de todos, e compartilhada no momento da convocação.
- Seleção criteriosa de participantes, evitando que profissionais que estão sendo cobrados por resultados participem de reuniões para as quais sua presença não

seja necessária. Organize reuniões em que assuntos específicos tenham a participação dos envolvidos adequados.

- Participantes essenciais devem estar presentes. Se não for possível, cancele e agende uma nova oportunidade.
- O ambiente deve ser adequado para o número de participantes.
- A infraestrutura deve ser adequada para as necessidades da reunião. Caso a reunião seja virtual, tenha certeza de que tudo irá funcionar adequadamente, testando anteriormente e, se possível, tendo contingências para eventuais problemas técnicos.
- Respeite o horário predeterminado (início e término). Se os participantes essenciais estiverem presentes, inicie após no máximo 10 minutos de espera (coloque esta observação na convocação). Se faltar alguém essencial, consulte este participante por telefone ou outro canal de comunicação disponível, para avaliar se não seria melhor cancelar o encontro. Se o período terminar e ainda existirem assuntos pendentes, consulte a todos os presentes se a reunião pode continuar, ou se deverá ser agendado um novo encontro.
- Não realize reuniões importantes, decisórias, sem a presença de participantes essenciais. Decisões poderão ser questionadas posteriormente, e o tempo será desperdiçado, voltando à estaca zero.
- Incentive os participantes a se engajarem na reunião, de forma a torná-la mais produtiva e, consequentemente, mais rápida.
- Compromissos firmados durante a reunião devem ser registrados e controlados rigorosamente. As reuniões podem iniciar cobrando estas pendências de encontros anteriores, desde que não tomem o tempo para os assuntos previstos na pauta.

> Se possível, faça a ata de reunião durante o encontro, utilizando um digitador experiente e projetando simultaneamente para que todos possam acompanhar. Ao final, imprima e obtenha a aprovação formal de todos. Assim você elimina o demorado processo de revisões e aprovações das atas de reunião, e os assuntos tratados passam a valer de imediato. Acredite, você "economizará" um tempo enorme em seus projetos se todas as reuniões terminarem com a ata aprovada.

Talvez o tempo seja o recurso mais crítico para a maioria dos projetos. Então, utilize-o de forma inteligente e profissional, e os seus prazos e resultados provavelmente serão satisfatórios.

7.8. PRINCIPAIS SAÍDAS

Na proposta do Guia PMBOK® 5ª edição, as **Entregas** do projeto são uma saída desse processo. Elas estão representadas na **EAP (Estrutura Analítica do Projeto)**. Assim, o gerente do projeto e sua equipe de gerenciamento estarão cientes e de acordo com o que está sendo liberado para entregar a quem de direito. Este procedimento aumenta as chances de que será entregue somente o que de fato está pronto.

Os **Dados de desempenho do trabalho** são coletados pelo gerente e pela equipe de gerenciamento do projeto e disponibilizados para os processos de monitoramento e controle. Na estratégia *EasyBOK* estes dados serão alimentados diretamente no **CRO (Cronograma do Projeto)**.

Qualquer necessidade de mudança no projeto deve ser formalizada através de uma **SM (Solicitação de Mudança)**, e se necessário atualize os documentos do projeto.

Segue modelo proposto pela estratégia *EasyBOK*:

SM - Solicitação de Mudança		
Projeto: [Apelido do Projeto] - [PITCH do Projeto]		

1. Solicitante
   Pessoa que solicitou formalmente a mudança.

2. Número de identificação da SM

3. Data da solicitação

.4 Tipo de mudança

5. Descrição da Mudança

.5 Áreas impactadas
   Áreas podem ser, por exemplo, as de conhecimento propostas pelo Guia PMBOK, como: integração, escopo, requisitos, tempo, custos, qualidade, recursos humanos, comunicações, riscos, aquisições e/ou partes interessadas.

.6 Entregas / Documentos impactados

7. Justificativa
   Porque a mudança é necessária.

8. Comentários adicionais

9. Parecer do gerente do projeto

10. Parecer CCM - Comitê de Controle de Mudanças

11. Status / Situação

12. Data do parecer do CCM

Assinatura do Solicitante

Assinatura do Gerente do Projeto

Assinatura dos Membros do CCM

FIGURA 7.3. Exemplo da SM (Solicitação de Mudança).

7.9. USANDO O PROJETO-EXEMPLO

Para um projeto simples como o *EasyHome*, as solicitações de mudanças que envolvem impacto no trabalho gerenciado por partes interessadas externas, principalmente sob uma relação contratual, deverão ser formalizadas. Por exemplo, quando for necessário mudar algo que consta em um contrato com um fornecedor, com o empreiteiro ou com o arquiteto, principalmente se já estiver sendo executado ou a executar. Para ilustrar, vamos imaginar que a família Souza resolveu trocar o local onde estava previsto construir o orquidário, com a obra já iniciada. A seguir, o documento que formaliza esta mudança.

SM - Solicitação de Mudança

Projeto: EasyHome - Reforma Sustentável de uma Casa

1. Solicitante
   Olga

2. Número de identificação da SM
   01/2014

3. Data da solicitação
   17/01/2014

.4 Tipo de mudança
   Ação Preventiva

5. Descrição da Mudança
   A Sra. Olga avaliou melhor o local previamente definido para a construção do orquidário, e resolveu que seria mais prático colocá-lo ao lado oposto ao planejado.

.5 Áreas impactadas
   Escopo, tempo e custos.

.6 Entregas / Documentos impactados
   Orquidário e quarto da empregada.

7. Justificativa
   Porque o quarto da empregada ficaria sem privacidade, se permanecer conforme planejado

8. Comentários adicionais
   Não há.

9. Parecer do gerente do projeto
   De acordo.

10. Parecer CCM - Comitê de Controle de Mudanças
    De acordo.

11. Status / Situação
    Aprovada

12. Data do parecer do CCM
    17/01/2014

Assinatura do Solicitante

Assinatura do Gerente do Projeto

Assinatura dos Membros do CCM

FIGURA 7.4. *EasyHome* – SM (Solicitação de Mudança).

7.10. PRATICANDO NO SEU PROJETO

Agora preencha o documento **SM** da planilha *EasyPMDOC* e inclua as informações de uma mudança qualquer, para o seu projeto. Se tiver dúvida, consulte-nos pelo *e-mail* easybok@easybok.com.br.

PROCESSO DE GERENCIAMENTO DO ENGAJAMENTO DAS PARTES INTERESSADAS

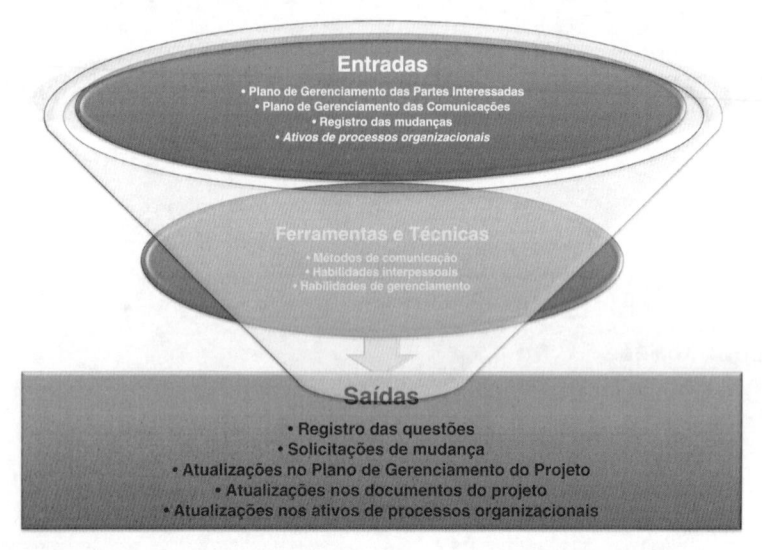

Entradas
- Plano de Gerenciamento das Partes Interessadas
- Plano de Gerenciamento das Comunicações
- Registro das mudanças
- *Ativos de processos organizacionais*

Ferramentas e Técnicas
- Métodos de comunicação
- Habilidades interpessoais
- Habilidades de gerenciamento

Saídas
- Registro das questões
- Solicitações de mudança
- Atualizações no Plano de Gerenciamento do Projeto
- Atualizações nos documentos do projeto
- Atualizações nos ativos de processos organizacionais

FIGURA 7.5. Processo 13.3 | Gerenciar o engajamento das partes interessadas

7.11. POR QUE UTILIZÁ-LO?

Se gerenciar a equipe do projeto é algo difícil, que dirá gerenciar e engajar pessoas externas à equipe do projeto, que não estão em subordinação direta a você: gerente do projeto. Certamente este aspecto é um dos mais difíceis do gerenciamento de projetos. Será que você nunca teve dificuldades em obter a participação efetiva de determinadas pessoas em seus projetos? Provavelmente a resposta é sim, e o impacto negativo pode ser desastroso.

Para tal, atender às expectativas e às necessidades das partes interessadas é fundamental para conseguir este engajamento.

Resolver questões pendentes também é muito importante para que as partes estejam comprometidas e participando das atividades sob sua responsabilidade direta ou indireta.

7.12. QUEM DEVE PARTICIPAR?

O **Gerente** e a **Equipe de Gerenciamento do Projeto**. Outros membros da equipe do projeto podem ser convidados ou convocados, de acordo com a necessidade. Dependendo da importância do que deve ser feito, o **Patrocinador** e/ou o **Cliente** podem intervir de forma a criar comprometimento das demais partes interessadas. Até mesmo pessoas que aparentemente não tenham nenhuma relação direta com o projeto podem ajudar no engajamento, por exemplo um amigo comum que pode interceder em seu nome junto a alguém que não está participando de forma adequada do projeto.

7.13. QUAIS OS PRINCIPAIS CUIDADOS A TOMAR?

As necessidades e expectativas variam de pessoa para pessoa. Desta forma, não devemos utilizar fórmulas prontas quando falamos de relacionamento humano. É importante que essas necessidades e expectativas tenham sido levantadas, aprovadas e documentadas durante o planejamento, pois gerenciar o projeto não pode ser um jogo de adivinhação. Não deduza absolutamente nada quando se trata de partes interessadas: pergunte diretamente a elas e avalie periodicamente se algo mudou.

Por outro lado, as necessidades e expectativas pessoais não devem sobrepor àquelas que estão relacionadas ao sucesso do projeto, ou seja, o projeto é mais importante, guardadas as devidas proporções.

Convencimento e resiliência são palavras e comportamentos chave na execução deste processo, pois não se pode forçar as pessoas a concordar com algo. **Diálogo e negociação** são essenciais, como em qualquer relacionamento, seja ele casamento, relação pai e filho, entre outros. É importante que a relação entre as pessoas seja ganha-ganha, e que exista **honestidade**, **compromisso e ética**. São aspectos a serem construídos em qualquer relacionamento, e no ambiente de projetos não poderia ser diferente.

Acreditar que os demais estão tentando prejudicá-lo, o tempo todo, é um paradigma a ser quebrado. Observe: existe muita gente de bem no mundo, e é mais fácil e melhor você tratar os demais com respeito e ética do que o contrário. As pessoas de bem devem se unir, e convencer àqueles que ainda acreditam que precisam prejudicar os demais, para conquistar mais dinheiro, e assim serem felizes, que este não é o caminho. Quantos ricos e poderosos infelizes você conhece? Será que você não está optando pelo mesmo caminho?

Nunca é tarde para mudar...

7.14. PRINCIPAIS DOCUMENTOS RELACIONADOS AO PROCESSO

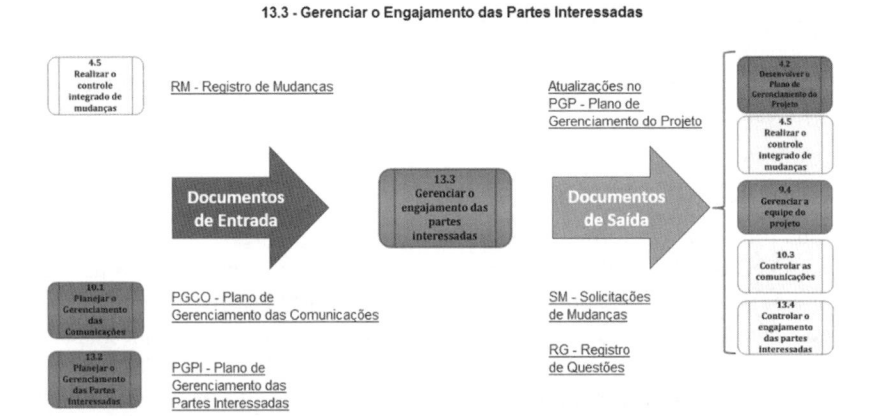

FIGURA 7.6. **Principais documentos do processo 13.3.**

7.15. PRINCIPAIS ENTRADAS

O **PGPI (Plano de Gerenciamento das Partes Interessadas)** é a principal entrada desse processo, pois ele contém as estratégias que foram definidas para gerenciar o engajamento de todos.

O **PGCO (Plano de Gerenciamento das Comunicações)** define como os processos de comunicação devem acontecer durante todo o ciclo de vida do projeto, aumentando as chances de que as partes interessadas tenham seus requisitos de comunicações atendidos.

O **RM (Registro das Mudanças)** é essencial para que as partes interessadas acompanhem o que é preciso mudar no projeto, principalmente aquelas mudanças que foram solicitadas pela própria parte.

7.16. PRINCIPAIS FERRAMENTAS E TÉCNICAS

Habilidades interpessoais e de gerenciamento são essenciais não somente para o gerente do projeto, mas para todos os participantes do projeto. Existem diversas obras sobre o assunto, e não há como explorar nesta obra todos os aspectos relacionados.

Talvez um cliente ou alguma outra parte acredite que não precisa participar do processo de construção do bom relacionamento. Ledo engano. Existe um ditado que diz: "quando um não quer, dois não brigam". Em contrapartida, poderíamos dizer que: "quando um não quer, o relacionamento nunca será positivo, por mais que o outro se esforce".

Todos os participantes são importantes na construção de um bom relacionamento e de um bom ambiente. Então, todos devem desenvolver habilidades interpessoais, mas principalmente o gerente do projeto, pois ele é o "capitão do navio". Se você não gosta de lidar com pessoas, então por que está interessado em gerenciar projetos? Projetos sem a participação de outras pessoas não existem, e se você não gosta de se relacionar, então reflita se de fato vale a pena investir em se especializar neste tipo de atividade.

Não existe relacionamento humano fácil, pois graças a Deus somos todos diferentes, e temos valores e expectavivas também diferentes. Agora, quando você se torna hábil em lidar com pessoas, sua vida e a dos outros se tornam cada vez melhores. Vale a pena investir nisso!

7.17. PRINCIPAIS SAÍDAS

Tudo que for solicitado formalmente pelas partes interessadas, e que não tenha uma resposta imediata, deve ser registrado como uma mudança (através da formalização de uma **SM**) ou como uma questão, a ser incluída no **RQ (Registro das Questões)**. Este documento será utilizado também para registrar as respostas aos questionadores e demais envolvidos.

Outra saída a destacar são dos *feedbacks* recebidos das partes interessadas, bem como as lições aprendidas.

Segue modelo proposto pela estratégia *EasyBOK*:

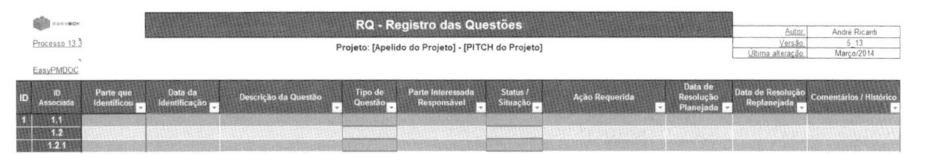

FIGURA 7.7. Exemplo do RQ (Registro das Questões).

7.18. USANDO O PROJETO-EXEMPLO

Ilustramos na Figura 7.8 alguns exemplos de questões que poderiam ter sido levantadas pelas partes interessadas durante o projeto *EasyHome*.

FIGURA 7.8. *EasyHome* – RQ (Registro das Questões).

7.19. PRATICANDO NO SEU PROJETO

Agora preencha o documento **RQ** da planilha *EasyPMDOC* e inclua as questões que forem surgindo. Se tiver dúvida, consulte-nos pelo e-mail easybok@easybok.com.br.

PROCESSO DE CONTROLE DO ENGAJAMENTO DAS PARTES INTERESSADAS

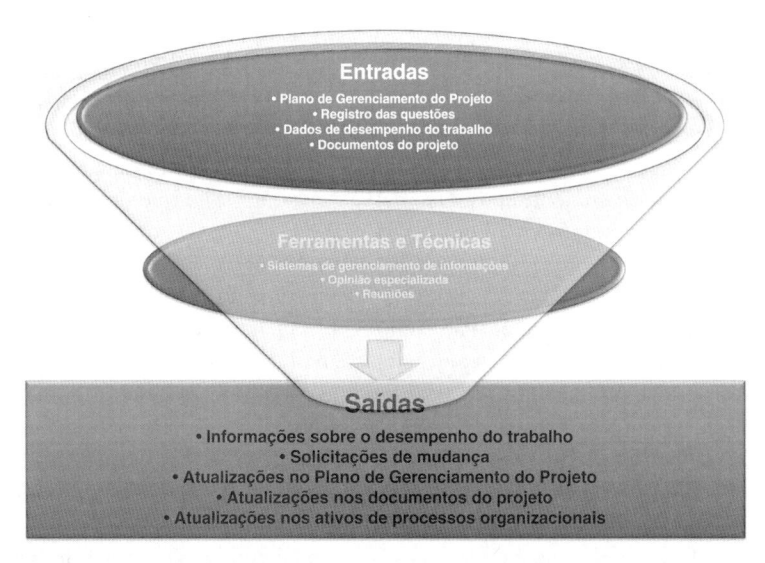

FIGURA 7.9. Processo 13.4 | Controlar o engajamento das partes interessadas

7.20. POR QUE UTILIZÁ-LO?

Para controlar se as partes interessadas estão de fato executando as atividades sob sua responsabilidade, e ainda se estão cumprindo os compromissos assumidos para com o projeto e seus participantes. Desta forma, todos têm uma tendência maior a manter o engajamento, dado que está sendo construído um ambiente onde existe controle e gestão sobre questões e pendências.

Este controle envolve também o relacionamento entre outras partes interessadas, avaliando se não serão necessárias ações por parte do gerente e da equipe de gerenciamento do projeto, no sentido de manter um relacionamento construtivo entre essas partes.

7.21. QUEM DEVE PARTICIPAR?

O **Gerente** e a **Equipe de Gerenciamento do Projeto**. Pode ser necessário o envolvimento do **Cliente** e/ou do **Patrocinador**, de acordo com a necessidade.

7.22. QUAIS OS PRINCIPAIS CUIDADOS A TOMAR

É comum que o volume de atividades em um projeto acabe ocasionando o "esquecimento" de atendimento de questões, ou da execução de compromissos e atividades assumidos pelas partes para com o projeto.

> Gerentes de projetos muito exigentes ou muito bonzinhos podem ocasionar muitos problemas no projeto. Não seja nenhum dos extremos. Sua atitude deve ser sempre equilibrada e, acima de tudo, respeitosa para com todos. Só existe respeito quando a pessoa é respeitada, e não se pode exigir respeito de quem não respeitamos.

Isto pode desmotivar outras partes, bem como aquela envolvida diretamente na situação. Os compromissos assumidos são com o projeto, e não com o gerente do projeto. Não deixe que as partes acreditem que você precisa implorar para que as coisas aconteçam. Todos são responsáveis pelo resultado do projeto, guardadas as devidas proporções.

Como gerente do projeto, não assuma que os problemas, como por exemplo a falta de disponibilidade de uma parte em participar de atividades previstas e sob responsabilidade desta, são somente seus. Não deixe de apontar este tipo de problema, mas sempre negociando com os envolvidos.

> Um procedimento que evita desgastes no relacionamento é sempre avisar ao responsável, em particular, que ele não cumpriu a sua parte, e que você precisará notificar o fato aos superiores e/ou aos demais envolvidos no projeto. A análise não pode ser pessoal, mas também não pode ser impessoal a ponto de você, como líder do projeto, deixar de se preocupar com as possíveis consequências. Mostre que respeita o envolvido, e deixe claro que controlar é um dos seus papéis. Não apresente um fator comprometedor que tenha impacto sobre algum envolvido em público, notadamente durante eventos oficiais do projeto, como reuniões de acompanhamento. Colocar os demais em situações difíceis e contrangedoras não irá ajudar em nada. Mesmo que os demais não tenham este comportamento ético, faça a sua parte! Para construir relacionamentos sólidos um forte aliado é o exemplo.

Um erro bastante comum é as pessoas "passarem a bola" para outros, e considerar que isso é o suficiente: não é! Não é produtivo que se promova "caças às bruxas" e reuniões na busca de culpados. Todos são responsáveis e, se cada um fizer a sua parte, as chances de sucesso aumentam; mas esse procedimento não anula o fato de que todos precisam estar engajados, inclusive no convencimento e na ajuda aos demais, quando necessário. Ajude em vez de cobrar, ou de responsabilizar os demais.

7.23. PRINCIPAIS DOCUMENTOS RELACIONADOS AO PROCESSO

FIGURA 7.10. Principais documentos do processo 13.4.

7.24. PRINCIPAIS ENTRADAS

O **PGP (Plano de Gerenciamento do Projeto)** contém todas as informações de planejamento do projeto. O **RQ (Registro das Questões)** é uma fonte de informações essencial para controlar adequadamente o engajamento das partes.

Os **Dados de Desempenho do Trabalho**, que na proposta *EasyBOK* estão no **CRO (Cronograma do Projeto)**, são referências importantes para avaliar se os responsáveis estão desempenhando bem suas funções.

7.25. PRINCIPAIS FERRAMENTAS E TÉCNICAS

Parte do controle necessário pode ser conseguido através da consulta às informações do projeto. Quando o **Sistema de Gerenciamento de Informações** não for suficiente, organize **Reuniões** e, se necessário, utilize **Opinião especializada**.

7.26. PRINCIPAIS SAÍDAS

Os dados que foram utilizados como entrada, após analisados e integrados, serão convertidos em **Informações sobre o Desempenho do Trabalho**, que na proposta *EasyBOK* estão no **CRO-IDT (Cronograma do Projeto – Informações sobre o Desempenho do Trabalho)**, e que serão distribuídas posteriormente para as partes interessadas a quem de direito, e de acordo com o **PGCO (Plano de Gerenciamento das Comunicações)**.

Podem ser necessárias **SM (Solicitações de Mudanças)**, e **Atualizações nos Documentos do Projeto e nos Ativos de Processos Organizacionais**.

Segue modelo proposto pela estratégia *EasyBOK*:

ID	ID Associada	Marco	Fase do Projeto	Entrega associada EAP	CRO-LA - Lista de Atividades	CRO-IDT - Informações sobre o Desempenho do Trabalho (Avanço-Prazo)		
					Nome da Atividade	% Concluído Estimado	% Concluído Replanejado	% Concluído Real
1	1.1	Iniciação	GP	TAP	4.1 - Desenvolver o Termo de Abertura do Projeto			
	1.2		GP	RPI	13.1 - Identificar as partes interessadas			
2	2.1	Planejamento	GP	PGP	4.2 - Desenvolver o plano de gerenciamento do projeto			
	2.1.1		GP	PGPI	13.2 - Planejar o Gerenciamento das Partes Interessadas			

FIGURA 7.11. Exemplo – CRO-IDT (Cronograma do Projeto) – Informações sobre o Desempenho do Trabalho.

7.27. USANDO O PROJETO-EXEMPLO

A seguir, ilustramos algumas informações sobre o desempenho do projeto *EasyHome*, considerando que ele esteja com 50% de avanço.

ID	ID Associada	Marco	Fase do Projeto	Entrega associada EAP	CRO-LA - Lista de Atividades	CRO-IDT - Informações sobre o Desempenho do Trabalho (Avanço-Prazo)		
					Nome da Atividade	% Concluído Estimado	% Concluído Replanejado	% Concluído Real
49	6.1	Fase 1	Interna	Sala	Preparação do cômodo para a reforma da sala	100%		100%
50	6.1.1		Interna	Sala	Execução da reforma sala	100%		100%
51	6.1.2		Interna	Sala	Checar itens de qualidade sala	100%		100%
52	6.1.3		Interna	Sala	Validar o escopo sala	100%		100%
53	6.2		Interna	Cozinha	Preparação do cômodo para a reforma cozinha	50%		50%
54	6.2.1		Interna	Cozinha	Execução da reforma cozinha			

FIGURA 7.12. *EasyHome* **– CRO-IDT (Cronograma do Projeto) – Informações sobre o Desempenho do Trabalho.**

7.28. PRATICANDO NO SEU PROJETO

Agora atualize o documento **CRO** de sua planilha *EasyPMDOC* e inclua as informações sobre o desempenho do seu projeto. Se tiver dúvida, consulte-nos pelo *e-mail* easybok@easybok.com.br.

PROCESSO DE GERENCIAMENTO DAS COMUNICAÇÕES

Entradas
- Plano de Gerenciamento das Comunicações
- Relatórios de desempenho do trabalho
- *Fatores ambientais da empresa*
- *Ativos de processos organizacionais*

Ferramentas e Técnicas
- Tecnologias de comunicações
- Modelos de comunicações
- Métodos de comunicação
- Sistemas de gerenciamento de informações
- Relatórios de desempenho

Saídas
- Comunicações do projeto
- Atualizações no Plano de Gerenciamento do Projeto
- Atualizações nos documentos do projeto
- Atualizações nos ativos de processos organizacionais

FIGURA 7.13. Processo 10.2 | Gerenciar as comunicações.

7.29. POR QUE UTILIZÁ-LO?

Apesar de estarmos vivendo em um mundo onde diariamente aparecem novas tecnologias que facilitam as comunicações, ainda temos sérias dificuldades a este respeito. O problema é que as pessoas acreditam que culpar a tecnologia por falhas humanas as isenta da responsabilidade sobre a gestão da comunicação. Todos são responsáveis pela gestão da comunicação, e sua eficiência é fundamental para o sucesso do projeto.

7.30. QUEM DEVE PARTICIPAR?

O **Gerente** e a **Equipe de Gerenciamento do Projeto** são os principais responsáveis, mas todos devem assumir a sua responsabilidade perante este aspecto tão desafiador nos projetos.

7.31. QUAIS OS PRINCIPAIS CUIDADOS A TOMAR?

Um erro comum quando se fala de comunicações é acreditar que foi "o outro que não me entendeu". Os especialistas em comunicações afirmam que a responsabilidade pela eficiência na comunicação é do emissor, e não do receptor.

Também é comum, pela facilidade que a tecnologia nos proporciona atualmente, acreditarmos que basta comunicar para que as coisas se resolvam.

> Grande parte dos profissionais é "bombardeada" com um volume desumano de informações. Assim, é necessário que as informações sejam selecionadas, avaliando se de fato ela é necessária para o receptor, mesmo que desse modo esteja definido no Plano de Gerenciamento das Comunicações; ainda, é importante não perder o momento certo, ou seja, não adianta enviar a mensagem quando ela já não é mais necessária.

As informações não podem estar na cabeça das pessoas, como já foi dito, ou em seus *e-mails* pessoais. Crie repositórios para que as informações sejam armazenadas, e possam ser coletadas de acordo com a necessidade.

Ao receptor cabe enviar *feedback* ao emissor, validando se o seu entendimento está correto, aumentando assim a eficiência do processo de comunicação.

7.32. PRINCIPAIS DOCUMENTOS RELACIONADOS AO PROCESSO

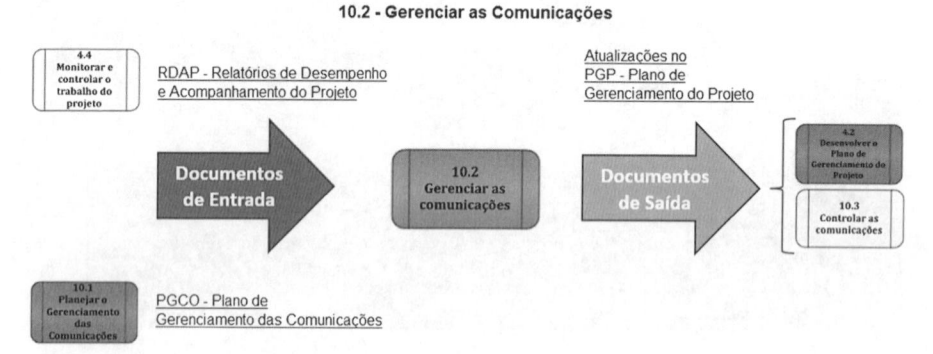

FIGURA 7.14. Principais documentos do processo 10.2.

7.33. PRINCIPAIS ENTRADAS

O **PGCO (Plano de Gerenciamento das Comunicações)** define como o gerenciamento das comunicações será executado.

O **RDAP (Relatório de Desempenho e Acompanhamento do Projeto)** contém as informações a serem comunicadas para as partes interessadas de maneira oportuna e conforme planejado. Na proposta *EasyBOK*, os dados que constam no cronograma são a fonte destas informações, que podem ser consolidadas

7.34. PRINCIPAIS FERRAMENTAS E TÉCNICAS

Não há dúvida de que gerenciar as comunicações é algo extremamente complexo, e não caberia abordar nesta obra todos os aspectos relacionados ao assunto. De fato, para um gerenciamento adequado das comunicações, é preciso um planejamento consistente de como isso irá ocorrer, com flexibilidade para adequar de acordo com a evolução do projeto. Parece enrolação, mas não é. Comunicar depende de para quem, e sob quais condições. Isso muda o tempo todo durante um projeto, e se você não estiver atento, preparado e com um plano consistente na mão, sua chance de insucesso será enorme.

Diante deste cenário, vamos colocar as ferramentas mais importante para esse processo:

- Conforme citado no Guia PMBOK®, o **Sistema de Gerenciamento de Informações**, que envolve o gerenciamento de todos os documentos impressos, das comunicações eletrônicas e as ferramentas eletrônicas utilizadas, como por exemplo os *softwares* de correio eletrônico e agendamento;

- O **RDAP (Relatório de Desempenho e Acompanhamento do Projeto)**, que para esse processo é citado como entrada e também como ferramenta. Pode parecer estranho, porém ele irá prover as informações necessárias à gestão, bem como é uma ferramenta fundamental para a troca confiável de informações a respeito do projeto.

7.35. PRINCIPAIS SAÍDAS

A principal saída é algo abstrato para este processo, ou seja, é o resultado da comunicação eficiente: as pessoas envolvidas recebendo as informações necessárias, de maneira apropriada, no momento certo, e de forma a permitir que o projeto seja executado de modo eficiente.

As **atualizações** das informações em documentos, como por exemplo o **PGP (Plano de Gerenciamento do Projeto)**, e todos os demais que o compõem, também são essenciais para a gestão do projeto.

Um recurso interessante é utilizar um Quadro de Avisos, que pode ser um painel físico, uma ferramenta eletrônica, um portal na Internet, entre outros. Todas as informações importantes sobre o momento atual do projeto estarão neste quadro.

Segue modelo proposto pela estratégia *EasyBOK*:

Quadro de Avisos
Projeto: [Apelido do Projeto] - [PITCH do Projeto]

1. Principais atividades em execução

2. Próximas atividades importantes

3. Principais questões em aberto

.4 Principais mudanças em aprovação

5. Avisos gerais

FIGURA 7.15. Exemplo de um Quadro de Avisos.

7.36. USANDO O PROJETO-EXEMPLO

As comunicações formais do projeto se dão através de diversos documentos, mas boa parte dos projetos têm problemas por conta da informalidade que acaba imperando, não somente em projetos menores, familiares e aparentemente sem exigir tanto formalismo, mas também em projetos maiores e mais complexos. A proposta é estabelecer um processo formal para gerenciar e controlar as informações, de tal forma que elas não se percam ou estejam somente na cabeça de alguns. Pode ser desde um simples quadro de avisos, onde são colocados bilhetes para os demais, até uma ferramenta sofisticada de gestão da informação. Analise sua necessidade e defina o que é melhor para atingir seus objetivos.

O maior drama em um projeto menor, como o nosso exemplo, é que as pessoas acreditam que todos têm dons de telepatia e adivinhação, quando de fato isso não é verdade. A família Souza estabeleceu que as informações seriam sempre copiadas ao sr. Pedro, gerente do projeto, e que o que fosse urgente seria comunicado de imediato, e, caso fosse de interesse de outros, seria colocado um aviso em um quadro na parede do corredor da garagem.

Quadro de Avisos

Projeto: EasyHome - Reforma Sustentável de uma Casa

1. **Principais atividades em execução**

   Preparação do cômodo para a reforma da cozinha.

2. **Próximas atividades importantes**

   Execução da reforma da cozinha.

3. **Principais questões em aberto**

   Compra dos materiais para a reforma da cozinha.

.4 **Principais mudanças em aprovação**

   Mudança do local do orquidário.

5. **Avisos gerais**

   É importante agilizar o processo de compra dos materiais para a reforma da cozinha, pois se não for entregue na próxima semana irá atrasar o cronograma.

FIGURA 7.16. *EasyHome* – Quadro de Avisos.

7.37. PRATICANDO NO SEU PROJETO

Agora avalie se um **Quadro de Avisos**, além das ferramentas que você utiliza de modo corriqueiro, não iria ajudar de forma consistente as comunicações do seu projeto. Formalize o que for necessário, mas não se esqueça de que uma conversa, frente a frente, ou um aviso colado na parede foram e continuam sendo um excelente meio de comunicação, guardadas as devidas proporções. Se tiver dúvida, consulte-nos pelo *e-mail* easybok@easybok.com.br.

PROCESSO DE CONTROLE DAS COMUNICAÇÕES

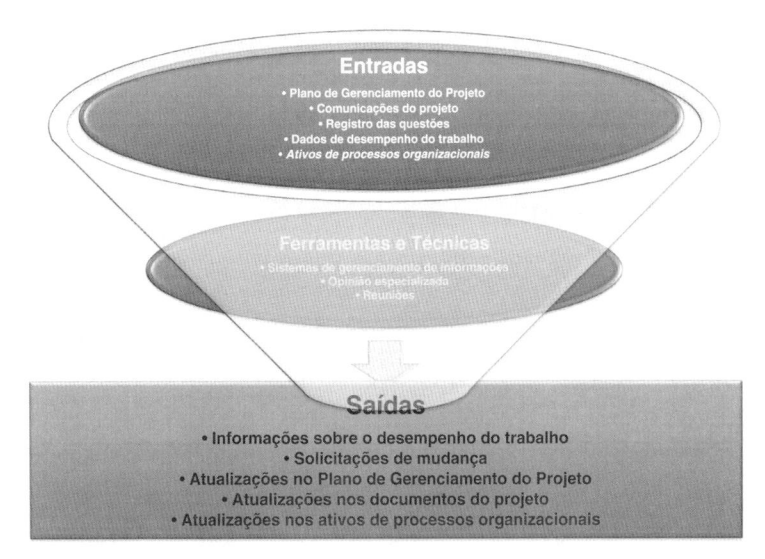

Entradas
• Plano de Gerenciamento do Projeto
• Comunicações do projeto
• Registro das questões
• Dados de desempenho do trabalho
• *Ativos de processos organizacionais*

Ferramentas e Técnicas
• Sistemas de gerenciamento de informações
• Opinião especializada
• Reuniões

Saídas
• Informações sobre o desempenho do trabalho
• Solicitações de mudança
• Atualizações no Plano de Gerenciamento do Projeto
• Atualizações nos documentos do projeto
• Atualizações nos ativos de processos organizacionais

FIGURA 7.17. Processo 10.3 | Controlar as Comunicações.

7.38. POR QUE UTILIZÁ-LO?

Para que tenhamos a certeza de que as comunicações estão acontecendo de acordo com o planejado, mas acima de tudo de acordo com as necessidades do projeto, que podem mudar com o tempo.

7.39. QUEM DEVE PARTICIPAR?

O **Gerente** e a **Equipe de Gerenciamento do Projeto** são os responsáveis pelo controle adequado das comunicações. Porém, todas as partes interessadas são importantes para que os objetivos sejam atingidos.

7.40. QUAIS OS PRINCIPAIS CUIDADOS A TOMAR?

O primeiro é não acreditar que o envio das informações é suficiente para que os resultados sejam atingidos. Você provavelmente conhece alguém que responde a uma cobrança com a seguinte frase: "mas eu já enviei um *e-mail* cobrando o fulano de tal sobre isso".

Controlar é verificar se as coisas estão acontecendo conforme planejado, mas acima de tudo conforme necessário.

> A princípio, quando falamos dos processos do Guia PMBOK®, a muitos parece que controlar significa apenas comparar se o executado está de acordo com o planejado, ou se existe algum desvio. Isso não basta na gestão de projetos. É necessário muito mais que isso, pois o planejamento pode estar inconsistente, por alguma mudança de cenário. É importante ler as "entrelinhas" da proposta do Guia PMBOK®, e acima de tudo interpretar e analisar de que forma isso deve ser aplicado a cada projeto.

É comum que as informações fiquem nas caixas postais dos *e-mails* individuais dos participantes de um projeto, inclusive o gerente do projeto, como já destacado anteriormente. Não menospreze esta dica. Crie mecanismos para que todos os participantes tenham acesso a informações importantes, e para que a sua parte do projeto seja executada de maneira adequada.

Lembre-se: A falta de controle nas comunicações tem sido um problema recorrente na gestão de projetos. Este é um daqueles aspectos que todo mundo sabe, mas poucos fazem algo a respeito. Faça a sua parte, e seja diferente, mas acima de tudo eficiente.

7.41. PRINCIPAIS DOCUMENTOS RELACIONADOS AO PROCESSO

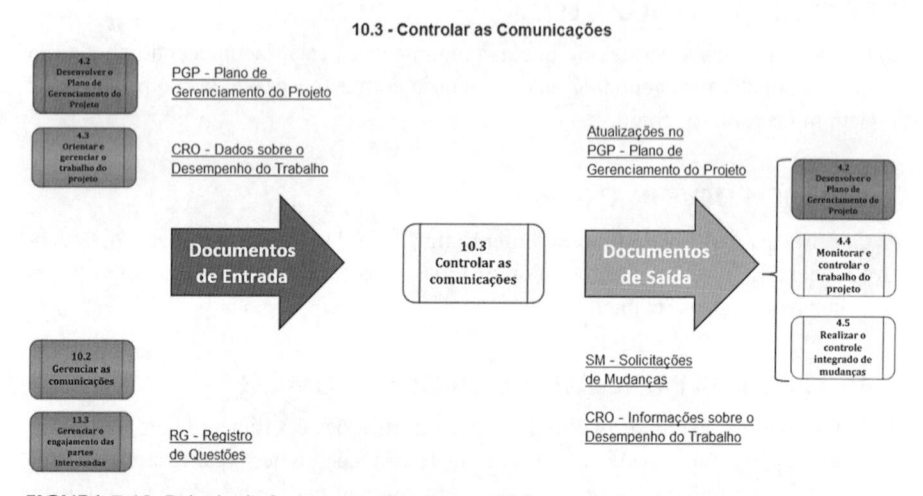

FIGURA 7.18. Principais documentos do processo 10.3.

7.42. PRINCIPAIS ENTRADAS

O **PGP (Plano de Gerenciamento do Projeto)**, que detalha como as comunicações serão controladas, bem como as demais ações que podem ser origem para a troca de informações.

Todas as informações que estão relacionadas ao projeto, sejam elas formalizadas ou não, são importantes para o projeto. Um comentário de uma parte interessada é uma informação importante para um projeto, seja ele positivo ou negativo. Pode ser necessário interceder junto a essa pessoa para que alguma situação seja resolvida, ou pelo menos explicada.

O **RQ (Registro das Questões)** talvez seja a entrada mais importante para este processo, considerando que questões não atendidas, ou que não foram atendidas a contento, podem se tornar uma "bola de neve" para o projeto; por exemplo, degastando a confiança do solicitante na equipe de gerenciamento do projeto.

7.43. PRINCIPAIS FERRAMENTAS E TÉCNICAS

É preciso sistematizar o controle das informações, mas para tal é necessário que as informações sejam controladas de forma sistematizada. Isso significa que é preciso utilizar ferramentas, técnicas e processos adequados às necessidades do projeto. Imagine se você estiver participando de um projeto no qual as pessoas não estão alocadas no mesmo local. Certamente sem o uso de sistemas de informações adequados você terá dificuldades em atingir os objetivos.

Como já foi dito, **Reuniões** podem ser um excelente meio para resolver problemas de comunicação, e consequentemente controlar as comunicações, desde que sejam conduzidas de maneira adequada e eficiente. Trocas de mensagens e de documentos não resolvem conflitos, pelo contrário; normalmente acabam por piorar a situação.

7.44. PRINCIPAIS SAÍDAS

Na proposta do Guia PMBOK®, os processos de controle são aqueles que, entre outras coisas, transformam dados em informações, ou seja, recebem o dado bruto para, após uma análise adequada, gerar **Informações sobre o desempenho do trabalho**. Essas informações serão utilizadas pelo processo 4.4 – Monitorar e controlar o trabalho do projeto para produzir os relatórios de desempenho e acompanhamento do projeto (RDAP).

Na proposta *EasyBOK*, a maioria das informações está no **CRO (Cronograma do Projeto)**.

Todos os modelos propostos pela estratégia *EasyBOK*, e citados neste processo, já foram apresentados.

7.45. USANDO O PROJETO-EXEMPLO

No nosso exemplo, o controle das comunicações é informal, mas as informações importantes precisam ser registradas. Como temos a figura centralizadora do gerente do projeto, que em iniciativas menos complexas funciona, podemos confiar que todos irão comunicar aquilo que é importante ao sr. Pedro, e ele irá enviar a quem for necessário.

7.46. PRATICANDO NO SEU PROJETO

Atualize as informações de controle das comunicações na planilha *EasyPMDOC*. Se tiver dúvida, consulte-nos pelo *e-mail* easybok@easybok.com.br.

PROCESSO DE CONTROLE DE MUDANÇAS

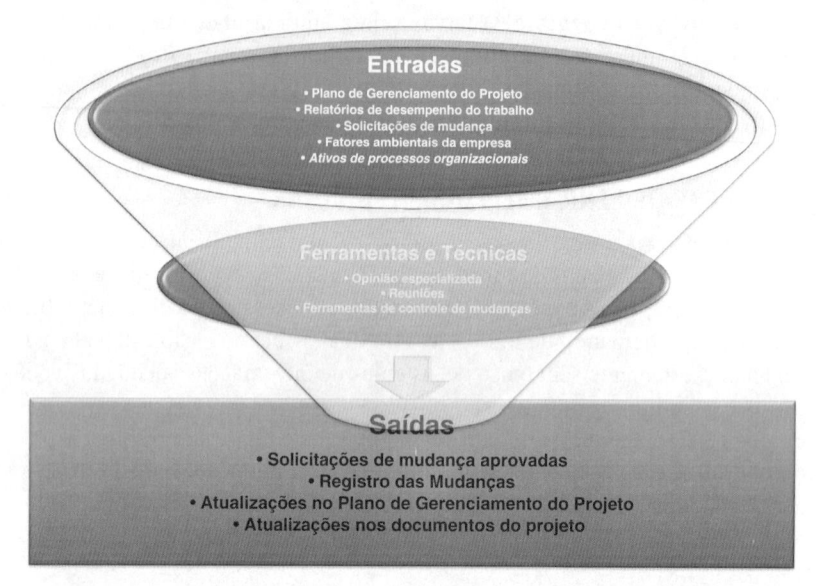

FIGURA 7.19. Processo 4.5 | Realizar o Controle Integrado de Mudanças.

7.47. POR QUE UTILIZÁ-LO?

Porque projetos sem mudanças não existem. Se você participou de algum projeto em que absolutamente nada mudou, então é um felizardo.

Existe praticamente certeza de que mudanças serão necessárias, em todos os projetos.

7.48. QUEM DEVE PARTICIPAR?

O **Gerente** e a **Equipe de Gerenciamento do Projeto**. O **CCM (Comitê de Controle de Mudanças)** participa ativamente desse processo. Mas quem deve compor o CCM? Em boa parte dos projetos pelo menos o Gerente do Projeto, o Patrocinador e o Cliente. Outras partes interessadas podem compor o CCM, de acordo com a necessidade do projeto, os fatores ambientais da empresa e os ativos de processos organizacionais.

7.49. QUAIS OS PRINCIPAIS CUIDADOS A TOMAR?

Existe uma tendência natural a esquecermos de registrar e controlar as mudanças, quando os problemas vão se acumulando nos projetos. Então, entramos em um círculo vicioso de repetição de solicitações de mudanças que já foram recusadas, e a situação piora cada vez mais, pois o tempo não é algo que consigamos recuperar com facilidade.

Um dos principais erros cometidos em projetos é subestimar este processo, acreditando que ter um bom planejamento é suficiente para atingir os objetivos traçados. Ledo engano!

> Dependendo do tipo de projeto, e ainda da situação momentânea em que ele está sendo executado, mudanças podem ser solicitadas em grande quantidade, e o descontrole será fatal.

Um outro erro comum é o gerente do projeto, com receio de ser tachado de incompetente, assumir a responsabilidade sobre as mudanças que de fato deveriam ser apreciadas por outras partes interessadas, independentemente de haver um **CCM (Comitê de Controle de Mudanças)** formalizado. Lembre-se: o gerente do projeto não é o dono do projeto. Ele é um prestador de serviços que tem especialização (ou pelo menos deveria ter) em técnicas de gestão específicas para projetos.

> Nem toda mudança no projeto precisa ser formalizada. Se for algo que você, como gerente do projeto, consegue administrar e "absorver" sem impacto significativo ao resultado esperado, então o processo de formalização pode ser mais dispendioso do que acatar a mudança. Mas cuidado para não trazer para si a responsabilidade por algo que foge da sua alçada, ou mesmo plantar problemas futuros.

O rigor da definição e da aplicação dos processos de gerenciamento do projeto deve ser adequado à situação específica. Não se esqueça do risco de o gerente do projeto, você, estar em piloto automático.

Outro aspecto importante: não acate uma mudança com base em amizade. Como diz o ditado: "amizade é amizade, negócios à parte". Pondere amizades, mas também inimizades, quando estiver gerenciando um projeto. Foco nos objetivos, do projeto!

7.50. PRINCIPAIS DOCUMENTOS RELACIONADOS AO PROCESSO

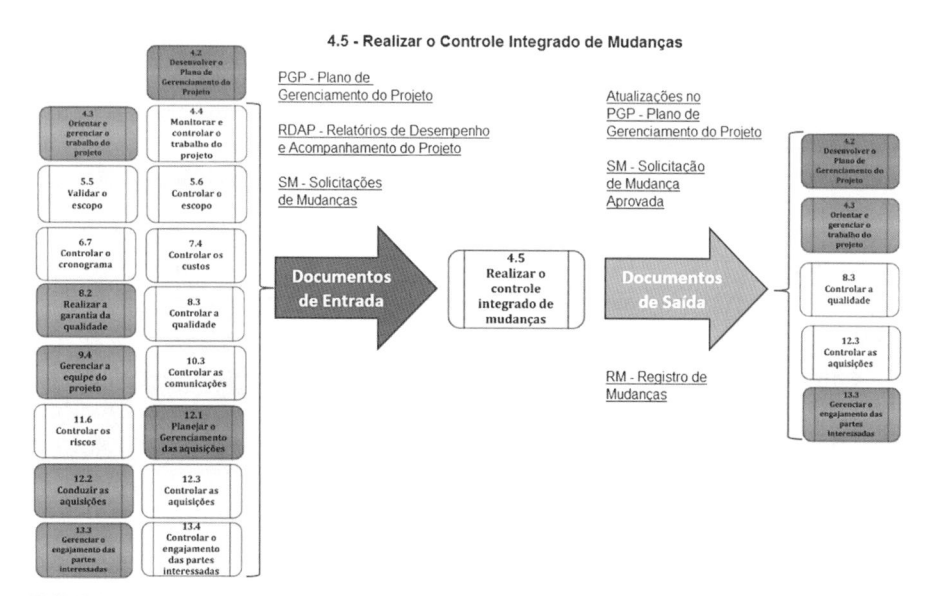

FIGURA 7.20. Principais documentos do processo 4.5.

7.51. PRINCIPAIS ENTRADAS

O **PGP (Plano de Gerenciamento do Projeto)** é a entrada para todos os processos de execução e de controle. Para esse processo ele é fundamental, pois como poderíamos avaliar o impacto de uma mudança sem saber o que está planejado? Seria quase impossível.

O **RDAP (Relatórios de Desempenho e Acompanhamento do Projeto)** é uma entrada importantíssima, se considerarmos a situação em que o projeto se encontra para a tomada de decisão. Você aprovaria uma mudança grande em um projeto com problemas? A primeira resposta pode ser negativa, mas existe a possibilidade de esta mudança trazer ajustes que eventualmente recuperem o projeto. Então a resposta poderia ser positiva.

Lógico, as **SM (Solicitações de Mudanças)** são a razão de ser desse processo. **SM** informais somente em casos excepcionais.

7.52. PRINCIPAIS FERRAMENTAS E TÉCNICAS

Dependendo das características das mudanças, a **Opinião Especializada** será necessária. Utilize **Reuniões** para avaliar as mudanças e os cenários que se apresentam. Em alguns projetos são feitas reuniões periódicas, para que o CCM possa avaliar as mudanças e proceder a sua aprovação ou não.

É importante que se tenha controle sobre as mudanças, e para tal a ferramenta não precisa, necessariamente, ser sofisticada. Pode ser uma planilha, conforme proposto a seguir na estratégia *EasyBOK*.

7.53. PRINCIPAIS SAÍDAS

Serão geradas **SM (Solicitações de Mudanças)** aprovadas ou rejeitadas, e o **RM (Registro das Mudanças)** será atualizado. Todos os documentos impactados deverão ser atualizados, em especial aqueles que representam algum tipo de mudança em informações de referência do projeto, como os planos de gerenciamento.

Uma saída muitas vezes desprezada para esse processo é a comunicação às partes interessadas de que a SM foi aprovada ou não. É importante informar os envolvidos sobre o que foi decidido. Mostra respeito e profissionalismo. Atualizar os documentos, em muitas situações, não é o suficiente.

Segue modelo proposto pela estratégia *EasyBOK*:

Processo 4.5
EasyPMDOC

RM - Registro das Mudanças

Projeto: [Apelido do Projeto] - [PITCH do Projeto]

Autor	André Ricardi
Versão	5_13
Ultima alteração	Março 2014

ID	ID Associada	Solicitante	Número de Identificação	Data da Solicitação	Tipo de Mudança	Descrição da Mudança	Status / Situação	Parecer do Gerente do Projeto	Parecer do CCM	Data do Parecer do CCM	Comentários
1	1.1										
	1.2										
	1.2.1										
	1.3										
2											

FIGURA 7.21. Exemplo do RM (Registro das Mudanças).

7.54. USANDO O PROJETO-EXEMPLO

Vamos considerar que a sra. Olga resolveu que o seu orquidário poderia ser feito em uma próxima etapa, tendo em vista que o projeto *EasyHome*, neste momento, já consumiu mais recursos financeiros do que havia sido planejado. Pois bem, pode parecer desnecessário formalizar tal fato, tendo em vista que o escopo do projeto irá diminuir. Isso não é verdade. Qualquer mudança significativa, como já foi dito, deve ser formalizada e o seu impacto analisado. Não caia na tentação de acreditar que uma diminuição de escopo é sempre positiva.

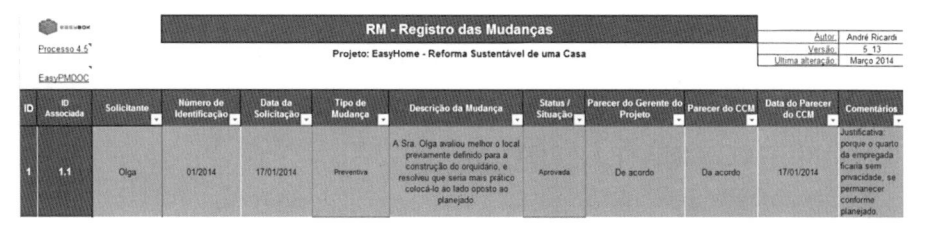

FIGURA 7.22. *EasyHome* – RM (Registro das Mudanças).

7.55. PRATICANDO NO SEU PROJETO

Agora atualize o documento **RM** da planilha *EasyPMDOC* e inclua as informações de relacionadas a alguma mudança necessária. Se tiver dúvida, consulte-nos pelo *e-mail* easybok@easybok.com.br.

Capítulo 8

Gerenciando a Equipe

8.1. OBJETIVOS DESTE CAPÍTULO

- Destacar a importância do ser humano no resultado dos projetos.
- Apresentar os processos do Guia PMBOK® relacionados à gestão da equipe do projeto.
- Analisar métodos e processos para desenvolver pessoas.
- Provocar a discussão sobre a eficiência que pode ser obtida através da construção de relacionamentos verdadeiramente humanos.

Porque estamos falando sobre processos não significa que devemos ser sistemáticos e inflexíveis. Processos são caminhos que servem como parâmetro para aumentar nossas chances de sucesso, não somente em projetos, mas em qualquer tipo de ação humana.

A definição e a implementação de processos, por incrível que possa parecer a alguns, servem de base para construir relacionamentos com um índice menor de conflitos e diferenças, se analisarmos sob o enfoque de que todos sabem o que e como deve ser feito.

O que precisa ser feito está no escopo, mas o como deve ser feito depende diretamente do grau de humanidade e respeito mútuo dos participantes de um projeto.

Somos diferentes. Não existe nenhum **Ser** igual ou exatamente equivalente a outro, em todos os aspectos. Até os gêmeos são diferentes.

> Então, a pergunta que não quer calar, é: Por que as pessoas buscam constantemente fórmulas e processos que sirvam para lidar com qualquer tipo de pessoa?
>
> Entenda que essa fórmula mágica não existe. Você precisará analisar cada pessoa de sua equipe, e adaptar seu comportamento para conseguir os resultados desejados de cada uma. Algumas atitudes servem a todos, mas certas ações precisam ser direcionadas a cada indivíduo.
>
> Desenvolver habilidades para tal é um processo longo, que exige muita dedicação, mas acima de tudo exige muito respeito e tolerância, seja qual for o tipo de relação: pai-filho, cônjuges, colegas de trabalho, amigos, vizinhos, superior-subordinado, entre tantos outros. O importante é melhorar um pouco a cada dia, estar sempre atento ao que pode ser melhorado, primeiro em você, e depois nos outros.

Todos nós temos as nossas carências. O **ser humano**, apesar de a exigência na sociedade aumentar constantemente, precisa de atenção e de se sentir valorizado. Desça do pedestal e converse com os seus subordinados. Todos vão ganhar!

As redes sociais incentivam as pessoas a conviver como se elas estivessem o tempo todo conectadas, podendo desligar ou desconectar alguém no momento que lhe for conveniente, com o espírito de: não quero mais curtir o que você está postando! Doce ilusão: quem se esconde atrás da tecnologia tem uma tendência enorme a se tornar doente, desumano, e talvez muito mais carente do que aqueles de quem está se distanciando. Milhões de "amigos" não podem ser melhores do que um amigo de verdade, que está ao seu lado quando você precisa!

PROCESSO DE MOBILIZAÇÃO DA EQUIPE DO PROJETO

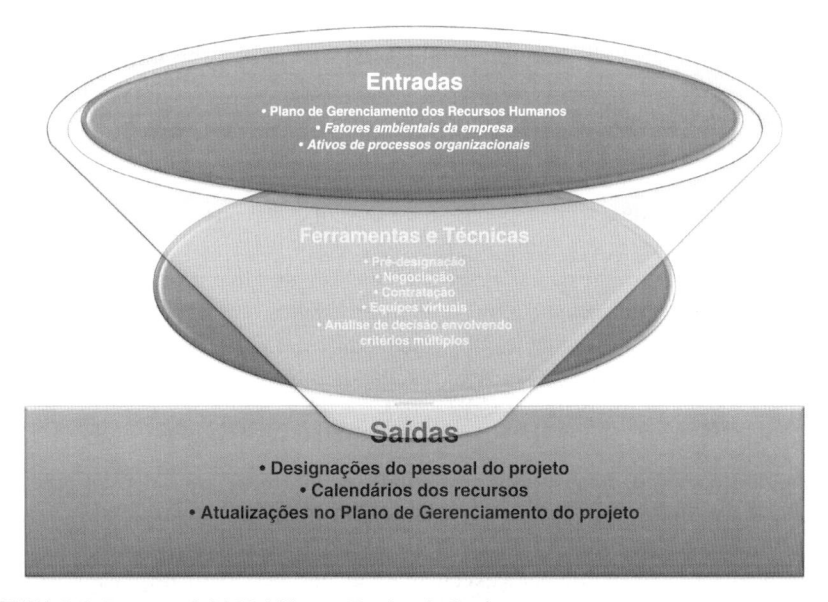

FIGURA 8.1. Processo 9.2 | Mobilizar a Equipe do Projeto.

8.2. POR QUE UTILIZÁ-LO?

Para que a equipe esteja disponível para executar as atividades do projeto, quando necessário, e de acordo com o planejado. Isso pode se dar através da alocação de funcionários da empresa ou na contratação de mão de obra temporária.

8.3. QUEM DEVE PARTICIPAR?

O **Gerente** e a **Equipe de Gerenciamento do Projeto**. Os líderes do projeto são responsáveis pela equipe do projeto. Se houver um Departamento de Recursos Humanos na empresa, certamente ele terá um papel fundamental nesse processo; ainda, se houver fornecedores contratados que envolvam alocação de profissionais na equipe do projeto, sua participação será essencial.

8.4. QUAIS OS PRINCIPAIS CUIDADOS A TOMAR?

Acreditar que as pessoas estarão disponíveis de acordo com as necessidades do projeto, e pior, com as suas necessidades pessoais, como gerente do projeto. Lembre-se também de que a empresa pode ter processos definidos para a contratação ou mobilização de pessoal, e esses períodos devem ser considerados em seu planejamento. É comum os projetos já começarem com atrasos como consequência de não se considerar esses processos, que devem ocorrer antes do início das atividades.

É necessário negociar para que não ocorram surpresas na hora de contar com as pessoas a serem alocadas no projeto. Ou seja, elas estarão disponíveis, dedicadas e comprometidas com as atividades do projeto, mesmo que seja em parte do seu horário de trabalho. É comum as pessoas serem alocadas de forma fictícia em projetos; formalmente elas estão disponíveis para tal, porém ainda estão envolvidas e comprometidas com outras atividades que não estão relacionadas ao projeto; ou as demais atividades para as quais estão alocadas tomam todo o seu tempo. Lembre-se: se você concordar com isso, o gerente do projeto é você! A cobrança será principalmente sobre você!

Mas então como lidar com isso? Números! Registre o tempo dedicado ao projeto e a outras atividades, e demonstre que as atividades do projeto não estão sendo executadas conforme planejado por outras prioridades, que podem ser legítimas, e até mesmo de interesse da empresa, porém todos devem estar conscientes de que nada irá acontecer sem as pessoas: a equipe do projeto.

Não há como acreditar que as pessoas alocadas parcialmente em atividades relacionadas à operação da empresa, ou seja, às atividades que trazem resultados imediatos, irão priorizar as atividades de projetos, que normalmente estão relacionadas a resultados futuros. Mesmo que esses resultados futuros sejam mais consistentes e significativos que os imediatos.

> Imagine a seguinte situação: um profissional de um banco está alocado parcialmente em um projeto de um novo produto, e na operação de suporte aos caixas eletrônicos que atendem aos clientes desse banco. Imagine que está previsto para hoje, para agora, ele participar e executar atividades de seu projeto, e essa rede de atendimento aos clientes tem algum problema. Pense: Qual será priorizada? Não há dúvida a respeito.

Registrar este fato irá ajudá-lo a argumentar sobre possíveis desvios nos resultados do projeto, mas certamente não garante que você sairá ileso. A cultura organizacional da empresa onde você estiver executando este projeto tem grande influência sobre como esta situação será analisada. O Guia PMBOK® inclui essa cultura no que é chamado de **Fatores Ambientais da Empresa**.

Também é muito importante validar se as pessoas designadas para o projeto, sob sua gestão, estão realmente interessadas em participar desse projeto. Mesmo que ela não esteja interessada, você poderá utilizar habilidades interpessoais para convencer e conquistar essa pessoa para a sua equipe. Um dos fatores mais significativos para o sucesso de um projeto é uma equipe motivada e interessada em fazer a diferença. Note, uma equipe, e não um indivíduo.

Cuidado com os individualistas de plantão. Eles podem trazer, em algumas situações, resultados rápidos, mas destroem uma equipe na mesma velocidade. Ninguém conquista resultados consistentes sozinho, e por muito tempo. Melhor ter pessoas comprometidas e que saibam trabalhar em equipe do que pessoas competentes que não sabem buscar o resultado em equipe. Ninguém consegue nada sozinho!

Se você, estando na função de gerente do projeto, acredita que é tão competente que trará o resultado sozinho, independentemente da equipe que está alocada, prepare-se para a queda; provavelmente ela será dolorosa, e quando ocorrer não haverá retorno, pois você não poderá contar com a equipe. Afinal, o que é uma equipe? O que é um **líder** de verdade?

8.5. PRINCIPAIS DOCUMENTOS RELACIONADOS AO PROCESSO

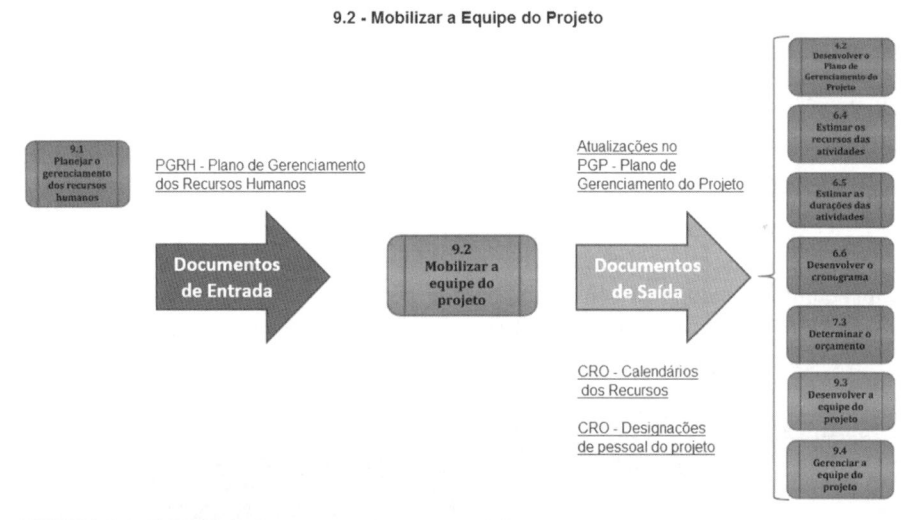

FIGURA 8.2. Principais documentos do processo 9.2.

8.6. PRINCIPAIS ENTRADAS

O **PGRH (Plano de Gerenciamentos dos Recursos Humanos)** orienta sobre como as atividades de gestão de pessoas irão acontecer durante o projeto. Ele contém os papéis e responsabilidades, organogramas e definições quanto a habilidades e competências necessárias aos profissionais da equipe do projeto.

Para esse processo, os **Fatores Ambientais da Empresa** e os **Ativos de Processos Organizacionais** têm grande influência, considerando que as decisões relacionadas ao pessoal a ser alocado na equipe do projeto pode depender de outras áreas e de outros projetos em andamento.

8.7. PRINCIPAIS FERRAMENTAS E TÉCNICAS

A **Pré-designação** é uma importante aliada do gerente do projeto. Ela por si só não garante que as pessoas, por estarem com alocação prevista no projeto, irão estar necessariamente disponíveis no momento necessário. Porém, as chances de que isso aconteça certamente aumentarão.

O Guia PMBOK® cita a **Negociação** como técnica para esse processo. O assunto é extenso para explorarmos na totalidade nesta obra, porém pode ser destacado o aspecto "Influência", que nesse caso significa convencer os interlocutores sobre a importância da participação dessas pessoas no projeto; por exemplo, ressaltando a importância desse projeto para a empresa na qual ele está sendo executado. Cuidado para não interpretar influência com conotação negativa, considerando que estaria relacionada a comportamento não ético.

Pode ser necessário utilizar **Equipes Virtuais**, se você não puder contar com as pessoas alocadas fisicamente no mesmo local. Há aspectos importantes a considerar, se for necessário. Certamente a sinergia e a comunicação da equipe serão mais difíceis de administrar; porém, se ferramentas e técnicas adequadas forem selecionadas, e de fato utilizadas, então pode ser uma alternativa extremamente positiva, considerando que você poderá contar com profissionais mais competentes do que se trabalhasse com uma equipe exclusivamente local. Os recursos de comunicação disponíveis na atualidade facilitam o uso dessa alternativa.

8.8. PRINCIPAIS SAÍDAS

O **CRO-DP (Designações do Pessoal)** associará cada atividade ao pessoal alocado na sua execução. É importante avaliar os **Calendários dos Recursos**, ou seja, qual a disponibilidade do profissional para participar do projeto. Se necessário, atualize o **PGP (Plano de Gerenciamento do Projeto)** e/ou outros documentos.

Segue modelo proposto pela estratégia *EasyBOK*:

CRO-LA - Lista de Atividades			CRO-DP - Designações de Pessoal CRO-CR - Calendário dos Recursos			
Nome da Atividade	Nome / Descrição	Função	Início Disponibilidade	Término Disponibilidade	Início Alocação	Término Alocação
4.1 - Desenvolver o Termo de Abertura do Projeto	Pedro	Gerente do Projeto				
13.1 - Identificar as partes interessadas	Pedro	Gerente do Projeto				
4.2 - Desenvolver o plano de gerenciamento do projeto	Pedro	Gerente do Projeto				

FIGURA 8.3. Exemplo do CRO-DP (Designações do Pessoal).

8.9. USANDO O PROJETO-EXEMPLO

Veja na Figura 8.4 como ficaram as alocações do pessoal nas principais atividades do projeto *EasyHome*. Mesmo em projetos simples, não deixe de formalizar quem é responsável por executar o quê. Esse procedimento evita atrasos, e principalmente evita conflitos.

CRO-LA - Lista de Atividades		CRO-DP - Designações de Pessoal CRO-CR - Calendário dos Recursos					
Nome da Atividade	Nome / Descrição	Função	Início Disponibilida de	Término Disponibilida de	Início Alocação	Término Alocação
Preparação do cômodo para a reforma da sala	Carlos	Servente					
Execução da reforma sala	José	Pedreiro					
Checar itens de qualidade sala	Paulo	Arquiteto					
Validar o escopo sala	Olga	Cliente					
Preparação do cômodo para a reforma cozinha	Carlos	Servente					
Execução da reforma cozinha	José	Pedreiro					

FIGURA 8.4. *EasyHome* – CRO-DP (Designações do Pessoal).

8.10. PRATICANDO NO SEU PROJETO

Agora preencha o documento **CRO-DP (Designações do Pessoal)** da planilha *EasyPMDOC* e inclua as informações relacionadas ao pessoal a ser alocado no seu projeto. Se tiver dúvida, consulte-nos pelo *e-mail* easybok@easybok.com.br.

PROCESSO DE DESENVOLVIMENTO DA EQUIPE DO PROJETO

Entradas
- Plano de Gerenciamento dos Recursos Humanos
- Designações do pessoal
- Calendários dos recursos

Ferramentas e Técnicas
- Habilidades interpessoais
- Treinamento
- Atividades de construção da equipe
- Regras básicas
- Agrupamento
- Reconhecimento e recompensas
- Ferramentas de avaliação dos funcionários

Saídas
- Avaliações do desempenho da equipe
- Atualizações nos fatores ambientais da empresa

FIGURA 8.5. Processo 9.3 | Desenvolver a Equipe do Projeto.

8.11. POR QUE UTILIZÁ-LO?

Para garantir que a equipe do projeto tenha as competências necessárias, não somente técnicas, mas principalmente comportamentais, no sentido de aumentar as chances de se obter um bom desempenho do projeto. Desenvolver a equipe envolve criar um ambiente de sinergia e espírito de equipe, pois são fatores essenciais para que se obtenha um desempenho diferenciado.

8.12. QUEM DEVE PARTICIPAR?

O **Gerente** e a **Equipe de Gerenciamento do Projeto**. Outras partes interessadas podem ser convidadas ou convocadas, de acordo com a necessidade, notadamente o Departamento de Recursos Humanos da empresa e consultores externos, que podem ser alocados em atividades como: treinamento, *coaching*, *mentoring* e acompanhamento dos profissionais.

8.13. QUAIS OS PRINCIPAIS CUIDADOS A TOMAR?

O primeiro deles é acreditar que as pessoas chegam "prontas de fábrica", ou seja, que quando alocadas no projeto terão todas as competências que se espera. Na maioria das vezes isso não acontece, e tanto a empresa quanto o gerente do projeto não dedicam tempo e atenção ao desenvolvimento da equipe, como indivíduo e como grupo.

> É comum encontrarmos nas empresas "chefes" que pregam o trabalho em equipe, e agem como se fossem ditadores de plantão, esmagando a equipe física e psiquicamente. O **líder** é a referência de um grupo, e se ele fala uma coisa e faz outra, terá enorme dificuldade em manter os individuos ao seu lado.

Vamos considerar que a maioria das pessoas alocadas em seu projeto já tem as competências necessárias, e que o esforço de desenvolvimento dos indivíduos será pequeno. Mesmo assim, você terá de construir um grupo específico para aquele projeto, ainda que a equipe já tenha trabalhado junto antes, em outro projeto, com as mesmas pessoas. Neste caso, cuide para que as dificuldades e diferenças de experiências anteriores sejam resolvidas antes de iniciar esse novo projeto. Uma equipe que traz situações mal resolvidas do passado pode ser pior do que uma que jamais trabalhou junto. É preciso confiança e cumplicidade para executar projetos. Pense se não é por isso que existe tanta dificuldade em entregar resultados nos projetos que você tem participado. Infelizmente, a maioria das empresas acaba por incentivar a competição frenética entre as pessoas, e cobra resultados individuais sem incentivar o trabalho em equipe, apesar de o discurso ser neste sentido. A realidade precisa estar alinhada com o discurso, sempre!

Não saia correndo no início do projeto, por conta de um cronograma apertado, sem construir um ambiente saudável dentro da equipe, e também com as principais partes interessadas. O tempo que você aparentemente irá ganhar no início pode faltar depois, se cada um caminhar para onde o seu próprio nariz estiver apontando.

8.14. PRINCIPAIS DOCUMENTOS RELACIONADOS AO PROCESSO

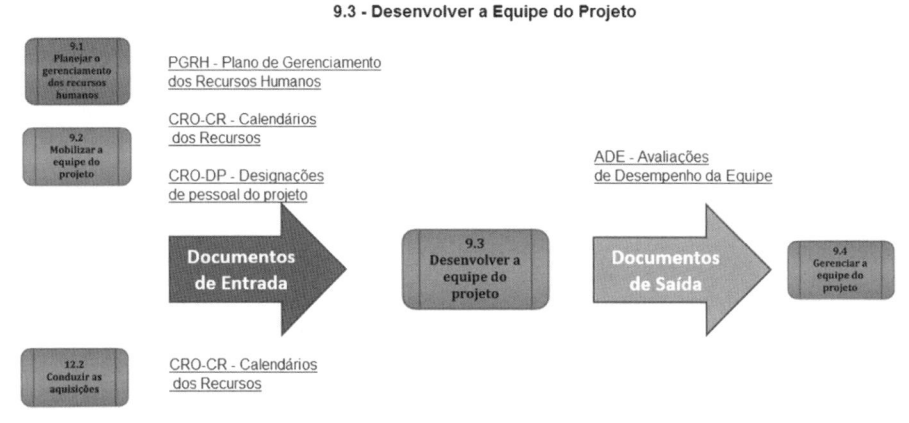

9.3 - Desenvolver a Equipe do Projeto

FIGURA 8.6. Principais documentos do processo 9.3.

8.15. PRINCIPAIS ENTRADAS

O **PGRH (Plano de Gerenciamentos dos Recursos Humanos)** contém as necessidades de pessoal para o projeto, incluindo as competências e habilidades necessárias. É base para que se possa avaliar quais os aspectos a serem desenvolvidos, tanto individualmente quanto em grupo.

O **CRO-DP (Designações do Pessoal)** serve de base para consulta do pessoal alocado na execução das atividades.

É importante considerar os **Calendários dos Recursos**, ou seja, qual a disponibilidade do profissional para participar das atividades de desenvolvimento da equipe.

8.16. PRINCIPAIS FERRAMENTAS E TÉCNICAS

As **Habilidades Interpessoais** são o maior desafio no desenvolvimento de um bom gerente de projetos. Existem inúmeras publicações sérias a respeito do assunto, e não é nosso objetivo explorar todas essas habilidades nesta obra, pois a proposta é ser *Easy* (fácil). Facilitando, a base para se tornar um profissional hábil no relacionamento interpessoal é entender que cada ser humano tem características distintas, como insistentemente está sendo citado. Não existem fórmulas prontas e mágicas, você já sabe. Então, é preciso adequar métodos e estratégias para cada interlocutor, e quando se trata de um grupo, para a "personalidade coletiva" construída pela combinação de todos os integrantes. É fácil chegar nesse ponto? Certamente não. Mas você pode, e deve, se desenvolver nesse sentido, e então estará preparado para apoiar e orientar o desenvolvimento da sua equipe.

As empresas não têm investido significativamente no **Treinamento** de seus colaboradores. Cada vez mais o profissional precisa se desenvolver, por conta própria, e então procurar espaço para trabalhar. Não se iluda de que voltaremos ao passado, quando as empresas investiam pesadamente em preparar os funcionários, pois a contrapartida não justifica este investimento. Isso porque as pessoas, em diversas organizações, já não têm tanto vínculo e comprometimento com as instituições, e mudam constantemente de emprego.

> Como em tudo, existem aspectos positivos e negativos nos dois cenários anteriores, que devem ser avaliados para cada caso. O que não pode acontecer é alocar os profissionais em atividades para as quais não estejam preparados. Isso pode ser ruim para o membro da equipe, mas também pode ser desastroso para o projeto.

O Guia PMBOK® cita a escada de Tuckman (Tuckman, 1965; Tuckman & Jensen, 1977), que é utilizada como modelo para o desenvolvimento de equipes. A Figura 8.7 ilustra essa escada, mostrando as cindo etapas a serem seguidas:

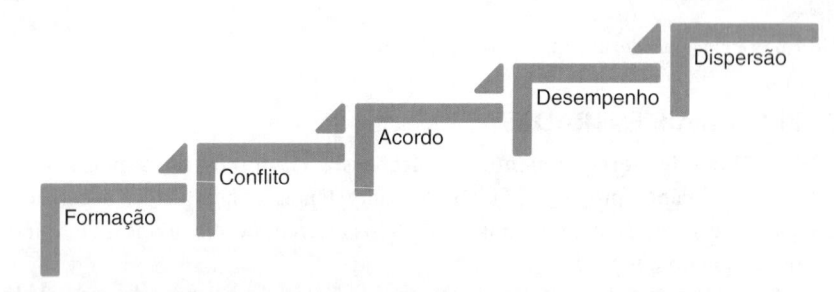

FIGURA 8.7. Escada de Tuckman.

É muito importante definir **Regras Básicas** a serem seguidas pelos membros da equipe, tais como: conduta, comunicação, trabalho em equipe, ética e normas de etiqueta.

O **Agrupamento** dos membros da equipe certamente facilita o desenvolvimento do trabalho, apesar da possibilidade de utilização de equipes virtuais.

Existem várias ferramentas e métodos de avaliação dos funcionários disponíveis no mercado. Se a empresa já adota algo específico, então está definido. Se não estiver disponível, é importante definir e executar processos de avaliação.

Outro ponto extremamente importante é a definição clara e compartilhada de **Reconhecimento** e **Recompensas**, evidentemente com base nas avaliações de desempenho. Uma equipe que tem fatores motivacionais adequados terá desempenho melhor, não há dúvida. É importante que os critérios definidos no planejamento sejam seguidos e cumpridos, pois caso contrário será um fator de extrema desmotivação.

8.17. PRINCIPAIS SAÍDAS

A **ADE (Avaliação de Desempenho da Equipe)** serve de instrumento para dar *feedback* e recompensar o bom desempenho da equipe. Por meio dela também é possível identificar oportunidades de melhorias individuais e do grupo, que podem servir de base para ajustes em treinamentos e outros instrumentos de desenvolvimento de profissionais, como *coaching* e *mentoring*.

A Figura 8.8 apresenta o modelo proposto pela estratégia ***EasyBOK***, que você pode utilizar em intervalos de tempo predefinidos no planejamento, ou em pontos de controle do projeto (marcos), como finais de fase e/ou de projeto:

ADE - Avaliação de Desempenho da Equipe

Projeto: [Apelido do Projeto] - [PITCH do Projeto]

1. Nome do membro da equipe

2. Cargo

3. Função no projeto

4. Data da avaliação

5. Comentários do membro da equipe avaliado

6. Pontos fortes

7. Oportunidades de melhoria

8. Plano de desenvolvimento

9. Já desenvolvido

10. Comentários externos à equipe do projeto

11. Comentários dos colegas de equipe

12. Comentários do avaliador

Assinatura do Avaliador

Assinatura do Gerente do Projeto

Assinatura do Membro da Equipe

FIGURA 8.8. Exemplo de ADE (Avaliação de Desempenho da Equipe).

8.18.USANDO O PROJETO-EXEMPLO

Para o *EasyHome* caberia avaliar o desempenho dos fornecedores. Escolhemos o arquiteto para exemplificar como seria uma **ADE**, considerando que nesse caso ele compõe a equipe, e não é um fornecedor.

ADE - Avaliação de Desempenho da Equipe

Projeto: EasyHome - Reforma Sustentável de uma Casa

1. **Nome do membro da equipe**
   José Santos

2. **Cargo**
   Pedreiro

3. **Função no projeto**
   Pedreiro

4. **Data da avaliação**
   24/01/2014

5. **Comentários do membro da equipe avaliado**
   Estou tendo dificuldades em aplicar métodos sustentáveis no meu trabalho.

6. **Pontos fortes**
   Dedicação e comprometimento. Profissional tem muita experiência no exercício de sua função.

7. **Oportunidades de melhoria**
   Aplicação de métodos sustentáveis de construção civil.

8. **Plano de desenvolvimento**
   Realizar um curso em uma instituição indicada pelo arquiteto.

9. **Já desenvolvido**

10. **Comentários externos à equipe do projeto**
    O cliente está muito satisfeito com o seu desempenho, e apoia o investimento no treinamento do avaliado.

11. **Comentários dos colegas de equipe**
    Todos gostam muito de trabalhar com José. Ele está sempre animado e auxiliando os colegas.

12. **Comentários do avaliador**
    José é um profissional preparado e será treinado conforme citado acima. Ele é um exemplo de trabalho em equipe e verdadeiro espírito colaborativo.

_____
Assinatura do Avaliador

_____   _____
Assinatura do Gerente do Projeto   **Assinatura do Membro da Equipe**

FIGURA 8.9. *EasyHome* – ADE (Avaliação de Desempenho da Equipe).

8.19. PRATICANDO NO SEU PROJETO

Agora preencha o documento **ADE** da planilha *EasyPMDOC* e inclua as informações de avaliação de um dos membros da equipe do projeto. Se tiver dúvida, consulte-nos pelo *e-mail* easybok@easybok.com.br.

PROCESSO DE GESTÃO DA EQUIPE DO PROJETO

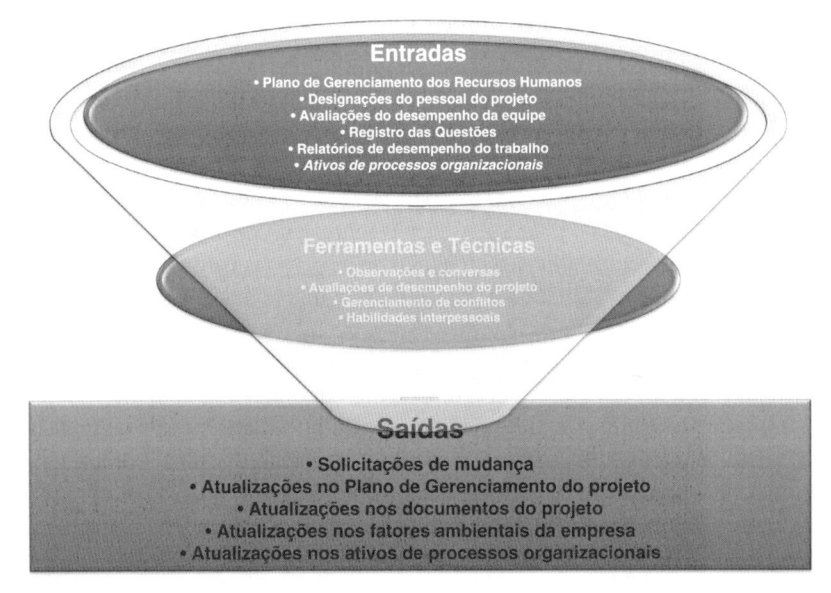

FIGURA 8.10. Processo 9.4 | Gerenciar a Equipe do Projeto.

8.20. POR QUE UTILIZÁ-LO?

Porque sem equipe você não realiza absolutamente nada em um projeto; ainda, sem a gestão adequada o grupo terá dificuldades em apresentar o resultado esperado. Envolve liderar o desempenho da equipe na execução das atividades previstas, com todas as habilidades que se espera de um líder preparado.

8.21. QUEM DEVE PARTICIPAR?

O **Gerente** e a **Equipe de Gerenciamento do Projeto**.

8.22. QUAIS OS PRINCIPAIS CUIDADOS A TOMAR?

É importante que para gerenciar projetos você tenha comportamento de líder, e não de um chefe. Gerenciar utilizando pressão e cobrança exageradas não traz bons resultados na gestão de projetos. Normalmente as pessoas que participam de projetos têm competências específicas, e portanto noção de que missões impossíveis não são positivas na execução de projetos.

É evidente que não se pode deixar de cobrar as pessoas por suas responsabilidades e compromissos, desde que seja feito de forma coerente.

> Infelizmente existe um número excessivo de gestores acreditando que pressionar de forma irracional acaba adiantando os resultados dos projetos, quando fica visível que traz malefícios tanto para as pessoas envolvidas quanto para o projeto. Exemplo clássico é o que já foi citado em escopo, quando as pessoas correm para começar a fazer logo algo que não sabem o que é.

> Incentivar o bom desempenho, através da definição de metas e recompensas, não tem a ver com pressionar de forma desproporcional e desumana.

Gerenciar a equipe, assim como as partes interessadas, envolve construir relacionamentos saudáveis, tendo por base o respeito e a confiança. Pergunte-se: Como posso confiar e respeitar alguém que fica o tempo todo me pressionando de forma inútil, pouco inteligente, e portanto de forma desrespeitosa? As pessoas irão respeitá-lo somente se forem respeitadas, e uma das formas mais destrutivas de falta de respeito é menosprezar a inteligência alheia. Já é tempo de as pessoas pararem de acreditar que pressionar em excesso resolve; pelo contrário, cria mais e mais doenças, e prejudica significativamente os projetos.

Preste muita atenção às questões levantadas pela equipe, ou que envolvam a equipe. Resolva, e se não for possível, comunique aos envolvidos. É comum gestores não darem importância às questões levantadas pela equipe, e depois cobrarem resultados que não aconteceram como consequência dessas questões não resolvidas. Este é um dos principais fatores de desmotivação que pode acontecer.

A cobrança com relação ao desempenho das equipes de projeto aumenta dia a dia, e não há como atender às necessidades sem sinergia, coerência e respeito.

> Novamente, não utilize fórmulas prontas quando estiver lidando com **seres humanos**. Peço desculpas pela insistência. Invista o seu tempo de forma diferenciada, pois certamente terá menos problemas a resolver, e mais tempo para investir no que de fato importa para você!

8.23. PRINCIPAIS DOCUMENTOS RELACIONADOS AO PROCESSO

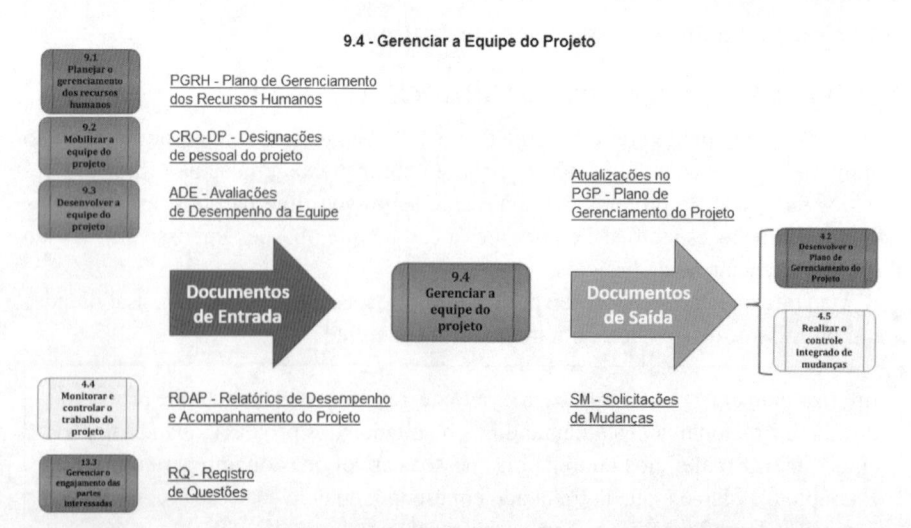

FIGURA 8.11. Principais documentos do processo 9.4 | Gerenciar a Equipe do Projeto.

8.24. PRINCIPAIS ENTRADAS

O **PGRH (Plano de Gerenciamentos dos Recursos Humanos)** contém as informações que servem de base para gerenciar a equipe do projeto, no sentido de servir de referência sobre o que foi planejado a esse respeito.

O **CRO-DP (Designações do Pessoal)** serve como fonte de consulta do pessoal alocado na execução das atividades.

A **ADE (Avaliação de Desempenho da Equipe)** serve de instrumento para avaliar se a equipe está atingindo o desempenho esperado e, em caso negativo, irá subsidiar a análise das possíveis causas para um desempenho ruim.

O **RR (Registro das Questões)** é o instrumento de controle para resolução e análise dos aspectos que podem prejudicar o projeto.

O **RDT (Relatório de Desempenho do Trabalho)** contém as informações relacionadas ao trabalho entregue pela equipe do projeto, em comparação ao que foi planejado.

8.25. PRINCIPAIS FERRAMENTAS E TÉCNICAS

Quantos gerentes alienados você conhece que não percebem o que está acontecendo a sua volta, ou então não quer perceber? É importante **observar** sinais de descontentamento da equipe e **conversar** com os seus subordinados para avaliar o que está acontecendo. O ritmo acelerado imposto no mundo corporativo, muitas vezes, acaba por massacrar as pessoas de tal forma que não percebem que há problemas, e não conversam com os seus colegas de trabalho.

> Esteja atento, converse, e resolva! Pare para observar a fisionomia das pessoas à sua volta. Se alguém vier falar com você, e o seu computador, *tablet* ou *smartphone* estiverem ligados, não dê a eles mais atenção do que ao seu interlocutor. Isso é uma tremenda falta de respeito, e como já dissemos, só é respeitado quem respeita. Os equipamentos não podem ser mais importantes do que as pessoas.
>
> Se estiver falando com alguém, pare todo o resto. Se o telefone tocar, desligue. Escuta ativa: é algo a praticar a cada momento. Você colherá os benefícios!

É preciso realizar **Avaliações de Desempenho do Projeto**, pois é impossível gerenciar problemas que se desconhece. É comum escutarmos que um projeto está indo bem, ou não, sem qualquer fundamento. As pessoas colocam impressões pessoais como se fossem verdades absolutas, sem qualquer respaldo em informações confiáveis e consistentes. Por exemplo, é impossível medir o desempenho de um projeto que foi planejado às pressas, e sem a integração e consolidação do **PGP (Plano de Gerenciamento do Projeto)**. Se não tenho com o que comparar, não há como dizer que está indo bem.

Se o projeto não foi planejado como deveria, uma técnica fundamental para sua sobrevivência será o **Gerenciamento de Conflitos**. Toda essa pressão social e corporativa que vem sendo citada acaba por deixar as pessoas em estado de estresse constante, e os conflitos são inevitáveis. Por outro lado, se o projeto foi planejado de maneira consistente, conflitos podem ser positivos, pois auxiliam na identificação de problemas e na motivação da equipe, que se sente mais produtiva e valorizada, desde que o gerenciamento de conflitos seja efetivo.

O Guia PMBOK® cita cinco técnicas gerais para resolução de conflitos:

- **Retirar/Evitar:** recuar da situação de conflito para resolver posteriormente, por exemplo com mais informações a respeito da situação.
- **Suavizar/Acomodar:** procurar reforçar as áreas onde existe acordo a respeito do conflito, muitas vezes abrindo mão de suas opiniões e necessidades.
- **Comprometer/Reconciliar:** encontrar soluções parciais ou temporárias que tragam alguma satisfação para as partes.
- **Forçar/Direcionar:** determinar que será resolvido de acordo com a vontade de uma das partes, normalmente aquela que tem poder sobre as demais.
- **Colaborar/Resolver o problema:** buscar o consenso e o comprometimento das partes, incorporando os pontos de vista e as opiniões das partes envolvidas.

A princípio pode parecer que uma técnica como retirar/evitar não é recomendada nunca. Porém, pense em um conflito no qual uma das partes está muito alterada e, neste caso, tentar resolver naquele momento pode ser traumático e ineficiente. Com os ânimos acalmados, após algum tempo, as chances de resolução do conflito podem aumentar exponencialmente.

Assim como no desenvolvimento da equipe, processo que acabamos de ver, e em todos os processos relacionados à gestão de pessoas, as **Habilidades Interpessoais** são uma técnica geral essencial para o sucesso. Algumas a destacar para o gerente de projetos:

- liderança;
- influência;
- processo decisório eficaz.

A escuta ativa, já citada, talvez seja uma que a maioria das pessoas tem muito a desenvolver. Significa que você está atento e interessado no que o outro tem a dizer, incluindo de maneira oportuna comentários de *feedback* para validar que está entendendo o que está sendo transmitido. No mundo atual é difícil, concordo, mas não impossível. Como para todas as competências, em qualquer área de atuação, é um processo de melhoria contínua e gradativa.

8.26. PRINCIPAIS SAÍDAS

A principal saída desse processo não é representada formalmente no Guia PMBOK®: uma equipe saudável, feliz e produtiva. Isso é impossível de representar em um documento formal. É o resultado de uma construção conjunta, por todos, de um relacionamento e um ambiente saudáveis. O gerente do projeto é o responsável, mas todos precisam colaborar. Conquiste àqueles que ainda não se convenceram disso, como qualquer grande líder faria.

Se for necessário mudar algo no **PGP (Plano de Gerenciamento do Projeto)** ou em outro documento qualquer, então formalize uma **SM (Solicitação de Mudanças)** e envie para apreciação do **Comitê de Controle de Mudanças (CCM).**

Mas não se esqueça: a geração e a atualização dos documentos deve ser consequência de algo que faça sentido para o projeto, e não o cumprimento de processos que você considera obrigatórios ou desnecessários. O documento só tem valor se estiver coerente e consistente com as necessidades do projeto, no momento, e se as pessoas de fato o utilizarem.

Os modelos propostos pela estratégia *EasyBOK*, e relacionados a esse processo, já foram apresentados nos processos anteriores.

8.27. USANDO O PROJETO-EXEMPLO

Vamos imaginar que foi necessário trocar o arquiteto responsável pela obra. O novo arquiteto analisa o projeto e tem uma ideia considerada genial pela sra. Olga. Veja, na Figura 8.12, como ficou a **SM (Solicitação de Mudança)** relacionada:

SM - Solicitação de Mudança

Projeto: EasyHome - Reforma Sustentável de uma Casa

1. Solicitante
   Olga

2. Número de identificação da SM
   02/2014

3. Data da solicitação
   02/03/2014

.4 Tipo de mudança
   Ação Corretiva

5. Descrição da Mudança
   Foi necessário trocar o arquiteto responsável, pois o anterior teve problemas particulares. O novo arquiteto sugeriu que o orquidário deveria ficar em frente ao quarto das meninas, pois a vista ficaria muito mais agravável.

.5 Áreas impactadas
   Escopo, tempo e custos.

.6 Entregas / Documentos impactados
   Orquidário e canil.

7. Justificativa
   Melhorar a vista do quarto das meninas, sem impacto nas demais definições.

8. Comentários adicionais
   Não há.

9. Parecer do gerente do projeto
   De acordo.

10. Parecer CCM - Comitê de Controle de Mudanças
   De acordo.

11. Status / Situação
   Aprovada

12. Data do parecer do CCM
   17/03/2014

Assinatura do Solicitante

Assinatura do Gerente do Projeto

Assinatura dos Membros do CCM

FIGURA 8.12. *EasyHome* – **SM (Solicitação de Mudança) que altera o projeto original.**

8.28. PRATICANDO NO SEU PROJETO

Agora preencha o documento **SM** da planilha *EasyPMDOC* e inclua as informações relacionadas a alguma situação de mudança para o seu projeto, e que esteja relacionada à gestão da equipe. Se tiver dúvida, consulte-nos pelo *e-mail* easybok@easybok.com.br.

PROCESSO DE MONITORAMENTO E CONTROLE DO TRABALHO DO PROJETO

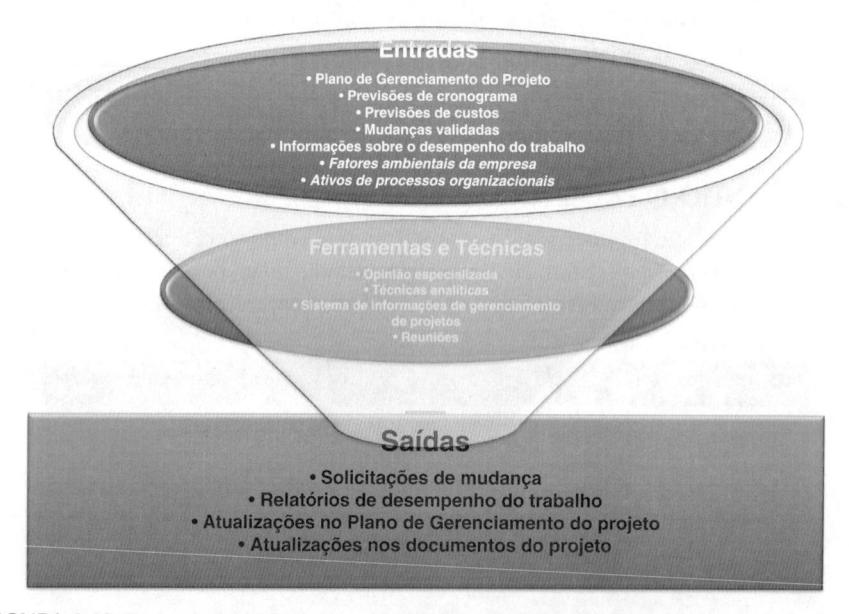

Entradas
- Plano de Gerenciamento do Projeto
- Previsões de cronograma
- Previsões de custos
- Mudanças validadas
- Informações sobre o desempenho do trabalho
- *Fatores ambientais da empresa*
- *Ativos de processos organizacionais*

Ferramentas e Técnicas
- Opinião especializada
- Técnicas analíticas
- Sistema de informações de gerenciamento de projetos
- Reuniões

Saídas
- Solicitações de mudança
- Relatórios de desempenho do trabalho
- Atualizações no Plano de Gerenciamento do projeto
- Atualizações nos documentos do projeto

FIGURA 8.13. Processo 4.4 | Monitorar e Controlar o Trabalho do Projeto.

8.29. POR QUE UTILIZÁ-LO?

Para que você tenha controle sobre o que está acontecendo, ou não, durante todo o ciclo de vida do projeto. Pense em quantas vezes você já viu alguém sendo surpreendido em uma reunião de acompanhamento de um projeto por não saber a situação de determinado aspecto, ou questão em aberto. Pense em quantas vezes você presenciou alguém que não sabe responder se um projeto está indo bem ou não, ou ainda respondendo que está indo bem, mas sem convencer ninguém a esse respeito.

Monitorar e ter controle sobre o trabalho do projeto é básico na função de gerente de projetos.

8.30. QUEM DEVE PARTICIPAR?

O **Gerente** e a **Equipe de Gerenciamento do Projeto**. Outras partes interessadas podem ser convidadas ou convocadas, de acordo com a necessidade, como por exemplo um Escritório de Gerenciamento de Projetos (EGP ou PMO – *Project Management Office*), ou áreas de controle das empresas envolvidas com o projeto. Dependendo do projeto, podem existir empresas independentes que participam desse processo.

8.31. QUAIS OS PRINCIPAIS CUIDADOS A TOMAR?

Não basta você convencer as partes interessadas de que o projeto está sob controle, se ele de fato não estiver. Da mesma forma, não adianta você ter o projeto sob controle, se não convencer as partes interessadas de que isso é verdade. Conclusão: é preciso ter controle efetivo e convencer os demais a esse respeito.

Já foi citado nesta obra, em mais de uma ocasião, que um planejamento consistente e realista é a principal base para que se possa medir o desempenho de um projeto. Monitorar é comparar o resultado da execução com o que foi planejado. Então, é preciso um plano e informações consistentes para se ter sucesso nesse processo.

Também envolve um dos maiores erros que se comete no mercado: apresentar informações irreais ou falsas sobre o desempenho do projeto, acreditando que isso será positivo. Não é! Acredite!

> Se você tem controle sobre a situação, e tem certeza de que pode recuperar algum desvio do projeto, então você pode omitir, mas nunca mentir. Agora, para tal, é importante ter domínio total sobre a situação. Se não for este o caso, seja sincero e apresente as informações sem qualquer manipulação ou omissão. Convide os demais a resgatar o controle do projeto, pois na maioria das vezes o desvio não é responsabilidade do gerente do projeto, ou pelo menos não somente dele.

Não caia na tentação de mentir, porque normalmente a situação vai piorando cada vez mais, até ficar insustentável. Então começa a caça às cabeças a serem cortadas. Muitos projetos perdem profissionais sérios e competentes por conta deste tipo de situação. Não atire no próprio pé.

Existem muitos profissionais no mercado que usam a verdade como base para construir relacionamentos, apesar de o mercado, em muitas situações, valorizar o comportamento contrário. O fato é que aqueles que utilizam métodos escusos, se caírem, dificilmente conseguem se recuperar, pois seus aliados certamente têm os mesmos valores, e estão muito preocupados com o próprio umbigo para ajudá-los. Os que são verdadeiros e éticos constroem relacionamentos com pessoas de comportamento semelhante, e quando enfrentam dificuldades serão ajudados, de verdade e com ética. Colhemos aquilo que plantamos, em todos os aspectos da vida, sempre.

8.32. PRINCIPAIS DOCUMENTOS RELACIONADOS AO PROCESSO

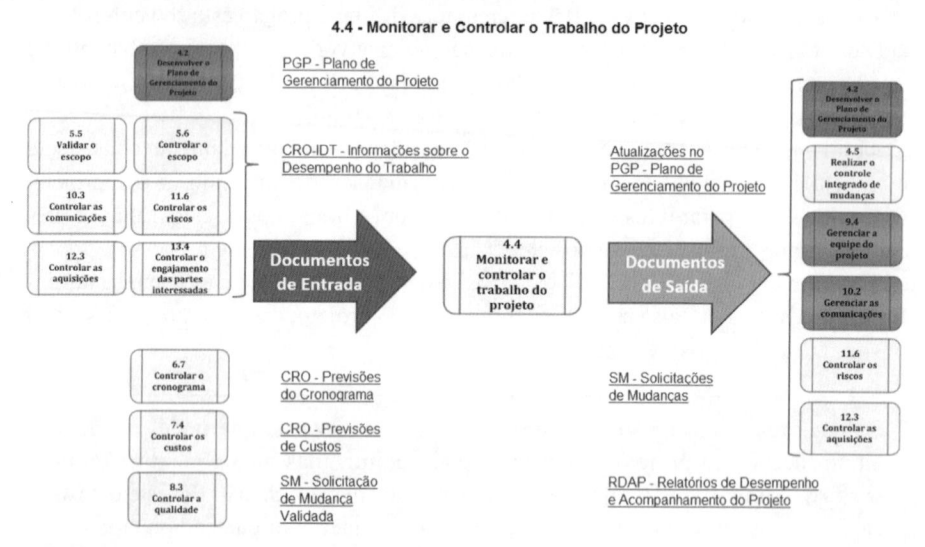

FIGURA 8.14. Principais documentos do processo 4.4.

8.33. PRINCIPAIS ENTRADAS

O **PGP (Plano de Gerenciamento do Projeto)**, com todos os seus planos auxiliares e suas linhas de base, contém informações fundamentais para esse processo.

As **Previsões de Cronograma** e as **Previsões de Custos** serão comparadas com as **Informações sobre o Desempenho do Trabalho**, sendo que todas estão detalhadas no **CRO (Cronograma do Projeto)**.

As **SM (Solicitações de Mudanças), validadas** pelo processo de controle da qualidade, que estarão documentadas no **RM (Registro das Mudanças)**, serão controladas e reportadas por esse processo.

8.34. PRINCIPAIS FERRAMENTAS E TÉCNICAS

O Guia PMBOK® cita as **Técnicas Analíticas** para esse processo. Destacamos, a seguir, as mais utilizadas:

- **Análise de regressão:** avaliar o passado e os resultados conseguidos até o momento.
- **Análise causal e de causa-raiz:** analisar possíveis causas para os resultados positivos e negativos.
- **Métodos de previsão e Análise de tendências:** antecipar e analisar os resultados futuros; por exemplo, através de análise de cenários ou simulação.

- **Análise de reservas:** principalmente as reservas gerenciais e de contingências.
- **Análise de variação:** medir o resultado atingido em comparação com o planejado.
- **Gerenciamento de valor agregado:** resumidamente, comparar o trabalho realizado do projeto com relação às estimativas de tempo e custos. Vamos abordar o assunto com mais detalhes no próximo capítulo, especificamente nos processos de controle de cronograma e de custos.

8.35. PRINCIPAIS SAÍDAS

O **RDT (Relatório de Desempenho do Trabalho)** inclui qualquer tipo de documento utilizado para encaminhar informações sobre o desempenho do trabalho realizado, seja por indivíduos ou por grupos. Também pode estar relacionado ao projeto como um todo.

Para a proposta *EasyBOK*, adotamos o **RDT** como um relatório de atividades técnicas e específicas de indivíduos ou grupos específicos, e o **RDAP (Relatório de Desempenho e Acompanhamento do Projeto),** como um consolidador e integrador das informações.

Seguem modelos propostos pela estratégia *EasyBOK*:

FIGURA 8.15. Exemplo do RDT (Relatório de Desempenho do Trabalho).

RDAP - Relatório de Desempenho e Acompanhamento do Projeto

Projeto: [Apelido do Projeto] - [PITCH do Projeto]

Data base:

1. Análise do desempenho até o momento

2. Previsões conforme planejado

3. Previsões considerando desempenho até o momento

4. Situação atual dos riscos

5. Situação atual das questões

6. Trabalho concluído durante o período

7. Trabalho a ser concluído no próximo período

8. Resumo das mudanças aprovadas no período

9. Gerenciamento de Valor Agregado

10. Outras informações relevantes

FIGURA 8.16. Exemplo do RDAP (Relatório de Desempenho e Acompanhamento do Projeto).

8.36. USANDO O PROJETO-EXEMPLO

Para exemplificar, veja, na Figura 8.17, um RDT específico do empreiteiro destinado ao sr. Pedro, consolidando as atividades que ele está gerenciando.

RDT - Relatório de Desempenho do Trabalho

Projeto: EasyHome - Reforma Sustentável de uma Casa

1. Responsável
    José

2. Data base do relatório
    24/01/2014

3. Principais atividades em execução (com %)
    Execução da reforma da sala

.4 Próximas atividades a executar
    Execução da reforma da cozinha

5. Comentários gerais
    Estou enfrentando dificuldades em executar meu trabalho com métodos sustentáveis.

6. Questões
    Necessidade de treinamento específico.

7. Mudanças
    Incluir no cronograma atividades de treinamento do profissional.

_____
Assinatura do Responsável

FIGURA 8.17. *EasyHome* – RDT (Relatório de Desempenho do Trabalho).

Então, o sr. Pedro consolidou estas e outras informações em um RDAP.

RDAP - Relatório de Desempenho e Acompanhamento do Projeto

Projeto: EasyHome - Reforma Sustentável de uma Casa

Data base: 24/01/2014

1. Análise do desempenho até o momento

O projeto apresenta um bom desempenho até o momento. Todas as atividades foram executadas conforme previsto no planejamento.
IDP = 1,00
IDC = 1,00

2. Previsões conforme planejado

EPT = R$ 75.000,00
ENT = R$ 150.000,00
VNT = R$ 0,00
Data de término = 17/abril/14

3. Previsões considerando desempenho até o momento

Considerando que o desempenho está dentro do esperado, as previsões são as mesmas do item anterior.

4. Situação atual dos riscos

A mudança de local do orquidário pode provocar atraso e aumento no custo previsto para o projeto.

5. Situação atual das questões

Todas estão resolvidas.

6. Trabalho concluído durante o período

Execução da reforma da sala.

7. Trabalho a ser concluído no próximo período

Execução da reforma da cozinha.

8. Resumo das mudanças aprovadas no período

02/2014 - Mudança do local do orquidário.

9. Gerenciamento de Valor Agregado

IDP = 1,00
IDC = 1,00
VPR = 0
VC = 0

10. Outras informações relevantes

Nada a declarar.

FIGURA 8.18. *EasyHome* – **RDT (Relatório de Desempenho do Trabalho).**

8.37. PRATICANDO NO SEU PROJETO

Agora preencha os documentos **RDT e RDAP** da planilha *EasyPMDOC* e inclua as informações de seu projeto. Se tiver dúvida, consulte-nos pelo *e-mail* easybok@ easybok.com.br.

Capítulo 9

Gerenciando o Desempenho do Projeto

9.1. OBJETIVOS DESTE CAPÍTULO

- Orientar como medir o desempenho do projeto.
- Mostrar como utilizar estas medições para corrigir eventuais desvios.
- Demonstrar como garantir que as entregas do projeto estão atendendo aos padrões de qualidade.
- Avaliar de que forma validar as entregas quanto ao atendimento dos requisitos de produto.
- Orientar como evidenciar às partes interessadas qual a real situação do projeto.

É comum as pessoas darem mais atenção aos problemas do que à sua prevenção. Alegam que não há tempo para prevenir, mas estão constantemente "apagando incêndios".

Não é possível medir de forma confiável o desempenho de um projeto:

1. Sem definição clara e completa do escopo.
2. Sem planejamento realista e consistente.
3. Sem monitoramento e controle adequado e periódico.
4. Tentando esconder das partes interessadas problemas.
5. Não resolvendo as questões pendentes.
6. Sem a verdade e a responsabilidade de corrigir eventuais desvios.

Não há como engajar partes interessadas sem evidenciar a real situação de um projeto. É preciso ser ético e ter a responsabilidade de assumir como de fato está o projeto, sem deixar de cobrar os compromissos de todos, com profissionalismo e respeito.

> Projetos não podem ser confrarias ou irmandades, em que as pessoas se protegem pela amizade, mas também não precisam se tornar a causa de insatisfação e desconforto de seus participantes.

Controle e cobrança são necessários, porém não devem causar doenças físicas e mentais. Achar o ponto de equilíbrio para cada participante é uma das missões mais difíceis para o gerente do projeto.

PROCESSO DE GARANTIA DA QUALIDADE

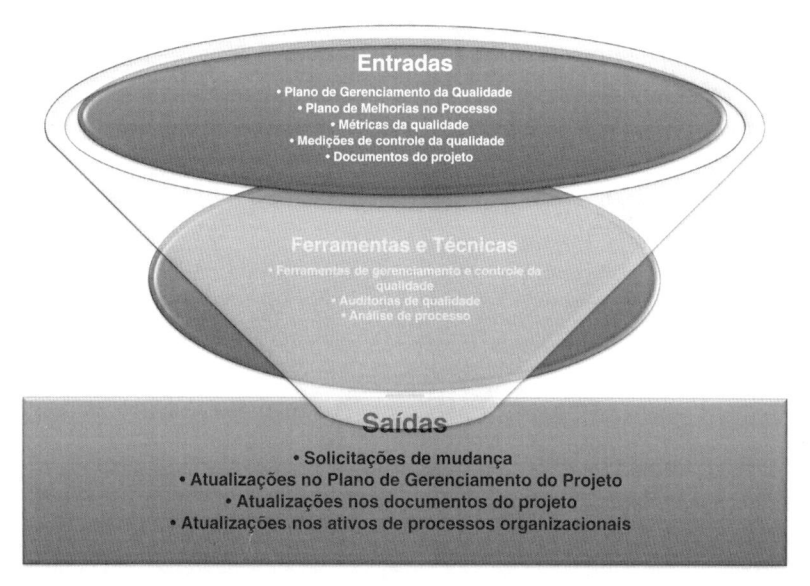

FIGURA 9.1. Processo 8.2 | Realizar a garantia da qualidade.

9.2. POR QUE UTILIZÁ-LO?

Porque ninguém gosta de receber um resultado abaixo de sua expectativa, principalmente um cliente. Mesmo que o cliente seja interno, um projeto só pode ter sucesso se atender aos requisitos de qualidade que foram definidos no processo **Coletar os Requisitos**.

Mas a qualidade não está relacionada somente ao produto. Há de se melhorar a eficiência dos processos. Todos os processos executados durante o projeto, sejam eles específicos de gerenciamento ou não, devem ser objeto de análise para identificação de possíveis melhorias. É importante reduzir o desperdício e eliminar as atividades que não agregam valor.

9.3. QUEM DEVE PARTICIPAR

O **Gerente** e a **Equipe de Gerenciamento do Projeto**. Se existir um Departamento de Qualidade, ou profissionais especializados, assegure-se de que eles estejam cientes e disponíveis para participar das atividades de garantia da qualidade do projeto.

9.4. QUAIS OS PRINCIPAIS CUIDADOS A TOMAR?

Para que se tenha qualidade em projetos, é essencial que as expectativas das partes interessadas estejam documentadas e aprovadas, a fim de evitar subjetividade na avaliação e comprovação da qualidade. Se a coleta de requisitos foi realizada com atenção e detalhamento, então o projeto terá requisitos de qualidade consistentes e verificáveis, no sentido de minimizar possíveis conflitos ou deficiências.

Fique atento a formadores de opinião que comentam, sem fundamentação, que o projeto está sem qualidade. Você estará protegido de informações levianas se tudo estiver alinhado e todos estiverem cientes do que deve ser cumprido, tanto relacionado às entregas quanto aos processos a serem executados.

9.5. PRINCIPAIS DOCUMENTOS RELACIONADOS AO PROCESSO

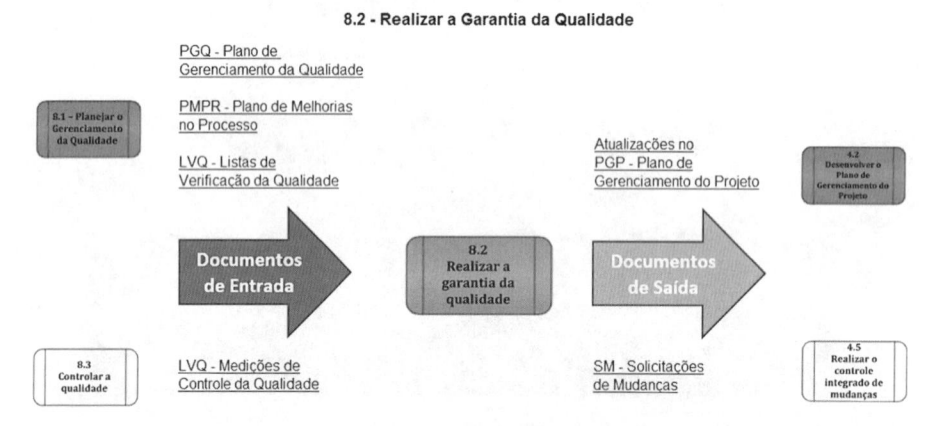

FIGURA 9.2. Principais documentos do processo 8.2 | Realizar a garantia da qualidade.

9.6. PRINCIPAIS ENTRADAS

O **PGQ (Plano de Gerenciamento da Qualidade)** define como as atividades de garantia da qualidade serão executadas. Ele também contém as **Métricas da Qualidade**, que serão utilizadas para avaliar se os atributos estão dentro das variações permitidas, comparando com as **Medições de Controle da Qualidade**.

O **PMPR (Plano de Melhorias no Processo)** orienta sobre como os processos serão avaliados quanto à eficiência, e como as melhorias serão sugeridas e documentadas.

9.7. PRINCIPAIS FERRAMENTAS E TÉCNICAS

Você pode utilizar nesse caso as mesmas ferramentas e técnicas dos processos Planejar o Gerenciamento da Qualidade e Controlar a Qualidade. Além dessas, vale destacar:

- **Diagramas de afinidades:** conecta ideias para organizar o pensamento, de forma semelhante aos mapas mentais.

FIGURA 9.3. Exemplo de Diagrama de afinidades.

- **Gráfico do programa do processo de decisão (GPPD):** estrutura as etapas necessárias para atingir determinada meta.

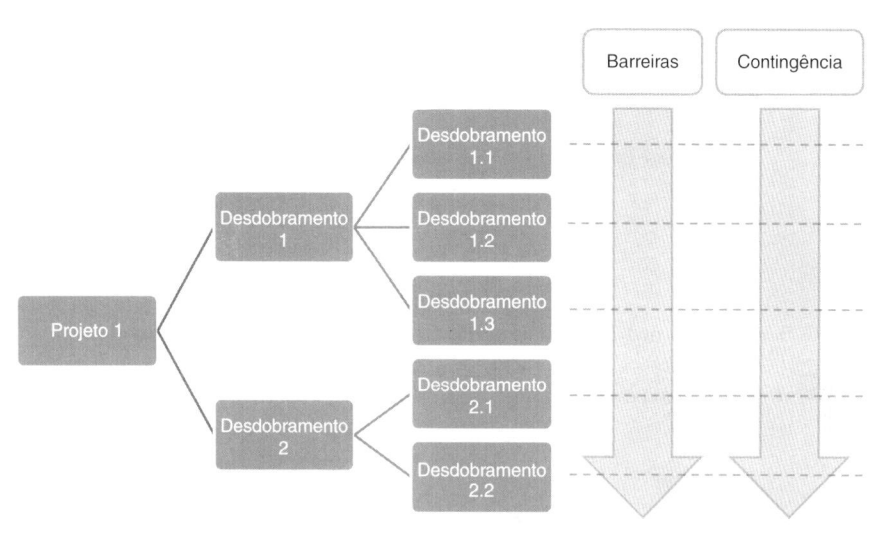

FIGURA 9.4. Exemplo de GPPD.

- **Diagramas de inter-relacionamentos**: apresentam relacionamentos lógicos para organizar cenários moderadamente complexos.

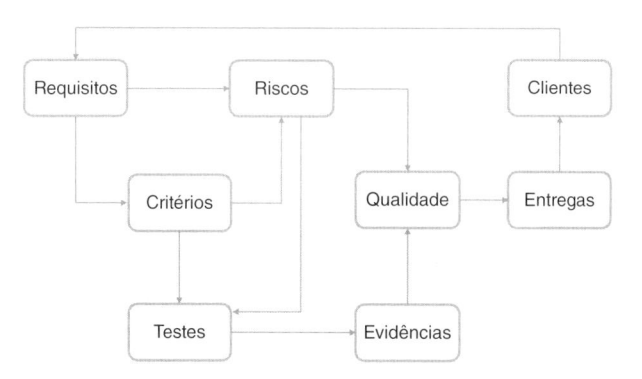

FIGURA 9.5. Exemplo de Diagrama de inter-relacionamento.

- **Diagramas de árvore**: semelhante a estruturas como **EAP (Estrutura Analítica do Projeto)** e **EAR (Estrutura Analítica dos Riscos)**, são diagramas sistemáticos usados para representar a hierarquia de decomposição. Auxiliam na tomada de decisão.

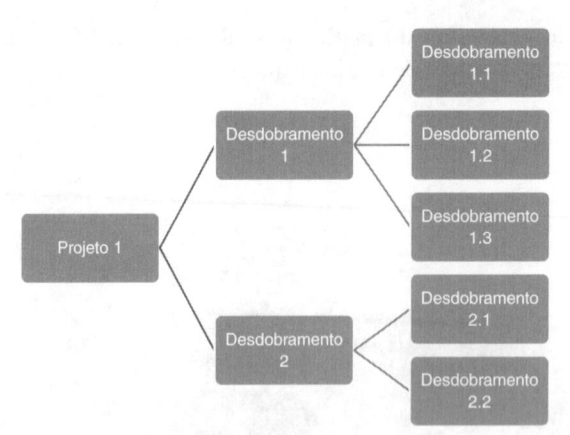

FIGURA 9.6. Exemplo de Diagrama de árvore.

- **Matriz de priorização:** identifica questões e alternativas a serem priorizadas.

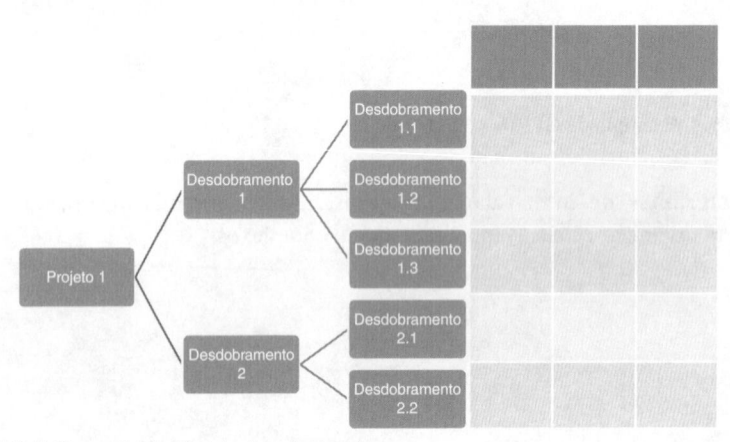

FIGURA 9.7. Exemplo de Matriz de priorização.

- **Diagramas de rede das atividades:** representam graficamente a sequência das atividades a serem executadas.

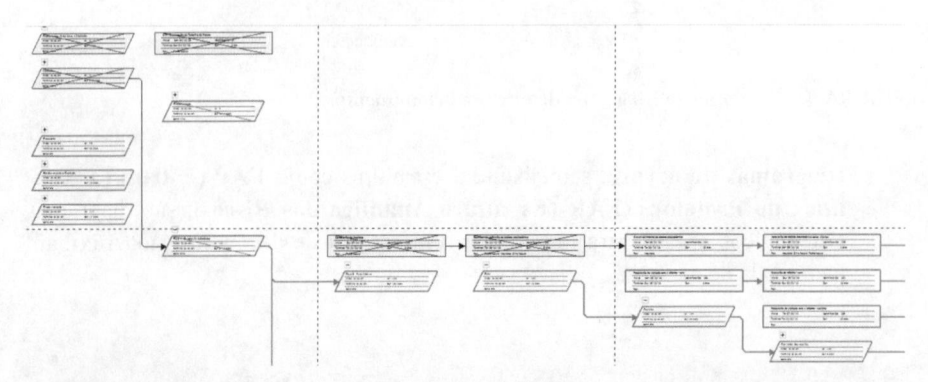

FIGURA 9.8. Exemplo de Diagrama de rede das atividades.

- **Diagramas matriciais:** representam relacionamentos entre fatores, causas e objetivos através de uma estrutura matricial.

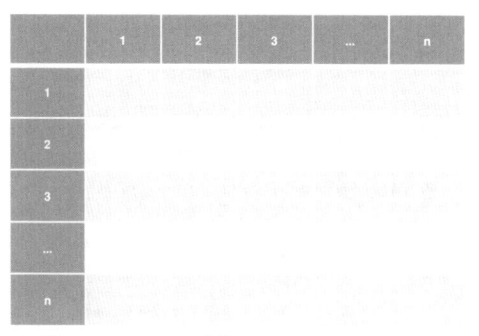

FIGURA 9.9. Exemplo de Diagrama matricial.

As **Auditorias da qualidade** são revisões estruturadas e independentes para verificar se as políticas, os processos e os procedimentos da organização e do projeto estão sendo cumpridos. Para identificar possíveis melhorias, é utilizada a **Análise de processos**.

9.8. PRINCIPAIS SAÍDAS

A garantia de qualidade pode gerar **SM (Solicitações de Mudanças)** e atualizações no **PGP** e nos demais documentos do projeto.

Segue modelo proposto pela estratégia *EasyBOK*:

SM - Solicitação de Mudança

Projeto: [Apelido do Projeto] - [PITCH do Projeto]

1. Solicitante — Inspetor de qualidade	2. Número de identificação da SM
3. Data da solicitação — Data da inspeção	.4 Tipo de mudança — Reparo de Defeito
5. Descrição da Mudança — Adequar o produto entregue porque ele não atende ao requisito de qualidade XYZ.	
6. Áreas impactadas — Qualidade	7. Entregas / Documentos impactados — Entrega X.
8. Justificativa — Adequar a entrega aos requisitos de qualidade.	9. Comentários adicionais
10. Parecer do gerente do projeto — De acordo.	11. Parecer CCM - Comitê de Controle de Mudanças — De acordo.
12. Status / Situação — Aprovada	13. Data do parecer do CCM

Assinatura do Solicitante

Assinatura do Gerente do Projeto   Assinatura dos Membros do CCM

FIGURA 9.10. Exemplo de uma SM (Solicitação de Mudança) gerada por uma auditoria da qualidade.

9.9. USANDO O PROJETO-EXEMPLO

A Sra. Olga identificou uma oportunidade de melhoria no processo de aproveitamento de materiais da reforma de sua casa. A Figura 9.11 mostra a **SM (Solicitação de Mudança)** que formaliza essa alteração.

SM - Solicitação de Mudança

Projeto: EasyHome - Reforma Sustentável de uma Casa

1. Solicitante
   Olga

2. Número de identificação da SM
   07/2014

3. Data da solicitação
   25/03/2014

.4 Tipo de mudança
   Reparo de Defeito

5. Descrição da Mudança
   Instalação da pia na cozinha não está adequada aos padrões estabelecidos. A altura deveria ser de 1,50 m, e ela está instalada a 1,40 m.

6. Áreas impactadas
   Qualidade e custos.

7. Entregas / Documentos impactados
   Cozinha

8. Justificativa
   Adequar a entrega aos requisitos de qualidade.

9. Comentários adicionais
   As despesas correrão por conta do empreiteiro.

10. Parecer do gerente do projeto
    De acordo.

11. Parecer CCM - Comitê de Controle de Mudanças
    De acordo.

12. Status / Situação
    Aprovada

13. Data do parecer do CCM
    25/03/2014

Assinatura do Solicitante

Assinatura do Gerente do Projeto

Assinatura dos Membros do CCM

FIGURA 9.11. *EasyHome* – **Exemplo de SM (Solicitação de Mudança) relacionada a uma melhoria no processo.**

9.10. PRATICANDO NO SEU PROJETO

Agora preencha uma **SM** na planilha *EasyPMDOC* do seu projeto, simulando uma melhoria em um processo de gerenciamento. Atualize o seu **RM**. Se tiver dúvida, consulte-nos pelo *e-mail* easybok@easybok.com.br.

PROCESSO DE CONTROLE DO ESCOPO

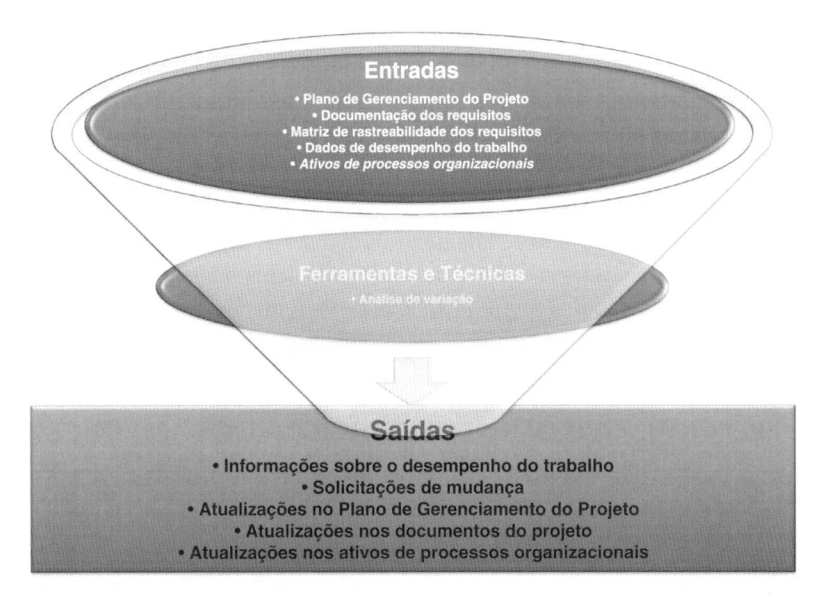

Entradas
- Plano de Gerenciamento do Projeto
- Documentação dos requisitos
- Matriz de rastreabilidade dos requisitos
- Dados de desempenho do trabalho
- *Ativos de processos organizacionais*

Ferramentas e Técnicas
- Análise de variação

Saídas
- Informações sobre o desempenho do trabalho
- Solicitações de mudança
- Atualizações no Plano de Gerenciamento do Projeto
- Atualizações nos documentos do projeto
- Atualizações nos ativos de processos organizacionais

FIGURA 9.12. Processo 5.6 | Controlar o escopo.

9.11. POR QUE UTILIZÁ-LO?

Para garantir que o escopo do produto seja entregue na sua totalidade e que o escopo do projeto seja executado integralmente. Ou seja, que tudo seja entregue conforme combinado, e somente isso, e que todas as atividades planejadas sejam executadas, e nada mais do que isso. Evidentemente que mudanças podem ser necessárias, mas se essa mudança exigir alterações na **LBE (Linha de Base do Escopo)**, então deverá ser formalizada através de uma **SM (Solicitação de Mudança)** e aprovada pelo **CCM (Comitê de Controle de Mudanças)**.

9.12. QUEM DEVE PARTICIPAR?

O **Gerente** e a **Equipe de Gerenciamento do Projeto**. Dependendo da alteração necessária, ou pelo menos da solicitação ou questionamento, o Cliente e o Patrocinador podem participar desse processo, bem como qualquer outra parte interessada envolvida.

9.13. QUAIS OS PRINCIPAIS CUIDADOS A TOMAR?

O principal é não querer agradar o cliente a qualquer custo, fazendo tudo o que ele pede, e acreditando que isso será benéfico a você e ao projeto. É comum nas organizações, principalmente quando se trata de uma consultoria, os profissionais e as empresas acreditarem que é uma boa política "ser bonzinho" com o cliente e as demais partes interessadas. Ledo engano. É bem melhor entregar o que foi prometido e contratado, dentro do orçamento, no prazo e com a qualidade planejados. Se você aceitar mudanças no escopo poderá perder o controle, e não conseguir cumprir com o prometido e com o planejado. Então, tudo será esquecido, principalmente se a pessoa a quem você queria agradar for cobrada pelos seus superiores.

> Se mudanças forem solicitadas, o que é esperado, formalize essa solicitação e obtenha a aprovação, conforme o processo definido para o controle de mudanças.

Você não precisa negar tudo ao cliente e aos demais. Basta ter controle sobre essas mudanças, e mostrar a todos os envolvidos o impacto dessa mudança no planejamento do projeto. O que não pode é fingir que não ocorrerão mudanças no plano, ou aceitar as mudanças sem qualquer ajuste nesse mesmo plano.

9.14. PRINCIPAIS DOCUMENTOS RELACIONADOS AO PROCESSO

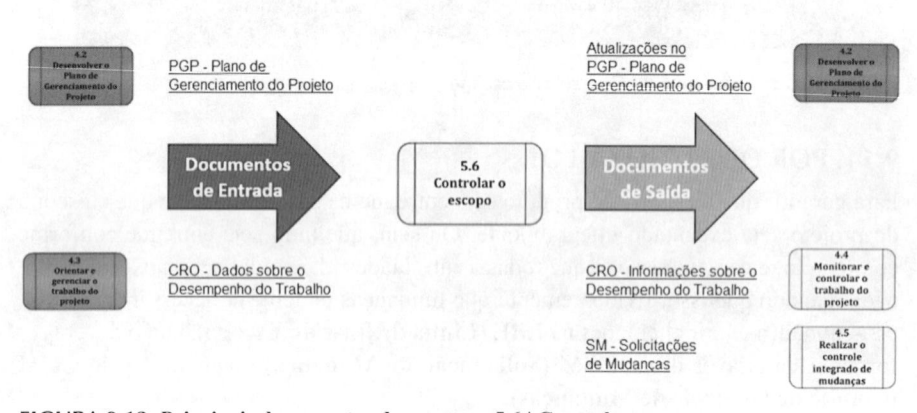

FIGURA 9.13. Principais documentos do processo 5.6 | Controlar o escopo.

9.15. PRINCIPAIS ENTRADAS

O **PGP (Plano de Gerenciamento do Projeto)** e os documentos que o compõem, com destaque para:

- a **LBE (Linha de Base do Escopo)**, que contém todas as informações relacionadas ao escopo;
- o **PGE (Plano de Gerenciamento do Escopo)**, que define como o escopo será controlado;
- o **Plano de Gerenciamento das Mudanças**, que compõe o **PGP**, e define como as mudanças serão gerenciadas;
- o **Plano de Gerenciamento da Configuração**, que também compõe o **PGP**, e está relacionado a itens que são passíveis de controle de configuração, ou seja, que requerem uma mudança formal para serem alterados;

- o **PGRE (Plano de Gerenciamento dos Requisitos)**, que define como os requisitos serão gerenciados. Uma mudança de requisitos certamente representa uma mudança no escopo.

A **DMRR (Documentação e Matriz da Rastreabilidade dos Requisitos)** contém informações importantes para avaliar se o escopo está sob controle.

9.16. PRINCIPAIS FERRAMENTAS E TÉCNICAS

A **Análise da Variação** é a determinação da causa e das diferenças entre a linha de base (o planejado) e o desempenho do projeto. É importante identificar as causas dessas variações, a fim de ajustar o plano e evitar novos desvios.

9.17. PRINCIPAIS SAÍDAS

As **Informações sobre o desempenho do trabalho** serão documentadas no **CRO (Cronograma do Projeto)**. Elas serão fonte para gerar os relatórios de desempenho do projeto.

Segue modelo proposto pela estratégia *EasyBOK*:

ID	ID Associada	Marco	Fase do Projeto	Entrega associada EAP	Nome da Atividade	% Concluído Estimado	% Concluído Replanejado	% Concluído Real
					CRO-LA - Lista de Atividades	CRO-IDT - Informações sobre o Desempenho do Trabalho (Avanço-Prazo)		
1	1.1	Iniciação	GP	TAP	4.1 - Desenvolver o Termo de Abertura do Projeto			
	1.2		GP	RPI	13.1 - Identificar as partes interessadas			

FIGURA 9.14. Exemplo de Informações sobre o desempenho do trabalho no CRO (Cronograma do Projeto).

9.18. USANDO O PROJETO-EXEMPLO

Simulamos uma situação de alteração de escopo do projeto *EasyHome*, gerada por um desejo da sra. Olga. Ela quer incluir uma área coberta adicional no quintal da casa, que permita aos cães terem um local onde se proteger durante dias de tempo ruim. Veja na Figura 9.15 como ficaram as informações de desempenho do projeto em consequência dessa alteração.

ID	ID Associada	Marco	Fase do Projeto	Entrega associada EAP	Nome da Atividade	% Concluído Estimado	% Concluído Replanejado	% Concluído Real
					CRO-LA - Lista de Atividades	CRO-IDT - Informações sobre o Desempenho do Trabalho (Avanço-Prazo)		
49	6.1	Fase 1	Interna	Sala	Preparação do cômodo para a reforma da sala	100%		100%
50	6.1.1		Interna	Sala	Execução da reforma sala	100%		100%
51	6.1.2		Interna	Sala	Checar itens de qualidade sala	100%		100%
52	6.1.3		Interna	Sala	Validar o escopo sala	100%		100%
53	6.2		Interna	Cozinha	Preparação do cômodo para a reforma cozinha	50%		50%
54	6.2.1		Interna	Cozinha	Execução da reforma cozinha			

FIGURA 9.15. *EasyHome* – Informações sobre o desempenho do projeto no CRO (Cronograma do Projeto).

Observe que a linha de base do escopo foi atualizada, e a partir da aprovação desta mudança ela deve ser considerada pelo tempo restante do projeto, ou então até que uma nova mudança seja aprovada e incorporada ao projeto.

9.19. PRATICANDO NO SEU PROJETO

Agora atualize as informações da planilha *EasyPMDOC* do seu projeto, simulando uma situação de aumento de escopo. Se tiver dúvida, consulte-nos pelo *e-mail* easy-bok@easybok.com.br.

PROCESSO DE CONTROLE DO CRONOGRAMA

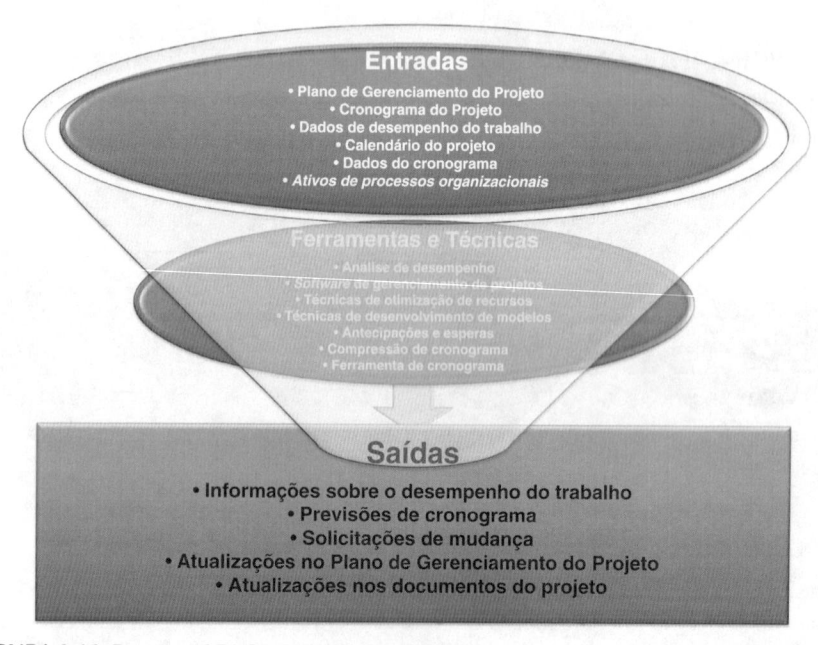

FIGURA 9.16. Processo 6.7 | Controlar o cronograma.

9.20. POR QUE UTILIZÁ-LO?

Para acompanhar o andamento do projeto, através da atualização do cronograma, bem como da comparação do planejado com o realizado. Não tente fazer isso sem o uso de uma ferramenta de mercado, tendo em vista que existem várias gratuitas e de boa qualidade disponíveis.

As mudanças necessárias no cronograma devem ser analisadas considerando:

* a situação atual do projeto;
* os fatores geradores da necessidade de mudança;
* o controle sobre as mudanças necessárias.

9.21. QUEM DEVE PARTICIPAR?

O **Gerente** e a **Equipe de Gerenciamento do Projeto**. Outras partes interessadas podem ser convidadas ou convocadas, de acordo com a necessidade. Por exemplo, se o seu projeto for grande e complexo, pode existir uma parte da equipe alocada exclusivamente ao planejamento e controle do cronograma.

9.22. QUAIS OS PRINCIPAIS CUIDADOS A TOMAR?

Criar um cronograma consistente, realista e confiável durante o planejamento e abandoná-lo no decorrer da execução do projeto pode ser pior do que não tê-lo. É evidente que um cronograma deve ter todas as características citadas, mas ele deve permanecer assim durante todo o projeto. É comum o gerente do projeto, ou o responsável pelo cronograma, abandonar essa atualização alegando "falta de tempo", ou então por pressões de partes interessadas para que não evidencie que existe desvio em relação ao planejado. Acredite, não é possível esconder a verdade por muito tempo, mesmo que alguns finjam que tudo está bem.

Um cronograma atualizado e "verdadeiro" é a base para a condução da execução e controle adequados de qualquer projeto, seja ele simples ou extremamente complexo. Procure se aprimorar no uso da ferramenta que escolher para tal, mas acima de tudo seja ético e realista.

Jamais altere a linha de base do cronograma para encobrir um possível desvio. Melhor mostrar o desvio e apurar as suas causas. Se houver mudanças, a linha de base deve ser atualizada, mas mantendo a sua versão original para comparações futuras. Todas as principais ferramentas de mercado permitem que se armazene mais de uma linha de base do cronograma.

> Alguns gerentes de projetos têm tendência para assumir todos os problemas do projeto, e acreditar que mostrar desvios do projeto implica admitir sua incompetência e despreparo. Na maioria das vezes os desvios não são consequência de falhas do gerente do projeto, e mesmo que sejam, é melhor reconhecer e agir para recuperar o rumo, pois todos somos humanos, e portanto cometemos erros.

Se você estiver preparado para a complexidade e as necessidades do projeto, então poderá ficar tranquilo. Se o ambiente no qual você gerencia os seus projetos tem tolerância zero a erros, então talvez seja melhor procurar outro lugar para trabalhar.

9.23. PRINCIPAIS DOCUMENTOS RELACIONADOS AO PROCESSO

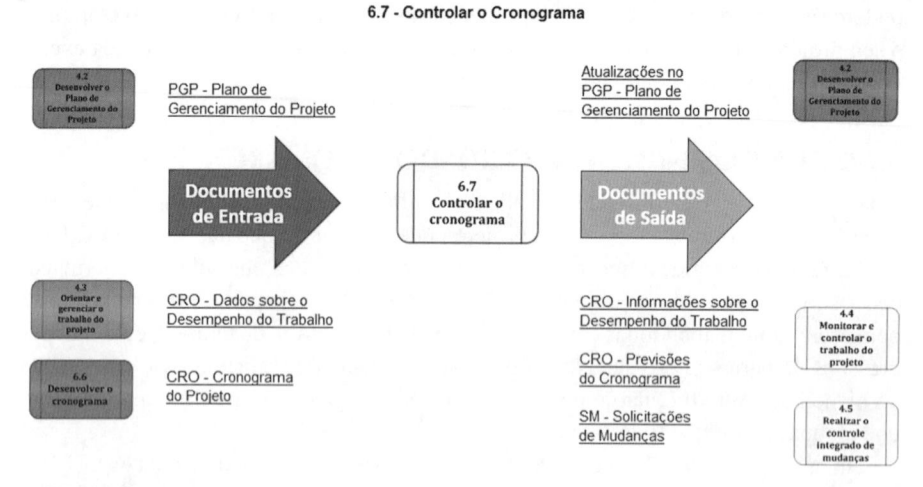

FIGURA 9.17. Principais documentos do processo 6.7 | Controlar o cronograma.

9.24. PRINCIPAIS ENTRADAS

O **PGP (Plano de Gerenciamento do Cronograma)** é a entrada mais importante desse processo, pois ele contém o **PGCR (Plano de Gerenciamento do Cronograma)** e a **Linha de Base do Cronograma**.

O **CRO (Cronograma do Projeto)** é entrada e saída desse processo. Como vimos, ele é a principal referência para controlar o andamento do projeto.

9.25. PRINCIPAIS FERRAMENTAS E TÉCNICAS

A **Análise de desempenho** compara os dados do andamento do projeto com o que estava planejado, apurando eventuais diferenças. Quando se fala de controle de cronograma e custos de projetos, é importante olhar para o passado, presente e futuro. O passado nos ajuda a entender a situação atual, e as previsões nos permitem agir para corrigir e prevenir problemas e desvios.

Um **Software de gerenciamento de projetos** é muito importante. Para ilustrarmos o nosso projeto-exemplo, através do *EasyPMDOC*, não utilizamos uma dessas ferramentas. Se você for trabalhar com projetos muito simples, ter as informações integradas pode ser mais importante do que utilizar um software específico.

9.26. PRINCIPAIS SAÍDAS

Você vai atualizar as principais informações no próprio **CRO-GVA (Cronograma do Projeto – Gerenciamento de Valor Agregado)**, como **VPR (Variação de Prazos)** e **IDP (Índice de Desempenho de Prazos)**.

As fórmulas para cálculo deste valores são:
$$VPR = VA - VP$$
$$IDP = VA / VP$$
onde

VA = Valor Agregado (É o valor correspondente ao trabalho **já realizado**, tendo por base o quanto ele representa no orçamento autorizado para o projeto. Por exemplo: se uma atividade tem 40% realizado, e o seu valor de orçamento é R$ 2.000,00, então o VA = R$ 800,00.)

VP = Valor Planejado (É o valor do orçamento aprovado que corresponde ao avanço **planejado** para o projeto até o momento. Por exemplo: se uma atividade deveria estar com 50% de avanço, considerando o planejado, e o valor correspondente ao orçamento é R$ 1.000,00, então o VP = R$ 500,00.)

Somando esses valores para todas as atividades do projeto, você consegue calcular a VPR e o IDP para o projeto como um todo. Os melhores *softwares* de gerenciamento de projetos do mercado calculam esses valores para você.

Formalize eventuais necessidades de ajustes utilizando uma **SM (Solicitação de Mudanças)**.

Segue modelo proposto pela estratégia *EasyBOK*:

CRO-LA - Lista de Atividades	CRO-GVA - Gerenciamento de Valor Agregado				
Nome da Atividade	VA - Valor Agregado	VPR - Variação de Prazos	IDP - Índice de Desempenho de Prazo	VC = Variação dos Custos	IDC - Índice de Desempenho dos Custos
4.1 - Desenvolver o Termo de Abertura do Projeto					
13.1 - Identificar as partes interessadas					
4.2 - Desenvolver o plano de gerenciamento do projeto					

FIGURA 9.18. Exemplo da CRO-GVA (Cronograma do Projeto – Gerenciamento de Valor Agregado).

9.27. USANDO O PROJETO-EXEMPLO

Vamos considerar a seguir que o projeto *EasyHome* está com 50% de avanço. Simulamos uma situação de atraso, para que você possa identificar como essas informações apareceriam.

CRO-LA - Lista de Atividades		CRO-GVA - Gerenciamento de Valor Agregado						
Nome da Atividade	VA - Valor Agregado	VP - Valor Planejado	CR - Custo Real	VPR - Variação de Prazos	VC = Variação de Custos	IDP - Índice de Desempenho de Prazos	IDC - Índice de Desempenho dos Custos
Preparação do cômodo para a reforma da sala	R$ 1.000,00	R$ 1.000,00	R$ 1.000,00	0	0	1,00	1,00
Execução da reforma sala	R$ 4.000,00	R$ 4.000,00	R$ 4.000,00	0	0	1,00	1,00
Checar itens de qualidade sala	R$ 400,00	R$ 400,00	R$ 400,00	0	0	1,00	1,00
Validar o escopo sala	R$ 200,00	R$ 200,00	R$ 200,00	0	0	1,00	1,00
Preparação do cômodo para a reforma cozinha	R$ 2.200,00	R$ 2.500,00	R$ 2.600,00	-300,00	-400,00	0,88	0,85
Execução da reforma cozinha	R$ 7.000,00	R$ 7.500,00	R$ 7.800,00	-500,00	-800,00	0,93	0,90

FIGURA 9.19. *EasyHome* – CRO-GVA (Cronograma do Projeto – Gerenciamento de Valor Agregado).

Observe que a **VPR (Variação de Prazos)** é negativa, e que o **IDP (Índice de Desempenho de Prazos)** é menor do que 1. Vale destacar que 1 equivale a 100%, ou seja, que o realizado é igual ao planejado. Se o IDP for maior que 1, isso significa que o desempenho de prazos do projeto está acima do planejado (maior do que 100%).

9.28. PRATICANDO NO SEU PROJETO

Agora analise o **CRO-GVA** da planilha *EasyPMDOC* do seu projeto. Se tiver dúvida, consulte-nos pelo *e-mail* easybok@easybok.com.br.

PROCESSO DE CONTROLE DOS CUSTOS

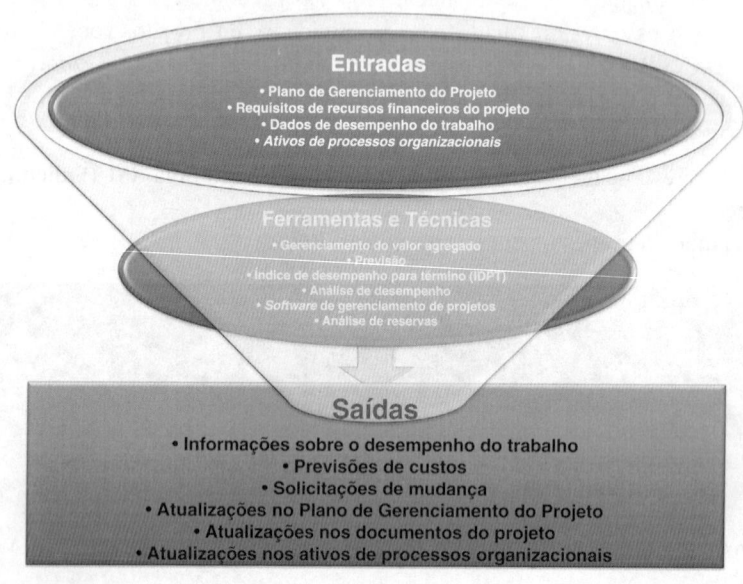

Entradas
• Plano de Gerenciamento do Projeto
• Requisitos de recursos financeiros do projeto
• Dados de desempenho do trabalho
• *Ativos de processos organizacionais*

Ferramentas e Técnicas
• Gerenciamento do valor agregado
• Previsão
• Índice de desempenho para término (IDPT)
• Análise de desempenho
• *Software* de gerenciamento de projetos
• Análise de reservas

Saídas
• Informações sobre o desempenho do trabalho
• Previsões de custos
• Solicitações de mudança
• Atualizações no Plano de Gerenciamento do Projeto
• Atualizações nos documentos do projeto
• Atualizações nos ativos de processos organizacionais

FIGURA 9.20. Processo 7.4 | Controlar os Custos.

9.29. POR QUE UTILIZÁ-LO?

Para que se tenha controle sobre o desempenho financeiro do projeto. Esse controle é essencial para a gestão e para o sucesso do projeto, pois sem recursos financeiros é impossível dar continuidade a um projeto.

Isso envolve não somente controlar o quanto foi utilizado do orçamento, comparando com o planejamento, como das mudanças necessárias nesse mesmo orçamento.

9.30. QUEM DEVE PARTICIPAR?

O **Gerente** e a **Equipe de Gerenciamento do Projeto**. É provável que a sua organização tenha um departamento ou um responsável financeiro. Certamente ele deve ser envolvido nesse processo.

Além disso, o patrocinador deve participar desse controle, na maioria das situações.

Se houver fornecedores, ou se o cliente o contratar através de um contrato no formato de custos reembolsáveis, então eles também deverão participar.

9.31. QUAIS OS PRINCIPAIS CUIDADOS A TOMAR?

O principal é não acreditar que basta controlar os custos para ter controle sobre todo o projeto. É lógico que o controle de custos é importante, talvez o mais importante para a maioria das empresas e dos projetos. Já falamos sobre isso. O fato é que quando se tem desvios no orçamento, na maioria das situações, a causa está relacionada a outro motivo, como, por exemplo, um atraso no cronograma.

É essencial analisar as causas dos desvios, e agir imediatamente para que a situação fique sob controle.

A seguir, vamos abordar o **Gerenciamento do Valor Agregado (GVA)**. Utilize essa técnica para apurar a real situação do seu projeto, tanto com relação aos custos quanto com relação aos prazos.

9.32. PRINCIPAIS DOCUMENTOS RELACIONADOS AO PROCESSO

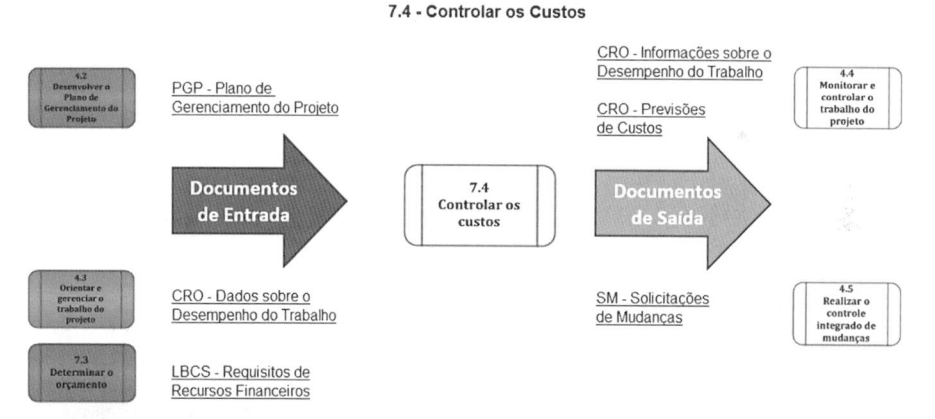

FIGURA 9.21. Principais documentos do processo 7.4 | Controlar os Custos.

9.33. PRINCIPAIS ENTRADAS

O **PGP (Plano de Gerenciamento do Projeto)** contém o **PGCS (Plano de Gerenciamento dos Custos)**, que define como os custos serão controlados, e a **Linha de Base dos Custos**, que é utilizada como uma das referências para medir o desempenho do projeto.

Para o controle efetivo dos custos, é essencial visualizar os valores financeiros na linha do tempo do projeto, ou seja, comparar a evolução dos custos com as previsões de entradas do projeto (valores a receber). Para tal, utilizamos os **Requisitos de Recursos Financeiros do Projeto**.

Os **Dados de Desempenho do Trabalho** serão utilizados para analisar a *performance* do projeto.

Se as organizações ou pessoas envolvidas tiverem políticas, procedimentos e diretrizes a respeito de controle financeiro, é importante que você as conheça e utilize.

9.34. PRINCIPAIS FERRAMENTAS E TÉCNICAS

O **Gerenciamento do Valor Agregado (GVA)** utiliza escopo, cronograma e custos para avaliar o desempenho e progresso do projeto. O que chamamos de Linha de Base de Medição do desempenho é a integração das linhas de base do escopo, do cronograma e dos custos. Você pode utilizar GVA para qualquer tipo e porte de projeto.

Os valores de referência estão agrupados em:

Dimensões-chave:

VA (Valor Agregado): representa o valor correspondente ao orçamento aprovado de um trabalho terminado ou realizado para um período específico.

VP (Valor Planejado): representa o valor correspondente ao orçamento aprovado para um trabalho planejado e agendado para um período específico.

CR (Custo Real): representa os custos incorridos nas atividades para um período específico, sejam eles diretos ou indiretos.

ONT (Orçamento no Término): a soma de todos os valores aprovados para uso no projeto.

Variações:

VPR (Variação de Prazos) = VA – VP.

Indica se o projeto está atrasado (resultado negativo) ou adiantado (resultado positivo) em um determinado momento.

VC (Variação de Custos) = VA – CR.

Compara o trabalho entregue com os custos incorridos em um determinado momento. Um valor negativo representa que foi gasto mais do que foi produzido.

VNT (Variação no Término) = ONT – ENT. (veja ENT a seguir, em previsões)

Projeta a diferença, positiva ou negativa, entre o orçamento planejado e a estimativa de custo total do projeto em um determinado momento.

Índices:

IDP (Índice de Desempenho de Prazos) = VA / VP.

Mede a eficiência do projeto em relação ao cronograma. Compara o quanto foi entregue com relação ao planejado.

IDC (Índice de Desempenho de Custos) = VA / CR.

Mede a eficiência do projeto em relação ao orçamento. Compara o quanto foi entregue com relação aos custos incorridos.

> **Previsões:**
>
> **ENT (Estimativa no Término)** = CR + EPT.
>
> Custo total esperado ao final do projeto, calculado em um determinado momento.
>
> **EPT (Estimativa para Término)** = ENT – CR.
>
> Custo esperado para realizar o trabalho restante do projeto, calculado em um determinado momento.

Estas são as principais referências para controlar os custos do seu projeto. Para se aprofundar no assunto, consulte o processo 7.4 do Guia PMBOK® 5ª edição.

9.35. PRINCIPAIS SAÍDAS

As **CRO-GVA (Informações sobre o Desempenho do Trabalho)** serão alimentadas diretamente no cronograma do projeto. A maioria dos *softwares* de gerenciamento de projetos contém as informações e funcionalidades para o controle dos custos.

Segue modelo proposto pela estratégia ***EasyBOK***:

CRO-LA - Lista de Atividades	CRO-GVA - Gerenciamento de Valor Agregado										
Nome da Atividade	VA - Valor Agregado	VP - Valor Planejado	CR - Custo Real	ONT - Orçamento no Término	VPR - Variação de Prazos	VC = Variação de Custos	VNT - Variação no Término	IDP - Índice de Desempenho de Prazos	IDC - Índice de Desempenho dos Custos	ENT - Estimativa no Término	EPT - Estimativa para Término
4.1 - Desenvolver o Termo de Abertura do Projeto											
13.1 - Identificar as partes interessadas											
4.2 - Desenvolver o plano de gerenciamento do projeto											

FIGURA 9.22. Exemplo das CRO-GVA (Cronograma do Projeto – Gerenciamento de Valor Agregado) com todas as referências.

9.36. USANDO O PROJETO-EXEMPLO

Considerando a alteração sugerida no processo anterior, simulamos aqui uma situação de alteração nos custos do *EasyHome*.

CRO-LA - Lista de Atividades	CRO-GVA - Gerenciamento de Valor Agregado										
Nome da Atividade	VA - Valor Agregado	VP - Valor Planejado	CR - Custo Real	ONT - Orçamento no Término Acumulado	VPR - Variação de Prazos	VC = Variação de Custos	VNT - Variação no Término	IDP - Índice de Desempenho de Prazos	IDC - Índice de Desempenho dos Custos	ENT - Estimativa no Término	EPT - Estimativa para Término
Preparação do cômodo para a reforma da sala	R$ 1.000,00	R$ 1.000,00	R$ 1.000,00	R$ 15.700,00	0	0	0,00	1,00	1,00	R$ 150.000,00	R$ 134.300,00
Execução da reforma sala	R$ 4.000,00	R$ 4.000,00	R$ 4.000,00	R$ 21.400,00	0	0	0,00	1,00	1,00	R$ 150.000,00	R$ 128.600,00
Checar itens de qualidade sala	R$ 400,00	R$ 400,00	R$ 400,00	R$ 21.680,00	0	0	0,00	1,00	1,00	R$ 150.000,00	R$ 128.320,00
Validar o escopo sala	R$ 200,00	R$ 200,00	R$ 200,00	R$ 21.880,00	0	0	0,00	1,00	1,00	R$ 150.000,00	R$ 128.120,00
Preparação do cômodo para a reforma cozinha	R$ 2.200,00	R$ 2.500,00	R$ 2.600,00	R$ 25.380,00	-300,00	-400,00	-400,00	0,88	0,85	R$ 150.400,00	R$ 125.020,00
Execução da reforma cozinha	R$ 7.000,00	R$ 7.500,00	R$ 7.800,00	R$ 32.680,00	-500,00	-800,00	-1200,00	0,93	0,90	R$ 151.200,00	R$ 118.520,00

FIGURA 9.23. ***EasyHome*** **– CRO-GVA (Cronograma do Projeto – Gerenciamento de Valor Agregado) com todas as referências.**

Observe que a VC está negativa e o IDC é menor que 1. Isso significa que o projeto está abaixo do planejado com relação ao desempenho dos custos.

9.37. PRATICANDO NO SEU PROJETO

Agora preencha o **CRO-GVA** da planilha *EasyPMDOC* do seu projeto. Se tiver dúvida, consulte-nos pelo *e-mail* easybok@easybok.com.br.

PROCESSO DE CONTROLE DA QUALIDADE

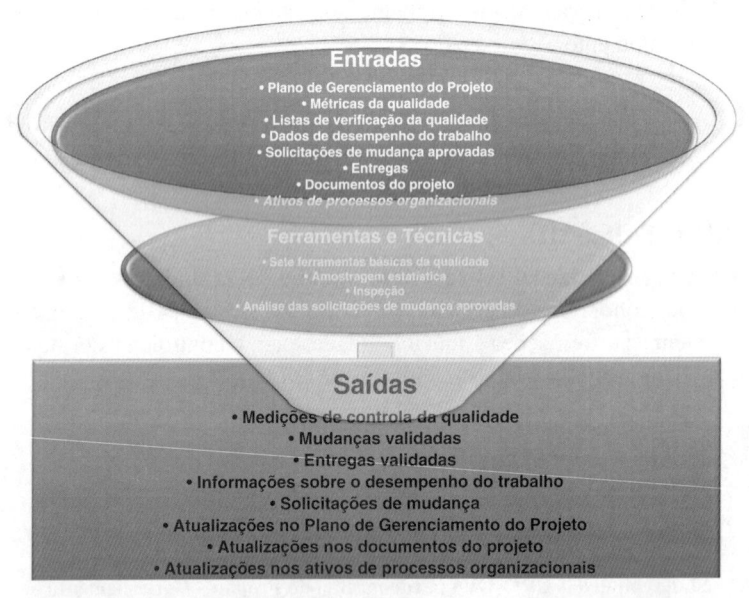

Entradas
- Plano de Gerenciamento do Projeto
- Métricas da qualidade
- Listas de verificação da qualidade
- Dados de desempenho do trabalho
- Solicitações de mudança aprovadas
- Entregas
- Documentos do projeto
- Ativos de processos organizacionais

Ferramentas e Técnicas
- Sete ferramentas básicas da qualidade
- Amostragem estatística
- Inspeção
- Análise das solicitações de mudança aprovadas

Saídas
- Medições de controle da qualidade
- Mudanças validadas
- Entregas validadas
- Informações sobre o desempenho do trabalho
- Solicitações de mudança
- Atualizações no Plano de Gerenciamento do Projeto
- Atualizações nos documentos do projeto
- Atualizações nos ativos de processos organizacionais

FIGURA 9.24. Processo 8.3 | Controlar a Qualidade.

9.38. POR QUE UTILIZÁ-LO?

Para garantir que o projeto está atendendo aos requisitos de desempenho e de produto. Envolve tanto a execução das atividades quanto o atendimento de requisitos de qualidade do projeto que foram coletados junto às partes interessadas.

Visa também evitar que eventuais falhas de produto cheguem às mãos dos clientes, tendo em vista que será executado antes de validar o escopo, quando as entregas serão confrontadas com os requisitos de produto.

9.39. QUEM DEVE PARTICIPAR?

O **Gerente** e a **Equipe de Gerenciamento do Projeto**. Outras partes interessadas podem ser convidadas ou convocadas, de acordo com a necessidade. Se a sua empresa ou o seu cliente tiver um departamento ou pessoa responsável pela qualidade, eles devem ser envolvidos nesse processo. Pode ainda envolver fornecedores.

9.40. QUAIS OS PRINCIPAIS CUIDADOS A TOMAR?

Se o planejamento da qualidade for consistente e adequado, o controle será facilitado. É importante manter a documentação da qualidade atualizada, e obter as aprovações formais de todos os envolvidos nesse processo.

Não caia na tentação de negligenciar o controle da qualidade por conta de atrasos no cronograma. Entregar algo ruim no prazo pode ser muito pior do que atrasar.

Por outro lado, não aplique os seus critérios de qualidade no projeto, acreditando que isso é o mais importante para o cliente. Pode ser que para ele o prazo seja mais importante do que a qualidade. Cada projeto e cada cliente têm as suas características e necessidades.

Inclua no cronograma atividades necessárias para corrigir ou adequar falhas. Se essas atividades não forem visíveis a todos, as causas de possíveis desvios serão ignoradas, e poderão se repetir nesse e em outros projetos.

Esteja constantemente atento a processos que estão sendo executados no "piloto automático". Não faça isso. A melhoria no processo é essencial para aumentar a eficiência e a qualidade em projetos.

9.41. PRINCIPAIS DOCUMENTOS RELACIONADOS AO PROCESSO

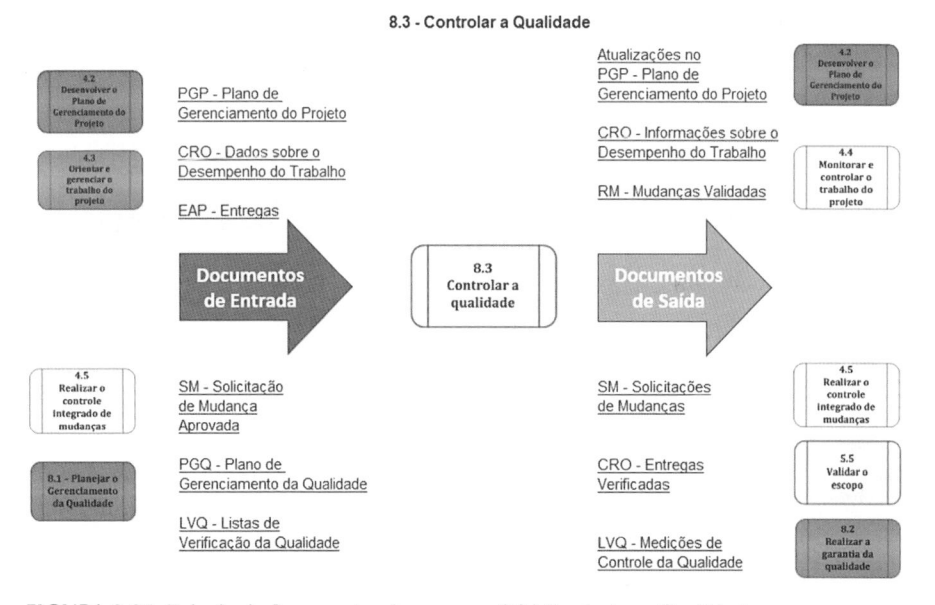

8.3 - Controlar a Qualidade

FIGURA 9.25. **Principais documentos do processo 8.3 | Controlar a Qualidade.**

9.42. PRINCIPAIS ENTRADAS

São referências importantes para esse processo, tanto o **PGQ (Plano de Gerenciamento da Qualidade)**, que define como a qualidade será controlada e quais as métricas a serem utilizadas, quanto as demais informações do **PGP (Plano de Gerenciamento do Projeto)**.

Listas de verificação da qualidade (*checklists*) são excelentes para o controle da qualidade, pois evitam que pontos importantes sejam esquecidos, independentemente de quem irá executar esta verificação.

As **Entregas** que foram liberadas pelo gerente ou pela equipe de gerenciamento do projeto serão verificadas em relação aos requisitos e critérios de qualidade documentados.

Os **Dados de desempenho do trabalho** são importantes para que se possa avaliar a eficiência dos processos e do gerenciamento do projeto.

As **SM (Solicitações de Mudança) aprovadas** devem ser validadas após a sua implementação, a fim de garantir que os resultados esperados sejam atingidos.

9.43. PRINCIPAIS FERRAMENTAS E TÉCNICAS

A **Inspeção** irá examinar o produto e verificar os requisitos e especificações documentados.

9.44. PRINCIPAIS SAÍDAS

As **Entregas verificadas** serão enviadas ao processo **Validar o escopo**. A documentação que comprova a verificação da entrega pode ser uma **LVQ (Lista de Verificação da Qualidade)**.

O **RM (Registro de Mudanças)** será atualizado com as informações das mudanças validadas.

Os dados serão analisados e integrados como **Informações sobre o Desempenho do Trabalho**.

Segue modelo proposto pela estratégia *EasyBOK*:

FIGURA 9.26. Exemplo de LVQ (Lista de Verificação da Qualidade).

9.45. USANDO O PROJETO-EXEMPLO

A Figura 9.27 mostra uma **LVQ** relacionada à entrega da cozinha da família Souza. O processo de garantia da qualidade foi executado pelo arquiteto em conjunto com o empreiteiro.

LVQ - Lista de Verificação da Qualidade (Checklist)

Projeto: EasyHome - Reforma Sustentável de uma Casa

1. Produto, processo ou atividade verificado
   > Reforma da cozinha

2. Data da verificação
   > 25/03/2014

3. Documentos associados
   > DMRR - Documentação e Matriz da Rastreabilidade dos Requisitos

.4 Responsável pela verificação
   > Arquiteto

5. Orientações / Comentários
   > Verificar no dicionário da EAP qual é o código de conta deste pacote de trabalho

Itens a verificar	OK	Observações
Piso		
Paredes		
Elétrica		
Hidráulica		
Portas		
Metais		
Equipamentos		
Armários		

_____
Assinatura do responsável pela verificação

_____   _____
Assinatura do Gerente do Projeto   Assinatura do Gerente da Qualidade

---

FIGURA 9.27. *EasyHome* – **LVQ (Lista de Verificação da Qualidade).**

9.46. PRATICANDO NO SEU PROJETO

Agora preencha a **LVQ** da planilha *EasyPMDOC* do seu projeto. Se tiver dúvida, consulte-nos pelo *e-mail* easybok@easybok.com.br.

PROCESSO DE VALIDAÇÃO DO ESCOPO

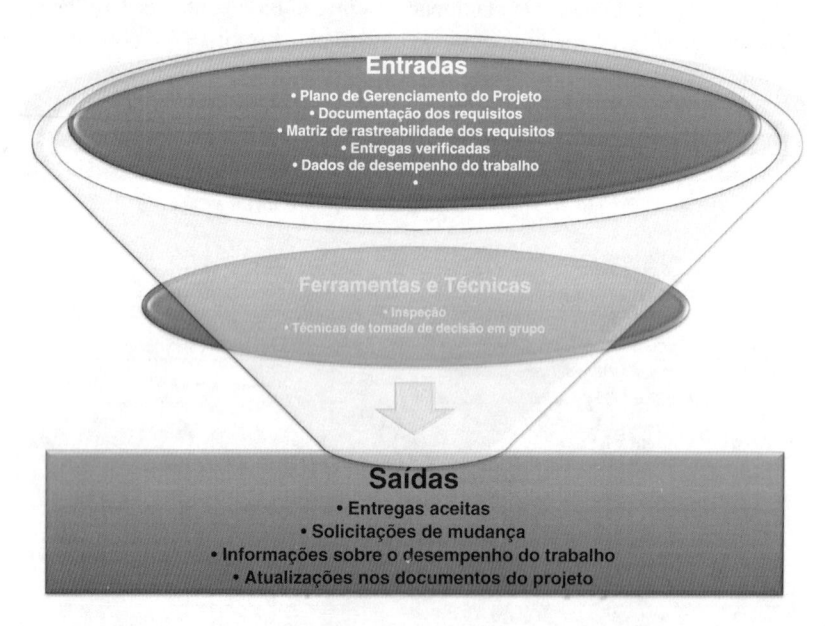

Entradas
- Plano de Gerenciamento do Projeto
- Documentação dos requisitos
- Matriz de rastreabilidade dos requisitos
- Entregas verificadas
- Dados de desempenho do trabalho

Ferramentas e Técnicas
- Inspeção
- Técnicas de tomada de decisão em grupo

Saídas
- Entregas aceitas
- Solicitações de mudança
- Informações sobre o desempenho do trabalho
- Atualizações nos documentos do projeto

FIGURA 9.28. Processo 5.5 | Validar o escopo.

9.47. POR QUE UTILIZÁ-LO?

Para formalizar que as entregas do projeto estão atendendo a todos os requisitos de produto documentados e aprovados pelo cliente.

9.48. QUEM DEVE PARTICIPAR?

O **Gerente** e a **Equipe de Gerenciamento do Projeto**. O cliente ou alguém designado por ele normalmente participará desse processo, pois é necessário formalizar o aceite das entregas.

9.49. QUAIS OS PRINCIPAIS CUIDADOS A TOMAR?

O primeiro já foi providenciado (pelo menos é o que se espera): definir na **DMMR (Documentação e Matriz de Rastreabilidade dos Requisitos)** quem é o validador do requisito. Como vimos, é comum o requisitante e o validador serem pessoas diferentes, e nesse caso o potencial de conflitos durante esse processo é enorme. Se o validador foi envolvido no processo de coleta dos requisitos, então já é sabido o que deverá ser validado (Critérios de aceitação).

É importante convencer o cliente ou o validador que a formalização do aceite da entrega é uma garantia para ele de que todas as entregas estão atendendo aos requisitos. Não se pode ter pressa na coleta dos requisitos, na definição do escopo, e também na validação desse escopo. Afinal, as entregas justificam todo o trabalho realizado, e são o seu resultado.

Não aceite a responsabilidade individual pela validação do escopo, mesmo que o seu cliente ou o validador confiem plenamente em você.

Ainda, as atividades de validação do escopo precisam estar detalhadas e compromissadas no cronograma. Os participantes precisam estar cientes e disponíveis para a sua realização, e precisa ficar claro que a dificuldade dos participantes em executar essas atividades irá atrasar o projeto. Você como gerente do projeto não deve assumir e se responsabilizar por atrasos dos demais participantes. Cada um deve assumir a sua responsabilidade, e não pode acreditar que está fazendo favores enquanto executa atividades previstas no cronograma do projeto.

9.50. PRINCIPAIS DOCUMENTOS RELACIONADOS AO PROCESSO

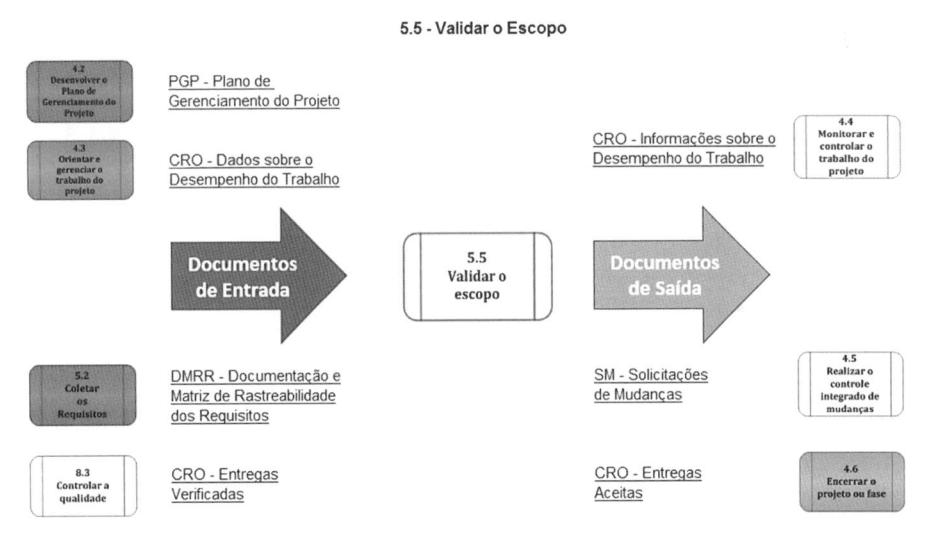

FIGURA 9.29. Principais documentos do processo 5.5 | Validar o escopo.

9.51. PRINCIPAIS ENTRADAS

O **PGP (Plano de Gerenciamento do Projeto)** contém o **PGE (Plano de Gerenciamento do Escopo)**, que detalha como o escopo será validado, e a **LBE (Linha de Base do Escopo)**, que documenta todas as informações relacionadas ao escopo.

A **DMMR (Documentação e Matriz de Rastreabilidade dos Requisitos)** documenta todos os requisitos a serem validados.

As **Entregas verificadas** pelo processo de controle da qualidade serão validadas por este processo.

9.52. PRINCIPAIS FERRAMENTAS E TÉCNICAS

A **Inspeção**, que dependendo da área de negócios pode ser chamada de revisão, revisão do produto, homologação e comissionamento, irá validar as entregas e atividades com relação aos requisitos e critérios de aceitação documentados.

Dependendo da quantidade de envolvidos, as **Técnicas de tomada de decisão em grupo** podem ser úteis.

9.53. PRINCIPAIS SAÍDAS

As **Entregas aceitas** formalmente pelo cliente ou validador precisam ser documentadas. Isso pode ocorrer diretamente na documentação do escopo, mas recomendamos que seja utilizado um **TAE (Termo de Aceite da Entrega)**.

Se as entregas não atenderem aos requisitos, então uma **SM (Solicitação de Mudança)** em formato de **reparo de defeito** deverá ser aberta e encaminhada para o processo de controle de mudanças.

Segue modelo proposto pela estratégia *EasyBOK*:

TAE - Termo de Aceite da Entrega

Projeto: [Apelido do Projeto] - [PITCH do Projeto]

1. Nome do validador   2. Cargo

3. Função no projeto   4. Data da validação

5. Comentários do validador

_____
Assinatura do validador

_____   _____
Assinatura do Gerente do Projeto   Assinatura do controle de qualidade

FIGURA 9.30. Exemplo de TAE (Termo de Aceite da Entrega).

9.54. USANDO O PROJETO-EXEMPLO

Na Figura 9.31, confira o **TAE** relacionado à entrega da cozinha, após a validação conjunta do arquiteto com o sr. Pedro e a sra. Olga.

TAE - Termo de Aceite da Entrega

Projeto: [Apelido do Projeto] - [PITCH do Projeto]

1. Nome do validador
   Borges

2. Cargo
   Arquiteto

3. Função no projeto
   Arquiteto

4. Data da validação
   25/03/2014

5. Comentários do validador

   Foi necessário ajustar a pia, que estava com altura diferente da especificada nos requisitos.

_____
Assinatura do validador

_____
Assinatura do Gerente do Projeto

_____
Assinatura do controle de qualidade

FIGURA 9.31. *EasyHome* – TAE (Termo de Aceite da Entrega).

9.55. PRATICANDO NO SEU PROJETO

Agora preencha um **TAE** da planilha *EasyPMDOC* do seu projeto. Se tiver dúvida, consulte-nos pelo *e-mail* easybok@easybok.com.br.

Capítulo 10

Estabilizando o Ambiente do Projeto

10.1. OBJETIVOS DESTE CAPÍTULO

- Orientar como controlar e implementar os planos de resposta aos riscos.
- Orientar como controlar as aquisições do projeto.
- Apresentar ferramentas e técnicas para estabilizar o ambiente o projeto.
- Apresentar os processos de encerramento das aquisições, das fases e do projeto.

Um projeto é um empreendimento exposto a riscos. A pergunta que não quer calar é: Por que as empresas e as pessoas não dão a atenção necessária a este assunto? Já vimos que ignorar os riscos não evita que eles aconteçam.

É comum as pessoas negligenciarem o controle dos fornecedores, acreditando que basta culpar esse fornecedor para se livrar da responsabilidade pelos problemas. Não basta. Se você é o gerente do projeto, e algum risco acontecer sem que você tenha planos para tratá-lo (desde que não seja algo impossível de prever) e/ou se algum fornecedor não apresentar o resultado necessário, a responsabilidade não deixa de ser sua. Você pode ter motivos, mas nunca podem ser desculpas.

Também é importante encerrar as aquisições, encerrar cada fase e por fim encerrar o projeto. Deixar algo mal resolvido pelo caminho pode ser pior do que dedicar algum tempo e resolver, quando as eventuais questões e pendências ainda estão "quentes".

PROCESSO DE CONTROLE DOS RISCOS

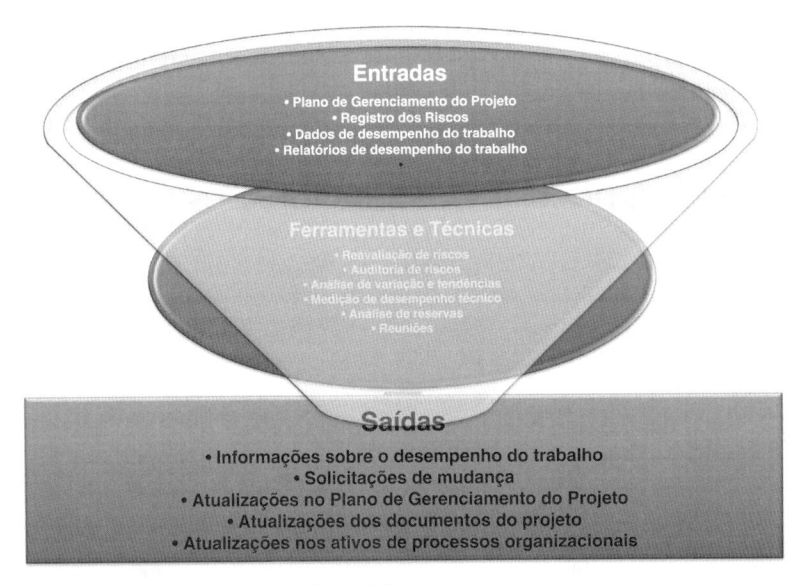

Entradas
- Plano de Gerenciamento do Projeto
- Registro dos Riscos
- Dados de desempenho do trabalho
- Relatórios de desempenho do trabalho

Ferramentas e Técnicas
- Reavaliação de riscos
- Auditoria de riscos
- Análise de variação e tendências
- Medição de desempenho técnico
- Análise de reservas
- Reuniões

Saídas
- Informações sobre o desempenho do trabalho
- Solicitações de mudança
- Atualizações no Plano de Gerenciamento do Projeto
- Atualizações dos documentos do projeto
- Atualizações nos ativos de processos organizacionais

FIGURA 10.1. Processo 11.6 | Controlar os Riscos.

10.2. POR QUE UTILIZÁ-LO?

Para implementar as respostas planejadas para os riscos. Já vimos nos processos de planejamento dos riscos que não basta identificar, realizar uma análise detalhada e planejar as respostas aos riscos se tudo não for controlado e as respostas implementadas.

10.3. QUEM DEVE PARTICIPAR?

O **Gerente** e a **Equipe de Gerenciamento do Projeto**. Outras partes interessadas podem ser convidadas ou convocadas, de acordo com a necessidade, em especial se houver uma equipe dedicada à gestão dos riscos, bem como um escritório de projetos compartilhando a gestão do seu projeto.

10.4. QUAIS OS PRINCIPAIS CUIDADOS A TOMAR?

O primeiro, e talvez o principal, é acreditar que as condições analisadas para cada risco, durante o planejamento, não irão mudar no decorrer de todo o ciclo de vida do projeto. Lembre-se de que risco é um evento incerto, que tem determinada probabilidade de acontecer, e algum impacto no projeto. Seria leviano acreditar que a probabilidade e o impacto não irão mudar durante todo este tempo. Certamente isso vai acontecer, e se você não estiver atento pode ser pego de surpresa.

Uma exposição aos riscos acima do tolerável pelas partes interessadas pode inviabilizar a continuidade de um projeto, mesmo que ele esteja em um estágio avançado de desenvolvimento. Não assuma a responsabilidade por mudanças fora de seu controle. Analise o cenário e informe os impactos às partes interessadas, em especial a quem couber decidir a respeito. Não acredite que o sucesso do projeto depende somente de sua competência.

Lembre-se de que novos riscos poderão surgir. Fique atento.

Um sinal de alerta para o projeto são índices de desempenho ruins, tanto para cronograma quanto para custos. Essa situação não está, necessariamente, associada a um risco identificado e analisado, mas representa risco ao projeto.

10.5. PRINCIPAIS DOCUMENTOS RELACIONADOS AO PROCESSO

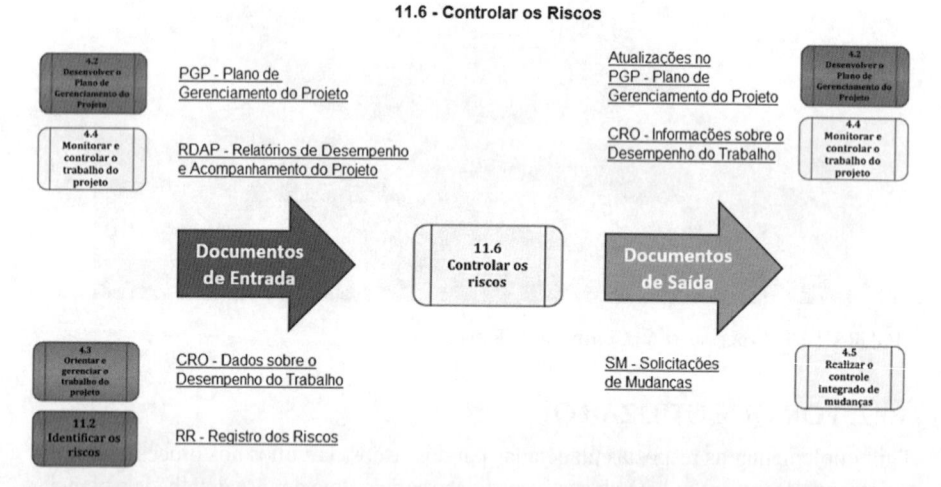

FIGURA 10.2. Principais documentos do processo 11.6 | Controlar os Riscos.

10.6. PRINCIPAIS ENTRADAS

O **PGP (Plano de Gerenciamento do Projeto)** contém todas as informações sobre o planejamento, e portanto é uma referência importante para controlar os riscos, pois qualquer aspecto do projeto pode servir de base para identificar novos riscos, bem como para uma análise da situação de cada risco. Destaque para o **PGRI (Plano de Gerenciamento dos Riscos)** que define como os riscos serão controlados.

O **RR (Registro dos Riscos)** contém todas as informações relacionadas aos riscos identificados e analisados.

Os dados e relatórios de **Desempenho do Trabalho**, representados na proposta *EasyBOK* pelo **CRO (Cronograma do Projeto)**, pelo **RDT (Relatório de Desempenho do Trabalho)** e pelo **RDAP (Relatório de Desempenho e Acompanhamento do Projeto)**.

10.7. PRINCIPAIS FERRAMENTAS E TÉCNICAS

Como vimos, a **Reavaliação dos riscos** deve ser periódica. Essa periodicidade estará definida no PGRI ou no PGP.

As **Auditorias de riscos** confirmam e documentam a efetividade nas respostas aos riscos.

A **Análise de reservas** compara a quantidade de reservas para contingências já utilizadas, e avalia se as que restam são suficientes para lidar com os riscos aos quais o projeto ainda está exposto. Pode ser necessário ajustar essas reservas para garantir que o projeto termine com sucesso.

10.8. PRINCIPAIS SAÍDAS

As **SM (Solicitações de Mudanças)** podem ser necessárias para ajustar o **PGP (Plano de Gerenciamento do Projeto)** e outros documentos.

O **RR (Registro dos Riscos)** será atualizado com as novas informações dos riscos, bem como das resultantes das auditorias de riscos, notadamente as lições aprendidas.

Segue modelo proposto pela estratégia *EasyBOK*:

ID	Objetivo Impactado	Priori-dade	Identificação do Risco Evento	Lições Aprendidas
1	Escopo		Evento 1	Não apressar o processo de coleta de requisitos.
2	Tempo		Evento 2	Incluir todas as atividades do cronograma, inclusive as de gestão.
3	Custo		Evento 3	Deixar reservas no orçamento para tratar dos riscos.
4	Qualidade		Evento 4	Coletar juntos às partes interessadas seus requisitos de qualidade.

FIGURA 10.3. Exemplo do RR (Registro dos Riscos) atualizado.

10.9. USANDO O PROJETO-EXEMPLO

Vamos imaginar que choveu muito durante a segunda metade do projeto *EasyHome*. Isso acabou atrasando o cronograma acima do esperado. Confira, na Figura 10.4, como ficou o RR após as auditorias de riscos.

ID	Objetivo Impactado	Priori-dade	Identificação do Risco Evento	Status do risco	Data da Identificação	Identificador	Tipo de Risco	Proba-bilidade	Análise Qualitativa Impacto	Grau do Risco	Efeito
1	Tempo	1	Chover acima do previsto	ocorreu	17/04/2014	Pedro	Intempéries	50%	70%	35%	Atraso

FIGURA 10.4. *EasyHome* – RR (Registro dos Riscos) atualizado.

10.10. PRATICANDO NO SEU PROJETO

Agora atualize o **RR** da planilha *EasyPMDOC* do seu projeto. Se tiver dúvida, consulte-nos pelo *e-mail* easybok@easybok.com.br.

PROCESSO DE CONTROLE DAS AQUISIÇÕES

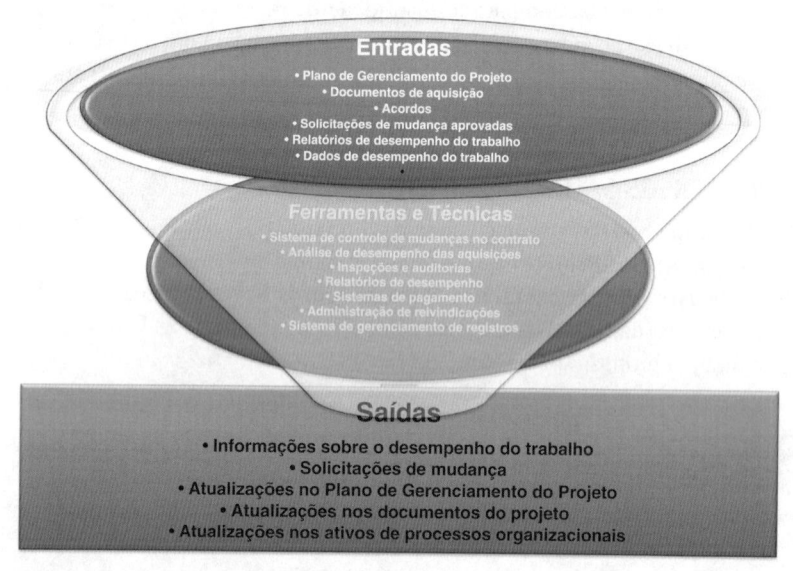

FIGURA 10.5. Processo 12.3 | Controlar as aquisições.

10.11. POR QUE UTILIZÁ-LO?

Para que tudo que foi adquirido externamente à equipe do projeto possa ser monitorado e controlado, com destaque para todas as obrigações contratuais das partes envolvidas, bem como as entregas e pagamentos associados.

10.12. QUEM DEVE PARTICIPAR?

O **Gerente** e a **Equipe de Gerenciamento do Projeto**. Outras partes interessadas podem ser convidadas ou convocadas, de acordo com a necessidade. Se a sua empresa tiver um Departamento de Compras ou de Contratos, possivelmente eles serão envolvidos no processo.

10.13. QUAIS OS PRINCIPAIS CUIDADOS A TOMAR?

Acreditar que o seu fornecedor irá entregar tudo conforme contratado, apenas porque existe um documento formal a respeito. É comum fornecedores avisarem que vão atrasar somente alguns dias antes do prazo final. Não deixe de acompanhar o desenvolvimento do trabalho por parte do seu fornecedor, mesmo que ele tenha apenas uma entrega ao final de sua participação no projeto. Acompanhe periodicamente a evolução do fornecimento, dependendo da situação, fazendo visitas, sem avisar, ao fornecedor.

Da mesma forma, se o fornecedor for interno, isto é, de alguma outra área de sua empresa, acompanhe e tenha a certeza de que não será surpreendido somente próximo do prazo final das entregas ou serviços.

10.14. PRINCIPAIS DOCUMENTOS RELACIONADOS AO PROCESSO

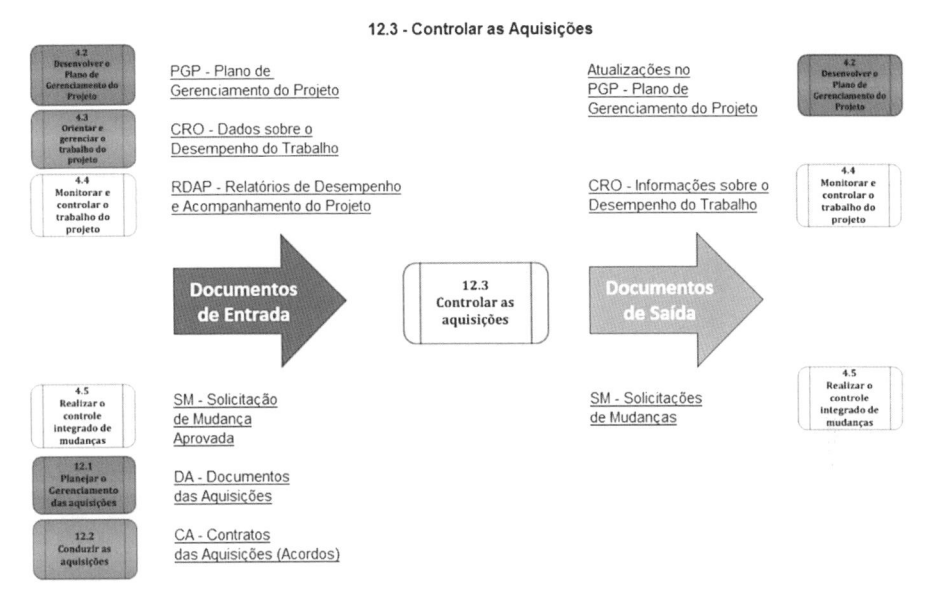

FIGURA 10.6. Principais documentos do processo 12.3 | Controlar as aquisições.

10.15. PRINCIPAIS ENTRADAS

O **PGP (Plano de Gerenciamento do Projeto)** define como as aquisições serão controladas.

Os **DA (Documentos de Aquisição)**, como acordos, contratos e uma **ETA (Especificação do Trabalho da Aquisição)**, para cada item, têm as informações necessárias para controlar as aquisições.

O **RDT (Relatório de Desempenho do Trabalho)** contém as informações específicas do trabalho sob responsabilidade do fornecedor. Deve ser gerado um relatório distinto por cada fornecedor, e de acordo com a periodicidade acordada no **PGA (Plano de Gerenciamento das Aquisições)**.

10.16. PRINCIPAIS FERRAMENTAS E TÉCNICAS

É importante que você utilize um **Sistema de controle de mudanças no contrato**, por mais simples que ele seja.

Inspeções e **Auditorias** são utilizadas para acompanhar e validar o trabalho realizado pelo fornecedor.

É essencial que as reivindicações sejam acompanhadas e solucionadas. Na estratégia *EasyBOK* indicamos o uso do documento **RQ (Registro das Questões)** para registrar e acompanhar as reivindicações.

10.17. PRINCIPAIS SAÍDAS

São saídas do processo:

- eventuais mudanças no **Contrato**;
- atualizações em documentos do projeto, com destaque para o **PGA (Plano de Gerenciamento das Aquisições)** e os demais documentos relacionados às aquisições;
- informações sobre o desempenho do trabalho, que serão validadas pelo gerente e pela equipe de gerenciamento do projeto antes de serem registradas no **RDAP (Relatório de Desempenho e Acompanhamento do Projeto)**.

Segue modelo proposto pela estratégia *EasyBOK*:

RDT - Relatório de Desempenho do Trabalho

Projeto: [Apelido do Projeto] - [PITCH do Projeto]

1. Responsável

   Fornecedor

2. Data base do relatório

   dd/mm/aa

3. Principais atividades em execução (com %)

   Execução da entrega 2 (58%)

.4 Próximas atividades a executar

   Validar a entrega 2

5. Comentários gerais

   As atividades sob nossa responsabilidade estão dentro do prazo planejado. Não há perspectivas de mudanças.

6. Questões

   Não há

7. Mudanças

   Não há

_____
Assinatura do Responsável

FIGURA 10.7. Exemplo de RDT (Relatório de Desempenho do Trabalho) enviado por um fornecedor.

10.18. USANDO O PROJETO-EXEMPLO

Ilustramos, na Figura 10.8, um **RDT** enviado pelo fornecedor responsável pela construção do orquidário.

RDT - Relatório de Desempenho do Trabalho

Projeto: EasyHome - Reforma Sustentável de uma Casa

1. **Responsável**
   Zelão paisagismo

2. **Data base do relatório**
   27/01/2014

3. **Principais atividades em execução (com %)**
   Elaboração do projeto do orquidário (73%).

.4 **Próximas atividades a executar**
   Execução do orquidário.

5. **Comentários gerais**
   Foi solicitada uma mudança no projeto original. Estamos avaliando o impacto desta mudança.

6. **Questões**
   Não há

7. **Mudanças**
   Posição do orquidário na casa reformada.

Assinatura do Responsável

FIGURA 10.8. *EasyHome* – RDT (Relatório de Desempenho do Trabalho) enviado por um fornecedor.

10.19. PRATICANDO NO SEU PROJETO

Agora preencha o **RDT** da planilha *EasyPMDOC* do seu projeto. Se tiver dúvida, consulte-nos pelo *e-mail* easybok@easybok.com.br.

PROCESSO DE ENCERRAMENTO DAS AQUISIÇÕES

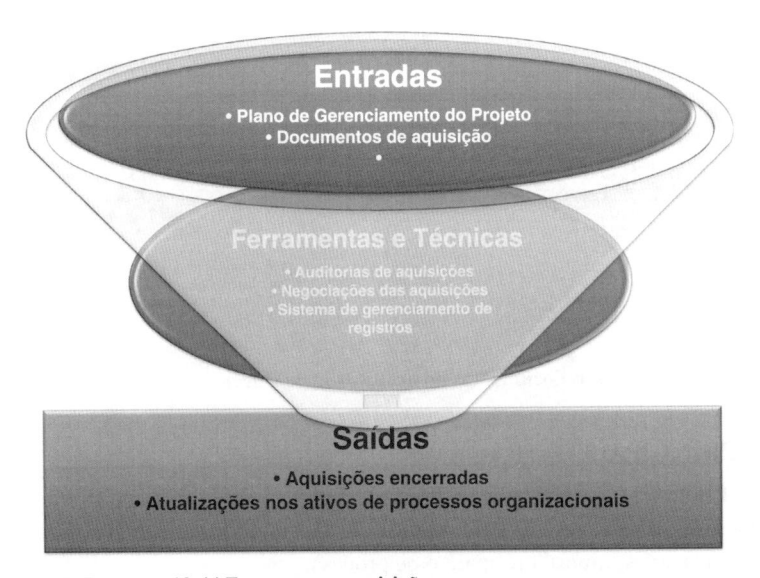

FIGURA 10.9. Processo 12.4 | Encerrar as aquisições.

10.20. POR QUE UTILIZÁ-LO?

Para garantir que não ficou nada pendente em relação às aquisições. Documente todas as lições aprendidas e informações históricas relacionadas a cada aquisição. Atualize todos os documentos relacionados ao encerramento das aquisições.

10.21. QUEM DEVE PARTICIPAR?

O **Gerente** e a **Equipe de Gerenciamento do Projeto**, os **Fornecedores** e, se for o caso, o departamento ou o responsável pelas compras da empresa ou do projeto.

10.22. QUAIS OS PRINCIPAIS CUIDADOS A TOMAR?

Não deixe pendências antes de encerrar contratos. Tenha a certeza de que tudo foi entregue e que as reivindicações chegaram a bom termo. Pior do que resolver problemas é ter que voltar a tratá-los, depois de algum tempo sem contato com o assunto. Imagine você participando de outro projeto, depois de meses, e tendo que retomar algo de um projeto teoricamente encerrado.

Deixar assuntos por resolver, ou sem a devida formalização, pode ocasionar disputas judiciais, que sempre são mais traumáticas e dispendiosas.

Tenha certeza de que as informações relacionadas ao desempenho do fornecedor foram devidamente registradas, para auxiliar em futuros processos de aquisições.

10.23. PRINCIPAIS DOCUMENTOS RELACIONADOS AO PROCESSO

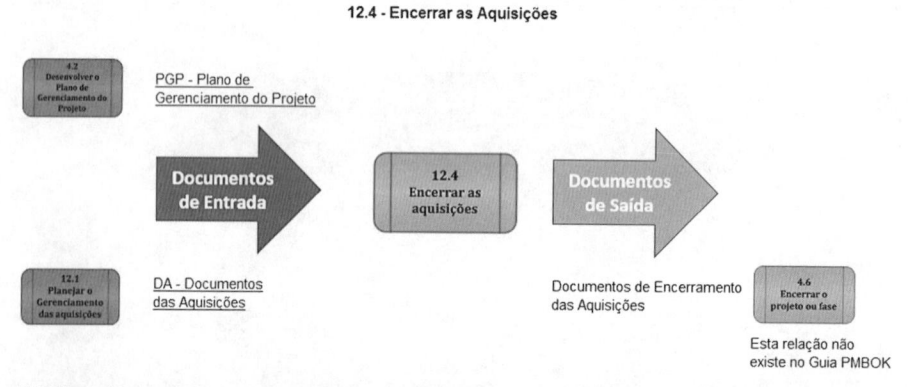

FIGURA 10.10. Principais documentos do processo 12.4 | Encerrar as aquisições.

10.24. PRINCIPAIS ENTRADAS

O **PGA (Plano de Gerenciamento das Aquisições)** define como o encerramento das aquisições será executado. O **PGP (Plano de Gerenciamento do Projeto)** contém outras informações importantes para esse processo.

Todos os documentos relacionados às aquisições são entradas importantes para esse processo.

10.25. PRINCIPAIS FERRAMENTAS E TÉCNICAS

As **Auditorias de aquisições** identificam êxitos e fracassos relacionados às aquisições. Elas devem ocorrer desde o planejamento até o controle do fornecimento.

Se houver disputas, reivindicações ou questões pendentes, podem ser necessárias **Negociações**.

10.26. PRINCIPAIS SAÍDAS

As **Aquisições encerradas** e as **Atualizações nos ativos de processos organizacionais**, tais como: arquivos, aceitação das entregas e documentação de lições aprendidas. Para tal, sugerimos o uso de **DEA (Documentação de Encerramento das Aquisições)**.

Segue modelo proposto pela estratégia *EasyBOK*:

DEA - Documentação de Encerramento das Aquisições

Projeto: [Apelido do Projeto] - [PITCH do Projeto]

1. Nome do fornecedor

2. Representante do fornecedor

3. Principais entregas deste projeto

4. Data do encerramento

5. Comentários do validador

Inclua aqui observações do trabalho e do desempenho do fornecedor, para incluir nos ativos de processos organizacionais, em especial nas lições aprendidas.

Assinatura do validador

Assinatura do Gerente do Projeto

Assinatura do controle de qualidade

FIGURA 10.11. Exemplo de DEA (Documentação de Encerramento das Aquisições).

10.27. USANDO O PROJETO-EXEMPLO

O documento que encerra uma aquisição do projeto *EasyHome* é responsabilidade do arquiteto. Veja, na Figura 10.12, esse documento preenchido.

DEA - Documentação de Encerramento das Aquisições

Projeto: EasyHome - Reforma Sustentável de uma Casa

1. Nome do fornecedor

Zelão paisagismo

2. Representante do fornecedor

Zelão

3. Principais entregas deste projeto

Orquidário

4. Data do encerramento

22/04/2014

5. Comentários do validador

O fornecedor entregou o trabalho conforme especificado, inclusive atendendo solicitação de mudança do local onde foi construído. O depoimento do cliente será incluído no site da empresa.

Assinatura do validador

Assinatura do Gerente do Projeto

Assinatura do controle de qualidade

FIGURA 10.12. *EasyHome* – DEA (Documentação de Encerramento das Aquisições).

10.28. PRATICANDO NO SEU PROJETO

Agora preencha a **DEA** da planilha *EasyPMDOC* do seu projeto. Se tiver dúvida, consulte-nos pelo *e-mail* easybok@easybok.com.br.

PROCESSO DE ENCERRAMENTO DA FASE OU DO PROJETO

FIGURA 10.13. Processo 4.6 | Encerrar o projeto ou fase.

10.29. POR QUE UTILIZÁ-LO?

Para confirmar que tudo o que está previsto para uma fase, ou para todo o projeto, foi de fato entregue, aceito formalmente por quem de direito, e todas as atividades foram executadas.

10.30. QUEM DEVE PARTICIPAR?

O **Gerente** e a **Equipe de Gerenciamento do Projeto**. Outras partes interessadas podem ser convidadas ou convocadas, de acordo com a necessidade.

10.31. QUAIS OS PRINCIPAIS CUIDADOS A TOMAR?

Não caia na tentação de aprovar o início de uma fase subsequente sem ter certeza de que está tudo de acordo com a fase encerrada, principalmente se existirem interdependências entre elas. É comum o gerente do projeto assumir o risco de iniciar uma próxima fase mesmo sem a formalização por parte de outros de que tudo de fato está conforme solicitado e planejado na fase que se encerrou. Isso muitas vezes ocorre por conta das datas estipuladas, e acaba por expor o projeto a riscos que poderiam ser evitados. Deixe claro a todos que sem a formalização o projeto não deveria seguir em frente, a não ser que os riscos sejam gerenciáveis.

Se os seus superiores, o cliente ou o patrocinador pressionarem você nesse sentido, faça o possível para "segurar" o prosseguimento do projeto; se não for possível, deixe claro para todos os envolvidos sobre os riscos que estão sendo assumidos "pelo projeto", e que você é contra essa decisão.

Mesmo que você confie em sua equipe ou em outros envolvidos nesse processo, tenha em mãos evidências que comprovem que você foi contra. Tudo deve ser documentado e devidamente armazenado.

> É responsabilidade do gerente do projeto verificar se tudo está formalmente terminado e entregue, mesmo que ele tenha delegado essa atividade a algum profissional de sua equipe de gerenciamento.

Antes de afirmar que o projeto ou a fase estão encerrados, faça uma verificação completa.

10.32. PRINCIPAIS DOCUMENTOS RELACIONADOS AO PROCESSO

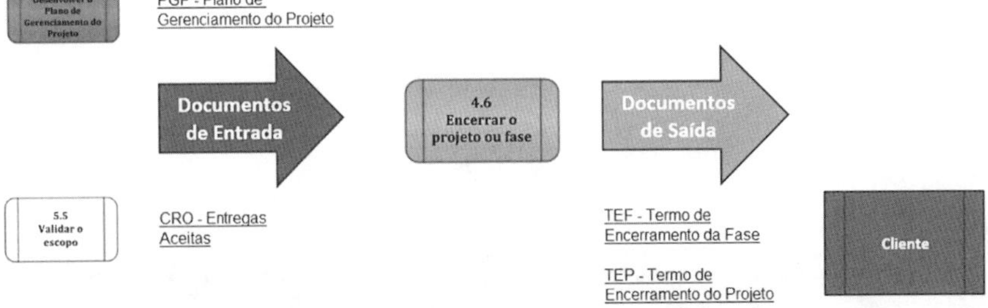

FIGURA 10.14. Principais documentos do processo 4.6 | Encerrar o projeto ou fase.

10.33. PRINCIPAIS ENTRADAS

O **PGP (Plano de Gerenciamento do Projeto)** é a entrada mais importante para o processo, pois ele informa como tudo deve ser feito.

As **Entregas aceitas**, isso é, formalmente aprovadas por quem de direito.

Verifique quais são os processos e procedimentos adotados pelas empresas envolvidas.

10.34. PRINCIPAIS FERRAMENTAS E TÉCNICAS

Se for necessário, realize **Reuniões** e envolva **Opinião Especializada** para ter certeza de que nada ficou pendente. Utilize também **Técnicas analíticas**, como análise de regressão.

10.35. PRINCIPAIS SAÍDAS

A **Transição do produto, serviço ou resultado final** a quem de direito, e as **Atualizações nos ativos de processos organizacionais**.

Não se esqueça de registrar as lições aprendidas e de armazenar toda a documentação relacionada à fase ou ao projeto, como o **TEF (Termo de Encerramento da Fase)** e o **TEP (Termo de Encerramento do Projeto)**.

É importante comemorar o encerramento do projeto, e dependendo do tamanho e da importância de cada fase para o projeto, comemorar também o encerramento dessas fases. Normalmente não é fácil chegar ao final com sucesso, e quando isso acontece, precisamos aproveitar para confraternizar com aqueles que participaram desse esforço.

Seguem modelos propostos pela estratégia *EasyBOK*:

TEF - Termo de Encerramento da Fase

Projeto: [Apelido do Projeto] - [PITCH do Projeto]

1. Nome da fase

2. Principal responsável pela fase

3. Principais entregas desta fase

4. Data do encerramento da fase

5. Comentários do validador

Inclua aqui observações do trabalho e do desempenho realizado durante a fase, para incluir nos ativos de processos organizacionais, em especial nas lições aprendidas.
Estas lições aprendidas poderão ser utilizadas tanto neste mesmo projeto, em fases subsequentes, como em projetos futuros.

Assinatura do validador

Assinatura do Gerente do Projeto

Assinatura do controle de qualidade

FIGURA 10.15. Exemplo de TEF (Termo de Encerramento da Fase).

TEP - Termo de Encerramento do Projeto

Projeto: [Apelido do Projeto] - [PITCH do Projeto]

1. Cliente

2. Data de encerramento do projeto

3. Principais mudanças aprovadas

4. Principais desvios

5. Principais lições aprendidas

6. Comentários do Cliente

7. Comentários do Patrocinador

Assinatura do controle da qualidade

Assinatura do Cliente

Assinatura do Gerente do Projeto

Assinatura do Patrocinador

FIGURA 10.16. Exemplo de TEP (Termo de Encerramento do Projeto).

10.36. USANDO O PROJETO-EXEMPLO

Apresentamos, na Figura 10.17, o **TEF** da fase interna do *EasyHome* e o **TEP**.

TEF - Termo de Encerramento da Fase

Projeto: EasyHome - Reforma Sustentável de uma Casa

1. Nome da fase

   Interna

2. Principal responsável pela fase

   Pedro Souza

3. Principais entregas desta fase

   Toda a parte interna da casa reformada

4. Data do encerramento da fase

   30/04/2014

5. Comentários do validador

   Todas as entregas foram concluídas conforme planejado, após ajustes necessários por conta de alterações nos requisitos e riscos que impactaram no desempenho da fase.

Assinatura do validador

Assinatura do Gerente do Projeto

Assinatura do controle de qualidade

FIGURA 10.17. *EasyHome* – TEF (Termo de Encerramento da Fase).

TEP - Termo de Encerramento do Projeto

Projeto: EasyHome - Reforma Sustentável de uma Casa

1. **Cliente**

   Olga Souza

2. **Data de encerramento do projeto**

   11/06/2014

3. **Principais mudanças aprovadas**

   Mudança do local do orquidário.

4. **Principais desvios**

   Custo adicional e replanejamento de tempo por conta da mudança ao lado, bem como de riscos identificados.

5. **Principais lições aprendidas**

   Planejar com detalhamento suficiente para evitar mudanças de escopo que poderiam ter sido evitadas.

6. **Comentários do Cliente**

   Cliente satisfeito com o resultado final.

7. **Comentários do Patrocinador**

   Patrocinador considera o projeto concluído com sucesso.

_____
Assinatura do controle da qualidade

_____
Assinatura do Cliente

_____
Assinatura do Gerente do Projeto

_____
Assinatura do Patrocinador

FIGURA 10.18. *EasyHome* – TEP (Termo de Encerramento do Projeto).

10.37. PRATICANDO NO SEU PROJETO

Agora preencha o **TEF** de cada fase e o **TEP** da planilha *EasyPMDOC* do seu projeto. Se tiver dúvida, consulte-nos pelo *e-mail* easybok@easybok.com.br.

Para se aprofundar na gestão corporativa de projetos, consulte o livro *Gerenciamento estratégico de projetos*, de Dalton Valeriano, um dos volumes da Coleção *Grandes Especialistas Brasileiros*, da Elsevier.

Se os projetos dos quais participa são médios, grandes ou complexos, consulte o livro *Gerenciamento de projetos com PRINCE2*®, de Farhad Abdolayan, um dos volumes da Coleção *Grandes Especialistas Brasileiros*, da Elsevier.

Capítulo 11

Principais Erros ao Conduzir um Projeto e como Evitá-los

11.1. Objetivos deste capítulo

- Apontar quais são os principais erros cometidos pelos profissionais envolvidos em projetos.
- Orientar o leitor sobre como evitar estes erros.
- Mostrar alternativas para que o gerente de projetos tenha mais chances de sucesso.

- Causar reflexão no leitor para que ele saia da zona de conforto.

Utilizar a proposta deste livro pode não ser o suficiente para você conseguir sucesso em seus projetos.

Se você já não o faz, a partir de agora você precisa assumir um compromisso pessoal: refletir constantemente se a maneira como está trabalhando ajuda ou atrapalha seus projetos. Esta é uma das principais propostas do Guia PMBOK®: o gerente de projetos, junto com os profissionais que o auxiliam a gerenciar, decidem o que deve ou não ser utilizado em seu projeto, pois esse projeto é único, e diferente de todos os demais.

Projetos têm semelhanças, mas nunca são iguais, pois serão executados em momentos diferentes, e certamente as situações as quais estarão submetidos também jamais serão idênticas a outro projeto anterior, ou mesmo simultâneo. No caso de ocorrerem simultaneamente, eles serão executados por outra equipe, ou sob condições específicas.

Ainda, o Guia PMBOK® propõe que a melhoria nos processos deve ser uma preocupação constante de toda a equipe de gerenciamento do projeto, ou seja, é preciso estar sempre atento ao modo como o projeto está sendo executado, e se os resultados não podem ser melhorados.

Portanto, você, como gerente de projetos, precisa estar "constantemente incomodado", e tentando executar tudo de forma mais eficiente, ou eficaz, se preferir.

Um dos maiores riscos para um projeto é ter um gerente que ligou o "piloto automático". Aquele gerente que acredita que nada mais precisa ser ajustado e personalizado para o projeto, pois ele já fez dessa mesma forma antes, em diversas ocasiões.

Acredite, sem uma mudança de postura você não irá se tornar um gerente de projetos eficiente, e conduzir o projeto atual, sem criar condições para ser convidado a gerenciar o próximo, é um erro enorme. Projetos são temporários, e humanos não são eternos, mas normalmente sobrevivem ao final dos projetos.

Afinal, você quer ser convidado a gerenciar outro projeto quando esse terminar, ou não?

Será que basta criar um bom relacionamento com os seus superiores para ser convidado a gerenciar o próximo projeto? (em algumas situações talvez sim, mas não eternamente). Será que os mesmos superiores ficarão até o término do projeto, se você continuar conduzindo-os de maneira equivocada?

Vivemos em um mundo de resultados, e o interesse das organizações e dos profissionais no tema gerenciamento de projetos está baseado em resultados efetivos, e não em "politicagem barata", ou na construção de relacionamentos frágeis e baseados em proteção mútua.

Como diz o ditado popular: "podemos enganar muitos por pouco tempo ou poucos por muito tempo". Enganar muitos por muito tempo é quase impossível!

Vamos elencar algumas situações e como deveria ser, na minha opinião, a sua **postura** diante delas:

1. **Não acredite que basta ter sido um bom técnico, ou o melhor deles, para gerenciar um projeto de forma adequada.**

   Historicamente boa parte das organizações promove os seus melhores técnicos para posições gerenciais, e não analisam se eles têm perfil para tal. Também não preparam esse profissional, através do desenvolvimento das competências necessárias.

   É comum ouvirmos que alguém não é técnico, mas sim gerente, como se gerenciar não fosse uma atividade com técnicas comprovadamente eficientes.

   Como já foi dito, a promoção de alguém sem perfil ou sem o preparo necessário acaba se tornando um "castigo" para o próprio profissional, e também para os seus subordinados. O profissional se sente mal, pois saiu de uma zona de conforto, onde era o melhor ou um dos melhores, e passa a atuar em uma função que não gosta ou não está preparado, ou ambos.

   Se você ainda não é gerente de projetos e pretende ser, ou se já é e ainda não consegue atuar de forma consistente, desenvolva as competências necessárias. Mexa-se!

   Se você precisa selecionar algum profissional para atuar como gerente de projetos, então avalie se ele tem perfil e já está devidamente preparado.

   Listamos a seguir algumas das principais competências e habilidades relacionadas à função de gerente de projetos:
   - **Ser ético:** significa considerar todos os interesses, colocando os do cliente e do projeto acima dos demais. Ser honesto e correto em suas ações. Uma ótima referência é o Código de Ética e Conduta Profissional do PMI®. Consulte em http://brasil.pmi.org/brazil/AboutUS/EthicsInProjectManagement/PMICode OfEthicsAndProfessionalConduct.aspx ;
   - **Liderança:** existem centenas, talvez milhares de publicações a respeito do assunto. Mesmo assim, percebemos que muitos gerentes de projetos negli-

genciam o desenvolvimento dessa competência. Não é possível gerenciar projetos de forma consistente sem o apoio da equipe e de outros profissionais envolvidos. O verdadeiro líder aproveita de forma eficiente as competências de seus liderados, potencializando os resultados positivos do grupo.

- **Bom comunicador:** é quase unânime que a comunicação é essencial e talvez o aspecto mais problemático nos projetos, e que se não for tratada com a devida atenção pode ter consequências desastrosas. Lembre-se: a responsabilidade pelo resultado da comunicação é principalmente do emissor, e não do receptor. Afirmar que os outros não entenderam você não é o suficiente. Você precisa se fazer entender.
- **Desenvolvimento da equipe:** não basta um processo de seleção de pessoal eficiente. É preciso preparar sua equipe e proporcionar condições favoráveis para que todos possam desenvolver suas competências e agregar valor.
- **Capacidade de negociação:** criar as condições para que as atividades necessárias ao bom andamento do projeto sejam potencializadas. Isso significa gerenciar conflitos, influenciar os interessados no sentido de convencê--los sobre a importância dos mais diversos aspectos para o projeto e obter os recursos necessários; ainda, e talvez o mais importante, convencer os interessados quando as condições estabelecidas são irreais ou inconsistentes, mostrando que não se pode basear projetos na expectativa de ocorrerem milagres.

2. Inicie um projeto com a devida formalização.

Você jamais deve iniciar um projeto que não está devidamente formalizado. Isso o expõe a ser taxado de incompetente no futuro, pois se não houver a devida aprovação e a determinação de limites e diretrizes, podemos afirmar que não existe um projeto. Então, você estará correndo sério risco de perder tempo com algo que não está definido ou formalizado.

3. Dê muita importância à definição do(s) objetivo(s) do projeto.

A determinação dos objetivos é essencial para o projeto, pois é comum iniciá--los sem se determinar com clareza ou certeza aonde se quer chegar. Também é comum que os interessados queiram mudar os objetivos durante o andamento do projeto, de acordo com a percepção de que a direção está errada, ou que houve equívoco no que fora pedido. Não é proibido mudar o rumo dos projetos, mas é necessário analisar o impacto e não fingir que tudo vai acontecer de acordo com a situação anterior (escopo, tempo e custo, principalmente se o planejamento já estiver finalizado).

Em certa ocasião de minha esperiência profissional, houve "perda de tempo" em definir o objetivo de um determinado projeto. Esse fato "demorou" uma semana. Foi definido que o objetivo era adaptar um sistema (*software* e processos) existente para atender a um novo produto. Pois bem, a certo ponto do projeto, quando o cliente percebeu que os prazos atrasaram por conta de algumas indefinições de sua parte, sugeriu que, em vez de efetuar a alteração do sistema existente, conforme proposto anteriormente, fosse utilizado outro sistema também disponível.

A visão do cliente era baseada exclusivamente em sua necessidade, que naquela ocasião era lançar um produto novo no mercado. Explicamos a ele, na ocasião, que a mudança de objetivo não representava mudança nas características do seu produto, mas que se mudássemos o sistema, objeto de todo nosso estudo anterior, então teríamos de recomeçar, analisando o novo sistema proposto. Se o objetivo definido anteriormente fosse "lançar o novo produto", então teríamos sérios problemas.

Cuidado com objetivos genéricos, inconsistentes ou que tenham duplo sentido. Como foi dito à Alice, no País das Maravilhas: "Se você não sabe aonde quer chegar, qualquer caminho lhe serve!".

---

4. **Se você foi alocado como gerente do projeto, tenha a certeza de que tem a autoridade necessária para a condução deste projeto.**
É comum promover um funcionário de destaque para gerenciar um projeto, como um prêmio pelos seus resultados individuais. Então, é prometido a esse ingênuo que ele será efetivado na nova função, a partir de um período de avaliação, que pode variar de um mês a um ano, dependendo do tamanho da organização e do projeto.

Ocorre que esse profissional não foi preparado, muitas vezes não tem perfil e não recebe qualquer aumento de salário ou promoção de cargo. Como ele também não tem a autoridade formal consequente do novo cargo, que de fato não recebeu, precisa se submeter às decisões dos superiores, mesmo que não concorde com elas. Nesta situação, a probabilidade de que as coisas aconteçam conforme necessário é mínima, e o pobre coitado acaba virando o culpado, mesmo que não seja o responsável.

Pense muito a respeito antes de aceitar uma situação dessas e, se ela for necessária, formalize as condições para sua efetivação e o que se espera de você em detalhes. Não se torne escravo de situações impostas pela *esquizofrenia corporativa*. Talvez seja melhor continuar onde está.

5. **Siga as regras do jogo.**
O Guia PMBOK® utiliza como entrada para boa parte dos processos propostos os **Fatores Ambientais da Empresa** e os **Ativos de Processos Organizacionais**". A mensagem é: gerente do projeto, adeque os processos que você vai executar e as ferramentas e técnicas que vai utilizar aos diversos fatores relacionados às organizações envolvidas no projeto. Isso significa que é necessário adaptar sua ação e suas decisões à cultura, aos costumes e ao ambiente. Ainda, conheça todos os acordos, contratos, regulamentos, normas, leis e instruções que direcionam o trabalho a ser executado.

Quando você joga de acordo com as condições impostas e as regras do jogo, suas chances de ter razão em situações de conflito e obter sucesso serão muito maiores. Invista o tempo que for necessário em analisar e conhecer esses diversos aspectos.

6. Formalize as decisões e definições relacionadas ao projeto.

A época do *fio de bigode* e do *mas eu dei a minha palavra* já terminou há muito tempo. É importante que os profissionais envolvidos sejam éticos, mas, mesmo com ética, o esquecimento pode ocorrer (considerando que todos são inocentes, até que se prove o contrário).

O fato é que ser formal não deve ser notado pelos envolvidos como chatice, mas sim como profissionalismo. Na maioria das situações aqueles que fogem da formalização são os mal-intencionados, ou então os inseguros.

Um cliente, certa vez, nos consultou a respeito de como estava sendo previsto atender a determinado requisito do projeto. Consultamos a equipe, que localizou a documentação relacionada. Respondemos ao cliente detalhando o assunto.

Ele respondeu inconformado, através de *e-mail*, e copiando a todos os envolvidos, inclusive seu superior: "Esta Gerência jamais se posicionou dessa forma. Esse procedimento está errado.....blá-blá–blá." Recebeu nosso retorno, copiando a todos os que ele mesmo havia envolvido: "Segue informação a respeito do assunto. Estamos à disposição para esclarecimentos." Enviamos a resposta com um *e-mail* anexo, no qual constava a sua aprovação na ata de reunião, onde estava registrado que fosse feito daquela forma, por solicitação dele mesmo. Não é preciso dizer que o assunto morreu por ali.

Nas ocasiões seguintes, ele nos perguntava como havia sido solicitado... Aprendeu a lição, e comprovou, da pior forma possível para ele, que nós formalizávamos *absolutamente tudo* relacionado ao projeto.

7. Identifique todos os interessados no projeto.

Deixar de identificar alguém que tenha interesse, se sente impactado ou influencia o projeto, e o seu resultado pode ser uma catástrofe. O Guia PMBOK® chama a esses personagens, grupos, organizações ou pessoas de **Partes Interessadas**, e já se sabe que na sua 5ª edição foi criada uma área de conhecimento específica para tal. É importante observar que a parte interessada pode estar relacionada ao resultado do projeto, e não somente a sua execução.

Muitas vezes uma pessoa que não está diretamente relacionada a nosso projeto tem grande influência no ambiente, ou seja, é um formador de opinião. Cuidado com as partes interessadas que não estão em evidência ou formalmente envolvidas nos seus projetos!

8. Defina estratégias para gerenciar e engajar as partes interessadas.

Não basta identificar essas organizações ou pessoas. É muito importante que a equipe do projeto analise a situação e defina uma estratégia específica. Note também que essa estratégia pode mudar de acordo com as fases e o andamento do projeto. Será que você consegue ter sucesso em um projeto se preocupando somente com a sua equipe?

9. Envolva os principais interessados desde o início do projeto.

Quantos projetos não fracassaram, ou tiveram impactos negativos, com a participação tardia de profissionais que definem o que deve ou não constar no resultado. Estamos falando sim de definição de requisitos, especificações, detalhes técnicos, necessidades de negócios, seja lá qual for o nome que você utiliza.

> O executivo ou pessoa-chave acredita que participar do início do projeto é perda de tempo, e delega a um subordinado ou a outro profissional participar das definições iniciais do projeto. Ocorre que todo o planejamento e as atividades serão adequados de acordo com essas informações.

Então, surge esse ilustre, que esteve ocupado nas fases finais do projeto, apontando que está "tudo errado", e que precisará ser adequado. Porém, não temos tempo para tal, pois o prazo está se esgotando, se já não esgotou. Por acaso você já presenciou algo semelhante em sua vida profissional, ou acontece somente na concorrência?

Cabe a você, gerente do projeto, convencer esses participantes chave que a verdadeira perda de tempo é o retrabalho, e que é essencial ao projeto que ele participe da definição, pois isso possibilitará que ele delegue a validação posteriormente, com base no que ele definiu.

Reflita a respeito de quantas situações de conflito poderiam ter sido evitadas, em seus projetos, se esse procedimento fosse adotado.

10. **Identifique, documente e obtenha aprovação dos interessados para objetivos, premissas, restrições e requisitos do projeto.**
Antes, vamos recordar algumas definições importantes.

Premissa: utilizamos para alinhar expectativas e responsabilidades entre as partes interessadas. Por exemplo, a instalação dos equipamentos a serem utilizados na execução do projeto será de responsabilidade da empresa contratada. Gostamos de chamar de *acordo ou combinado entre as partes*. É algo considerado pelas partes interessadas como verdadeiro para fins de planejamento do projeto.

Se a premissa mudar, o planejamento precisa ser revisto.

Restrição: algo que limita a execução das atividades do projeto. Exemplo: as atividades do projeto somente poderão ser realizadas em horário noturno, pois trata-se de reforma em loja em shopping center, que restringe por norma interna atividades dessa natureza em horário comercial.

Requisito: caracteriza itens e condições a serem atendidos, e podem estar relacionados ao detalhamento das entregas ou a aspectos que o projeto deverá atender durante sua execução. Exemplo: as paredes deverão estar pintadas de branco, com tinta acrílica, a ser aprovada anteriormente pelo cliente. Os requisitos normalmente devem ter critérios de aceitação associados.

Essas informações podem evitar diversos problemas nos projetos, como responsabilidades que não foram definidas nas premissas, restrições que foram ignoradas no planejamento e requisitos com critérios de aceitação mal definidos.

Existe uma crença de que esse detalhamento é perda de tempo. Na verdade, quem se preocupa e dá a devida atenção a esses aspectos tem diminuição significativa no retrabalho, o que aumenta as chances de entregar os projetos no prazo previsto, e com um índice menor de conflitos.

11. Não aceite um prazo sem ter clareza do que precisa ser realizado.

É fato que alguns projetos têm o prazo como principal requisito. O exemplo que pode ser utilizado é uma mudança legal, que poderia impactar em uma multa vultuosa para a organização, se não for atendida no prazo. Neste caso, é preciso entregar na data, *custe o que custar*. Outro exemplo é uma Copa do Mundo. Não podemos dizer para este evento: "teremos um pequeno atraso, de apenas um mês".

Isso não significa que o gerente de projetos ficará inerte, aceitando qualquer data imposta. É dever desse profissional equilibrar e medir os recursos necessários para atender na data necessária, e convencer os demais de que é importante aumentar, por exemplo, o orçamento previsto.

Continuo com a certeza de que milagres não são trabalho para meros mortais.

12. Não deixe o escopo indefinido.

"Se não há escopo, não há projeto, pois provavelmente consiste em um grupo de pessoas que não sabe o que precisa entregar, aonde precisa chegar e quais as atividades necessárias para tal." Isso certamente não é um projeto, é um desafio, que ninguém sabe com certeza se é viável.

A consequência mais comum para um projeto que é executado sem fechar o seu escopo é aceitar tudo o que é demandado, pois não se tem uma linha de base para comparar, e portanto fica impossível apontar as novas demandas como sendo um aumento de escopo. Como é possível dizer que se está mudando algo que não se sabe o que é? Ou então, como é possível dimensionar quais os recursos necessários, o custo associado e o tempo para entregar? Percebe agora onde está a origem de grande parte dos seus problemas com projetos?

Um aluno, engenheiro há mais de 30 anos, nos contou que no início de sua carreira um cliente de origem oriental afirmou: "Vocês, brasileiros, utilizam no máximo 10% do tempo total do projeto com planejamento, e costumam entregar com atraso. Nós, orientais, muitas vezes utilizamos mais de 60% do tempo total do projeto com planejamento, e na maioria das ocasiões entregamos no prazo: aprenda conosco!".

Este aluno comentou na ocasião que levou esta lição para o resto de sua carreira.

Então responda a você mesmo: Será que no próximo projeto você vai sair fazendo, sem planejar adequadamente? Será que planejar é perda de tempo?

13. Pense primeiro nas entregas e depois nas atividades.

É comum no mercado os profissionais montarem um cronograma com todas as atividades, e posteriormente utilizar um *software* de mercado para montar a conhecida WBS – *Work Breakdown Structure*, que na tradução para o português chamamos de EAP – Estrutura Analítica do Projeto.

A proposta de se criar uma EAP antes de pensar nas atividades é uma forma estruturada de delimitar o escopo, pois se eu penso primeiro nas entregas que preciso concretizar, as atividades serão por consequência mais consistentes e direcionadas para os objetivos do projeto. Ainda, por se tratar de uma estrutura gráfica, é muito mais fácil identificar um possível aumento de escopo, pois qualquer solicitação de mudança poderá ser confrontada com a EAP, com a finalidade de verificar se essa solicitação está associada a alguma das entregas previstas ou se é algo totalmente novo.

Se o processo é conduzido pensando primeiro nas atividades, fica muito mais difícil estruturar a EAP, e as mudanças de escopo podem passar despercebidas.

A EAP delimita graficamente o escopo, e agiliza ao extremo a compreensão do que precisa ser produzido no projeto.

Faça a sua EAP antes de detalhar as atividades. Se na sua organização as pessoas acreditam que o plano de projeto é o cronograma, cabe a você convencê-las de que um plano de gerenciamento do projeto é muito mais do que isso. Consulte o Guia PMBOK®.

14. Não "encaixe" as atividades no orçamento disponível.

As atividades e os recursos necessários para sua execução devem ser a base para a estimativa de custos e a definição do orçamento, e não o contrário. É verdade que os projetos normalmente têm recursos financeiros limitados, mas tentar adequar as atividades ao orçamento será da mesma forma prejudicial, pois ignorando atividades, ou associando a elas prazos e custos irreais, estaremos acreditando em milagres.

Se você não tem dinheiro suficiente, não faça! Mostre aos envolvidos que será necessário abrir mão de alguma coisa, ou então buscar recursos adicionais.

15. Inicie a execução das atividades de um projeto somente após o planejamento adequado.

Você não precisa terminar todo o planejamento para iniciar a execução do projeto, mas sempre planeje algo antes de executar. Separe seu projeto em fases, frentes, módulos, versões ou qualquer divisão que faça sentido para o seu negócio, projeto ou necessidade específica.

Para algumas culturas, iniciar algo sem planejamento é insano, enquanto para outras planejar é *perda de tempo*. Normalmente as culturas que planejam são aquelas que apresentam os melhores resultados. Não será tempo de mudar?

Você quer ser mais um gerente de projetos, ou aquele que entrega projetos com consistência? Quer ser convidado a gerenciar o próximo projeto, ou vai se aposentar depois deste?

16. Não acredite que a preocupação com riscos é pessimismo.

Risco é um evento incerto que pode ter impacto positivo ou negativo sobre os objetivos do projeto. Note que falamos "positivo". Portanto, um risco não necessariamente é uma situação que prejudicaria seu projeto. Um projeto é um empreendimento cercado de incertezas e portanto, gerenciar os riscos do projeto é fundamental.

Infelizmente, algumas culturas percebem a gestão do risco como pessimismo, e acreditam que tudo vai dar certo somente porque os envolvidos assim o querem.

> Em certa ocasião, véspera da estreia de uma seleção de futebol em uma Copa do Mundo, quando o treinador dessa equipe estava sendo entrevistado, um repórter o questionou sobre o que ele faria se a sua equipe perdesse a competição; ele prontamente respondeu que não havia pensado nisso. Escutando essa resposta, comentei com a pessoa que estava ao nosso lado que aquela equipe não iria ganhar a competição, pois o seu líder, podemos dizer, o gerente daquele projeto, não havia pensado no risco do insucesso e, portanto, não trabalharia nos fatores negativos para evitar essa situação. De fato essa seleção perdeu a competição, apesar de ser a favorita.

Se você não acredita que milagres acontecem o tempo todo, e se acredita que existem oportunidades (riscos positivos), então passe a considerar a gestão de riscos como algo importante para o sucesso de seus projetos.

17. Defina como as solicitações de mudanças serão tratadas.

Não existe projeto que termine exatamente com o mesmo escopo do início, principalmente se considerarmos que existem dois tipos de escopo: de produto (o que será entregue) e de projeto (as atividades necessárias para atingir os objetivos).

Normalmente um aumento no escopo do produto é notado, pois envolve as características do que será entregue pelo projeto.

Reforçando, o escopo do projeto são as atividades necessárias para entregar o produto ou resultado, conforme planejado.

> Você acredita que em um projeto as atividades vão acontecer **exatamente** como previsto no início? Isso é quase impossível, mesmo para projetos curtos, pois a incerteza sempre existirá.

Então, é necessário definir como essas solicitações de mudanças serão direcionadas, analisadas, aprovadas, implementadas e validadas. Isso não significa que é preciso definir um processo complexo. Pode ser tão simples quanto: "todas as solicitações de mudanças serão analisadas pelo gerente do projeto e aprovadas pelo patrocinador[1] do projeto". O importante é que exista definição, pois as mudanças irão ocorrer.

18. Utilize profissionais qualificados na execução das atividades.

Quando você consegue planejar adequadamente um projeto, existe a previsão de trabalhar com profissionais qualificados de acordo com as necessidades das atividades. Então, durante a execução, alguém precisa daquele profissional qualificado que você havia escolhido, para outro projeto que ganhou prioridade maior que o seu, e você recebe orientação para substituí-lo por aquele estagiário do setor ao lado, e que está disponível para tal. O superior dele diz: "pode levar que o menino

---

[1] O patrocinador é responsável por fornecer recursos financeiros, defender a importância e/ou autorizar o uso do orçamento do projeto.

é bom". E as previsões do seu projeto continuam iguais, e você não recebe permissão para ajustar o prazo daquela atividade, e escuta o famoso: "você precisa sair da caixa, seja criativo".

Isso tudo lhe parece familiar? Então você precisa pensar a respeito da **postura** que comentamos anteriormente. Se aceitar, e acreditar que não existe impacto, compre a roupa do seu herói predileto e passe a utilizá-la como vestimenta de trabalho; ou passe a frequentar sua igreja ou templo com mais frequência, pois você está "à procura de um milagre". Se não for esse o caso, convença os demais de que não é possível entregar o projeto no mesmo prazo e com a mesma qualidade quando ele é executado por um profissional com menos experiência.

19. Defina metas para a sua equipe, e reconheça os resultados atingidos.

É quase impossível acreditar que uma equipe sem metas individuais e específicas consiga alto desempenho. Você precisa definir metas desafiadoras, porém elas não podem ser impossíveis.

> Certa ocasião participávamos de um grande programa, que envolvia dezenas de projetos. No final do ano, nem os gerentes nem os executivos receberam bonificações (remuneração variável). Será que o problema era dos profissionais?
>
> Se ninguém de sua equipe atinge as metas, então um fator motivador se transformou em desmotivador. O que mais nos espanta é que em diversas organizações isso tem acontecido, e os executivos ficam se perguntando o que será que está acontecendo. É lamentável...

Não faça isso com a sua equipe. Estabeleça metas consistentes e realistas, mesmo que as metas do projeto não o sejam. Sua equipe estará motivada, e os resultados certamente serão melhores, e de repente o que parecia impossível acontece.

20. Não aceite interrupções e mudanças de prioridades sem a análise de impacto e as devidas adequações no seu Plano de Gerenciamento do Projeto.

É comum que os envolvidos no projeto interrompam a todo momento o trabalho da equipe, especialmente do gerente do projeto. Então, fica a pergunta: Por que será que não estamos conseguindo cumprir os prazos?

Note que foi abordado o escopo de projeto, ou seja, as atividades necessárias e previstas no planejamento do projeto. Então, se é dedicado tempo para outras atividades não previstas, isso é reconhecido como aumento de escopo ou os parâmetros utilizados no planejamento precisam de revisão.

Minha dica neste caso é que, se a sua equipe e você sofrem interrupções constantes, ou as prioridades mudam constantemente, então cabe a você, gerente do projeto, orientar sua equipe para que registre todos esses tempos "extras", de forma a comprovar o impacto no projeto.

Acredite, fica difícil argumentar contra números. Quando você apresentar, por exemplo, que a sua equipe teve um volume de interrupções de 320 horas em um mês, e que isso representa o trabalho equivalente a dois profissionais atuando o mês todo, então sua argumentação ganhará consistência e será considerada.

21. Utilize índices de desempenho.

Na maioria das vezes, se você perguntar a um gerente de projeto **despreparado** como está o projeto dele, ele responderá prontamente: está tudo bem, sob controle. Dificilmente ele dará uma resposta diferente. Mas será que isso é verdade?

Utilize índices de desempenho, e tenha certeza de que você está com o projeto na mão. O *EasyBOK* irá ajudá-lo nesse sentido.

22. Defina e valide com os interessados os critérios de qualidade do projeto. Não utilize os seus como parâmetro.

No começo da carreira, temos tendência a querer dar o máximo e entregar tudo com a melhor qualidade possível. Em projetos, isso pode ser um tremendo erro, pois a prioridade do cliente pode ser o prazo, e não a qualidade do produto final.

É importante que você defina com os clientes e demais interessados quais serão os critérios de qualidade para produtos e também para o projeto. Não tente adivinhar ou definir por conta própria.

É comum ouvirmos nas organizações: "mas a qualidade deste projeto não está boa". E, então, se perguntar ao autor desta frase por que, é possível que ele não saiba responder...

> Se você, como gerente do projeto, dedicar seu *precioso* tempo para levantar, junto aos envolvidos, quais os critérios de qualidade para os produtos e o projeto, então poderá argumentar e provar que a frase pronunciada em vão não procede, pois a equipe estará atendendo aos parâmetros e critérios definidos.

23. Resolva agora aquilo que pode atrapalhar o projeto.

Uma das principais características do bom gerente de projetos é ser proativo. Não fique procurando culpados. Não utilize desculpas, mas sim motivos.

> Evite procrastinar!
> Resolva!
> Agora!

Com isso, além de conduzir o projeto com dinamismo, você conquistará a sua equipe, pois eles notarão em você capacidade para resolução de problemas.

24. Não conduza o projeto sabendo que ele é uma missão impossível. Informe aos demais a respeito disso e faça algo a respeito.

A todo momento as organizações estão lançando missões impossíveis, e todos acreditam que não há como mudar.

> Tenho feito uma campanha para que os profissionais abandonem o "lado negro da força", como na trilogia *Guerra nas Estrelas*, e respeitem os profissionais envolvidos nos projetos. O resultado deve ser consequência do trabalho, e não do sacrifício dos humanos.

Quando as organizações defenderem que o sacrifício constante é necessário, faça o contrário. Se possível, dispense sua equipe no final de semana, e peça o comprometimento de todos durante a semana, no horário normal de trabalho, e provavelmente tudo será entregue conforme previsto. Já fiz isso em diversas ocasiões, e funciona, acredite!

Mostre que você está comprometido com metas e objetivos consistentes, planejados e analisados, sem acreditar em milagres.

Não informe um prazo se você não tiver certeza de que é factível.

Certa ocasião, um patrocinador de um projeto prioritário, e com grande repercussão na organização, queria um prazo final antes do fechamento do escopo. Ele afirmava que existia um compromisso com a Vice-presidência da organização de que esse prazo seria apresentado em uma reunião no dia seguinte, assumido pelo meu superior imediato. Comprometemo-nos a ir à reunião, defendendo o porquê de não termos ainda o prazo, e asumindo a responsabilidade. Na época, este interlocutor ficou muito alterado, e não queria aceitar de forma alguma essa condição. Nós não cedemos!

Após apenas quatro dias fechamos o escopo, e foi possível, já na semana seguinte, apresentar um prazo consistente. Então, este patrocinador entrou na reunião seguinte elogiando o projeto, e afirmando que em 24 anos de empresa nunca havia participado de um projeto tão organizado.

O que queremos mostrar a você, caro gerente de projetos, é que a sua **postura** faz toda a diferença. Não adianta você conhecer ou aplicar as melhores práticas se não houver um posicionamento consistente em momentos de pressão e decisão. Mude sua postura!

Acredite nas boas práticas, e pratique! Não adianta ficar somente no discurso.

25. Ao final do projeto, tenha certeza de que tudo foi entregue e realizado, conforme previsto.

Não feche um projeto sem ter certeza de que tudo foi executado e entregue conforme previsto e contratado. Imagine você ter de deixar atividades do próximo projeto para consertar algo que ficou para trás. É uma bola de neve rolando na montanha sem fim...

26. Não tente gerenciar muitos projetos simultaneamente.

Se você aceitar, a organização vai lhe passar tantos projetos quanto ela tiver necessidade, e acreditará que está ganhando com isso. Esta é uma típica situação de perde-perde, pois o gerente perderá o controle, e a organização será prejudicada.

Não existe um número mágico, mas cabe ao bom gerente de projeto apresentar números que justifiquem uma sobrecarga de trabalho.

Já encomendou aquela roupa de super-herói?

27. Não acredite ou aceite que comprometimento e profissionalismo é trabalhar todos os dias até mais tarde, nos finais de semana, e obrigar a sua equipe a fazer o mesmo.

Outro dia um colega, profissional competente e experiente, desabafou: "Estou preocupado, pois trabalhar após o horário não é mais um diferencial, mas uma obrigação, e eu tenho feito isso todos os dias, apesar de me considerar preparado e competente."

A sensação é de muitos, e as pessoas têm se sentido incapazes de mudar esta situação. Novamente, é uma questão de **postura**. Se as organizações estão tendo problemas para entregar seus projetos, então isso é sinal de que algo está errado... com a organização.

Um exemplo típico é o do contrato formalizado pela Área Comercial, e que passa para os executores já como uma missão impossível, pois o profissional dessa área "vendeu a mãe" para conquistar o cliente (muitas vezes com o apoio da Diretoria).

O que algumas organizações têm feito para evitar este problema? O próprio gerente do projeto vende o projeto, e depois ele é responsável por entregar; ou seja, quem vende vai tomar o cuidado de avaliar se o projeto é viável antes de assumir o compromisso.

> Minha proposta é de que a comissão pela venda do projeto esteja vinculada ao resultado final. Assim, não bastará vender, mas será preciso entregar, e com resultados positivos.

28. Envolva os demais interessados nas suas decisões.

Os resultados atingidos por equipes são sempre mais significativos do que os individuais. Acreditamos que os resultados individuais são cada vez menos frequentes, e viabilizar o engajamento de todos é essencial. Quando você envolve os demais interessados nas decisões estratégicas do projeto, está aumentando as chances de sucesso, pois a quantidade de aspectos analisados será maior, e todos estarão mais comprometidos com o caminho traçado. *Muitas cabeças pensam melhor do que uma.*

Por exemplo, quando você, como gerente do projeto, consulta um profissional sobre a estimativa de tempo para atender a uma atividade, automaticamente está criando o compromisso por parte dele.

29. Convença a todos de que atuar simultaneamente no dia a dia da organização e acreditar que isso não irá prejudicar o projeto é uma ilusão.

O exemplo que gosto de utilizar para esta situação é a seguinte: imagine que o profissional está responsável por alguma operação relacionada ao atendimento imediato a clientes, e que simultaneamente está envolvido no seu projeto.

Então, surge um problema que tem impacto no atendimento a clientes, e ele tem uma atividade relacionada ao projeto que deveria ser realizada ao mesmo tempo. Qual você acredita que será priorizada?

Não existe a menor dúvida de que o atendimento ao cliente será priorizado, e que o projeto será impactado negativamente.

Novamente estamos esperando por milagres......

30. Enfim, conduza seu projeto com a perspectiva de ser convidado a gerenciar o próximo.

Se você pretende se estabelecer e continuar atuando como um gerente de projetos, é necessário pensar além do projeto atual, pois todos eles são temporários.

> Acredite, um gerente de projeto com uma mácula de insucesso em seu currículo terá dificuldade em ser escolhido para o próximo, e muitas vezes quando perde o controle emocional, segundo alguns por **falta de postura adequada** durante um projeto, ele nem mesmo chegará como gerente ao fim desse.

Gradativamente você conseguirá aplicar mais e mais as melhores práticas, tendo em seu currículo projetos bem-sucedidos, ou pelo menos com desvios cada vez menores.

Ser um profissional certificado também aumenta o respeito dos demais por suas decisões e opiniões. Mas note que é preciso acreditar na proposta da certificação, e não simplesmente passar no exame.

> Se você tem o certificado mas não aplica as boas práticas associadas, então estará cometendo os mesmos erros, e tendo os mesmos problemas.

A certificação pode ajudá-lo a obter um novo emprego, mas o que garante a empregabilidade de um gerente de projetos são os resultados, e não a certificação. E note que estamos falando de resultados consistentes, e não iguais aos demais, que estão cada vez mais perdendo mercado para a concorrência.

Por enquanto o certificado é um diferencial. Em algumas empresas e setores ele já é pré-requisito, pois há uma oferta cada vez maior de profissionais certificados. Então, somente o certificado não bastará. Você precisará mostrar a que veio.

Conclusão

Durante nossa passagem por este mundo procuramos ser felizes, mas parece que muitas vezes isso se torna um objetivo impossível. Temos a tendência de procurar culpados, quando nem sempre eles existem. Procuramos motivos, e em boa parte das vezes nos deparamos com desculpas.

Vemos os caminhos corretos a nossa frente, mas muitas vezes temos medo de escolhê-los, por acreditar que, se o fizermos, estaremos sendo diferentes de todos aqueles que supostamente são felizes, por ter isso ou aquilo, ou por simplesmente parecerem ser, o que de fato não são.

Parece complexo, mas na verdade é simples: Por que procuramos a felicidade nos lugares errados? Por que buscamos ser felizes com os valores que nos são vendidos, e não com aqueles que irão fazer a diferença, no final dos tempos?

O final dos tempos existe? Para aqueles que acreditam apenas nesta vida, o final dos tempos é a morte, data-limite de um projeto de vida que está parcialmente em nossas mãos. Por mais que busquemos motivos ou simples desculpas, no final vamos ter de contar aos nossos netos, se sobrevivermos, o que é de fato importante para que eles sejam *Humanos*, e não simplesmente sobrevivam.

Então, fica aqui minha sugestão de que, seja qual for a sua profissão, e sejam quais forem os projetos que você está participando ou gerenciando em seu cotidiano, não se esqueça de que o bônus de fim de vida é muito mais significativo do que o bônus de fim de ano.

O que isso significa? Significa que é muito mais importante o que você vai contar para os seus netos do que o que vai contar aos seus filhos. Aos filhos você dá o exemplo, a dedicação, o carinho, o amor, o sustento, o equipamento eletrônico de última geração (espero que você dê mais que isso, como, por exemplo, *Amor*); enfim, a condição de sobreviver, e viver. Aos netos você dá tudo isso em dobro, e ilustrado com um *bônus de fim de vida* que lhe dê orgulho, será muito melhor. Quanto vale contar aos seus netos que você foi diferente, e que *o imediatismo de ter não sobrepôs a eternidade de ser*.

Seja aquilo que você acredita ser o melhor, e não compre os valores alheios. Conte aos seus netos histórias sobre as quais você tenha orgulho.

Isso é o que faz a diferença: o resto...

Se você acredita que seguir o que os outros lhe impõem como valores, e que fazer diferente é correr riscos desnecessários, então talvez seja melhor simplesmente seguir fazendo o que tem feito. Nada mais que isso... Pense a respeito!

Encerro com a reprodução de um texto do Dr. Celso Charuri, fundador da PRÓ--VIDA. Espero que ele o faça refletir sobre como tem conduzido o *seu projeto de vida*. Se lhe interessar, consulte em: http://www1.provida.org.br

24 de setembro de 1981

No Néctar Restaurante, diante da questão de uma senhora que dizia ter sido sempre uma dona de casa e que, por isso, não teria o que ensinar às pessoas.

Todos aprendem muito com as experiências dos outros. Se cada um contar o que passou, a gente aprende. Quando você conta o que é, o que foi, tanto faz o lado da história. É preciso até que alguém fique parado, para que outros reconheçam o movimento.

Você ensina ao que corre, parar, e ensina ao parado, correr. Nada é desprezível numa vida. Não existe tempo não preenchido. O que existe é sempre tempo preenchido.

Se você põe um barco na água para atravessar um rio com uma pessoa dentro, e outra fora, nadando, o que está parado dentro do barco vai achar enfadonho e vai querer a glória de, na volta, vir nadando; e o que está nadando vai querer ser esperto, vindo parado dentro do barco. Um ensina o outro. A satisfação daquele que vai sentado no barco e a do que vai nadando é que faz o movimento, dando razão a todas as coisas. A experiência é igual em intensidade.

Se na ida para o outro lado do rio, o que estava parado tivesse tentado sair do barco, faria o outro perder a razão de vida. Portanto, ele cumpriu um papel importante.

E agora, se você compreendeu isso, você poderá dar razão à sua vida: fique sempre na atividade, mas mudando a natureza da atividade. Sempre fazendo. É bom e você deve fazer, até um dia você encontrar o ponto: é o dia que você reconhece a efemeridade de todos os projetos. Nesse dia, você vai ter que encontrar o Projeto Eterno e tentar dirigir-se a ele.

DR. CELSO CHARURI
Fundador e idealizador da PRÓ-VIDA

Apêndice A

Glossário

Esse glossário tem como principal referência o Guia PMBOK® 5ª edição. O autor adaptou alguns dos conceitos a fim de, do seu ponto de vista, facilitar o entendimento. Consulte o Guia PMBOK® e outras publicações especializadas para se aprofundar nos termos mais utilizados em projetos.

Ação corretiva. Uma atividade que tem por objetivo alinhar o desempenho dos trabalhos do projeto com o plano de gerenciamento do projeto.

Ação preventiva. Uma atividade que visa garantir que o desempenho futuro do trabalho do projeto esteja alinhado com o plano de gerenciamento do projeto.

Aceitação de risco. Uma estratégia de resposta ao risco em que não há o que fazer, como por exemplo em uma mudança legal, ou que a equipe do projeto decide reconhecer a existência do risco e não agir, a menos que o risco ocorra.

Acordos. Qualquer documento ou comunicação que contém as intenções entre as partes envolvidas. Podem tomar a forma de contrato, memorando, carta de compromisso, acordo verbal, *e-mail* etc.

Aderência. Conceito geral de conformidade de uma entrega ou processo com uma regra, padrão, lei, ou requisito tal que a avaliação de conformidade seja "em conformidade" ou "fora de conformidade".

Antecipações e esperas. Técnica usada durante o planejamento e a execução do projeto para adequar o cronograma, alinhando as atividades do projeto que permitam sequenciamento atípico.

Ameaça. Um risco que teria um efeito negativo em um ou mais objetivos do projeto.

Análise da árvore de decisão. Técnica de diagramação para avaliar as implicações de uma sequência de opções múltiplas que apresentam incerteza.

Análise de cenário E-se. Avaliação de cenários com o objetivo de analisar seus efeitos nos objetivos do projeto.

Análise de custo-benefício. Ferramenta de análise financeira usada para comparar os benefícios providos por um projeto em relação aos seus custos.

Análise de forças, fraquezas, oportunidades e ameaças (Swot). A análise dos pontos fortes (*Strengths*), fracos (*Weaknesses*), das oportunidades (*Opportunities*) e ameaças (*Threats*) a uma organização, projeto ou opção.

Análise de listas de verificação. Técnica para verificar entregas ou processos de maneira sistemática, usando uma lista para determinar a exatidão e/ou completude.

Análise de Monte Carlo. Uma técnica que calcula, por meio de repetições e aplicação de modelos matemáticos, os custos do projeto ou o cronograma do projeto usando valores de entrada selecionados aleatoriamente a partir de distribuições de probabilidade dos possíveis custos ou durações para calcular uma distribuição do custo total possível do projeto ou de datas de término, considerando os riscos associados.

Análise de sensibilidade. Técnica de análise quantitativa e modelagem de riscos usada para ajudar a determinar quais riscos apresentam maior impacto potencial no projeto. Ela examina a extensão com que a incerteza de cada elemento do projeto afeta o objetivo que está sendo examinado quando todos os outros elementos incertos são mantidos em seus valores de linha de base. Representada tipicamente na forma de um diagrama de tornado.

Análise de causa-raiz. Uma técnica analítica usada para determinar a principal causa de uma variação, um defeito ou um risco. Uma causa-raiz pode provocar mais de uma variação, defeito ou risco.

Análise do Valor Monetário Esperado (VME). Uma técnica estatística que calcula o resultado ponderado quando o futuro inclui cenários que podem ou não acontecer. Uma utilização comum desta técnica está na análise da árvore de decisão.

Antecipação. A quantidade de tempo que uma atividade sucessora pode ser adiantada em relação a uma atividade predecessora. Deve considerar o tipo de dependência entre elas.

Apetite de risco. O grau de incerteza que as organizações e as pessoas envolvidas no projeto estão dispostas a aceitar, na expectativa de uma possível recompensa.

Área de aplicação. Categoria de projetos que possuem componentes comuns significativos, mas que não são necessários ou estão presentes em todos os projetos. As áreas de aplicação são geralmente definidas em termos de produto, tipo de cliente ou setor industrial. Em algumas culturas são chamadas de áreas de negócios.

Área de conhecimento em gerenciamento de projetos. Uma área identificada de gerenciamento de projetos definida por seus requisitos de conhecimentos e descrita em termos dos processos que a compõem, suas práticas, entradas, saídas, ferramentas e técnicas.

Atividade do caminho crítico. Qualquer atividade no caminho crítico do cronograma de um projeto, ou seja, que não tem folga. Isso significa que, se ela atrasar, o projeto também atrasará.

Atividade predecessora. Uma atividade que vem antes de uma atividade que depende da predecessora.

Atividade sucessora. Uma atividade que logicamente vem depois de outra atividade.

Ativos de processos organizacionais. Planos, processos, políticas, procedimentos e bases de conhecimento específicas usadas pela organização executora.

Base de conhecimento de lições aprendidas. Um repositório de informações históricas e lições aprendidas sobre os resultados de decisões de seleção de projetos anteriores e do seu desempenho. Lições aprendidas estão associadas a decisões que tiveram ou não sucesso em projetos ou fases anteriores.

Bases das estimativas. Documentos e informações de apoio utilizados no estabelecimento das estimativas do projeto, como premissas, restrições, nível de detalhe, limites e níveis de confiança.

Benchmarking. *Benchmarking* envolve a comparação de práticas reais ou planejadas, tais como processos e operações, com as de organizações comparáveis para identificar as melhores práticas, gerar ideias para melhorias e fornecer uma base para medir o desempenho do projeto ou fase.

Brainstorming. Técnica geral de coleta de dados que pode ser usada para identificar riscos, ideias ou soluções para problemas usando um grupo de membros da equipe ou especialistas no assunto, incentivando a troca criativa de informações e a análise das opções.

Calendário do projeto. Identifica os dias úteis e os turnos disponíveis para a execução das atividades agendadas para o projeto.

Calendário do recurso. Identifica os dias úteis e turnos em que cada recurso específico encontra-se disponível para o projeto.

Caminho crítico. A sequência de atividades que representa o caminho mais longo de um projeto, que determina a menor duração possível. As atividades do caminho crítico não têm folga, ou seja, se atrasarem o projeto também atrasará.

Caminho de rede. Série contínua de atividades do cronograma conectadas através de relacionamentos lógicos em um diagrama de rede do cronograma do projeto.

Ciclo de vida do produto. Série de fases que representam a evolução de um produto, da sua concepção à entrega, o aperfeiçoamento, a maturidade e a descontinuidade.

Ciclo de vida do projeto. Série de fases pelas quais um projeto passa, e que levam esse projeto do seu início ao seu término.

Cliente. Cliente é (são) a(s) pessoa(s) ou organização(ções) que receberá(rão) o produto, serviço ou resultado do projeto. Os clientes podem ser internos ou externos à organização executora. Normalmente eles são as principais fontes de requisitos de produto.

Código de contas. Qualquer sistema de numeração utilizado para identificar de modo exclusivo cada componente da Estrutura Analítica do Projeto (EAP). Dois componentes da mesma EAP não podem ter códigos iguais.

Comitê de Controle de Mudanças (CCM). Um grupo formalmente constituído para revisar, avaliar, aprovar, adiar ou rejeitar mudanças no projeto, registrar e comunicar tais decisões. Dependendo da necessidade do projeto, pode ser composto por: cliente, patrocinador e gerente do projeto, entre outros.

Componente da Estrutura Analítica do Projeto. Um item na estrutura analítica do projeto (EAP).

Comprador. Pessoa ou departamento que adquire produtos, serviços ou resultados de uma organização, de acordo com as necessidades do projeto.

Compressão. Técnica usada para reduzir a duração do cronograma do projeto usando o menor custo incremental através da adição de recursos ou outra estratégia viável.

Condição de Gatilho. Um evento ou situação que indica que um risco está na eminência de ocorrer.

Conformidade. No sistema de gerenciamento da qualidade, conformidade é um conceito geral de entrega de resultados que se enquadram nos limites ou padrões que definem a variação aceitável para um requisito ou padrão de qualidade.

Conta de controle. Ponto de controle gerencial em que o escopo, o orçamento, o custo real e o cronograma são integrados e comparados com o valor agregado visando à medição do desempenho.

Controle de mudanças. Processo pelo qual as solicitações de mudança em documentos aprovados, entregas ou linhas de base associadas ao projeto são identificadas, documentadas, aprovadas ou rejeitadas.

Cronograma de marcos. Um cronograma sumarizado que identifica os principais marcos (pontos de controle) do cronograma.

Cronograma do projeto. Demonstra a conexão de atividades com suas datas, durações, marcos e recursos planejados.

Custo Real (CR). O custo incorrido no trabalho executado de uma atividade, durante um período específico.

Dados de desempenho do trabalho. As observações e medições em estado bruto, identificadas durante a execução das atividades do projeto.

Decisões de fazer ou comprar. Decisões tomadas com relação à compra externa ou à produção interna de um produto ou serviço necessário ao projeto.

Decomposição. Técnica usada para dividir e subdividir o escopo do projeto e suas entregas em partes menores e mais fáceis de gerenciar. Também é utilizada para decompor os pacotes de trabalho da EAP em atividades, que irão definir a lista de atividades. As EAPs não devem conter atividades, mas sim serem utilizadas como referência para a definição da lista de atividades.

Defeito. Uma imperfeição ou deficiência em um componente do projeto que não atende aos seus requisitos ou especificações e precisa ser reparado ou substituído.

Dependência arbitrada. Um relacionamento estabelecido com base no conhecimento das melhores práticas no escopo de uma área de aplicação ou aspecto específico do projeto, e para o qual se decidiu adotar uma sequência específica.

Dependência externa. Um relacionamento entre atividades que são do projeto e atividades que são executadas externamente ao projeto.

Dependência obrigatória. Um relacionamento contratualmente exigido ou inerente à natureza do trabalho representado pelas atividades do projeto.

Dicionário da EAP. Documento ou ferramenta que fornece informações detalhadas sobre entregas, atividades e agendamento de cada componente da estrutura analítica do projeto. Se você utiliza um *software* de gerenciamento de projetos, essas informações podem ser armazenadas diretamente no cronograma do projeto.

Documentos de aquisição. Os documentos utilizados nas atividades de aquisições externas, que incluem Convite para licitação, Convite para negociações, Solicitação de informações, Solicitação de cotação, Solicitação de proposta e as respostas do fornecedor.

Elaboração progressiva. O processo iterativo através do qual o nível de detalhes do plano de gerenciamento do projeto aumenta à proporção que maiores volumes de informações e estimativas mais precisas são disponibilizados e entendidos pelas partes.

Entrada. Qualquer item, interno ou externo ao projeto, que pode ser utilizado por um processo antes que esse processo continue. Pode ser uma saída de um processo predecessor.

Entrega. Qualquer produto, resultado ou capacidade para realizar um serviço único e verificável, e que é exigido para concluir um processo, uma fase ou um projeto.

Entregas aceitas. Produtos, resultados ou recursos produzidos por um projeto e validados pelo cliente ou patrocinadores do projeto como tendo satisfeito seus requisitos e critérios de aceitação.

Entregas verificadas. Entregas de projeto concluídas que foram verificadas e confirmadas quanto aos requisitos e critérios de qualidade.

Equipe de gerenciamento do projeto. Os membros da equipe do projeto que estão diretamente envolvidos nas atividades de gerenciamento e liderança de projetos.

Equipe do projeto. Um grupo de indivíduos que executa as atividades do projeto para alcançar seus objetivos.

Escopo. Os produtos, serviços e resultados a serem fornecidos durante o ciclo de vida do projeto.

Escopo do produto. As características e funções que descrevem um produto, serviço ou resultado. É representado através dos requisitos coletados e aprovados pelas partes.

Escopo do projeto. O trabalho que deve ser realizado para entregar um produto, serviço ou resultado com as características e funções especificadas no escopo do produto.

Escritório de gerenciamento de projetos (EGP). Uma estrutura organizacional que padroniza os processos de governança relacionados aos projetos, e facilita o compartilhamento de recursos, metodologias, ferramentas e técnicas. Também conhecido como PMO – *Project Management Office*.

Esforço. O número de unidades de mão de obra exigidas para finalizar uma atividade do cronograma ou um componente da estrutura analítica do projeto, frequentemente expresso em horas, dias ou semanas por unidade de mão de obra.

Espera. A quantidade de tempo que uma atividade sucessora pode ou deve ser atrasada em relação a uma atividade predecessora.

Estrutura Analítica do Projeto (EAP). A decomposição hierárquica do escopo total do trabalho a ser executado pela equipe do projeto a fim de alcançar os objetivos do projeto e criar as entregas exigidas. Deve contemplar todas as entregas do projeto, incluindo o resultado das atividades de gerenciamento do projeto.

Exatidão. De acordo com o sistema de gerenciamento da qualidade, *exatidão* é uma aferição do grau de correção.

Fase do projeto. Conjunto de atividades de projeto relacionadas de maneira lógica que culmina na conclusão de uma ou mais entregas.

Fatores ambientais da empresa. As condições que não estão sob o controle imediato da equipe e que influenciam, restringem ou direcionam o projeto, programa ou portfólio.

Fornecedor. Um provedor ou fornecedor de produtos, serviços ou resultados para uma organização.

Gerenciamento do valor agregado. Uma metodologia que combina escopo, cronograma e medições de recursos para avaliar o desempenho e progresso do projeto. Considera o resultado efetivo do trabalho realizado.

Gerente do Projeto (GP). A pessoa alocada pela organização executora para liderar a equipe e que é responsável por alcançar os objetivos do projeto. Um projeto deve ter apenas um gerente responsável.

Gerente funcional. Alguém com autoridade de gerenciamento sobre uma unidade organizacional dentro de uma organização funcional.

Índice de Desempenho de Custos (IDC). Medida da eficiência de custos dos recursos orçados expressa como a relação valor agregado/custo real.

Índice de Desempenho de Prazos (IDP). Medida de eficiência do cronograma expressa como a relação do valor agregado/valor planejado.

Índice de Desempenho para Término (IDPT). Métrica de desempenho de custos que deve ser obrigatoriamente alcançado com os recursos restantes a fim de cumprir uma meta especificada de gerenciamento, expressa como a razão do custo para terminar o trabalho restante em relação ao orçamento restante.

Informações históricas. Documentos e dados sobre projetos ou fases anteriores que incluem arquivos de projetos, registros, correspondências, contratos encerrados e projetos ou fases encerrados.

Informações sobre o desempenho do trabalho. Dados de desempenho coletados de vários processos de controle, analisados no contexto e integrados com base nos relacionamentos entre as áreas e as necessidades específicas do projeto.

Inspeção. Exame ou medida para verificar se uma atividade, componente, produto, resultado ou serviço está de acordo com os requisitos especificados.

Inspeções e auditorias. Processo para observar o desempenho do trabalho contratado ou de um produto em relação aos requisitos acordados.

Lições aprendidas. O conhecimento adquirido durante um projeto que mostra como os eventos do projeto foram abordados ou devem ser abordados no futuro, com o objetivo de melhorar o desempenho futuro. Está relacionado às decisões gerenciais que foram adotadas e o seu sucesso ou fracasso.

Limite. Valor de custos, de tempo, de qualidade, técnico ou de recurso usado como parâmetro e que pode ser incluído nas especificações do produto. Ultrapassar o limite deve disparar alguma ação, como a geração de um relatório de exceções.

Linha de base. A versão aprovada de um produto de trabalho, ou do trabalho em si, que só pode ser alterada através de procedimentos formais de controle de mudança e é usada como uma base de comparação.

Linha de base da medição do desempenho. Um plano aprovado para o trabalho do projeto, integrando escopo, tempo e custos, em relação ao qual a execução do projeto é comparada e medida visando gerenciar o seu desempenho. A linha de base da medição do desempenho inclui a reserva de contingência, mas exclui a reserva gerencial.

Linha de base do cronograma. A versão aprovada de um modelo de cronograma que pode ser mudado somente mediante procedimentos de controle formais, e que é usado como uma base para a comparação com os resultados reais.

Linha de base do escopo. A versão aprovada de uma Especificação do Escopo do Projeto (EEP) e de uma Estrutura Analítica do Projeto (EAP), e seu dicionário de EAP associado (DEAP), que só pode ser mudada através de procedimentos de controle formais, e é usada como uma base de comparação.

Linha de base dos custos. Versão aprovada do orçamento do projeto, excluindo quaisquer reservas gerenciais, que só pode ser mudada através de procedimentos formais de controle de mudanças e usada como base para comparação com os resultados reais apurados durante a execução.

Listas de verificação da qualidade. Uma ferramenta estruturada para verificar se um conjunto de etapas exigidas foi executado. Também conhecidas como *checklists*.

Marco. Um ponto ou evento de controle de um projeto.

Método da corrente crítica. Um método de cronograma que permite que a equipe do projeto crie pulmões (reservas) ao longo de qualquer caminho do cronograma para levar em consideração eventuais recursos limitados e incertezas do projeto. Um cronograma realista de projeto deve ter reservas, pois imprevistos acontecem em qualquer projeto.

Método do Caminho Crítico (CPM ou MCC). Um método usado para estimar a duração mínima do projeto e determinar o grau de flexibilidade nos caminhos lógicos da rede dentro do modelo do cronograma, identificando pelo menos uma sequência de atividades que, se atrasar, irá atrasar também o projeto.

Método do diagrama de precedência (MDP). Uma técnica usada para construir um modelo de cronograma em que as atividades são representadas por nós e ligadas graficamente por um ou mais relacionamentos lógicos para mostrar a sequência em que as atividades devem ser executadas. Facilita a visualização das atividades e de sua sequência de execução.

Nivelamento de recursos. Técnica em que as datas de início e término são ajustadas com base nas restrições de recursos, com o objetivo de equilibrar a demanda de recursos com o suprimento disponível. Normalmente a sua aplicação acaba por alterar o caminho crítico de um cronograma de projeto.

Objetivo. Algo em cuja direção o trabalho deve ser orientado, uma posição estratégica a ser alcançada ou um objetivo a ser atingido, um resultado a ser obtido, um produto a ser produzido ou um serviço a ser realizado.

Oficinas facilitadas. Técnica para obtenção de informação que reúne as partes interessadas multifuncionais que são essenciais para definir os requisitos do produto.

Opinião especializada. Opinião baseada em especialização numa área de aplicação, área de conhecimento, disciplina, setor econômico etc. adequada para a atividade ou processo que está sendo realizado. Essa especialização pode ser oferecida por qualquer grupo ou pessoa com formação, conhecimento, habilidade, experiência ou treinamento especializado e adequados às necessidades do projeto.

Oportunidade. Um risco que teria um efeito positivo em um ou mais objetivos do projeto. Também chamada de risco positivo.

Orçamento. A estimativa de valores financeiros aprovada para o projeto ou qualquer componente da estrutura analítica do projeto ou atividade do cronograma.

Orçamento no Término (ONT). A soma de todos os orçamentos estabelecidos para a execução do trabalho.

Organização executora. A empresa cujos funcionários estão mais diretamente envolvidos na execução do trabalho do projeto.

Pacote de trabalho. O trabalho definido ao nível mais baixo da estrutura analítica do projeto para o qual o custo e a duração podem ser estimados e gerenciados. Servirá de base para definir a lista de atividades do projeto.

Paralelismo. Uma técnica de compressão de cronograma em que as atividades ou fases normalmente executadas sequencialmente são executadas paralelamente durante, pelo menos, uma parte da sua duração.

Parte interessada. Um indivíduo, grupo ou organização que possa afetar, ser afetado, ou sentir-se afetado por uma decisão, atividade ou resultado de um projeto.

Patrocinador. Uma pessoa ou grupo que fornece os recursos e suporte para o projeto, programa ou portfólio, e é corresponsável pelo sucesso do mesmo.

Planejamento em ondas sucessivas. Técnica de planejamento iterativo em que o trabalho a ser executado em curto prazo é planejado em detalhe, ao passo que em trabalho em médio e longo prazos é planejado a um nível menos detalhado ou macro.

Portfólio. Projetos, programas, subportfólios e operações gerenciados em grupo, para alcançar objetivos estratégicos.

Precisão. Em sistema de gerenciamento da qualidade, *precisão* é uma medida de exatidão.

Premissa. Um fator do processo de planejamento considerado verdadeiro, real ou certo, sem a necessidade de prova ou demonstração. Partes interessadas devem concordar com as premissas, se de alguma forma elas forem impactadas ou tiverem poder de decisão sobre o que está sendo adotado como premissa.

Processo. Uma série de atividades sistemáticas direcionadas para alcançar um resultado final de tal forma que se aja em relação a uma ou mais entradas a fim de criar uma ou mais saídas. Os processos de gerenciamento de projetos podem ser repetidos e sobrepostos ao longo do ciclo de vida do projeto.

Produto. Um resultado produzido, quantificável e que pode ser um item final ou um item componente. Produtos também são chamados de materiais ou bens.

Programa. Um grupo de projetos, subprogramas e atividades do programa relacionados e que são gerenciados de modo coordenado para a obtenção de benefícios e controle que não estariam disponíveis se eles fossem gerenciados individualmente.

Projeto. Um esforço temporário empreendido para criar um produto, serviço ou resultado único.

Questão. Ponto ou assunto em discussão ou em disputa, ou que não está resolvido e está sob discussão ou sobre o qual existem pontos de vista opostos ou desacordos.

Reconciliação dos limites de recursos financeiros. O processo de comparar os gastos planejados dos fundos alocados ao projeto com quaisquer limites de comprometimento de fundos alocados ao projeto para identificar quaisquer variações entre os limites dos fundos e as despesas planejadas. É uma avaliação e ajuste do fluxo de caixa do projeto.

Recurso. Recursos humanos, equipamentos, serviços, suprimentos, *commodities*, materiais, orçamentos ou fundos utilizados pelo projeto.

Reivindicação. Solicitação, exigência ou declaração de direitos feita por um fornecedor em relação a um comprador ou vice versa, para consideração, compensação ou pagamento sob os termos de um contrato legal, como no caso de uma mudança contestada.

Reparo de defeito. Atividade intencional para modificar um produto ou componente do produto não conforme, ou seja, que não atende aos seus requisitos específicos.

Requisito. Uma condição ou capacidade cuja presença em um produto, serviço ou resultado é exigida para satisfazer um contrato ou outra especificação formalmente imposta. Isso significa que as partes interessadas precisam documentar e aprovar os requisitos para que eles sejam efetivamente atendidos.

Requisito de qualidade. Condição ou aptidão usada como referência para avaliar a conformidade, validando a aceitabilidade de um atributo em relação à qualidade de um resultado. Requisitos de qualidade devem ser definidos e aprovados com a participação dos futuros validadores.

Requisitos de recursos financeiros do projeto. Custos de projetos previstos a serem pagos, provenientes da linha de base de custos de requisitos totais ou periódicos, incluindo despesas projetadas mais responsabilidades antecipadas; ou seja, são as necessidades de valores financeiros para que o projeto possa atender aos custos previstos.

Reserva. Provisão para mitigar os riscos de custos e/ou de cronograma. Muitas vezes usada com um modificador (p. ex., reserva gerencial, reserva de contingência) para fornecer mais detalhes sobre que tipos de risco devem ser mitigados.

Reserva de contingência. Orçamento contido na linha de base de custo ou na linha de base da medição de desempenho alocado para riscos identificados que são aceitos e para os quais respostas são desenvolvidas.

Reserva gerencial. Uma parte do orçamento do projeto retida para fins de controle do gerenciamento. Estes são orçamentos reservados para o trabalho inesperado que está dentro do escopo do projeto. A reserva gerencial não está incluída na linha de base da medição de desempenho, pois ela não está associada a riscos identificados, mas sim a outros que possam acontecer sem resposta predefinida.

Restrição. Fator limitador que afeta a execução de um projeto, programa, portfólio, ou processo; ou seja, algo que limita ou dificulta a execução das atividades do projeto.

Risco. Evento ou condição incerta que, se ocorrer, provocará um efeito positivo ou negativo em um ou mais objetivos do projeto.

Risco residual. Risco que continua a existir mesmo após as respostas ao risco terem sido implementadas.

Risco secundário. Risco que surge como resultado direto da implementação de uma resposta aos riscos.

Sistema de informações de gerenciamento de projeto. Consiste em ferramentas e técnicas usadas para reunir, integrar e disseminar as saídas dos processos de gerenciamento de projetos. Ele é usado para dar suporte a todos os aspectos do projeto, da iniciação ao encerramento, e pode incluir sistemas manuais e automatizados.

Subprojeto. Uma parte menor do projeto total, criada quando um projeto é subdividido em componentes ou partes mais facilmente gerenciáveis. Pode estar associado a um fornecedor específico ou a uma entrega específica do projeto.

Técnica. Um procedimento sistemático definido usado por um recurso humano para realizar uma atividade a fim de produzir um produto ou resultado ou entregar um serviço, e que pode empregar uma ou mais ferramentas.

Tolerância. A descrição quantificada de variação aceitável para um requisito de qualidade.

Tolerância a riscos. O grau, a quantidade ou o volume de risco ao qual uma organização ou um indivíduo está disposto a tolerar.

Validação. Garantia de que um produto, serviço ou sistema atende às necessidades do cliente e de outras partes interessadas. Muitas vezes, envolve a aceitação e adequabilidade com clientes externos.

Valor Agregado (VA). Medida do trabalho executado em um determinado momento, e expressa em termos do orçamento autorizado para tal trabalho. É obtido através da multiplicação do percentual de execução do trabalho já realizado pelo valor orçado para esta parte do trabalho, como por exemplo uma atividade ou grupo de atividades (pacote de trabalho).

Valor Planejado (VP). O orçamento autorizado associado ao trabalho agendado.

Variação de Custos (VC). A diferença orçamentária em um determinado momento, expressa como a diferença entre o valor agregado e o custo real.

Variação de Prazos (VPR). A diferença entre o valor agregado e o valor planejado.

Variação no Término (VNT). Uma previsão do possível desvio no orçamento ao final do projeto, expressa como a diferença entre o orçamento no término e a estimativa no término.

Variância. Um desvio, um afastamento ou uma divergência quantificável em relação a uma linha de base conhecida ou a um valor esperado.

Verificação. Avaliação da conformidade de um produto, serviço ou sistema com alguma regra, requisito, especificação ou condição imposta. A verificação é, muitas vezes, um processo interno.

Apêndice B

Modelos de Documentos com Instruções de Preenchimento

ETP – Especificação do Trabalho do Projeto	
Projeto: [Apelido do Projeto] – [PITCH do Projeto]	
1.	Necessidade a ser atendida pelo projeto
	Qual é a necessidade a ser atendida pelo projeto, seja ou não relacionado a negócios. Podemos ter projetos que não necessariamente estão relacionados a negócios como, por exemplo, projetos patrocinados por órgãos governamentais ou instituições sem fins lucrativos.
2.	Descrição do escopo do projeto
	Descrever aqui quais são as principais entregas esperadas, bem como uma visão macro das atividades a serem executadas no projeto, se for o caso.
3.	Plano estratégico
	Se for o caso, associa o projeto ao planejamento estratégico das organizações envolvidas.

TAP – Termo de Abertura do Projeto (*Project Charter*)	
Projeto: [Apelido do Projeto] – [PITCH do Projeto]	
1.	Descrição do projeto em alto nível
	Descrever em uma visão macro ou resumida o que é o projeto, o que será entregue, como será executado (estratégia), e incluir aqui qualquer informação que não caiba nos demais itens.
	Pense em construir uma descrição que permita a alguém que não está envolvido no projeto entender e ter noção do que se trata.
2.	Propósito ou justificativa do projeto
	O que justifica o desenvolvimento do projeto, a necessidade associada ou a demanda a ser atendida.
	Qual a razão para executar este projeto?
	Justificativa está associada ao passado ou ao presente, ou seja, uma situação que o projeto pretende modificar.

TAP – Termo de Abertura do Projeto (*Project Charter*)	
Projeto: [Apelido do Projeto] – [PITCH do Projeto]	
3.	**Objetivos do projeto**
3.1	Aonde se quer chegar com o projeto, ou seja, qual o objetivo a ser atingido, o resultado que se espera e como isso será medido. Todos os objetivos do projeto devem ter, associado ao seu detalhamento, como será verificado o resultado, ou seja, se o objetivo foi ou não atingido. Os critérios de sucesso precisam ser claros e isentos de dupla interpretação. Se necessário, associe aos requisitos a serem documentados posteriormente e associe às premissas para alinhar o entendimento entre as partes interessadas.
3.2	
3.3	
4.	**Benefícios**
	O que se pretende obter como resultado indireto do projeto, ou seja, qual é o benefício que será conseguido ao final ou em consequência do projeto? Lembre-se: benefício é futuro.
5.	**Requisitos de alto nível**
5.1	Detalhar quais são os macrorrequisitos do projeto, ou seja, o que ele precisa atender em uma visão macro, condições ou capacidades de alto nível que devem ser atendidas, tanto com relação ao produto quanto à execução do projeto, a fim de satisfazer o propósito do projeto. Os requisitos devem ser alinhados com as partes interessadas para que tenham a consistência adequada.
5.2	
5.3	
6.	**Premissas iniciais**
6.1	Premissas são condições ou situações consideradas verdadeiras para fins de planejamento, independentemente de prova; ou seja, as partes interessadas concordaram que essa condição servirá de base para o planejamento do projeto e, se de fato não acontecer conforme previsto, todos concordam que esse planejamento precisará ser revisto.
6.2	
6.3	
7.	**Restrições iniciais**
7.1	Restrições são condições ou situações que restringem a execução das atividades do projeto; ou seja, impactam no desempenho do projeto.
7.2	
7.3	
8.	**Limites do projeto**
	Limites são utilizados para delimitar o escopo do produto e do projeto. Utilize limites para estabelecer o que não será atendido ou realizado pelo projeto e pela equipe. Também é conhecido como "escopo negativo".

TAP – Termo de Abertura do Projeto *(Project Charter)*	
Projeto: [Apelido do Projeto] – [PITCH do Projeto]	
9.	**Riscos de alto nível**
9.1	Identificar os principais riscos associados ao projeto, e que sejam visíveis já no princípio do projeto. Tenha em mente que risco é um evento incerto. Portanto, se você estiver tratando de algo que tem certeza de que acontecerá, isso não é um risco, mas um fato, e deverá ser documentado, provavelmente, como um requisito, uma premissa ou uma restrição
9.2	
9.3	
10.	**Resumo do cronograma de marcos**
10.1	[apontar as principais datas do projeto, por exemplo:] • Reunião de *kick off* do projeto. • Datas das principais entregas. • Encerramento da fase de planejamento do projeto, ou outras fases importantes. • Encerramento do projeto.
10.2	
10.3	
11.	**Resumo do orçamento**
	Informar se existem valores predeterminados para o orçamento a ser autorizado para o projeto. Detalhar, se necessário.
12.	**Lista das partes interessadas**
12.1	Listar as partes interessadas já identificadas no início do projeto. Partes Interessadas são pessoas ou organizações que influenciam ou são influenciadas pela execução e/ou pelo resultado do projeto.
12.2	
12.3	
13.	**Requisitos para aprovação do projeto**
	Quais são os requisitos a serem atendidos para aprovar o início e a execução do projeto. Consultar o responsável pela aprovação.
14.	**Gerente do projeto**
	• Nome. • Responsabilidade, ou seja, quais os resultados que dependem de sua gestão direta e que, se não acontecerem, ele será o responsável. • Nível de autoridade designado, ou seja, o que ele pode deliberar e decidir sem consultar outros envolvidos no projeto.
15.	**Patrocinador**
	• Nome. • Nível de autoridade. Patrocinador é a pessoa ou grupo que provê recursos, autoriza o uso do orçamento alocado e dá suporte para o projeto e o seu sucesso.

RPI - Registro das Partes Interessadas					
Projeto: [Apelido do Projeto] - [PITCH do Projeto]					
ID	Nome	Tipo	Organização	Posição na Organização	Principal papel no Projeto
1					
2					

Principal Responsabilidade no Projeto	e-mail	Fone	Local de Trabalho

Requisitos Essenciais	Principais Expectativas	Fase de Maior Interesse	Observações

PGP – Plano de Gerenciamento do Projeto	
Projeto: [Apelido do Projeto] – [PITCH do Projeto]	
1.	**Ciclo de vida do projeto**
	Identificar quais serão as fases do projeto que irão organizar o trabalho do início ao final deste projeto. É comum que as organizações já tenham algum padrão definido, que pode ter ciclos diferentes e variações de acordo com o tipo de projeto.
2.	**Adequações do modelo proposto pelo Guia PMBOK® e que serão aplicadas a este projeto**
	[Utilize a planilha de componentes para descrever e complemente aqui com as informações que considerar necessárias.] Apontar quais os processos do Guia PMBOK® que serão ou não utilizados, o nível de implementação de cada processo selecionado, as descrições das ferramentas e técnicas a serem utilizadas e as dependências entre os processos. Você pode e deve incluir processos, entradas, ferramentas e técnicas, e saídas que eventualmente não constem no Guia e que entende que seriam úteis para este projeto específico. Nossa sugestão é utilizar como apoio a aba "Componentes", nesta planilha.
3.	**Diretrizes para a execução do projeto**
3.1	Detalhar as principais diretrizes a serem seguidas por todas as partes interessadas do projeto, de forma a viabilizar atingir os objetivos do projeto.
3.2	
3.3	
4.	**Plano de gerenciamento de mudanças**
	Como serão solicitadas, analisadas, aprovadas, executadas, monitoradas e controladas as solicitações de mudanças do projeto. Recomendamos que seja desenhado um processo para definir como as mudanças serão gerenciadas, caso sua organização não o tenha pronto.
5.	**Plano de gerenciamento de configuração**
	Detalhar como serão controladas as versões de documentos e de entregas do projeto.
6.	**Manutenção da integridade das linhas de base de medição do desempenho**
	Como será garantida a integridade das linhas de base do projeto. As principais linhas de base do projeto são: escopo, cronograma e custo.

PGP – Plano de Gerenciamento do Projeto	
Projeto: [Apelido do Projeto] – [PITCH do Projeto]	
7.	**Necessidades e técnicas para comunicação entre as partes interessadas**
	Quais são as necessidades de comunicação específicas para o projeto, e ainda quais serão as técnicas de comunicação utilizadas? Coloque aqui informações gerais, e que não foram detalhadas no plano de gerenciamento das comunicações e na matriz de comunicação.
8.	**Revisões-chave para gerenciamento de conteúdo, prorrogações, prazos para tratamento, questões abertas e decisões pendentes**
	Como, quando e quais serão os participantes nos eventos citados.
9.	**Linha de base do escopo**
9.1	Especificação do Escopo do Projeto
9.2	EAP
9.3	Dicionário da EAP
10.	**Linha de base do cronograma**
	Versão do cronograma que está sendo utilizada como parâmetro para medir o desempenho do projeto.
11.	**Linha de base dos custos**
	Versão da estimativa de custos que está sendo utilizada como parâmetro para medir o desempenho do projeto. Algumas das ferramentas de gestão de projeto disponíveis no mercado calculam e mantêm essa linha de base diretamente com o cronograma.
12.	**Planos Auxiliares**
	PGPI – Plano de Gerenciamento das Partes Interessadas PGCO – Plano de Gerenciamento das Comunicações PGE – Plano de Gerenciamento do Escopo PGRE – Plano de Gerenciamento dos Requisitos PGCR – Plano de Gerenciamento do Cronograma PGCS – Plano de Gerenciamento de Custos PGRI – Plano de Gerenciamento dos Riscos PGRH – Plano de Gerenciamento dos Recursos Humanos PGA – Plano de Gerenciamento das Aquisições PGQ – Plano de Gerenciamento da Qualidade PMPR – Plano de Melhorias no Processo

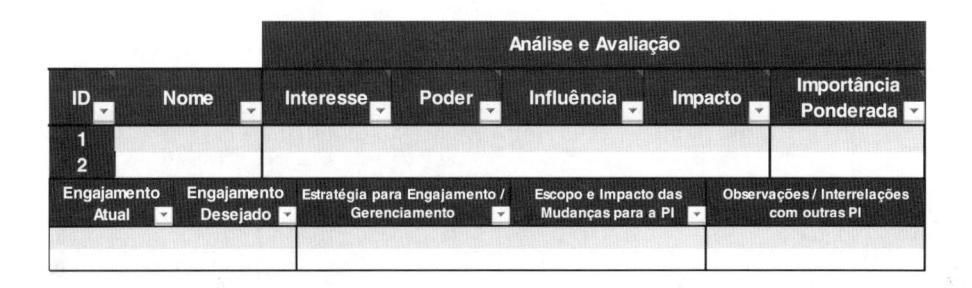

		Análise e Avaliação				
ID	Nome	Interesse	Poder	Influência	Impacto	Importância Ponderada
1						
2						

Engajamento Atual	Engajamento Desejado	Estratégia para Engajamento / Gerenciamento	Escopo e Impacto das Mudanças para a PI	Observações / Interrelações com outras PI

ID	Tipo	Descrição	Conteúdo	Motivo da Distribuição
1				
2				

Idioma	Canal	Formato	Método	Periodicidade	Recursos Alocados

ARMAZENAMENTO

Formato	Local		
		○	○

Legenda	
A	Audita / Revisa
D	Distribui
G	Gera
L	Libera (Autoriza Distribuição)
M	arMazena
R	Recebe

PGE – Plano de Gerenciamento do Escopo	
Projeto: [Apelido do Projeto] – [PITCH do Projeto]	
Plano Auxiliar do Plano de Gerenciamento do Projeto	
1.	Processo de definição da EEP – Especificação de Escopo do Projeto
	Detalhar como o processo de definição da EEP será executado. Recomendamos utilizar recursos gráficos para representar o processo.
2.	Processos para criação, aprovação e manutenção da EAP
	Detalhar como os processos relacionados à EAP serão executados. É importante utilizar a EEP como base. Recomendamos utilizar recursos gráficos para representar os processos.
3.	Processos de aceitação das entregas
	Detalhar como os processos relacionados à aceitação das entregas serão executados. É importante que a aceitação seja formalizada. Recomendamos utilizar recursos gráficos para representar os processos.
4.	Plano de gerenciamento de mudanças de escopo
	Como serão solicitadas, analisadas, aprovadas, executadas, monitoradas e controladas as solicitações de mudanças do escopo do projeto. Recomendamos que seja desenhado um processo para definir como as mudanças serão gerenciadas, caso sua organização não o tenha pronto. Este plano deverá estar integrado com o Plano de Gerenciamento de Mudanças do projeto, que consta no Plano de Gerenciamento do projeto.

PGRE – Plano de Gerenciamento dos Requisitos	
Projeto: [Apelido do Projeto] – [PITCH do Projeto]	
Plano Auxiliar do Plano de Gerenciamento do Projeto	
1.	Processo de coleta e documentação dos requisitos
	Detalhar como o processo de coleta e documentação dos requisitos será executado. Recomendamos utilizar recursos gráficos para representar o processo.
2.	Gerenciamento de priorização e configuração dos requisitos
	Detalhar como os processos relacionados a solicitações de mudanças, níveis de autorização, aprovação, análise, priorização, acompanhamento e rastreabilidade de requisitos serão executados. Recomendamos utilizar recursos gráficos para representar os processos.
3.	Métricas do produto
	Detalhar como métricas específicas de produto serão utilizadas, se for o caso. Métricas do produto são por exemplo pontos de função, utilizados no desenvolvimento de *software*, metros quadrados de construção, entre outros. Algum parâmetro utilizado para medir o tamanho do produto.
4.	Estrutura de rastreabilidade dos requisitos
	Qual será a estrutura de rastreabilidade a ser utilizada neste projeto. Além de depender do projeto, essa estrutura depende muito do tipo de produto relacionado ao projeto.

PGCR – Plano de Gerenciamento do Cronograma	
Projeto: [Apelido do Projeto] – [PITCH do Projeto]	
Plano Auxiliar do Plano de Gerenciamento do Projeto	
1.	Modelo para desenvolvimento do cronograma do projeto
	Detalhar quais serão os métodos e as ferramentas de cronograma a serem utilizados no projeto, e como isso irá ocorrer. Recomendamos utilizar recursos gráficos para representar os processos, caso necessário.
2.	Nível de precisão necessário e unidades de medida que serão utilizadas
	Detalhar os itens anteriores de acordo com a necessidade do projeto e a área associada. Cada área e cada projeto têm necessidades específicas.
3.	Procedimentos organizacionais relacionados
	Relacionar quais os procedimentos organizacionais que servirão de base para o gerenciamento do cronograma, se for o caso.
4.	Processos para definição e manutenção do cronograma
	Definir processos para manter a situação, o progresso, os limites e as demais informações necessárias, relacionadas ao cronograma. Recomendamos utilizar recursos gráficos para representar os processos, caso necessário.
5.	Regras para medição de desempenho
	Considerar utilizar técnicas de Gerenciamento de Valor Agregado e outras técnicas que considerar necessárias.
6.	Formato de relatórios
	Se preferir, centralizar todos os formatos de relatórios no Plano de Gerenciamento de Comunicações.

PGCS – Plano de Gerenciamento dos Custos	
Projeto: [Apelido do Projeto] – [PITCH do Projeto]	
Plano Auxiliar do Plano de Gerenciamento do Projeto	
1.	Processos para gerenciamento dos custos do projeto
	Detalhar quais serão os processos a serem utilizados no gerenciamento dos custos do projeto. Recomendamos utilizar recursos gráficos para representar os processos, caso necessário.
2.	Nível de precisão necessário, limites e unidades de medida que serão utilizadas
	Detalhar os itens anteriores de acordo com as necessidades da área e do projeto. Cada área e cada projeto têm suas necessidades específicas.
3.	Procedimentos organizacionais relacionados
	Relacionar quais os procedimentos organizacionais que servirão de base para o gerenciamento do cronograma, se for o caso.
4.	Regras para medição de desempenho
	Considerar utilizar técnicas de Gerenciamento de Valor Agregado e outras técnicas que considerar necessárias.
5.	Formato de relatórios
	Se preferir, centralizar todos os formatos de relatórios no Plano de Gerenciamento de Comunicações.

PGRI – Plano de Gerenciamento dos Riscos	
Projeto: [Apelido do Projeto] – [PITCH do Projeto]	
Plano Auxiliar do Plano de Gerenciamento do Projeto	
1.	Metodologia
	Abordagem, ferramentas e fontes de dados que serão utilizadas para gerenciar os riscos do projeto.
2.	Papéis e responsabilidades
	Detalhar quais serão os papéis e responsabilidades dos profissionais que serão os responsáveis por atividades relacionadas aos riscos do projeto.
3.	Orçamento
	Destacar informações que tiverem importância para o projeto, e caso a organização utilize uma ferramenta específica para gestão de custo, recomendamos que seja integrada a outros recursos e ao gerenciamento dos riscos.
4.	Prazos associados
	Utilizar de forma integrada ao cronograma, se for o caso.
5.	Processos relacionados à estratégia para gerenciamento dos riscos
	Detalhar todos os processos de gerenciamento dos riscos que considerar necessários para o projeto. Recomendamos utilizar recursos gráficos para representar os processos, caso necessário.
6.	Categorias de riscos
	Detalhar quais as categorias que serão utilizadas; pode ser utilizada em formato de EAR – Estrutura Analítica de Riscos.

PGRI – Plano de Gerenciamento dos Riscos	
Projeto: [Apelido do Projeto] – [PITCH do Projeto]	
Plano Auxiliar do Plano de Gerenciamento do Projeto	
7.	Definições de probabilidade e impacto de riscos
	Detalhar as referências que façam sentido e que sejam necessárias para o projeto. Verificar se as organizações envolvidas não têm um padrão definido para tal.
8.	Matriz de probabilidade e impacto
	Representar graficamente.
9.	Tolerâncias revisadas das partes interessadas
	É muito importante alinhar expectativas e tolerâncias com as partes interessadas.
10.	Formato de relatórios
	Se preferir, centralizar todos os formatos de relatórios no Plano de Gerenciamento de Comunicações.
11.	Auditoria e rastreabilidade
	Documentar como as atividades de risco serão registradas, bem como para necessidades futuras e lições aprendidas, e também se os processos de gerenciamento dos riscos serão auditados e de que forma.

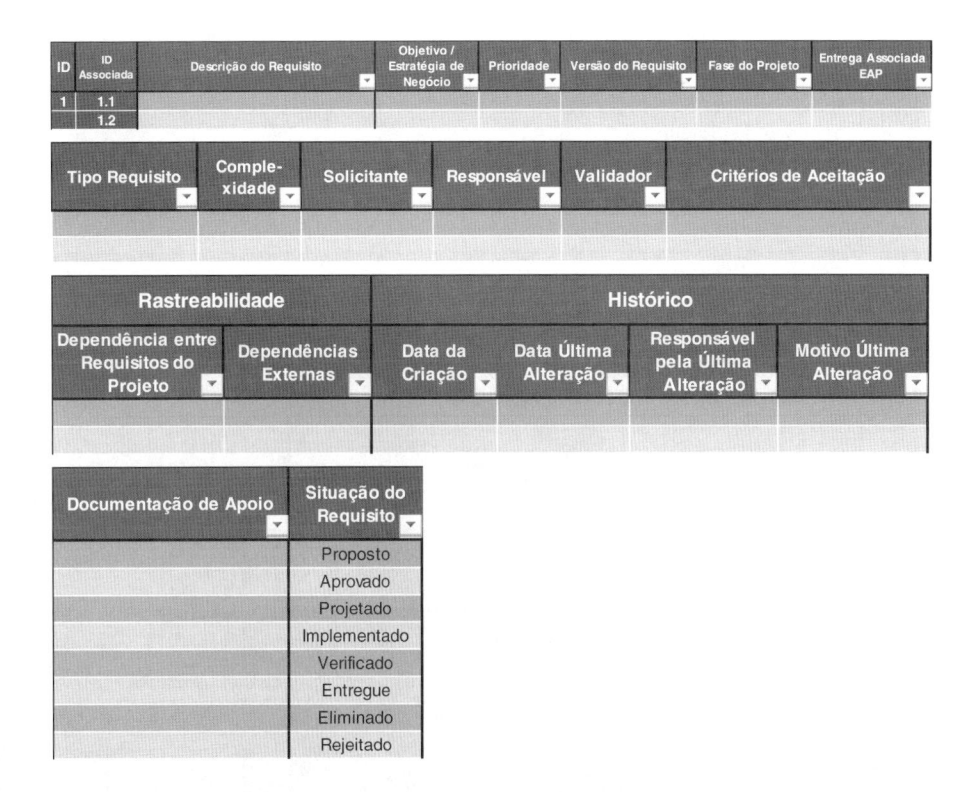

EEP – Especificação do Escopo do Projeto	
Projeto: [Apelido do Projeto] – [PITCH do Projeto]	
1.	**Descrição do escopo do produto**
	Quais são as características do produto, serviço ou resultado a ser entregue ao final do projeto? É elaborada progressivamente e deve ser atualizada sempre que necessário.
2.	**Critérios de aceitação do produto**
	Processo e critérios gerais a serem executados e atendidos antes da aceitação do produto, serviço ou resultado. Os detalhes são especificados nos critérios de aceitação dos requisitos. Cuidado para não duplicar critérios, pois pode ser um motivo de conflito ou mesmo de dificuldade em validar a(s) entrega(s) do projeto.
3.	**Entregas do projeto**
3.1	Detalhamento de tudo o que o projeto irá entregar, não somente os produtos, mas também resultados auxiliares ou parciais, como relatórios e documentação de gerenciamento do projeto. Pode ser feita uma referência direta à EAP, e complementada com as entregas que não constam nesse outro documento.
3.2	
3.3	
4.	**Exclusões do projeto**
	Tudo o que o projeto NÃO irá entregar ou executar.
5.	**Restrições do projeto**
5.1	Listar restrições específicas associadas ao escopo. Fatores limitadores que afetam a execução do projeto.
5.2	
6.	**Premissas do projeto**
6.1	Listar premissas específicas associadas ao escopo. Fatores que, para fins de planejamento, são considerados reais e verdadeiros sem prova ou demonstração.
6.2	
6.3	

EAP – Estrutura Analítica do Projeto
Projeto: [Apelido do Projeto] – [PITCH do Projeto]

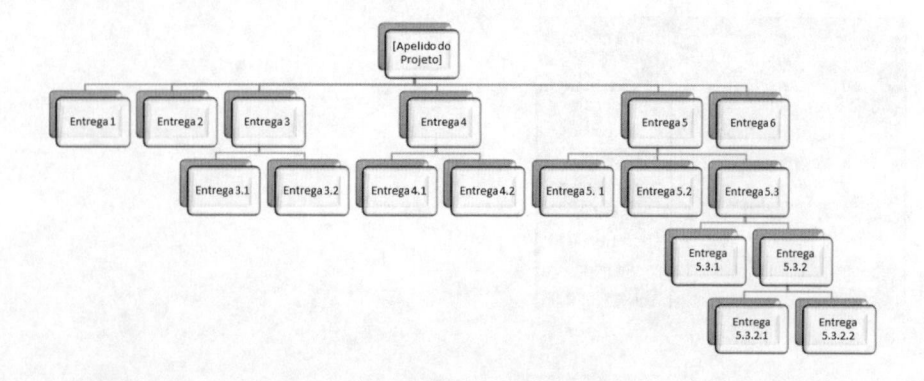

DEAP – Dicionário da EAP
Projeto: [Apelido do Projeto] – [PITCH do Projeto]
Vide CRO – Cronograma do Projeto

EARE – Estrutura Analítica dos Recursos
Projeto: [Apelido do Projeto] – [PITCH do Projeto]

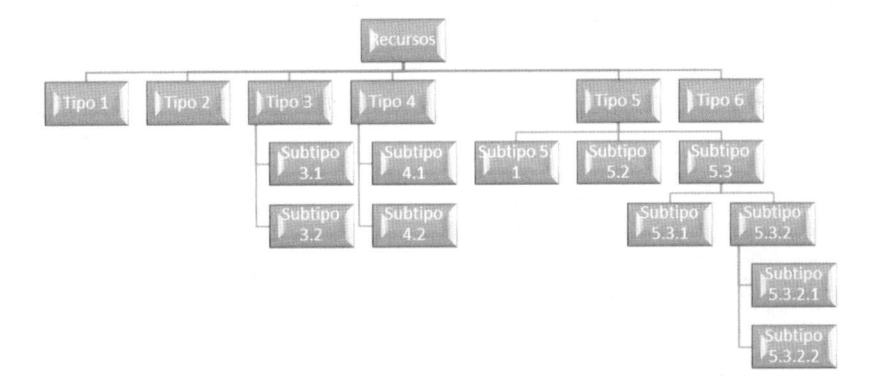

PGRH – Plano de Gerenciamento dos Recursos Humanos	
Projeto: [Apelido do Projeto] – [PITCH do Projeto]	
Plano Auxiliar do Plano de Gerenciamento do Projeto	
1.	**Papéis e responsabilidades**
	1.1. [Nome da Pessoa] 1.1.1. Papel [Descreve a parte do projeto pela qual uma pessoa é responsável e responde pelos resultados.] 1.1.2. Autoridade [O direito de aplicar recursos do projeto, tomar decisões e assinar aprovações.] 1.1.3. Responsabilidade [O trabalho que se espera que um membro da equipe do projeto execute para concluir as atividades do projeto.] 1.1.4. Competência [A habilidade e a capacidade necessárias para concluir atividades do projeto.]
2.	**Organogramas do projeto**
3.	**Plano de gerenciamento de pessoal**
	1.1.5. Mobilização do Pessoal [Os recursos humanos virão de dentro da organização ou de fontes externas contratadas? Os membros da equipe precisarão trabalhar em um local central necessário para o projeto? Quanto apoio o departamento de Recursos Humanos e os gerentes funcionais da organização podem fornecer à equipe de gerenciamento de projetos?] 1.1.6. Calendários dos Recursos [Descreve os intervalos de tempo necessários para membros da equipe do projeto, individual ou coletivamente, e também quando as atividades de mobilização (como o recrutamento) devem começar.] 1.1.7. Plano de Liberação de Pessoal [Método e a ocasião para liberar membros da equipe.] 1.1.8. Necessidades de Treinamento [Competências necessárias por profissional.] 1.1.9. Reconhecimento e Recompensas [Critérios claros para recompensas e um sistema planejado para seu uso ajudam a promover e reforçar os comportamentos desejados.] 1.1.10. Conformidade [Estratégias para cumprimento das regulamentações do governo aplicáveis, contratos com sindicatos e outras políticas de recursos humanos estabelecidas.] 1.1.11. Segurança [Políticas e procedimentos que protegem os membros da equipe contra riscos de segurança.]

CRO – Cronograma do Projeto

Projeto: [Apelido do Projeto] – [PITCH do Projeto]

CRO-LA – Lista de Atividades

ID	ID Associada	Marco	Fase do projeto	Entrega associada EAP	Nome da Atividade
1	1.1	Iniciação	GP	TAP	4.1 – Desenvolver o Termo de Abertura do Projeto
	1.2		GP	RPI	13.1 Identificar as partes interessadas

CRO-DR - Diagramas de Rede (Sequência)

Atividade Predecessora	Tipo de Dependência	Antecipação	Espera
1.1	TI		

CRO-EDA – Estimativas das Durações das Atividades

Duração Estimada	Duração Replanejada	Duração Realizada	Data Início Estimada	Data Início Replanejada	Data Início Realizada	Data Término Estimada	Data Término Replanejada	Data Término Realizada
2 dias		2 dias	13/12/2013		13/12/2013	16/12/2013		16/12/2013
5 dias	7 dias	7 dias	17/12/2013		17/12/2013	23/12/2013	27/12/2013	27/12/2013

CRO-RRA – Requisitos de Recursos das Atividades

Descrição do Recurso	Quantidade Necessária do Recurso	Custo do Recurso por Unidade	Tipo de Recurso
Gerente de Projetos	1	R$ 200,00	Gestor
Analista de Negócios	1	R$ 100,00	Técnico

CRO-EDA – Estimativas das Durações das Atividades

Duração Estimada	Duração Replanejada	Duração Realizada	Data Início Estimada	Data Início Replanejada	Data Início Realizada	Data Término Estimada	Data Término Replanejada	Data Término Realizada
2 dias		2 dias	13/12/2013		13/12/2013	16/12/2013		16/12/2013
5 dias	7 dias	7 dias	17/12/2013		17/12/2013	23/12/2013	27/12/2013	27/12/2013

CRO-ECA – Estimativas de Duração das Atividades

Custo Estimado	Custo Estimado Acumulado	Custo Replanejado	Reserva de Contingência da Atividade	Somatório dos Pacotes de Trabalho	Reserva de Contingência do Pacote	LBCS Linha de Base dos Custos

Reservas Gerenciais	Orçamento	Custo Replanejado Acumulado	Custo Real	Custo Real Acumulado

CRO-IDT – Informações sobre o Desempenho do Trabalho (Avanço-Prazo)

% Concluído Estimado	% Concluído Replanejado	% Concluído Real

CRO-GVA – Gerenciamento do Valor Agregado

VA – Valor Agregado	VP – Valor Planejado	CR – Custo Real	ONT – Orçamento no Término Acumulado	VPR – Variação de Prazos	VC = Variação de Custos

VNT – Variação no Término	IDP – Índice de Desempenho de Prazos	IDC – Índice de Desempenho dos Custos	ENT – Estimativa no Término	EPT – Estimativa para Término
0,00				0,00
0,00				0,00

Análise Quantitativa dos Riscos

Duração

Pessimista	Mais Provável	Otimista	Estimada Beta	Estimada Triangular

Custos

$ Pessimista	$ Mais Provável	$ Otimista	$ Estimado Beta	$ Estimado Triangular

	PGA – Plano de Gerenciamento das Aquisições
	Projeto: [Apelido do Projeto] [PITCH do Projeto]
	Plano Auxiliar do Plano de Gerenciamento do Projeto
1.	**Produtos, serviços ou resultados que serão obtidos externamente à organização executora**
	Apontar quais os itens que serão adquiridos externamente, tipos de contrato, fornecedores pré-qualificados, critérios para seleção de fontes, restrições e premissas associadas, cronograma com as principais entregas previstas, riscos, documentos de aquisições, e qualquer outra informação relevante associada às aquisições. Caso seja necessário, listar as necessidades de estimativas independentes a serem utilizadas como critérios de avaliação, definindo quem irá prepará-las e quando.
2.	**Ações que a equipe de gerenciamento do projeto pode adotar unilateralmente**
	Listar quais as decisões que podem ser tomadas pela equipe de gerenciamento do projeto. Identificar quais as decisões que têm processos de aprovação específicos e externos à equipe do projeto, independentemente de serem eles impostos pela própria organização ou pelo cliente
3.	**Padrões de documentos a utilizar nas aquisições**
	Definir se serão necessários padrões de documentos de aquisições específicos, ou se serão utilizados padrões da organização. Podem ser: declarações de trabalho das aquisições, solicitações de informações, cartas-convite, solicitações de cotações, solicitações de propostas, anúncios ou convites para negociação. Existem nomenclaturas específicas de acordo com a área de negócios e/ou indústria associada.
4.	**Métricas de desempenho de fornecedores a serem utilizadas**
	Critérios para medição de desempenho dos fornecedores contratados, bem como da qualidade do resultado a ser entregue.
5.	**Gerenciamento de mudanças**
	Como serão solicitadas, analisadas, aprovadas, executadas, monitoradas e controladas as solicitações de mudanças relacionadas às aquisições, caso não esteja claro no item geral do plano de gerenciamento do projeto.
6.	**Gerenciamento de configuração**
	Como serão controladas as versões de documentos e de entregas do projeto relacionadas às aquisições, caso não esteja claro no item geral do plano de gerenciamento do projeto.
7.	**Gerenciamento da aquisição**
	Como será acompanhado o desempenho da aquisição, os formatos de relatórios de desempenho e acompanhamento. Caso seja necessário, recomendamos representar graficamente os processos.

ETA – Especificação do Trabalho da Aquisição	
Projeto: [Apelido do Projeto] [PITCH do Projeto]	
1.	Descrição do item a ser adquirido
	Detalhar o item a ser adquirido externamente, de forma suficiente para que o fornecedor tenha condições de avaliar sua capacidade de atendimento.
2.	Tipos de contrato associados
	Definir em detalhes os tipos de contratos a serem utilizados, entre preço fixo, custos reembolsáveis e tempo e material. Utilizar tipos específicos, quando necessário.
3.	Critérios para seleção do fornecedor
	Listar quais são os critérios que serão utilizados para escolher o fornecedor.
4.	Restrições e premissas
	Detalhar restrições e premissas específicas relacionadas ao item a ser adquirido.
5.	Cronograma das principais entregas
	Apontar as necessidades de datas para as principais entregas do fornecimento, se for o caso.
6.	Informações complementares
7.	Gerenciamento da aquisição
	Como será acompanhado o desempenho da aquisição, os formatos de relatórios de desempenho e o acompanhamento. Caso seja necessário, recomendamos representar graficamente os processos.

RR – Registro dos Riscos							
Projeto: [Apelido do Projeto] – [PITCH do Projeto]							
				Identificação do Risco			
ID	Objetivo Impactado	Prioridade	Evento	Status do risco	Data da Identificação	Identificador	Tipo de Risco
1							
2							

Análise Qualitativa			
Probabilidade	Impacto	Grau do Risco	Efeito

Plano de Resposta ao Risco							
Estratégia	Causas Raiz	Gatilhos	Ação de resposta ao risco	Responsável	Data-limite	Riscos Residuais	Riscos Secundários

Ação de Contingência ao Risco	Responsável pela Contingência	Reserva para Contingência ($)

Categoria do Risco	Lições Aprendidas

PGQ – Plano de Gerenciamento da Qualidade	
Projeto: [Apelido do Projeto] [PITCH do Projeto]	
Plano Auxiliar do Plano de Gerenciamento do Projeto	
1.	Metodologia
	Abordagem, ferramentas e fontes de dados que serão utilizadas para gerenciar a qualidade do projeto.
2.	Processos relacionados ao gerenciamento da qualidade do projeto
	Detalhar todos os processos de gerenciamento da qualidade que considerar necessário para o projeto. Recomendamos utilizar recursos gráficos para representar os processos, caso necessário.
3.	Expectativas e tolerâncias revisadas das partes interessadas
	É muito importante alinhar expectativas e tolerâncias com as partes interessadas, que sejam específicas e relacionadas a qualidade das entregas, ciclo de vida do projeto e todas as atividades relacionadas. Faça isso através de premissas, requisitos de qualidade, métricas, *checklists* (listas de verificação) e engajamento.
4.	Formato de relatórios
	Se preferir, centralizar todos os formatos de relatórios no Plano de Gerenciamento de Comunicações.
5.	Auditoria e rastreabilidade
	Documentar como as atividades de auditoria serão registradas, bem como para necessidades futuras e lições aprendidas, e também se os processos de gerenciamento da qualidade serão auditados e de que forma.

PMPR – Plano de Melhorias no Processo	
Projeto: [Apelido do Projeto] [PITCH do Projeto]	
Plano Auxiliar do Plano de Gerenciamento do Projeto	
1.	**Limites do processo**
	Detalhar todas as principais informações relacionadas aos processos de gerenciamento do projeto, tais como: finalidade, início e fim, entradas e saídas, responsável e partes interessadas relacionadas.
2.	**Configuração do processo**
	Representar graficamente os processos.
3.	**Métricas do processo**
	Quais as métricas que serão utilizadas para medir o desempenho dos processos.
4.	**Metas para melhoria do desempenho**
	É importante definir metas a serem atingidas, para que de fato se possa medir se a abordagem adotada está surtindo o efeito desejado e necessário.

LVQ – Lista de Verificação da Qualidade (Checklist)			
Projeto: [Apelido do Projeto] [PITCH do Projeto]			
1.	**Produto, processo ou atividade verificado**	**2.**	**Data da verificação**
3.	**Documentos associados**	**4.**	**Responsável pela verificação**
5.	**Orientações/Comentários**		

Itens a verificar	OK	Observações

Assinatura do responsável pela verificação

Assinatura do gerente do projeto   Assinatura do gerente da qualidade

RRF – Requisitos de Recursos Financeiros do Projeto
Projeto: [Apelido do Projeto]   [PITCH do Projeto]

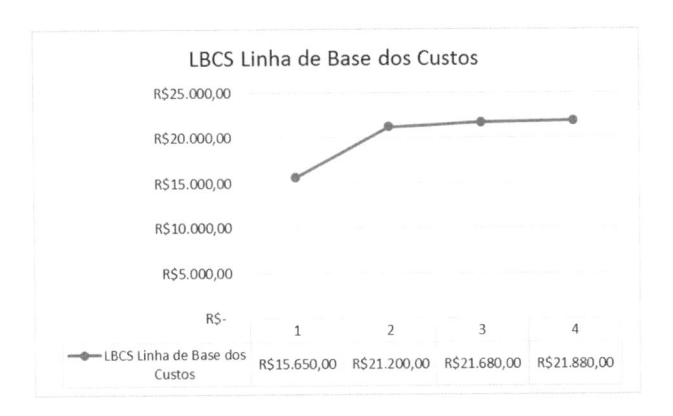

SM – Solicitação de Mudança			
Projeto: [Apelido do Projeto] [PITCH do Projeto]			
1.	**Solicitante**	**2.**	**Número de identificação da SM**
	Pessoa que solicitou formalmente a mudança.		
3.	**Data da solicitação**	**4.**	**Tipo de mudança**
5.	**Descrição da mudança**		
6.	**Áreas impactadas**	**7.**	**Entregas/Documentos impactados**
	Áreas podem ser, por exemplo, as de conhecimento propostas pelo Guia PMBOK®, como: integração, escopo, requisitos, tempo, custos, qualidade, recursos humanos, comunicações, riscos, aquisições e/ou partes interessadas.		
8.	**Justificativa**	**9.**	**Comentários adicionais**
	Por que a mudança é necessária.		
10.	**Parecer do gerente do projeto**	**11.**	**Parecer CCM – Comitê de Controle de Mudanças**
12.	**_Status_/Situação**	**13.**	**Data do parecer do CCM**

Assinatura do solicitante

Assinatura do gerente do projeto   Assinatura dos membros do CCM

RQ – Registro das Questões

Projeto: [Apelido do Projeto]   [PITCH do Projeto]

ID	ID Associada	Parte que Identificou	Data da Identificação	Descrição da Questão	Tipo de Questão	Parte Interessada Responsável
1	1.1					
	1.2					

Status/Situação	Ação Requerida	Data de Resolução Planejada	Data de Resolução Replanejada	Comentários/Histórico

Quadro de Avisos

Projeto: [Apelido do Projeto]   [PITCH do Projeto]

1.	Principais atividades em execução	2.	Próximas atividades importantes
3.	Principais questões em aberto	4.	Principais mudanças em aprovação
5.	Avisos gerais		

RM – Registro das Mudanças

Projeto: [Apelido do Projeto]   [PITCH do Projeto]

ID	ID Associada	Solicitante	Número de Identificação	Data da Solicitação	Tipo de Mudança	Descrição da Mudança
1	1.1					
	1.2					

Status/Situação	Parecer do Gerente do Projeto	Parecer do CCM	Data do Parecer do CCM	Comentários

ADE – Avaliação de Desempenho da Equipe

Projeto: [Apelido do Projeto]   [PITCH do Projeto]

1. Nome do membro da equipe

2. Cargo

3. Função no projeto

4. Data da avaliação

6. Pontos fortes

7. Oportunidades de melhoria

8. Planos de desenvolvimento

9. Já desenvolvido

10. Comentários externos à equipe do projeto

11. Comentários dos colegas de equipe

12. Comentários do avaliador

_____
Assinatura do avaliador

_____
Assinatura do gerente do projeto

_____
Assinatura do membro da equipe

RDT – Relatório de Desempenho do Trabalho
Projeto: [Apelido do Projeto]   [PITCH do Projeto]

1. Responsável

2. Data base do relatório

> Dia de referência utilizado para preencher as informações deste relatório.

3.

4. Próximas atividades a executar

5.

6. Questões

7. Mudanças

Assinatura do responsável

RDAP – Relatório de Desempenho e Acompanhamento do Projeto
Projeto: [Apelido do Projeto]   [PITCH do Projeto]

Data-base:

1. Análise do desempenho até o momento

2. Previsões conforme planejado

3. Previsões considerando desempenho até o momento

4. Situação atual dos riscos

5. Situação atual das questões

6. Trabalho concluído durante o período

7. Trabalho a ser concluído no próximo período

8. Resumo das mudanças aprovadas no período

9. Gerenciamento de Valor Agregado

10. Outras informações relevantes

TAE – Termo de Aceite da Entrega

Projeto: [Apelido do Projeto]   [PITCH do Projeto]

1. Nome do validador

2. Cargo

3. Função no projeto

4. Data da validação

5. Comentários do validador

_____
Assinatura do validador

_____
Assinatura do gerente do projeto

_____
Assinatura do controle de qualidade

DEA – Documentação de Encerramento das Aquisições

Projeto: [Apelido do Projeto] – [PITCH do Projeto]

1. Nome do fornecedor

2. Representante do fornecedor

3. Principais entregas deste projeto

4. Data do encerramento

5. Comentários do validador

Inclua aqui observações do trabalho e do desempenho do fornecedor, para inserir nos ativos de processos organizacionais, em especial nas lições aprendidas.

_____
Assinatura do validador

_____
Assinatura do gerente do projeto

_____
Assinatura do controle de qualidade

TEF – Termo de Encerramento da Fase

Projeto: [Apelido do Projeto]   [PITCH do Projeto]

1. Nome do fornecedor

2. Representante do fornecedor

3. Principais entregas deste projeto

4. Data do encerramento

5. Comentários do validador

Inclua aqui observações do trabalho e do desempenho do fornecedor, para inserir nos ativos de processos organizacionais, em especial nas lições aprendidas.

Assinatura do validador

Assinatura do gerente do projeto

Assinatura do controle de qualidade

TEP – Termo de Encerramento do Projeto

Projeto: [Apelido do Projeto]   [PITCH do Projeto]

1. Cliente

2. Data de encerramento do projeto

3. Principais mudanças aprovadas

4. Principais desvios

5. Principais lições aprendidas

6. Comentários do cliente

7. Comentários do patrocinador

Assinatura do controle da qualidade

Assinatura do cliente

Assinatura do gerente do projeto

Assinatura do patrocinador

Apêndice C

EasyHome – Projeto-exemplo – Documentos Preenchidos

ETP – Especificação do Trabalho do Projeto	
Projeto: *EasyHome* – Reforma Sustentável de uma Casa	
1.	**Necessidade a ser atendida pelo projeto**
	A família Souza reside atualmente em uma casa térrea, antiga, e que necessita de uma reforma com urgência. Ocorre que o sr. Pedro Souza, marido e pai, é gerente de projeto há muitos anos, e pretende aplicar na gestão do projeto técnicas baseadas no Guia PMBOK®, principal referência mundial no assunto, e que é publicada pelo PMI® – Project Management Institute.
	A sra. Olga Souza, esposa e mãe, é uma pessoa preocupada com o futuro de seus três filhos, Alexandre, Beatriz e Isabella. Neste sentido, ela sugeriu ao marido que fosse diretriz para a reforma a preocupação com a sustentabilidade, tanto para a execução do projeto quanto para o funcionamento da casa quando estiver pronta.
2.	**Descrição do escopo do projeto**
	2.1. A casa tem uma sala em L, cozinha, despensa, três dormitórios, três banheiros, garagem e lavanderia (planta atual anexa a esta declaração).
	2.2. Deverá ser contratado um arquiteto para desenvolver o projeto, sendo que este será responsável por adequar o projeto de acordo com os requisitos levantados junto à família Souza, bem como aqueles que estão relacionados à execução de projetos de casas sustentáveis.
	2.3. O sr. Pedro Souza será o responsável pela gestão do projeto.
	2.4. A família permanecerá morando na casa durante as obras.
	2.5. Deverão ser construídas uma piscina, uma churrasqueira e uma varanda na parte frontal da casa.
	2.6. A casa deverá ter jardins e plantas em todos os cômodos em que isso for possível e saudável.
	2.7. As obras deverão ser executadas somente em dias de semana e durante o horário comercial.
	2.8. A planta deverá ser reformulada com o objetivo de incluir uma sala exclusiva para TV, bem como um quarto para uma empregada doméstica.
	2.9. Deverá ser construída uma lareira na sala de estar e outra na suíte.
	2.10. Os dois quartos que compartilham um dos banheiros deverão ser transformados para duas suítes.
	2.11. Deverá ser construído um lavabo social.

ETP – Especificação do Trabalho do Projeto	
Projeto: *EasyHome* – Reforma Sustentável de uma Casa	
	2.12. No quintal deverá ser construído um orquidário, por solicitação da sra. Olga.
	2.13. A casa não deverá ter degraus entre os cômodos, e caso seja necessário, deverão ser construídas rampas, de forma a permitir o deslocamento de pessoas com necessidades especiais.
	2.14. Todas as suítes deverão ter portas duplas no lugar de janelas, de forma a permitir a saída dos familiares diretamente de seus respectivos quartos para o quintal da casa.
	2.15. A casa deverá ter infraestrutura totalmente embutida para a rede elétrica e lógica.
	2.16. O aquecimento da água não deverá utilizar energia elétrica.
	2.17. Deverá ser construído um canil para dois cães.
	2.18. A sala deverá ter um aquário construído com alvenaria, em local a ser definido pelo sr. Pedro.
	2.19. Na suíte das meninas deverá ser construída uma janela em frente ao local onde ficará a penteadeira.
	2.20. A suíte do Alexandre deverá ser isolada acusticamente, pois ele estuda guitarra, baixo e bateria.
	2.21. Todos os banheiros deverão ter banheiras com hidromassagem.
	2.22. A divisão entre o quarto e o banheiro do casal deverá ser de vidro temperado.
	2.23. A sala de TV deverá ter instalação para um *home theater*.
	2.24. A cozinha deverá ter instalação para máquina lava-louças.
	2.25. Ao lado da churrasqueira deverá ser construído um forno a lenha.
3.	**Plano estratégico**
	Não se aplica

TAP – Termo de Abertura do Projeto (*Project Charter*)	
Projeto: *EasyHome* – Reforma Sustentável de uma Casa	
1.	**Descrição do projeto em alto nível**
	A família Souza reside atualmente em uma casa que necessita ser reformada com urgência. O sr. Pedro Souza é gerente de projeto, e pretende utilizar na gestão do projeto técnicas baseadas no Guia PMBOK®, principal referência mundial no assunto, e que é publicada pelo PMI® – Project Management Institute.
	A sra. Olga Souza e seu marido se preocupam com o futuro de seus três filhos, Alexandre, Beatriz e Isabella; neste sentido, a sustentabilidade é diretriz para a reforma, tanto para a execução do projeto quanto para o funcionamento da casa quando estiver pronta.
2.	**Propósito ou justificativa do projeto**
	A família Souza pretende reformar sua casa, pois ela tem apresentado problemas, por ter sido construída há muito tempo e estar desgastada. Essa reforma deverá ser executada com diretriz de sustentabilidade, bem como ao final essa casa deverá ser sustentável. O casal se preocupa com o futuro do planeta e consequentemente de seus filhos.

TAP

TAP – Termo de Abertura do Projeto (*Project Charter*)	
**Projeto: *EasyHome* – Reforma Sustentável de uma Casa**	
3.	**Objetivos do projeto**
3.1	Reformar a casa da família Souza de forma que esta ao final seja sustentável, e de acordo com os demais requisitos coletados, documentados e aprovados junto a todas as partes interessadas.
3.2	Executar a reforma com diretrizes de sustentabilidade.
4.	**Benefícios**
	A família Souza terá uma residência mais confortável, segura e sustentável. Suas condições de saúde possivelmente irão melhorar. A família também estará colaborando para a sustentabilidade do planeta.
5.	**Requisitos de alto nível**
5.1	Por solicitação do sr. Pedro, que é certificado PMP, a gestão do projeto deverá seguir as melhores práticas preconizadas pelo PMI®.
5.2	Tanto a execução como o resultado da reforma deverão atender a diretrizes de sustentabilidade.
5.3	A família Souza tem urgência para a conclusão da reforma.
5.4	Deverá ser contratado um arquiteto para desenvolver o projeto arquitetônico, sendo que este será responsável por adequar o projeto de acordo com os requisitos levantados junto à família Souza.
5.5	O arquiteto será responsável por coletar os requisitos que estão relacionados à execução de projetos para casas sustentáveis.
5.6	A família deverá permanecer morando na casa durante a execução da reforma, e assim a equipe de gerenciamento do projeto deverá propiciar condições de habitação nesse período para todos os integrantes.
5.7	Deverá ser construída uma piscina.
5.8	Deverá ser construída uma churrasqueira.
5.9	Deverá ser construída uma varanda na parte frontal da casa.
5.10	A casa deverá ter jardins e plantas em todos os cômodos onde isso for possível e saudável.
5.11	As obras deverão ser executadas somente em dias de semana e durante o horário comercial.
5.12	A planta deverá ser reformulada com o objetivo de incluir uma sala exclusiva para TV.
5.13	A planta deverá ser reformulada com o objetivo de incluir um quarto para uma empregada doméstica.
5.14	Deverá ser construída uma lareira na sala de estar.
5.15	Deverá ser construída uma lareira na suíte do casal.
5.16	Os dois quartos que compartilham um dos banheiros deverão ser transformados para duas suítes.
5.17	Deverá ser construído um lavabo social.

	TAP – Termo de Abertura do Projeto (*Project Charter*)
	Projeto: *EasyHome* – Reforma Sustentável de uma Casa
5.18	No quintal deverá ser construído um orquidário, por solicitação da sra. Olga.
5.19	A casa não deverá ter degraus entre os cômodos e, caso seja necessário, deverão ser construídas rampas, de forma a permitir o deslocamento de pessoas com necessidades especiais.
5.20	Todas as suítes deverão ter portas duplas no lugar de janelas, de forma a permitir a saída dos familiares diretamente de seus respectivos quartos para o quintal da casa.
5.21	A casa deverá ter infraestrutura totalmente embutida para a rede elétrica.
5.22	A casa deverá ter infraestrutura totalmente embutida para a rede lógica de computadores.
5.23	O aquecimento da água não deverá utilizar energia elétrica; somente solar.
5.24	Deverá ser construído um canil para dois cães.
5.25	A sala deverá ter um aquário construído com alvenaria, em local a ser definido pelo sr. Pedro.
5.26	Na suíte das meninas deverá ser instalada uma janela em frente ao local onde ficará a penteadeira.
5.27	A suíte do Alexandre deverá ser isolada acusticamente, pois ele estuda guitarra, baixo e bateria.
5.28	Todos os banheiros das suítes deverão ter banheiras com hidromassagem.
5.29	A divisão entre o quarto e o banheiro do casal deverá ser de vidro temperado.
5.30	A sala de TV deverá ter instalação para um *home theater*.
5.31	A cozinha deverá ter instalação para máquina lava-louça.
5.32	Ao lado da churrasqueira deverá ser construído um forno a lenha.
5.33	O projeto deverá cumprir com o limite máximo previsto no orçamento, tendo uma tolerância de 10% para mais.
5.34	Atender às normas e leis vigentes.
6.	**Premissas iniciais**
6.1	O arquiteto deverá levantar requisitos com todos os membros da família Souza, e em caso de solicitações conflitantes, deverá se reunir com o sr. Pedro e a sra. Olga para deliberar a respeito.
6.2	A gestão do projeto será responsabilidade do sr. Pedro.
6.3	Os familiares estarão ausentes da casa durante o horário comercial (8 às 17 h) nos dias de semana. O sr. Pedro e a sra. Olga terão livre acesso neste horário para acompanhamento das atividades que estarão em execução.
6.4	Caso seja necessário executar alguma atividade fora do horário estabelecido o empreiteiro responsável deverá solicitar uma autorização formal do sr. Pedro.
6.5	A equipe do projeto deverá retirar antes do fim do expediente todos os equipamentos que representem algum tipo de risco à segurança da família residente. Caso isso não seja possível, deverá sinalizar o local e garantir que todos sejam avisados.
6.6	Qualquer acidente que ocorrer por negligência comprovada da equipe do projeto será de responsabilidade da empreiteira contratada.

	TAP – Termo de Abertura do Projeto (*Project Charter*)
	Projeto: *EasyHome* – Reforma Sustentável de uma Casa
7.	**Restrições iniciais**
7.1	As atividades do projeto poderão ser executadas somente em dias de semana e no horário comercial, entre 8 e 17 h.
7.2	Todas as atividades do projeto deverão ser executadas obedecendo a práticas sustentáveis.
7.3	Os operários deverão utilizar equipamentos de segurança de acordo com a legislação vigente.
7.4	Não será permitida a permanência na casa dos operários após o horário comercial.
7.5	Os operários e demais profissionais participantes do projeto deverão respeitar a família, tendo conduta respeitosa e educada durante a sua permanência na casa, bem como quando estiverem ausentes.
8.	**Limites do projeto**
	O projeto não inclui possíveis melhorias externas à residência da família Souza, bem como não está diretamente relacionado a possíveis projetos paralelos que estejam ocorrendo em domicílios vizinhos.
9.	**Riscos de alto nível**
9.1	Dificuldades no levantamento dos requisitos, tendo em vista a solicitação de aderência a práticas sustentáveis.
9.2	Problemas com fornecedores.
9.3	Falta de mão de obra qualificada.
9.4	Falta de equipamentos adequados.
9.5	Estouro de orçamento.
9.6	Distúrbios à rotina da família.
9.7	Intempéries.
9.8	Acidentes de trabalho.
9.9	Desmoronamento da construção.
9.10	Danos provocados a terceiros.
9.11	Acidentes, durante a obra, que envolvam os familiares.
10.	**Resumo do cronograma de marcos**
10.1	Reunião de *kickoff* do projeto.
10.2	Coleta de requisitos.
10.3	Definição do escopo.
10.4	Planejamento.
10.5	Execução da reforma.
11.	**Resumo do orçamento**
	Está previsto um orçamento de R$ 200.000,00 para o projeto.

TAP – Termo de Abertura do Projeto *(Project Charter)*
Projeto: *EasyHome* – Reforma Sustentável de uma Casa

12.	**Lista das partes interessadas**
12.1	Listar as partes interessadas já identificadas no início do projeto. Partes Interessadas são pessoas ou organizações que influenciam ou são influenciadas pela execução e/ou pelo resultado do projeto.
12.2	
12.3	
13.	**Requisitos para aprovação do projeto**
	Quais são os requisitos a serem atendidos para aprovar o início e a execução do projeto. Consultar o responsável pela aprovação.
14.	**Gerente do projeto**
	• Nome. • Responsabilidade, ou seja, quais os resultados que dependem de sua gestão direta e que, se não acontecerem, ele será o responsável. • Nível de autoridade designado, ou seja, o que ele pode deliberar e decidir sem consultar outros envolvidos no projeto.
15.	**Patrocinador**
	• Nome. • Nível de autoridade. Patrocinador é a pessoa ou grupo que provê recursos, autoriza o uso do orçamento alocado e dá suporte para o projeto e o seu sucesso.

Assinatura do responsável pela autorização do início do projeto
Nome do responsável pela autorização do início do projeto

RPI – Registro das Partes Interessadas

Projeto: *EasyHome* – Reforma Sustentável de uma Casa

ID	Nome	Tipo	Organização	Posição na organização	Principal papel no projeto	Principal responsabilidade no projeto
1	Pedro Souza	Interna	Família	Pai	Gerente do projeto	Atingir os objetivos do projeto
2	Olga Souza	Externa	Família	Mãe	Patrocinador	Autorizar os pagamentos e controlar o orçamento
3	Alexandre Souza	Externa	Família	Filho	Cliente	Definir e validar requisitos
4	Beatriz Souza	Externa	Família	Filho	Cliente	Definir e validar requisitos
5	Isabella Souza	Externa	Família	Filho	Cliente	Definir e validar requisitos
6	Vicente Mondragone	Interna	Mundo Melhor Arquitetura	Proprietário	Equipe	Levantar requisitos, definir o projeto arquitetônico e fiscalizar a obra
7	Elcy Novo Horizonte	Externa	Construtora Deixa Comigo	Proprietário	Fornecedor	Gerenciar a execução da obra
8	Departamento da Prefeitura	Externa	Prefeitura Municipal	Autorizações e licenças	Outros	Aprovações e licenças

E-mail	Fone	Local de trabalho	Requisitos essenciais	Principais expectativas	Fase de maior interesse
pedro@familiasouza.com.br	55 11 2222-2222	Residência Souza	Utilizar as melhores práticas preconizadas pelo PMI®	Projeto atingir todos os objetivos propostos	Todo o projeto
olga@familiasouza.com.br	55 11 2222-2222	Residência Souza	Obra e resultado serem sustentáveis	Melhorar a qualidade de vida de sua família	Todo o projeto
alexandre@familiasouza.com.br	55 11 2222-2222	Residência Souza	Quarto a prova de som	Ter privacidade para estudar música	Planejamento
beatriz@familiasouza.com.br	55 11 2222-2222	Residência Souza	Banheira na sua suíte	Obra terminada o mais rápido possível	Encerramento
isabella@familiasouza.com.br	55 11 2222-2222	Residência Souza	Penteadeira na janela	Um belo jardim na vista da janela de seu quarto	Execução e Encerramento

E-mail	Fone	Local de trabalho	Requisitos essenciais	Principais expectativas	Fase de maior interesse
vicente@mundomelhor.com.br	55 11 3333-3333	Av do Sítio, 1934	Aquisição de materiais sustentáveis em fornecedores especializados	Clientes satisfeitos ao final do projeto	Todo o projeto
elcy@deixacomigo.com.br	55 11 4444-4444	Rua Trajano Machado, 1938	Manter sua equipe motivada	Clientes satisfeitos ao final do projeto	Execução e Encerramento
contato@prefeitura.gov.br	55 11 5555-5555	Prefeitura Municipal	O projeto deve estar de acordo com a legislação municipal	Legislação atendida	Todo o projeto

PGP – Plano de Gerenciamento do Projeto

Projeto: *EasyHome* – Reforma Sustentável de uma Casa

1.	Ciclo de vida do projeto

Anteprojeto → Projeto Executivo → Detalhamento → Execução da Reforma → Entrega da casa → Período de garantia

2.	Adequações do modelo proposto pelo Guia PMBOK® e que serão aplicadas a este projeto
	Consulte a aba "Componentes" ou para o projeto *EasyHome* será utilizada como apoio à planilha de processos disponível no *site* da *EasyBoK* com o nome: "EasyHome-Componentes_2013_v5_02.xlsx". Ela pode ser encontrada no endereço www.easybok.com.br/EasyHome.
3.	**Diretrizes para a execução do projeto**
3.1	O projeto deverá ser gerenciado utilizando as melhores práticas preconizadas pelo PMI®.
3.2	A execução da obra e o resultado da reforma (a casa reformada) devem ser sustentáveis.
3.3	A família ficará morando na casa durante a obra, e a gestão deverá se preocupar em gerar o menor impacto possível para o dia a dia da família.
3.4	O resultado da reforma deverá ser uma casa com acessibilidade para pessoas com necessidades especiais, além dos aspectos sustentáveis.
3.5	O orçamento disponível para o projeto é de R$ 300.000,00 (trezentos mil reais).
4.	**Plano de gerenciamento de mudanças**
	O solicitante da mudança irá direcionar o assunto ao gerente do projeto, que irá analisar o impacto dessa mudança. Caso a solicitação tenha fundamento, o gerente do projeto irá solicitar uma reunião com o sr. Pedro, a sra. Olga e o arquiteto para aprovação. Se necessário, os filhos serão envolvidos. Se a mudança for aprovada, o gerente do projeto irá atualizar o planejamento e demais documentos do projeto de acordo com a necessidade.

	PGP – Plano de Gerenciamento do Projeto
	Projeto: *EasyHome* – Reforma Sustentável de uma Casa
5.	**Plano de gerenciamento de configuração**
	O gerente do projeto é responsável pelo controle e integridade de todas as linhas de base do projeto, bem como de todas as versões das entregas e dos documentos do projeto. Também é responsável pela implementação das solicitações de mudanças aprovadas.
	A verificação do atendimento dos requisitos de produto relacionados às entregas do projeto será executada pelos responsáveis apontados diretamente no cronograma do projeto, e serão todas verificadas logo após pelo sr. Pedro em conjunto com a sra. Olga.
6.	**Manutenção da integridade das linhas de base de medição do desempenho**
	As linhas de base de cronograma e desempenho de custos serão mantidas com os recursos do *software* de gerenciamento de projetos escolhido. A linha de base de escopo será controlada pelas versões dos documentos associados ao escopo, citados no item 9 deste documento, e sua manutenção será de responsabilidade do gerente do projeto.
7.	**Necessidades e técnicas para comunicação entre as partes interessadas**
	Serão utilizadas redes sociais, *e-mails*, conversas pessoais ou telefônicas e reuniões para tratar de assuntos específicos que deverão ser registrados em atas. Detalhes deverão ser planejados no plano de gerenciamento das comunicações.
8.	**Revisões-chave para gerenciamento de conteúdo, prorrogações, prazos para tratamento, questões abertas e decisões pendentes**
	Os participantes do Comitê Executivo do Projeto são: • o gerente do projeto; • o patrocinador; e • o cliente. Dado o caráter do projeto, é recomendado que o arquiteto e o empreiteiro (se for contratado) também participem das revisões-chave. Serão realizadas reuniões semanais, ou quando solicitado. Deverão ser realizadas preferencialmente na residência a ser reformada ou em local próximo.
9.	**Linha de base do escopo**
9.1	EEP – Especificação do Escopo do Projeto
9.2	EAP – Estrutura Analítica do Projeto
9.3	CRO – Dicionário da EAP
10.	**Linha de base do cronograma**
	CRO – Cronograma
11.	**Linha de base dos custos**
	LBCS – Linha de Base dos Custos

PGPI – Plano de Gerenciamento das Partes Interessadas						
Projeto: *EasyHome* – Reforma Sustentável de uma Casa						
Análise e Avaliação						
ID	Nome	Interesse	Poder	Influência	Impacto	Importância ponderada
1	Pedro Souza	90%	90%	90%	90%	90%
2	Olga Souza	90%	90%	90%	90%	90%
3	Alexandre Souza	50%	30%	50%	70%	50%
4	Beatriz Souza	30%	70%	50%	50%	50%
5	Isabella Souza	70%	50%	30%	50%	50%
6	Vicente Mondragone	90%	70%	90%	90%	80%
7	Elcy Novo Horizonte	90%	50%	70%	90%	75%
8	Departamento da Prefeitura	10%	90%	90%	70%	60%

Engajamento atual	Engajamento desejado	Estratégia para engajamento/ gerenciamento	Escopo e impacto das mudanças para a PI
Engajado	Engajado	Deve participar de todas as decisões.	Residência completa
Engajado	Engajado	Deve participar de todas as decisões.	Residência completa
Apoiador	Apoiador	Manter motivado e engajado, solicitando sua participação nas decisões relacionadas ao seu quarto.	Seu quarto e área comum.
Resistente	Apoiador	Convencê-la de que a reforma lhe dará mais conforto e privacidade. Manter motivada e engajada, solicitando sua participação nas decisões relacionadas ao seu quarto.	Seu quarto e área comum.
Engajado	Engajado	Manter motivada e engajada, solicitando sua participação nas decisões relacionadas ao seu quarto.	Seu quarto e área comum.
Engajado	Engajado	Deve participar de todas as decisões relacionadas aos aspectos arquitetônicos e à sustentabilidade.	Estratégia do projeto.
Engajado	Engajado	Escuta ativa e solicitação de sua participação nas principais decisões do projeto.	Estratégia do projeto.
Neutro	Neutro	Atender à legislação vigente.	Não se aplica.

PGCO – Plano de Gerenciamento das Comunicações

Projeto: *EasyHome* – Reforma Sustentável de uma Casa

ID	Tipo	Descrição	Conteúdo	Motivo da distribuição	Idioma
1	Interna	Relatório de desempenho do projeto	Informações para monitoramento e controle	Gestão do projeto	Português
2	Interna	Solicitação de mudança	Informações sobre uma mudança necessária ao projeto	Manter todos informados a respeito da alteração solicitada	Português
3	Interna	Ata de reunião	Informações sobre alguma reunião realizada no projeto	Conhecimento e aprovação dos participantes da reunião. Informação para os demais envolvidos que não puderam participar da reunião.	Português
4	Externa	Aprovações e solicitações da Prefeitura	Informações solicitadas ou definidas pelo órgão público	Atender à legislação	Português

Canal	Formato	Método	Periodicidade	Recursos alocados
E-mail	Documento	Ativa	Semanal	EasyPMDOC
Banco de dados	Sistema	Passiva	Conforme necessário	Planilha Excel
E-mail	Documento	Interativa	Conforme necessário	Editor de texto
Reunião	Documento	Interativa	Conforme necessário	Mesa de reunião

Armazenamento

Formato	Local	Pedro Souza	Olga Souza	Alexandre Souza	Beatriz Souza	Isabella Souza	Vicente Mondragone	Elcy Novo Horizonte	Departamento da Prefeitura
XLSX	Pasta na WEB	G	A				R	R	
XLSX	Pasta na WEB	A	R	R	R	R	G	G	
DOC / PDF	Pasta na WEB	G	R				A	R	
DOC / PDF	Pasta na WEB	R	R				A	R	G

PGE – Plano de Gerenciamento do Escopo
Projeto: *EasyHome* – Reforma Sustentável de uma Casa

1. Processo de definição da DEP – Declaração de Escopo do Projeto

Análise da DTP por todos os envolvidos → Reunião de Definição Inicial do Escopo → Confecção das atas de reunião com simultânea validação dos participantes → Pedro elabora a DEP → Reunião para validação da DEP

2. Processos para criação, aprovação e manutenção da EAP

Análise da DEP por todos os envolvidos → Reunião de Criação conjunta da EAP → Confecção das atas de reunião com simultânea validação dos participantes → Pedro elabora a DEP → Reunião para validação da DEP → A EAP é alterada somente após a aprovação de uma solicitação de mudança

3. Processos de aceitação das entregas

Pedro recebe OK do executor sobre a entrega → Pedro avalia requisitos de qualidade e convoca solicitante e validador → Reunião para validação e aprovação da entrega → Pedro atualiza cronograma com OK da entrega

4. Plano de gerenciamento de mudanças de escopo

Pedro recebe solicitação de mudança aprovada → Pedro direciona a solicitação ao responsável → Pedro gerencia a mudança → Pedro atualiza documentos associados

PGCR – Plano de Gerenciamento do Cronograma

Projeto: *EasyHome* – Reforma Sustentável de uma Casa

1.	Modelo para desenvolvimento do cronograma do projeto

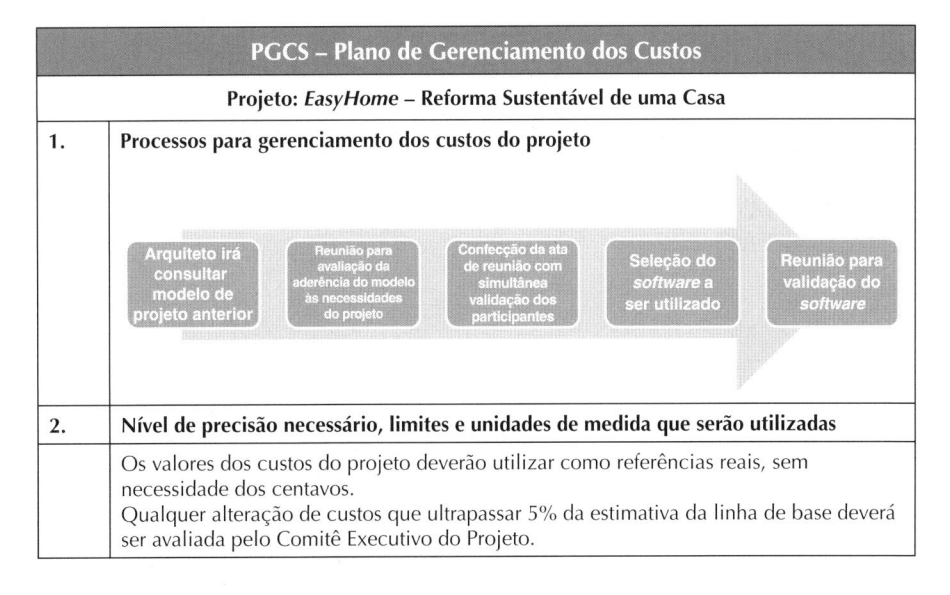

2.	Nível de precisão necessário e unidades de medida que serão utilizadas
	O cronograma do projeto não precisará de alto nível de precisão. As atividades deverão ser estimadas em dias, e os calendários de recursos deverão considerar a restrição de horário para a execução das atividades.
3.	**Procedimentos organizacionais relacionados**
	Não se aplica.
4.	**Processos para definição e manutenção do cronograma**
	A definição e manutenção do cronograma serão responsabilidade do sr. Pedro Souza.
5.	**Regras para medição de desempenho**
	Serão utilizadas técnicas de gerenciamento de valor agregado, tais como IDP – índice de desempenho de prazo, e VPR – variação de prazo.
6.	**Formato de relatórios**
	Todos os relatórios serão tratados no Plano de Gerenciamento de Comunicações.

PGCS – Plano de Gerenciamento dos Custos

Projeto: *EasyHome* – Reforma Sustentável de uma Casa

1.	Processos para gerenciamento dos custos do projeto

2.	Nível de precisão necessário, limites e unidades de medida que serão utilizadas
	Os valores dos custos do projeto deverão utilizar como referências reais, sem necessidade dos centavos. Qualquer alteração de custos que ultrapassar 5% da estimativa da linha de base deverá ser avaliada pelo Comitê Executivo do Projeto.

PGCS – Plano de Gerenciamento dos Custos	
Projeto: *EasyHome* – Reforma Sustentável de uma Casa	
3.	**Procedimentos organizacionais relacionados**
	Não se aplica.
4.	**Regras para medição de desempenho**
	Serão utilizadas técnicas de gerenciamento de valor agregado, tais como IDC – índice de desempenho de custos e VC – variação de custos.
5.	**Formato de relatórios**
	Todos os relatórios serão tratados no Plano de Gerenciamento de Comunicações.

PGRI – Plano de Gerenciamento dos Riscos	
Projeto: *EasyHome* – Reforma Sustentável de uma Casa	
1.	**Metodologia**
	A principal fonte de informações sobre riscos para este projeto será o arquiteto, que tem larga experiência em reformas de casas com proposta sustentável. Certamente a sua opinião irá agregar muito em relação às dificuldades e às oportunidades que podem influenciar o andamento do projeto.
2.	**Papéis e responsabilidades**
	O sr. Pedro Souza é o principal responsável pelos riscos do projeto. Como dito no item anterior, o arquiteto é uma parte interessada importante neste trabalho, pois já participou de projetos semelhantes. Com relação aos riscos de projetos, todos devem ter senso de responsabilidade e se sentirem corresponsáveis pela identificação, análise, planejamento e respostas a riscos.
3.	**Orçamento**
	Não há necessidade de um orçamento específico para os riscos deste projeto.
4.	**Prazos associados**
	Serão tratados através do cronograma.
5.	**Processos relacionados à estratégia para gerenciamento dos riscos**
	Os riscos serão monitorados e discutidos nas reuniões periódicas de gestão do projeto.
6.	**Categorias de riscos**

PGRI – Plano de Gerenciamento dos Riscos

Projeto: *EasyHome* – Reforma Sustentável de uma Casa

7.	Definições de probabilidade e impacto de riscos
	As probabilidades serão tratadas em um intervalo entre 10% e 90%, com intervalos de 20% entre cada uma delas. O impacto será representado como 10%, 20%, 40% ou 80%.
8.	Matriz de probabilidade e impacto

MATRIZ DE PROBABILIDADE E IMPACTO – GRAU DO RISCO							
Proba-bilidade	**Ameaças**				**Oportunidades**		
90%	9%	18%	36%	72%	72%	36%	18%	9%
70%	7%	14%	28%	56%	56%	28%	14%	7%
50%	5%	10%	20%	40%	40%	20%	10%	5%
30%	3%	6%	12%	24%	24%	12%	6%	3%
10%	1%	2%	4%	8%	8%	4%	2%	1%
	10%	20%	40%	80%	80%	40%	20%	10%

9.	Tolerâncias revisadas das partes interessadas
	A sra. Olga não tem muita receptividade com relação aos riscos do projeto. O sr. Pedro se preocupa muito com o assunto, tendo em vista ele ser PMP e um gerente de projeto experiente.
10.	Formato de relatórios
	Todos os relatórios serão tratados no Plano de Gerenciamento de Comunicações.
11.	Auditoria e rastreabilidade
	Não há necessidade para este projeto.

DMMR – Documentação e Matriz de Rastreabilidade dos Requisitos

Projeto: EasyHome – Reforma Sustentável de uma Casa

ID	ID associada	Descrição do requisito	Objetivo/estratégia de negócio	Prioridade	Versão do requisito	Fase do projeto	Entrega associada EAP	Tipo requisito	Complexidade	Solicitante
1		A gestão do projeto deverá seguir as boas práticas preconizadas pelo PMI®	1		1_00	Todas	Todas	Projeto	Alta	Pedro
2		Tanto a execução como o resultado da reforma deverão atender a diretrizes de sustentabilidade	2		1_00	Todas	Todas	Produto	Máxima	
3		A família Souza tem urgência para a conclusão da reforma	1		1_00	Todas	Todas	Parte interessada	Média	
4		Deverá ser contratado um arquiteto para desenvolver o projeto arquitetônico, sendo que este será responsável por adequar o projeto de acordo com os requisitos levantados junto à família Souza	1		1_00			Parte Interessada	Alta	
5		O arquiteto será responsável por coletar os requisitos que estão relacionados à execução de projetos para casas sustentáveis	2					Produto	Alta	
6		A família deverá permanecer morando na casa durante a execução de reforma; portanto, a equipe de gerenciamento do projeto deverá propiciar condições de habitação neste período para todos os integrantes	1		1_00			Parte Interessada	Alta	

DMMR – Documentação e Matriz de Rastreabilidade dos Requisitos

Projeto: EasyHome – Reforma Sustentável de uma Casa

ID	ID associada	Descrição do requisito	Objetivo/ estratégia de negócio	Prioridade	Versão do requisito	Fase do projeto	Entrega associada EAP	Tipo requisito	Complexidade	Solicitante
7		Deverá ser construída uma piscina	1		1_00			Produto	Média	
8		Deverá ser construída uma churrasqueira	1		1_00			Produto	Baixa	
9		Deverá ser construída uma varanda na parte frontal da casa	1		1_00			Produto	Média	
10		A casa deverá ter jardins e plantas em todos os cômodos onde isso for possível e saudável	1		1_00			Produto	Média	
11		As obras deverão ser executadas somente em dias de semana e durante o horário comercial	1		1_00			Projeto	Alta	
12		A planta deverá ser reformulada com o objetivo de incluir uma sala exclusiva para TV	1		1_00			Produto	Média	
13		A planta deverá ser reformulada com o objetivo de incluir um quarto para uma empregada doméstica	1		1_00			Produto	Média	
14		Deverá ser construída uma lareira na sala de estar	1		1_00			Produto	Média	
15		Deverá ser construída uma lareira na suíte do casal	1		1_00			Produto	Média	

DMMR – Documentação e Matriz de Rastreabilidade dos Requisitos									
Projeto: EasyHome – Reforma Sustentável de uma Casa									
ID	ID associada	Descrição do requisito	Objetivo/ estratégia de negócio	Prioridade	Versão do requisito	Fase do projeto	Entrega associada EAP	Tipo requisito	Complexidade	Solicitante
16		Os dois quartos que compartilham um dos banheiros deverão ser transformados para duas suítes	1		1_00			Produto	Média	
17		Deverá ser construído um lavabo social	1		1_00			Produto	Média	
18		No quintal deverá ser construído um orquidário	1		1_00			Produto	Média	Olga
19		A casa não deverá ter degraus entre os cômodos, e caso seja necessário, deverão ser construídas rampas, de forma a permitir o deslocamento de pessoas com necessidades especiais	1		1_00			Produto	Alta	
20		Todas as suítes deverão ter portas duplas no lugar de janelas, de forma a permitir a saída dos familiares diretamente de seus respectivos quartos para o quintal da casa	1		1_00			Produto	Média	
21		A casa deverá ter infraestrutura totalmente embutida para a rede elétrica	1		1_00			Produto	Alta	

Projeto: EasyHome – Reforma Sustentável de uma Casa

ID	ID associada	Descrição do requisito	Objetivo/ estratégia de negócio	Prioridade	Versão do requisito	Fase do projeto	Entrega associada EAP	Tipo requisito	Complexidade	Solicitante
22		A casa deverá ter infraestrutura totalmente embutida para a rede lógica de computadores	1		1_00			Produto	Alta	
23		O aquecimento da água não deverá utilizar energia elétrica; somente solar	1		1_00			Produto	Média	
24		Deverá ser construído um canil para dois cães	1		1_00			Produto	Média	
25		A sala deverá ter um aquário construído em alvenaria, em local a ser definido pelo sr. Pedro	1		1_00			Produto	Média	Pedro
26		Na suíte das meninas deverá ser instalada uma janela em frente ao local onde ficará a penteadeira	1		1_00			Produto	Baixa	Isabella
27		A suíte do Alexandre deverá ser isolada acusticamente, pois ele estuda guitarra, baixo e bateria	1		1_00			Produto	Média	
28		Todos os banheiros das suítes deverão ter banheiras com hidromassagem	1		1_00			Produto	Alta	
29		A divisão entre o quarto e o banheiro do casal deverá ser de vidro temperado	1		1_00			Produto	Média	

DMMR – Documentação e Matriz de Rastreabilidade dos Requisitos										
Projeto: EasyHome – Reforma Sustentável de uma Casa										
ID	ID associada	Descrição do requisito	Objetivo/ estratégia de negócio	Prioridade	Versão do requisito	Fase do projeto	Entrega associada EAP	Tipo requisito	Complexidade	Solicitante
30		A sala de TV deverá ter instalação para um *home theater*	1		1_00			Produto	Média	
31		A cozinha deverá ter instalação para máquina lava-louça	1		1_00			Produto	Média	Olga
32		Ao lado da churrasqueira deverá ser construído um forno a lenha	1		1_00			Produto	Média	
33		O projeto deverá cumprir com o limite máximo previsto no orçamento, tendo uma tolerância de 10% para mais	1		1_00			Projeto	Alta	
34		O projeto deverá atender às normas e às leis vigentes, tanto durante sua execução quanto ao resultado	1		1_00			Legal	Alta	

EEP – Especificação do Escopo do Projeto	
Projeto: *EasyHome* – Reforma Sustentável de uma Casa	
1.	**Descrição do escopo do produto**
	Ao final do projeto, a casa da família Souza deverá estar reformada de acordo com os requisitos levantados diretamente com seus membros, bem como outros relacionados à sustentabilidade, e que serão levantados e documentados pelo arquiteto contratado.
2.	**Critérios de aceitação do produto**
	A reforma será dada como concluída com a aprovação do sr. Pedro e da sra. Olga, de acordo com uma revisão minuciosa de todos os requisitos documentados e aprovados. A revisão deverá ocorrer com a participação do arquiteto e do empreiteiro contratados. Ao final da revisão será emitido um termo de aceite final.
3.	**Entregas do projeto**
3.1	Documentos de gestão do projeto.
3.2	Projeto arquitetônico.
3.3	Sala.
3.4	Cozinha.
3.5	Corredor dos quartos.
3.6	Lavabo.
3.7	Suíte casal.
3.8	Suíte Alexandre
3.9	Suíte filhas.
3.10	Lavanderia.
3.11	Churrasqueira.
3.12	Piscina.
3.13	Orquidário.
3.14	Canil.
4.	**Exclusões do projeto**
4.1	Hospedagem da família em caso de impossibilidade de ficar na casa.
4.2	Transporte dos familiares em caso de mudanças de horários.
4.3	Aquisição de equipamentos sustentáveis que extrapolem o orçamento do projeto, sem um novo aporte de recursos.
4.4	Mudanças legais na documentação do imóvel que eventualmente sejam necessárias por conta do caráter sustentável do projeto.
5.	**Restrições do projeto**
5.1	As atividades do projeto poderão ser executadas somente em dias de semana e no horário comercial, entre 8 e 17 h.
5.2	Todas as atividades do projeto deverão ser executadas obedecendo a práticas sustentáveis.
5.3	Os operários deverão utilizar equipamentos de segurança de acordo com a legislação vigente.
5.4	Não será permitida a permanência na casa dos operários após o horário comercial.
5.5	Os operários e demais profissionais participantes do projeto deverão respeitar a família, tendo conduta respeitosa e educada durante a sua permanência na casa, bem como quando estiverem ausentes.

EEP – Especificação do Escopo do Projeto	
Projeto: *EasyHome* – Reforma Sustentável de uma Casa	
6.	**Premissas do projeto**
6.1	O arquiteto deverá levantar requisitos com todos os membros da família Souza, e em caso de solicitações conflitantes, deverá se reunir com o sr. Pedro e a sra. Olga para deliberar a respeito.
6.2	A gestão do projeto será responsabilidade do sr. Pedro.
6.3	Os familiares estarão ausentes da casa durante o horário comercial (8 às 17 h) nos dias de semana. O sr. Pedro e a sra. Olga terão livre acesso neste horário para acompanhamento das atividades que estarão em execução.
6.4	Caso seja necessário executar alguma atividade fora do horário estabelecido anteriormente, o empreiteiro responsável deverá solicitar uma autorização formal do sr. Pedro.
6.5	A equipe do projeto deverá retirar antes do fim do expediente todos os equipamentos que representem algum tipo de risco à segurança da família residente. Caso isso não seja possível, deverá sinalizar o local e garantir que todos sejam avisados.
6.6	Qualquer acidente que ocorrer por negligência comprovada da equipe do projeto será de responsabilidade da empreiteira contratada.

EAP – Estrutura Analítica do Projeto
Projeto: *EasyHome* – Reforma Sustentável de uma Casa

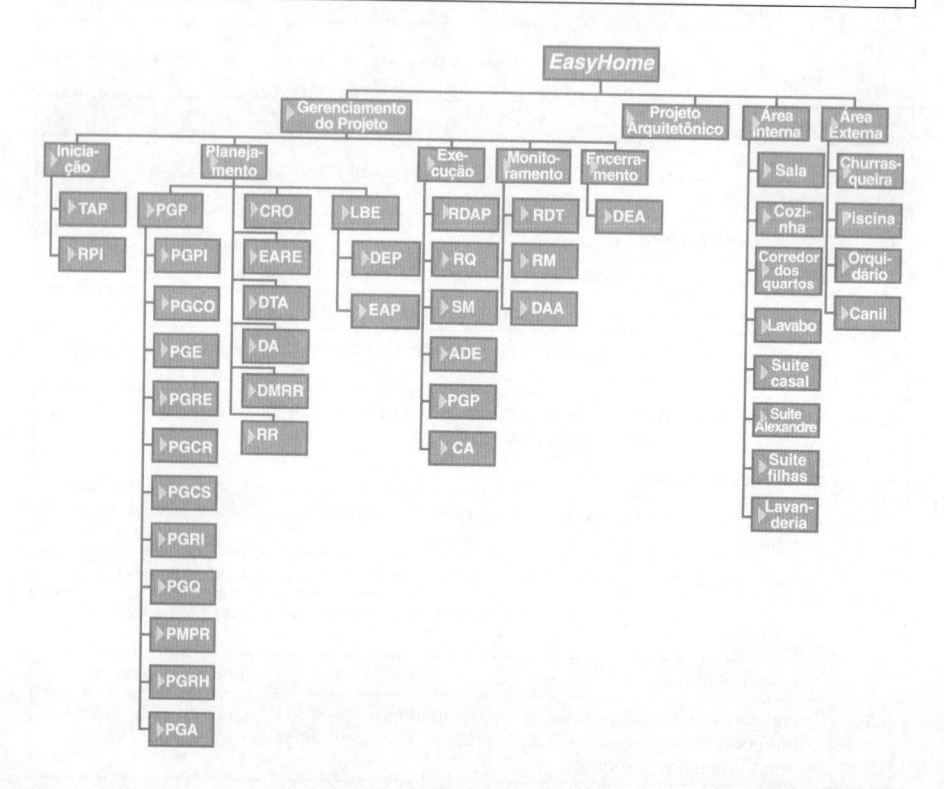

EARE – Estrutura Analítica dos Recursos
Projeto: *EasyHome* – Reforma Sustentável de uma Casa

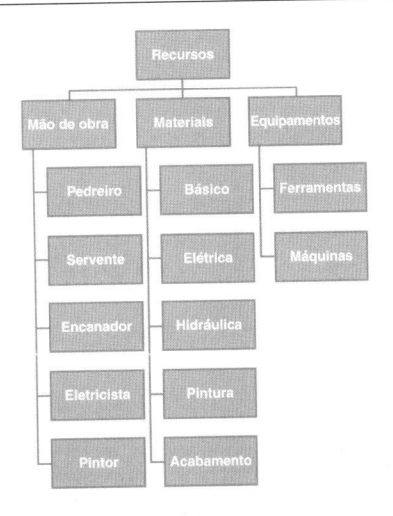

	PGRH – Plano de Gerenciamento dos Recursos Humanos
	Projeto: *EasyHome* – Reforma Sustentável de uma Casa
1.	**Papéis e responsabilidades**
	1.1. Pedro Souza 1.1.1. Papel Gerente do projeto. 1.1.2. Autoridade Pode definir todas as estratégias relacionadas ao gerenciamento do projeto. 1.1.3. Responsabilidade Responsável direto pelo resultado geral do projeto, gerenciando pessoalmente todas as atividades previstas ou delegando a terceiros. 1.1.4. Competência Conhece e tem experiência profissional em gestão de projetos.
2.	**Organogramas do projeto**

PGRH – Plano de Gerenciamento dos Recursos Humanos
Projeto: *EasyHome* – Reforma Sustentável de uma Casa

3.	Plano de gerenciamento de pessoal
	1.1.5. Mobilização do pessoal O arquiteto, o engenheiro e o jardineiro serão contratados diretamente pelo gerente do projeto. O engenheiro será responsável pela contratação do mestre de obras e dos demais profissionais subordinados e ele. 1.1.6. Calendários dos recursos Serão controlados diretamente no *software* escolhido para a gestão. 1.1.7. Plano de liberação de pessoal Os profissionais serão liberados depois do acordo da entrega, que será formalizado pela pessoa apontada em cada entrega. 1.1.8. Necessidades de treinamento Todos os profissionais contratados já estarão treinados para as atividades a serem realizadas. 1.1.9. Reconhecimento e recompensas Ao final de entregas predeterminadas, como por exemplo a parte interna da casa, será realizado um churrasco para todos os profissionais envolvidos. O profissional que entregar a atividade sob sua responsabilidade direta em 90% do tempo estimado, e com a qualidade necessária documentada nos requisitos associados, receberá um bônus de 10% sobre o valor correspondente à sua remuneração no período da atividade. 1.1.10. Conformidade O projeto deverá seguir toda a legislação vigente. 1.1.11. Segurança O engenheiro é o responsável por toda a segurança durante a obra.

CRO – Cronograma do Projeto						
Projeto: *EasyHome* – Reforma Sustentável de uma Casa						
						CRO-LA – Lista de Atividades
ID	ID Associada	Marco	Fase do projeto		Entrega associada EAP	Nome da Atividade
49	6.1	Fase 1	Interna	Sala	Preparação do cômodo para a reforma da sala	
50	6.1.1		Interna	Sala	Execução da reforma sala	
51	6.1.2		Interna	Sala	Checar itens de qualidade sala	
52	6.1.3		Interna	Sala	Validar o escopo sala	
53	6.2		Interna	Cozinha	Preparação do cômodo para a reforma cozinha	
54	6.2.1		Interna	Cozinha	Execução da reforma cozinha	

CRO-DR – Diagramas de Rede (Sequência)

Atividade Predecessora	Tipo de Dependência	Anteci-pação	Espera
46	TI		
49	TI		
50	TI		
51	TI		
46	TI		
53	TI		

CRO-RRA – Requisitos de Recursos das Atividades

Descrição do Recurso	Quantidade Necessária do Recurso	Custo do Recurso por Unidade	Tipo de Recurso
Pedreiro	1	R$ 35,00	Especialista
Pedreiro	2	R$ 35,00	Especialista
Arquiteto	1	R$ 150,00	Técnico
Cliente	1	R$ 0,00	Externo
Pedreiro	1	R$ 35,00	Especialista
Pedreiro	3	R$ 35,00	Especialista

CRO-DP – Designações de Pessoal
CRO-CR – Calendário dos Recursos

Nome / Descrição	Função	Início Disponibilidade	Término Disponibilidade	Início Alocação	Término Alocação
Carlos	Servente				
José	Pedreiro				
Paulo	Arquiteto				
Olga	Cliente				
Carlos	Servente				
José	Pedreiro				

Duração Estimada	Duração Replanejada	Duração Realizada	Data Início Estimada	Data Início Replanejada	Data Início Realizada
5		5	5/3/2014		05/03/2014
10		10	13/3/2014		13/3/2014
1		1	27/3/2014		27/3/2014
1		1	28/3/2014		28/3/2014
10			31/3/2014		31/3/2014
20			14/4/2014		

Data Término Estimada	Data Término Replanejada	Data Término Realizada	Custo Estimado	Custo Estimado Acumulado	Custo Replanejado
12/3/2014		12/3/2014	R$ 1.000,00	R$ 15.500,00	
26/3/2014		26/3/2014	R$ 4.000,00	R$ 19.500,00	
27/3/2014		27/3/2014	R$ 400,00	R$ 19.900,00	
28/3/2014		28/3/2014	R$ 200,00	R$ 21.100,00	
11/4/2014					

Reserva de Contingência da Atividade	Somatório dos Pacotes de Trabalho	Reserva de Contingência do Pacote	LBCS Linha de Base dos Custos	Reservas Gerenciais	Orçamento
R$ 100,00	R$ 15.600,00	R$ 50,00	R$ 15.650,00	R$ 50,00	R$ 15.700,00
R$ 400,00	R$ 20.000,00	R$ 200,00	R$ 21.200,00	R$ 200,00	R$ 21.400,00
R$ 40,00	R$ 21.640,00	R$ 40,00	R$ 21.680,00		R$ 21.680,00
	R$ 21.840,00		R$ 21.880,00		R$ 21.880,00

PGA – Plano de Gerenciamento das Aquisições	
Projeto: *EasyHome* – Reforma Sustentável de uma Casa	
1.	**Produtos, serviços ou resultados que serão obtidos externamente à organização executora**
	A família Souza decidiu contratar o arquiteto como mão de obra especializada, no formato de consultoria, a ser pago através de contrato com preço fixo.
	O orquidário será construído por uma empresa especializada, que deverá ser contratada através de contrato com preço fixo.
2.	**Ações que a equipe de gerenciamento do projeto pode adotar unilateralmente**
	O arquiteto, apesar de não ser considerado um membro efetivo da equipe, poderá autorizar as compras de materiais para o projeto, desde que sejam em valor menor ou igual ao orçado previamente.
3.	**Padrões de documentos a utilizar nas Aquisições**
	Será elaborada uma ETA – Especificação de Trabalho para cada Aquisição.
4.	**Métricas de desempenho de fornecedores a serem utilizadas**
	O fornecedor responsável pela construção do orquidário deverá entregar no prazo acordado. Caso não cumpra esse prazo sem motivo de força maior, será multado. Caso tenha um desempenho adequado, a família Souza o indicará para casais de amigos que pretendem reformar suas casas no futuro, e autorizarão o fornecedor a postar comentário positivo em seu *site* na Internet.
5.	**Gerenciamento de mudanças**
	As solicitações de mudanças relacionados aos fornecedores deverão ser aprovadas pelo sr. Pedro e pela sra. Olga.

PGA – Plano de Gerenciamento das Aquisições

Projeto: *EasyHome* – Reforma Sustentável de uma Casa

6.	**Gerenciamento de configuração**
	O arquiteto é responsável pelo gerenciamento das entregas. O sr. Pedro é responsável pelo controle da documentação do projeto.
7.	**Gerenciamento da aquisição**
	O arquiteto apresentará um relatório semanal ao casal Souza, em formato a ser definido no plano de gerenciamento das comunicações.

ETA – Especificação do Trabalho da Aquisição

Projeto: *EasyHome* – Reforma Sustentável de uma Casa

1.	**Descrição do item a ser adquirido**
	O orquidário da residência da família Souza deverá ser projetado para acomodar de forma predominante orquídeas raras e sensíveis, a combinar entre a sra. Olga e o contratado. Deverá ser protegido para que os cães não possam entrar e estragar as plantas, bem como para que tempestades não o destruam. A entrada deverá ser trancada para evitar a visita de pessoas não autorizadas. Deverá também conter uma torneira para permitir regar as plantas, e o piso deverá ser gramado.
2.	**Tipos de contrato associados**
	Preço fixo.
3.	**Critérios para seleção do fornecedor**
	O fornecedor deverá negociar com seus clientes para permitir a visita em pelo menos três residências nas quais ele tenha realizado trabalho semelhante.
4.	**Restrições e premissas**
	Os trabalhos de construção deverão ser realizados em horário comercial. Os cães permanecerão soltos no quintal durante a construção.
5.	**Cronograma das principais entregas**
	A combinar com o arquiteto e o sr. Pedro.
6.	**Informações complementares**
	Nada a declarar.
7.	**Gerenciamento da aquisição**
	A sra. Olga e o arquiteto irão acompanhar a construção diariamente.

RR – Registro dos Riscos					
Projeto: *EasyHome* – Reforma Sustentável de uma Casa					
ID	Objetivo Impactado	Priori- dade	Evento	Status do risco	Data da Identificação
1	Escopo	2	Família Souza resolveu mudar a planta aprovada.	Identificado	12/1/2014
2	Tempo	1	Atraso na emissão do alvará da Prefeitura.	Identificado	12/1/2014
3	Custo	3	Orçamento não foi suficiente para atender aos imprevistos.	Identificado	12/1/2014
4	Tempo	4	Chover menos do que a média prevista para o período.	Identificado	12/1/2014

Identificador	Tipo de Risco	Probabilidade	Impacto	Grau do Risco	Efeito
Arquiteto	Ameaça	40%	50%	20%	Replanejamento de acordo com as mudanças solicitadas.
Pedro	Ameaça	10%	60%	6%	Atraso no cronograma.
Olga	Ameaça	5%	20%	1%	Necessidade de provisionar recursos financeiros ou diminuir o escopo do produto.
Mestre de obra	Oportunidade	30%	10%	3%	Cronograma do projeto ocorrer antes do prazo previsto inicialmente.

Estratégia	Causas Raiz	Gatilhos	Ação de resposta ao risco	Responsável	Data limite
Prevenir	Escopo mal definido	Clientes insatisfeitos	Agendar reuniões	Arquiteto	
Mitigar	Atraso no processo da prefeitura	Greve dos funcionários municipais	Acompanhar o processo	Arquiteto	15/2/2014
Prevenir	Falha no planejamento	Fluxo de caixa negativo	Replanejamento	Pedro	
Aceitar	Tempo seco	Previsões do tempo	Não há	Pedro	

Riscos Residuais	Riscos Secundários
Outras alterações independentemente da vontade das pessoas envolvidas	Conflito potencial entre as partes
Outros impedimentos	Conflito com os funcionários da prefeitura
Aumento de preço dos materiais	Necessidade de financiamento externo
Não há	Falta de água

PGQ – Plano de Gerenciamento da Qualidade	
Projeto: *EasyHome* – Reforma Sustentável de uma Casa	
Plano Auxiliar do Plano de Gerenciamento do Projeto	
1.	Metodologia
	A qualidade do projeto será gerenciada utilizando como principal referência os requisitos de qualidade do documento DMRR. Outra referência importante é o manual de construção sustentável, que compõe as referências de qualidade do projeto.
2.	Processos relacionados ao gerenciamento da qualidade do projeto
3.	Expectativas e tolerâncias revisadas das partes interessadas
	É muito importante alinhar expectativas e tolerâncias com as partes interessadas, que sejam específicas e relacionadas a qualidade das entregas, ciclo de vida do projeto e todas as atividades relacionadas. Faça isso através de premissas, requisitos de qualidade, métricas, *checklists* (listas de verificação) e engajamento.
4.	Formato de relatórios
	Vide Plano de Gerenciamento de Comunicações.
5.	Auditoria e rastreabilidade
	Não se aplica.

PMPR – Plano de Melhorias no Processo	
Projeto: *EasyHome* – Reforma Sustentável de uma Casa	
Plano Auxiliar do Plano de Gerenciamento do Projeto	
1.	Limites do processo
	Os processos deste projeto terão como referência o Guia PMBOK® 5ª edição. As adaptações constam nos documentos PGP – Plano de Gerenciamento do Projeto – e no CR – Cronograma do Projeto.
2.	Configuração do processo
	A principal referência para a configuração do processo de gestão do projeto é o CR – Cronograma do Projeto, tendo em vista que todos os processos, tanto de gerenciamento como de execução do projeto, constam no documento. Processos específicos de áreas específicas constam nos respectivos planos auxiliares.
3.	Métricas do processo
	Os processos serão comparados a outros projetos em que o arquiteto participou. Evidentemente que todos eles têm características de reforma sustentável, a fim de garantir que o *benchmarking* esteja utilizando referência adequada.
4.	Metas para melhoria do desempenho
	Não se aplica a este projeto, tendo em vista ser um projeto isolado e que não está sendo executado por uma empresa que irá repetir os processos em outras oportunidades.

LVQ – Lista de Verificação da Qualidade (Checklist)			
Projeto: *EasyHome* – Reforma Sustentável de uma Casa			
1.	**Produto, processo ou atividade verificado**	**2.**	**Data da verificação**
	Orquidário		28/mar/2014
3.	**Documentos associados**	**4.**	**Responsável pela verificação**
	DMRR		Olga
5.	**Orientações/Comentários**		
	Validar os requisitos de qualidade da entrega.		
	Itens a verificar	**OK**	**Observações**
	Local		
	Plantas solicitadas		
	Proteção para crianças e cachorros		
	Proteção para as plantas		
	Torneira		
	Drenagem		
	Ventilação		
	Iluminação		
	Incidência Solar		
	Mangueira		
	Assinatura do responsável pela verificação		
	Assinatura do gerente do projeto		Assinatura do gerente da qualidade

RRF – Requisitos de Recursos Financeiros do Projeto
Projeto: *EasyHome* – Reforma Sustentável de uma Casa

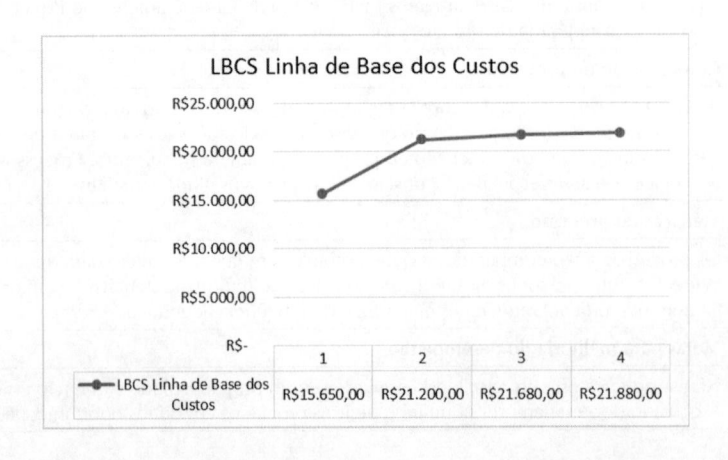

LBCS Linha de Base dos Custos

	1	2	3	4
LBCS Linha de Base dos Custos	R$15.650,00	R$21.200,00	R$21.680,00	R$21.880,00

SM – Solicitação de Mudança			
Projeto: *EasyHome* – Reforma Sustentável de uma Casa			
1.	**Solicitante**	**2.**	**Número de identificação da SM**
	Olga		1/2014
3.	**Data da solicitação**	**4.**	**Tipo de mudança**
	17/1/2014		Ação Preventiva
5.	**Descrição da Mudança**		
	A sra. Olga avaliou melhor o local previamente definido para a construção do orquidário, e resolveu que seria mais prático colocá-lo do lado oposto ao planejado.		
6.	**Áreas impactadas**	**7.**	**Entregas/Documentos impactados**
	Escopo, tempo e custos.		Orquidário e quarto da empregada.
8.	**Justificativa**	**9.**	**Comentários adicionais**
	Porque o quarto da empregada ficaria sem privacidade, se permanecer conforme planejado		Não há.
10.	**Parecer do gerente do projeto**	**11.**	**Parecer CCM – Comitê de Controle de Mudanças**
	De acordo.		De acordo.
12.	**Status / Situação**	**13.**	**Data do parecer do CCM**
	Aprovada		17/1/2014

Assinatura do solicitante

Assinatura do gerente do projeto

Assinatura dos membros do CCM

RQ – Registro das Questões

Projeto: *EasyHome* – Reforma Sustentável de uma Casa

ID	ID Associada	Parte que identificou	Data da identificação	Descrição da questão	Tipo de questão	Parte interessada responsável
1	1.1	Olga	14/1/2014	Os aposentos da empregada não terão privacidade se permanecer conforme planejado.	Erro de projeto	Arquiteto

Status/ Situação	Ação requerida	Data de resolução planejada	Data de resolução replanejada	Comentários / histórico
Resolvida	Abertura de uma solicitação de mudança preventiva.	17/1/2014		Resolvido.Todos concordaram com a necessidade apontada.

Quadro de Avisos

Projeto: *EasyHome* – Reforma Sustentável de uma Casa

1.	Principais atividades em execução	2.	Próximas atividades importantes
	Preparação do cômodo para a reforma da cozinha.		Execução da reforma da cozinha.
3.	**Principais questões em aberto**	**4.**	**Principais mudanças em aprovação**
	Compra dos materiais para a reforma da cozinha.		Mudança do local do orquidário.
5.	**Avisos gerais**		
	É importante agilizar o processo de compra dos materiais para a reforma da cozinha, pois se não for entregue na próxima semana irá atrasar o cronograma.		

RM – Registro das Mudanças

Projeto: *EasyHome* – Reforma Sustentável de uma Casa

ID	ID Associada	Solicitante	Número de identificação	Data da solicitação	Tipo de mudança	Descrição da mudança
1	1.1	Olga	1/2014	17/1/2014	Preventiva	A sra. Olga avaliou melhor o local previamente definido para a construção do orquidário, e resolveu que seria mais prático colocá-lo do lado oposto ao planejado.

Status/ situação	Parecer do gerente do projeto	Parecer do CCM	Data do parecer do CCM	Comentários
Aprovada	De acordo	De acordo	17/1/2014	Justificativa: porque o quarto da empregada ficaria sem privacidade, se permanecer conforme planejado.

ADE – Avaliação de Desempenho da Equipe

Projeto: *EasyHome* – Reforma Sustentável de uma Casa

1.	**Nome do membro da equipe**	**2.**	**Cargo**
	José Santos		Pedreiro
3.	**Função no projeto**	**4.**	**Data da avaliação**
	Pedreiro		24/1/2014
5.	**Comentários do membro da equipe avaliado**		
	Estou tendo dificuldades em aplicar métodos sustentáveis no meu trabalho.		
6.	**Pontos fortes**	**7.**	**Oportunidades de melhoria**
	Dedicação e comprometimento. Profissional tem muita experiência no exercício de sua função.		Aplicação de métodos sustentáveis de construção civil.
8.	**Plano de desenvolvimento**	**9.**	**Já desenvolvido**
	Realizar um curso em uma instituição indicada pelo arquiteto.		
10.	**Comentários externos à equipe do projeto**	**11.**	**Comentários dos colegas de equipe**
	O cliente está muito satisfeito com o seu desempenho, e apoia o investimento no treinamento do avaliado.		Todos gostam muito de trabalhar com José. Ele está sempre animado e auxiliando os colegas.
12.	**Comentários do avaliador**		
	José é um profissional preparado e será treinado conforme citado anteriormente. Ele é um exemplo de trabalho em equipe e verdadeiro espírito colaborativo.		

Assinatura do avaliador

Assinatura do gerente do projeto

Assinatura do membro da Equipe

RDT – Relatório de Desempenho do Trabalho			
Projeto: *EasyHome* – Reforma Sustentável de uma Casa			
1.	**Responsável**	2.	**Data base do relatório**
	José		24/1/2014
3.	**Principais atividades em execução (com %)**	4.	**Próximas atividades a executar**
	Execução da reforma da sala		Execução da reforma da cozinha
5.	**Comentários gerais**		
	Estou enfrentando dificuldades em executar meu trabalho com métodos sustentáveis.		
6.	**Questões**	7.	**Mudanças**
	Necessidade de treinamento específico.		Incluir no cronograma atividades de treinamento do profissional.

Assinatura do responsável

RDAP – Relatório de Desempenho e Acompanhamento do Projeto					
Projeto: *EasyHome* – Reforma Sustentável de uma Casa					
					Data base: 24/1/2014
1.	**Análise do desempenho até o momento**				
	O projeto apresenta um bom desempenho até o momento. Todas as atividades foram executadas conforme previsto no planejamento. IDP = 1,00 IDC = 1,00				
2.	**Previsões conforme planejado**				
	EPT = R$ 75.000,00 ENT = R$ 150.000,00 VNT = R$ 0,00 Data de término = 17/abril/2014				
3.	**Previsões considerando desempenho até o momento**				
	Considerando que o desempenho está dentro do esperado, as previsões são as mesmas do item anterior.				
4.	**Situação atual dos riscos**				
	A mudança de local do orquidário pode provocar atraso e aumento no custo previsto para o projeto.				
5.	**Situação atual das questões**				
	Todas estão resolvidas.				
6.	**Trabalho concluído durante o período**				
	Execução da reforma da sala.				
7.	**Trabalho a ser concluído no próximo período**				

	RDAP – Relatório de Desempenho e Acompanhamento do Projeto			
	Projeto: *EasyHome* – Reforma Sustentável de uma Casa			
	Execução da reforma da cozinha.			
8.	**Resumo das mudanças aprovadas no período**			
	02/2014 – Mudança do local do orquidário.			
9.	**Gerenciamento de Valor Agregado**			
	IDP = 1,00 IDC = 1,00 VPR = 0 VC = 0			
10.	**Outras informações relevantes**			
	Nada a declarar.			

	LVQ – Lista de Verificação da Qualidade (*Checklist*)		
	Projeto: *EasyHome* – Reforma Sustentável de uma Casa		
1.	**Produto, processo ou atividade verificado**	**2.**	**Data da verificação**
	Reforma da cozinha.		25/3/2014
3.	**Documentos associados**	**4.**	**Responsável pela verificação**
	DMRR – Documentação e Matriz da Rastreabilidade dos Requisitos.		Arquiteto
5.	**Orientações/Comentários**		
	Verificar no dicionário da EAP qual é o código de conta deste pacote de trabalho		
	Itens a verificar	OK	Observações
	Piso		
	Paredes		
	Elétrica		
	Hidráulica		
	Portas		
	Metais		
	Equipamentos		
	Armários		

Assinatura do responsável pela verificação

Assinatura do gerente do projeto

Assinatura do gerente da qualidade

TAE – Termo de Aceite da Entrega			
Projeto: *EasyHome* – Reforma Sustentável de uma Casa			
1.	Nome do validador	2.	Cargo
	Olga		Não se aplica.
3.	Função no projeto	4.	Data da validação
	Cliente/Patrocinador		28/março/2014
5.	Comentários do validador		
	Orquidário de acordo com os requisitos. Aprovado.		

Assinatura do validador

Assinatura do gerente do projeto

Assinatura do controle de qualidade

DEA – Documentação de Encerramento das Aquisições			
Projeto: *EasyHome* – Reforma Sustentável de uma Casa			
1.	Nome do fornecedor	2.	Representante do fornecedor
	Zelão paisagismo		Zelão
3.	Principais entregas deste projeto	4.	Data do encerramento
	Orquidário		22/4/2014
5.	Comentários do validador		
	O fornecedor entregou o trabalho conforme especificado, inclusive atendendo solicitação de mudança do local onde foi construído. O depoimento do cliente será incluído no *site* da empresa.		

Assinatura do validador

Assinatura do gerente do projeto

Assinatura do controle de qualidade

TEF – Termo de Encerramento da Fase

Projeto: *EasyHome* – Reforma Sustentável de uma Casa

1.	Nome da fase		2.	Principal responsável pela fase
	Interna			Pedro Souza
3.	Principais entregas desta fase		4.	Data do encerramento da fase
	Toda a parte interna da casa reformada.			30/4/2014
5.	Comentários do validador			
	Todas as entregas foram concluídas conforme planejado, após ajustes necessários por conta de alterações nos requisitos e riscos que impactaram no desempenho da fase.			

Assinatura do validador

Assinatura do gerente do projeto

Assinatura do controle de qualidade

TEP – Termo de Encerramento do Projeto

Projeto: *EasyHome* – Reforma Sustentável de uma Casa

1.	Cliente		2.	Data de encerramento do projeto
	Olga Souza			11/6/2014
3.	Principais mudanças aprovadas		4.	Principais desvios
	Mudança do local do orquidário.			Custo adicional e replanejamento de tempo por conta da mudança ao lado, bem como de riscos identificados.
5.	Principais lições aprendidas			
	Planejar com detalhamento suficiente para evitar mudanças de escopo que poderiam ter sido evitadas.			
6.	Comentários do Cliente			
	Cliente satisfeito com o resultado final.			
7.	Comentários do Patrocinador			
	Patrocinador considera o projeto concluído com sucesso.			

Assinatura do controle da qualidade

Assinatura do gerente do projeto

Assinatura do cliente

Assinatura do patrocinador

Apêndice D

Materiais de Apoio

HABILIDADES INTERPESSOAIS E COMPETÊNCIAS PARA SER UM BOM GERENTE DE PROJETOS

É importante que você se conscientize de que ser gerente de projetos é uma responsabilidade muito grande, e que o aperfeiçoamento nos aspectos a seguir deve ser uma preocupação constante.

1. Conhecimento de processos, ferramentas e técnicas de gerenciamento profissional de projetos.
2. Comunicação.
3. Liderança.
4. Desenvolvimento da equipe.
5. Motivação.
6. Gestão.
7. Influência.
8. Processo decisório.
9. Capacidade cognitiva.
10. Efetividade.
11. Conhecimento político e cultural.
12. Negociação.
13. Estabelecimento de confiança.
14. Gerenciamento de conflitos.
15. *Coaching* e *Mentoring*.
16. Profissionalismo.

Para mais informações a respeito, recomendamos que você consulte:

1. O Apêndice X3 do Guia PMBOK® 5ª edição.
2. O PMCD Framework: estrutura de desenvolvimento da competência de gerente de projetos/traduzido pelo PMI®-Rio.

Fluxo Geral de Processos do Guia PMBOK® 5ª edição

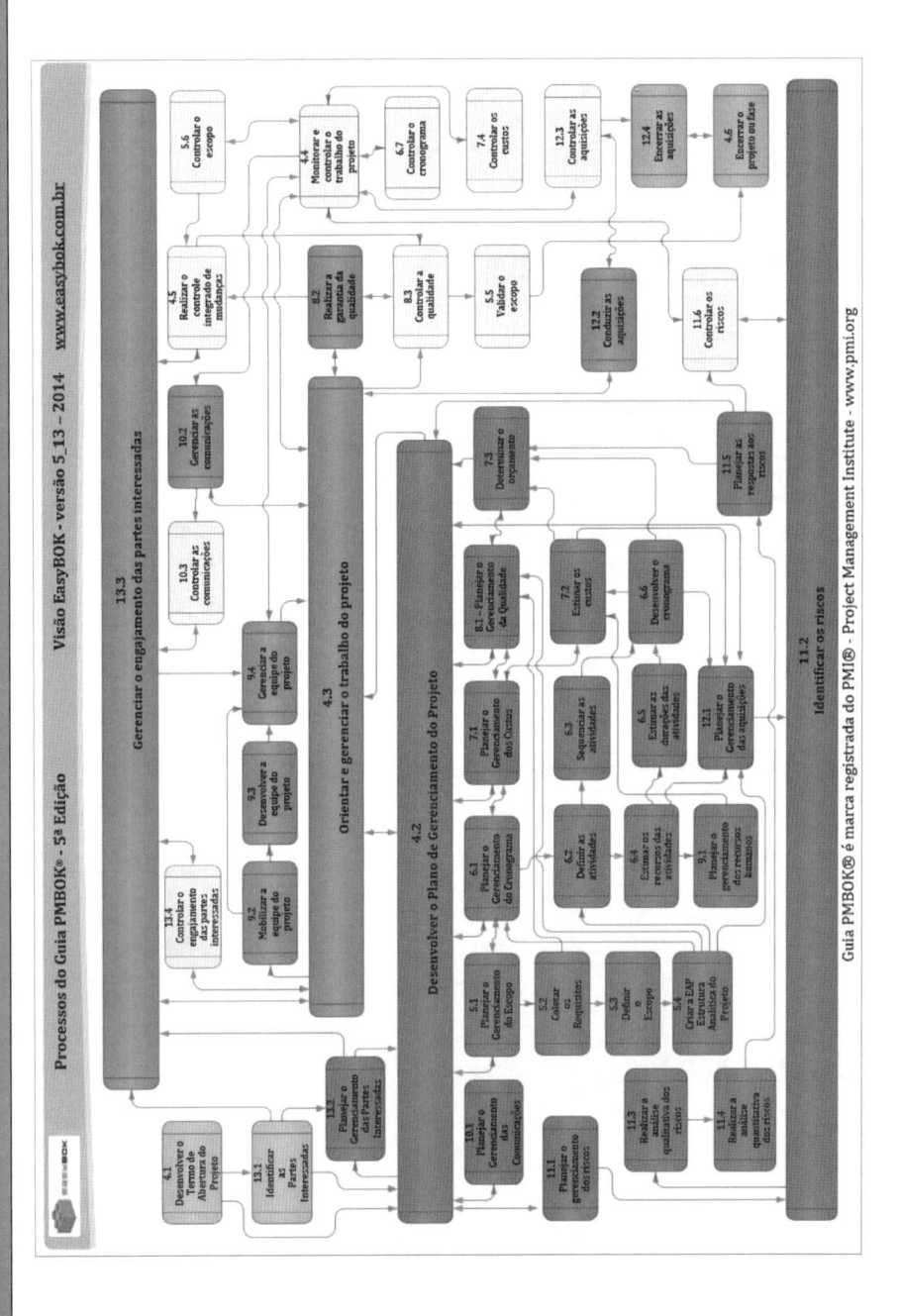

Processos do Guia PMBOK® - 5ª Edição   Visão EasyBOK - versão 5_13 – 2014   www.easybok.com.br

Guia PMBOK® é marca registrada do PMI® - Project Management Institute - www.pmi.org

CRGP - Checklist de Risco Geral do Projeto				

Projeto: [Apelido do Projeto] - [PITCH do Projeto]

Aspectos a verificar	Peso	Grau	Result.	Observações
Os objetivos do projeto foram validados com o cliente?	10%			
Existe clareza sobre o que será produzido pelo projeto, e todas as principais partes interessadas estão cientes e concordam?	10%			
Existe comprometimento das principais partes interessadas com o sucesso do projeto?	10%			
O cliente tem experiência com este tipo de projeto?	5%			
O gerente do projeto tem experiência e competência para conduzir um projeto com estas características?	10%			
A organização tem capacidade financeira para suportar um desvio significativo no orçamento do projeto?	10%			
O projeto tem prioridade tanto para o cliente quanto para a organização executora?	5%			
O projeto envolve o uso de tecnologia inovadora?	10%			
Existem dependências externas?	5%			
O ambiente utiliza gestão profissional de projetos? Existe maturidade organizacional com relação ao assunto?	10%			
Os prazos são realistas?	5%			
O ambiente externo onde o projeto será realizado é estável? (País, cidade, bairro)	5%			
Existe histórico positivo com relação ao cliente que será atendido?	5%			
Pontuação Total	100%	0%	0%	

_____
Assinatura do responsável pela pontuação

_____
Assinatura do Gerente do Projeto

_____
Assinatura do Patrocinador

Apêndice E

Bibliografia de Referência

ABNT – Associação Brasileira de Normas Técnicas – NBR ISO 21500:2012. *Orientações sobre gerenciamento de projeto.*

HELDMAN, K. *PMP – Gerência de Projetos: Guia para o exame oficial do PMI.* Rio de Janeiro: Elsevier, 2014.

KERZNER, H. *Gerenciamento de Projetos: uma abordagem sistêmica para planejamento, programação e controle.* São Paulo: Edgard Blucher, 2011.

PMI – PROJECT MANAGEMENT INSTITUTE. *Organizational Project Management Maturity Model (OPM3®).* Pennsylvania, USA: Project Management Institute, 2008.

PMI – PROJECT MANAGEMENT INSTITUTE. *PMCD Framework: estrutura de desenvolvimento da competência de gerente de projetos.* Rio de Janeiro: Brasport, 2012.

PMI – PROJECT MANAGEMENT INSTITUTE. *Practice Standard for Earned Value Management.* Pennsylvania: Project Management Institute, 2011.

PMI – PROJECT MANAGEMENT INSTITUTE. *Practice Standard for Scheduling.* Pennsylvania: Project Management Institute, 2011.

PMI – PROJECT MANAGEMENT INSTITUTE. *The Standard for Portfolio Management* – Third Edition. Pennsylvania: PMI, 2013

PMI – PROJECT MANAGEMENT INSTITUTE. *The Standard for Program Management* – Third Edition. Pennsylvania: PMI, 2013

PMI – PROJECT MANAGEMENT INSTITUTE. *The Standard for Project Risk Management.* Pennsylvania: Project Managemente Institute, 2009.

PMI – PROJECT MANAGEMENT INSTITUTE. *Um Guia do Conhecimento em Gerenciamento de Projetos (Guia PMBOK®).* 5ª edição. Pensilvânia: Project Management Institute, 2013.

SNYDER, C. S. *Guia de templates para gerenciamento de projetos.* Rio de Janeiro: Elsevier, 2014.

VARGAS, R. V. *Gerenciamento de Projetos: estabelecendo diferenciais competitivos.* Rio de Janeiro: Brasport, 2009.

Impressão e acabamento
Imprensa da Fé